FRANÇOIS GAYOT DE PITAVAL

UNERHÖRTE KRIMINALFÄLLE

SAMMLUNG DIETERICH · BAND 215

FRANÇOIS GAYOT DE PITAVAL

UNERHÖRTE KRIMINALFÄLLE

PARKLAND VERLAG

Originaltitel:

CAUSES CÉLÈBRES ET INTÉRESSANTES

Herausgegeben von

RUDOLF MARX

1998 Lizenzausgabe für Parkland Verlag, Köln

Herstellung: Meco Buchproduktion, Dreieich
Einband: Walter Schiller
Druck und Bindung: Graphischer Großbetrieb Pößneck, Pößneck

ISBN 3-88059-948-3

Printed in Germany

Einleitung

Mit der Bezeichnung ›Pitaval‹ meinen wir heute eine Sammlung von Kriminalgeschichten. Daß dies ein Eigenname ist und wer Pitaval war, kümmert kaum noch jemand. Und das ist verständlich; denn die Person und die Lebensumstände dieses merkwürdigen Autors sind heute unbekannt. Der Berichterstatter wurde über dem Berichteten vergessen, nachdem sein Hauptwerk, die ›Berühmten und interessanten Rechtsfälle‹ (1734–1743), jahrzehntelang das Publikum fasziniert hatte. Pitaval wollte mit diesem Werk einerseits den Juristen vorbildliche Anklage-, Verteidigungs- und kritisch zusammenfassende Gegenreden (Repliken) als Muster gerichtlicher Eloquenz und kritischen Scharfsinns darbieten, und er wollte andererseits ›den Leuten der feinen Gesellschaft‹ Lesevergnügen bereiten und dabei Kenntnis einiger Grundvorstellungen des geltenden Strafrechts vermitteln. Dieser Doppelcharakter seines Werks führte dazu, daß man nicht recht wußte, ob man es der Geschichte des Strafrechts oder den Belles-lettres, also der Literatur, zuzählen solle. Daß man Pitaval vergaß, hing also auch damit zusammen, daß sein Werk keiner festen Gattung in der damaligen Einteilung der Wissenschaften und Künste angehörte.

François Gayot de Pitaval wurde 1673 in Lyon geboren. Lyon, die bedeutende Weltmarkt-Börse der Renaissance, die Seidenweber- und Fabrikstadt auf der Halbinsel zwischen Rhône und Saône, wird uns mit ihren engen Straßen und fünfstöckigen Häusern noch im 18. Jahrhundert als echtes, blühendes Industriezentrum geschildert, bevor sie 1793, als sie sich gegen die Jakobiner wehrte, von den Heeren des Konvents großenteils zerstört wurde. Pitavals Vater wirkte dort als Rat am Oberlandgericht (conseiller au présidial) und soll das Musterbild eines weltklugen Richters und zugleich aktiven Christen gewesen sein. Ob sein Adel ererbt oder als Amtsadel, ›Noblesse de Robe‹, von ihm erst erworben war, wissen wir nicht.

Es waren die letzten glanzvollen Jahre Ludwigs XIV., bevor dieser 1681, vierundvierzigjährig, unter den Einfluß der kirchenfrommen Madame de Maintenon geriet. Darauf folgte die Zeit, in der Frankreich durch opferreiche Kriege, durch die erneute Verfolgung und Vertreibung der Protestanten (Hugenotten) – nach der Aufhebung des Schutz-Edikts von Nantes 1685 – seine Vormachtstellung in Europa einzubüßen begann, es waren die Jahrzehnte, die innenpolitisch durch die zunehmende Entmachtung und Zersetzung der Adelsgesellschaft gekennzeichnet sind, in die das Großbürgertum der Bankiers, Steuerpächter und hohen Juristen einzudringen begann.

François wurde für den geistlichen Stand bestimmt, verließ ihn jedoch nach einigen Jahren, um, dem Beispiel zweier Brüder folgend, die militärische Laufbahn einzuschlagen, die damals Erfolg versprach. Nach kurzer Zeit schon müde, im Kriege nur ›unfruchtbaren Lorbeer‹ zu ernten, gab er entschlossen auch die militärische Karriere auf: Er nahm seinen Abschied und ging etwa zur gleichen Zeit eine Liebesheirat ein – für einen Angehörigen der höheren Stände damals ein erstaunlicher Schritt, und zwar um so mehr, da das elterliche Erbe Pitavals zusammengeschmolzen und die Gattin ohne Vermögen war. Er mußte sich bald für einen Beruf entscheiden. Verschriebe er sich dem Handel, so hätte er seinen Adel ablegen müssen, für die Finanzlaufbahn aber, die ein Vermögen voraussetzte, fehlten ihm die Mittel und Fürsprecher. Er fragte sich, wie es mit der juristischen Laufbahn des Vaters wäre. ›Schwingen wir uns auf zum Anwaltsberuf!‹, schreibt er damals an einen Freund. ›Der Adel dieses Berufs paßt gut zu dem unserer Geburt. Doch da muß man eine ganze Bibliothek im Kopf haben, und ich bin völlig ohne Kenntnisse.‹ Aber der junge Pitaval ließ sich nicht entmutigen; er vertraute seinen Augen, seinem Gedächtnis und vor allem seiner Urteilsfähigkeit. Noch ohne akademischen Grad trat er in das Gerichtswesen seiner Provinz ein. Bei dem Oberlandgericht, an dem sein Vater Rat gewesen war, verhandelte man gerade über einen besonderen Rechtsfall: Ein Kind wurde von zwei Müttern beansprucht. Die Advokaten hatten im Für und Wider schon gewaltig viel Latein verbraucht, doch waren ihnen die feinen Züge, die allein zur Lösung eines solchen Rätsels führen können, noch ziemlich entgangen. Da hörte Pitaval, wie eine der beiden Frauen, überdrüssig des Lateins, als Mutter mit ihrem Töchterchen sprach. Sie vertraute Pitaval ihre Gedanken an und bat ihn, ihre Mutterschaft auf Französisch vor Gericht zu vertreten. Der junge Pitaval verteidigte sie mit Erfolg. Auch der Königliche Staatsanwalt stimmte ihm zu. Pitavals Auffassung siegte. Von allen Seiten wurden ihm nun auch andere Prozesse anvertraut. Von sich selbst sagt er damals, er komme sich vor wie ein Schauspieler, der auftreten soll, bevor er seine Rolle gelernt hat. Doch dann setzt er voller Entschlossenheit auf seine Talente: Er nimmt diejenigen Rechtsfälle an, bei denen es mehr auf Eloquenz als auf juristische Einzelkenntnisse ankommt.

Zwar warnt er seine Klienten, doch denen gefällt der Glanz seines Vortrags. Daneben wirft er sich in Eile auf das tiefere Studium des Rechts und versinkt darin ›bis zum Halse‹. Schließlich wird er Advokat und gewinnt weitere Prozesse. Er staunt selbst, daß niemand mehr an seinen Kenntnissen zweifelt, seit er einen akademischen Grad erworben hat. Soweit sein Brief an den Freund. Er hat ihn später in seinen ›Berühmten Rechtsfällen‹ abgedruckt, im fünften Band der Haager Ausgabe, vor dem Fall ›Das kleine Mädchen, das von zwei Müttern beansprucht wird‹. Dieser Brief dürfte das einzige biographische Selbstzeugnis des jungen Pitaval sein, das wir kennen. Von nun an tappen wir bis zu seinem Lebensende weitgehend im dunkeln. Vierzigjährig hatte er sich 1713 als Anwalt in Lyon niedergelassen. Unbekannt ist uns aber wieder, wann er, ziemlich mittelos, von Lyon nach Paris, dem Zentrum des französischen Buchhandels, übergesiedelt ist. Hier entstehen die meisten seiner Veröffentlichungen. Daß deren so viele sind und alle deutlich auf Publikumserfolg abzielen, läßt uns fragen, ob er sie *neben* seiner Anwaltstätigkeit ausgearbeitet hat oder ob von nun an bei ihm die Schriftstellerei immer mehr an die Stelle der Rechtspraxis tritt. Angesichts der am ›Parlement‹ in Paris versammelten Leuchten juristischer Gelehrsamkeit, die nun seine Konkurrenten wurden, möchte man fast das zweite annehmen. Jedenfalls arbeitet Pitaval von nun an im Solde der Verleger und führt – stets auf der Jagd nach dem Erfolg – das Leben eines rastlosen Schriftstellers, der entschlossen ist, sich und seine Familie mit der Feder durchs Leben zu bringen; bis ihm zuletzt mit den ›Berühmten Rechtsfällen‹ (1734–1743) der große Erfolg zuteil wird. Sein Leben läßt sich also nur an seinen Büchern ablesen. Es war das Wagnis eines Schriftstellerdaseins, das herausfordernde Unterfangen, sein Publikum durch immer neue Einfälle für seine Exzerpt-Sammlungen und Breviere zu Lebenskunst und Erfolg einzunehmen. Unablässig durchstöberte er Quellen nach geeignetem Material, unterstützt von seiner Frau, die Pitavals Sammelwerke mit ihren Versen noch aufschwellte. Sein Leben war Anstrengung und Formung, Erwartung von Buch zu Buch, bis er schließlich, erst als Sechziger, sein eigentliches, bewegendes Thema findet, das ihn erneut an seinen juristischen Beruf anknüpfen, sich aber nunmehr mit gereiftem Verständnis der Darstellung berühmter Verbrechen zuwenden läßt. Daß sich Pitaval auf Grund des Erfolgs seiner ersten Bände für einen hervorragenden Schriftsteller hielt und das sogar aussprach, haben ihm manche Kritiker – vor allem der durch seinen Streit mit Voltaire bekannte Jesuit Abbé Desfontaines – natürlich nie verziehen.

Pitaval, der bereits mehrere Schlaganfälle erlitten hatte, starb 1743, nach Beendigung seiner ›Berühmten Rechtsfälle‹, als ›Avocat du Parlement de Paris‹, als Anwalt am höchsten Gericht Frankreichs.

Schon 1713, als sich Pitaval in Lyon als Anwalt niederließ, beginnt er zu veröffentlichen, und zwar fürs erste Auszüge und Zusammentragungen aus Werken und von Aussprüchen berühmter anderer: Hausbücher oder Ratgeber, die dem Leser Erfolg im Leben versprechen, seine Neugierde reizen – die, auf buchhändlerische Erfolge berechnet, unter reißerischen Titeln erscheinen. Man kennt etwa zehn solcher Werke. Sie sind heute zu Recht vergessen. Da gibt es nach Kriegs- und Reisebüchern die ›Sammlung merkwürdigster Rätsel von heute‹ (1717), die zweibändige ›Bibliothek der Hofleute oder Seltsame Mischung geistvoller Aussprüche Heinrichs IV., Ludwigs XIV. usw.‹ (1722, in acht Bänden 1746), ›Die Kunst, den Geist zu schmücken, indem man ihn amüsiert, oder Neue Auswahl lebendiger, blitzender und lustiger Einfälle in Vers und Prosa‹ (1728 und 1738, zweibändig), ›Der Geist angenehmer Unterhaltungen oder Neue Mélange ausgewählter Gedanken in Vers und Prosa‹ (1731, dreibändig), schließlich die zweibändigen ›Geistesblitze oder Seltsame Auswahl von Einfällen, die für die Unterhaltung nützlich und angenehm sind‹ (1732), die ›Kritik der Werke von M. L. D. F.‹, 1733 (seinem Kritiker Abbé Desfontaines) und im gleichen Jahr ›Der durchschaute falsche Aristarch oder Kritische Briefe über das Neologische Wörterbuch‹ (Desfontaines', das *für* die Bildung neuer Wörter oder den Gebrauch vorhandener Wörter in neuem Sinne eintrat). Als letztes Werk begann und vollendete er dann die zweiundzwanzigbändige Sammlung ›Berühmte und interessante Rechtsfälle, mit den Urteilen gesammelt, die sie entschieden haben‹ (1734–1743), sein Hauptwerk, das eine außerordentliche Beliebtheit bei den Lesern fand.

Seit der Veröffentlichung der ›Bibliothek der Hofleute‹ erfreute er sich bei seiner Sammel- und Redaktionsarbeit der Hilfe seiner jungen Frau, die er unter dem Namen Clélie mit diesem Buch dem Publikum vorstellte. Sie hat an den Wechselfällen seines Schriftstellerlebens und an seinen Arbeiten bis zuletzt tätig teilgenommen; ihren Mädchennamen oder das Jahr ihrer Eheschließung kennen wir nicht.

Was aber war nun an Pitavals ›Berühmten und interessanten Rechtsfällen‹ das Besondere? Das war in erster Linie der Stoff, der jetzt erst weiteren Kreisen ausführlich bekanntgemacht wurde, dann aber Pitavals schriftstellerische Begabung und das andersartige Ziel, das er sich steckte: auch den ›Leuten von Welt zu gefallen‹. Damit traf er unbewußt auf die Unsicherheit einer Gesellschaft, die besonders seit dem Zusammenbruch der Lawschen Spekulationsunternehmungen (1720) offensichtlich geworden war und die bei vielen Geschädigten zu einer skeptischeren Haltung gegenüber den Mitmenschen geführt hatte.

Sammlungen von Kriminalfällen, Urteilen und musterhaften Gerichtsreden zu strafrechtlichen Studienzwecken für angehende Juristen gab es in Frankreich damals schon genügend – Pitaval sagt im Vorwort zum fünfzehnten Band der Haager Ausgabe seines Hauptwerks selbst, es gäbe etwa fünfzig und ständig erschienen weitere –, jedoch ihre Kriminalberichte waren rein fachlich als Lehrbeispiele auf die strafrechtlichen Probleme und deren Lösungen abgestellt und – abstrakt, also unlebendig. Einige davon, wie die ›Questions‹ (Fragen) von Julien Peleus, die ›Arrêts‹ (Urteile) von Desmaisons oder von Papon, dazu die Werke von de la Blinière, Terrasson, Sylvain, Boullenois und Pasquier, nennt Pitaval mehrfach.

Im Unterschied zu diesen Sammlungen verselbständigte Pitaval als erster die Vorgänge, stellte in ausführlichen Erzählungen dar, wie sie sich im Prozeßverlauf allmählich ergaben, und ließ die menschlichen Konflikte der handelnden oder betroffenen Personen dramatisch und plastisch hervortreten. Er verwandte auf die Formung der Tatbestände und die psychologische Durchdringung der Personen weit mehr Sorgfalt als diese Lehrbücher, in denen die strafrechtlichen Probleme oder *vorbildlichen Gerichtsreden* im Vordergrund standen, die Kriminalhandlungen dagegen bloße *Lehrbeispiele* zur Illustrierung der Rechtslagen blieben. Mit dieser Verlagerung des Schwergewichts knüpfte Pitaval an das verbreitete seelenkundliche Interesse am Menschen und an den Triebfedern seines Handelns an, ein Interesse, das in der französischen Gesellschaft als Reaktion auf die staatlich-kirchliche Bevormundung durch das absolutistische Regierungssystem Ludwigs XIV. zunahm und dem so vielgelesene Werke wie beispielsweise La Rochefoucaulds ›Reflexionen oder Sentenzen und Maximen‹ (1665) entgegenkamen, die den Menschen als rücksichtsloses, von Eigenliebe beherrschtes Wesen zu durchschauen lehrten, oder auch La Bruyères kühn die Laster seiner Zeit enthüllende ›Charaktere oder Die Sitten dieses Jahrhunderts‹ (1688). Mit ebendiesem neuen Interesse am Menschen, auch in seinen Verirrungen, mit der Straffung der Handlungen und der Schaffung von Spannungsmomenten wirkte Pitaval natürlich weit erregender auf seine Leserschaft als die ganz anderen Zwecken dienenden Fall- oder Urteilssammlungen. Durch die Verlagerung des Schwergewichts vom Strafrechts*problem* in die Kriminal*handlung* und die Seelenlage der Verbrecher erreichte Pitaval zugleich eine andere Leserschaft: das interessierte breite Publikum. Auch führte er – vom Verlauf der Verhandlung, also von den Akten, bestimmt – den Kunstgriff ein, die Schuldigen bis zuletzt durch Ablenkungsfiguren im Zwielicht zu halten.

Doch man darf bei ihm diese schriftstellerischen Neuerungen und erzählerischen Kniffe in Aufbau nicht überschätzen; denn er schreibt als Rechtsfachmann bewußt immer auch für die Juristen unter seinen Lesern. So hebt er die Urteile, wie im Lehrbuch, nach wie vor durch Kursivsatz hervor und teilt sie wörtlich mit. Daher gibt er die Schriftsätze der Gerichtspersonen nicht selten in solcher Genauigkeit und zuweilen so ausführlich wieder, daß der heutige Leser ungeduldig wird. Viele seiner Rechtsfälle bleiben geradezu in der Mitteilung der gegenseitigen Schriftsätze stecken. Man sieht daran, wie mühsam und erst allmählich, von Rückfällen begleitet, sich Pitavals neue Erzählform aus der älteren der strafrechtlichen Lehrbeispiele herausarbeitete. Ein Nachfolger wie François Richer hat diese Schwierigkeiten Pitavals gar nicht mehr begriffen und schmolz später die für Juristen bestimmten Eigentümlichkeiten der Darstellung in die vollkommene Übersichtlichkeit und Transparenz des Stils der späten Aufklärung um.

Es bleibt Pitavals Verdienst, daß er als einer der ersten in mitleidloser Sachlichkeit die Besonderheit des Menschen jenseits der Gesetze oder angesichts des Todes in zuvor nicht dagewesener Deutlichkeit aufdeckte. Zugleich durchleuchtete er die Gesellschaft, in der dieser Mensch lebte, ihre ungeschriebenen Abhängigkeiten, ständischen Leitvorstellungen und ihre vor allem für das arme Volk grausame Strafjustiz. In dieser beachtlichen Erweiterung des Menschenbildes aus Wahrheitsliebe ist Pitaval neu und groß. Und seine Sachlichkeit wirkte gleichzeitig als schneidende Kritik. Nicht, daß er auch als Privatmann der Gesellschaft seiner Zeit und der gerade verstrichenen Ludwigs XIV. *bewußt* so kritisch gegenübergestanden hätte, aber durch den Wahrheitsfanatismus seiner *Darstellung* entsteht aus vielen hundert Einzelzügen ein genaues, hintergründiges Bild dieser Gesellschaft, deren bedenkliche Seiten zur Kritik herausfordern. Schonungslos deckt Pitaval dabei sowohl die egoistischen Abgründe in Personen auf, die durch ihr gesellschaftliches Ansehen geschützt schienen, als auch die in einfachen Menschen, die durch Not, Leichtsinn oder Bosheit zum Verbrechen getrieben wurden. In dieser Menschenenthüllung und immanenten Kritik an der Gesellschaft sind seine Nachfolger nur seine Nachahmer.

Als er sein Hauptwerk begann, sagte er in der Vorrede zu dessen erstem Bande bezeichnend: ›Die Erzählung der besonderen, ans Wunderbare grenzenden Prozesse und der Urteile, die über die berühmten Streitreden der Anwälte gefällt worden sind, befriedigt die Neugierde völlig und belehrt den Geist gleichzeitig über die Gesetze der Rechtsprechung in wichtigen Rechtsfällen. Die sonderbaren und überraschenden Vorgänge dagegen, die in hübschen *erdichteten* Erzählungen erschüttern, erzeugen durch die Unrichtigkeit der Begebenheiten nur schädliches Vergnügen. ... Doch erst wenn das Wahre mit dem Wunderbaren zusammenfällt, ... genießt unser Geist und Herz reine, erlesene Wonne. ... Man glaube ja nicht, mein Hauptmotiv sei gewesen, der Phantasie durch Vorführung angenehmer Bilder zu gefallen. Meine Hauptabsicht war vielmehr: zu belehren, indem ich in der Entscheidung dieser besonderen und wichtigen Rechtsfälle die Geheimnisse der Rechtswissenschaft enthüllte. Dabei habe ich meine Erzählung, soviel ich konnte, vom Durcheinander der Prozeßführung befreit und nur die unbedingt notwendigen Einzelheiten berichtet. Ich habe mir vorgenommen, gelesen zu werden, und daher befürchtet, die meisten Leser abzuschrecken, wenn ich mein Buch mit den Dornen des Gerichtshofes stachelig mache. Die Urteile jedoch habe ich so wiedergegeben, wie sie verkündet worden sind, und ihre Sprache beibehalten aus Achtung vor den Göttern, die sie verkündet haben.‹ Man sieht, wie er noch schwankt zwischen dem Juristen, der belehren, und dem Erzähler, der gefallen will, und es noch für notwendig hält, seine erzählende Form vor seinen Fachgenossen zu motivieren. Im Vorwort zum siebten Band ergänzt er diese Äußerung über sein Verfahren zwei Jahre später noch durch folgende Sätze: ›Ich durfte nur lesenswerte und berühmte Rechtsfälle aufnehmen, die jeden interessieren können. Dabei mußte ich für die Juristen in entsprechendem Stil über die Rechtsgründe, die Gewährsmänner und die Urteile berichten, für die Leute von Welt jedoch die merkwürdigsten Verhältnisse aufsuchen und allen Schmuck der Beredsamkeit anwenden, zu dem der Gegenstand Anlaß gab und bei dem sich der Geist des Redners kundtat. ... Wenn ich von manchen Rechtsfällen bereits Darstellungen von Meistern ihrer Kunst vorfand, habe ich mich auf Auszüge und Kürzungen beschränkt; kamen mir aber schlecht verdaute Darstellungen eines Tatbestandes in die Hände, deren Beweisgründe ungegliedert und schlecht verteilt waren, so habe ich sie umgeschmolzen. ... So tat man mir Unrecht, wenn man behauptet hat, ich sei ein bloßer Kompilator in dieser Sammlung. Dabei hat man nicht bedacht, daß ich auch Rechtsfälle aufnahm, die ich selber verfaßt habe.‹ Und im Vorwort zum fünfzehnten Band (1742) lesen wir: ›Ich wollte mein Buch in die Hände der Juristen, der Gesellschaftsmenschen und sogar der Damen legen. ... Wenn ich mich damit begnügt hätte, bloße *Auszüge* aus den Gerichtsreden zu machen und anschließend die Urteile zu berichten, so hätte ich für die letzteren ein langweiliges Buch geschaffen.‹

Man sieht also: Pitaval übernahm zwar die Stoffe, die Vorgänge aus den Akten der Gerichtshöfe, aus den

Denkschriften der Beteiligten oder aus älteren Fallsammlungen und druckte sie – zu spannenden Handlungen bearbeitet und von den ›Dornen des Gerichtshofes‹ befreit, aber im Tatsächlichen unverändert – in ihren Schriftsätzen und Urteilen wieder ab, erhob sie aber durch seine Darstellungsgabe vom strafrechtlichen Fachschrifttum zur Erzählungsliteratur.

Wenn Pitaval dies auch nur in einigen Erzählungen völlig gelang, so bleibt doch bestehen, daß er aus der Gattung der Sammlungen vorbildlicher Strafrechtsreden und Lehrbeispiele durch die Kunst seiner Erzählung den Kriminalbericht und damit ein Vorbild für die Kriminalnovelle geschaffen hat.

Dabei führt ihn in den gelungenen Fällen die Genauigkeit der Einzelzüge, die er den Akten entnahm, sogleich bis zu einer gewissen Meisterschaft in der neuen Form. Die Juristen unter seinen Lesern haben ihn zu dieser Genauigkeit, die seinen besten Berichten das Neuartige und Überzeugende der Wahrheit verleiht, gezwungen; denn es sind keine erdichteten, ersonnenen Geschichten, sondern Berichte über ein tatsächliches Geschehen, was auf seine Zeit solchen Eindruck machte, wenn diese in ihren Poetiken für *Wirklichkeitsberichte* auch noch gar keine Gattung besaß. Der Wert derjenigen Berichte, die bis zu Erzählungen gestaltet sind, wächst noch durch die unparteiische Sachlichkeit und Kühle des Berichterstatters, der sich fast immer unsichtbar im Hintergrund hält und seine eigene Auffassung bis zuletzt verschweigt. Voll Spannung erlebt der Leser in dialektischer Dramatik nacheinander das ganze Für und Wider der Parteien und Untersuchungsrichter mit und geht überzeugt vom einen Standpunkt zum anderen, zunächst ebenso überzeugenden, über. Zweifellos bedurfte es beachtlicher schriftstellerischer Kunst, um diese damals ganz neuartigen Wirkungen hervorzubringen, auch wenn Ansätze dazu schon in den Schriftsätzen oder Zeugenaussagen vorhanden waren.

In der Wahl der Stoffe war Pitaval immer, wie seine Sammlung verhieß, auf Rechtsfälle von Bedeutung und allgemeinerem Publikumsinteresse angewiesen. Er entnahm sie, wo er sie fand: zum Teil aus der Vergangenheit, zum Teil aus den Gerichtsakten seiner Gegenwart. Die lange Regierungszeit Ludwigs XIV., in die Pitavals Jugend fiel, lieferte eine große Zahl wichtiger Fälle, doch griff er bis in die Renaissance Franz' I., einmal sogar auf einen Rechtsfall des Neuen Testaments zurück. Auf der Suche nach geeigneten Stoffen behandelte er auch politische Ereignisse als Rechtsfälle, so die Prozesse gegen Jeanne d'Arc, Maria Stuart, Don Carlos, die Hinrichtung Karls I. von England, die des Zarewitsch Alexej, die Verschwörung des Günstlings Cinq Mars gegen Ludwig XIII. oder den Mord Johann Parricidas an seinem Onkel, dem deutschen König Albrecht I.

Es mag für Pitaval nicht leicht gewesen sein, für 22 Bände genügend geeignete Rechtsfälle zu finden. Auch gerät der Jurist in ihm dabei zuweilen wieder bedenklich in die Nähe der Darstellungsart seiner Vorgänger. Doch tat dies der Beliebtheit seiner ›Rechtsfälle‹ keinen Abbruch. Ihr großer Erfolg beim Publikum erweckte natürlich auch den Neid der Kritiker. Sie warfen Pitaval Sorglosigkeit im Aufbau, Mangel an Formgefühl, zuviel Juristerei vor und bemängelten seine Auswahl, besonders auch die Aufnahme politischer Affären. Zum Teil geschah dies mit Recht; denn Pitaval vermochte seine neue Erzählform durchaus nicht immer zu erreichen. Er behielt bis zuletzt etwas von einem Naturtalent, das ziemlich naiv schafft und, ohne groß über seine Arbeit nachzudenken, sich von den Sachzwängen leiten, manchmal sogar treiben läßt. Im allgemeinen hat er seine Kritiker und kritischen Leser mit Ruhe abgewehrt. ›Ich hatte das Schicksal eines großen Schriftstellers, ohne einer zu sein: viele Leser und viele Kritiker‹, sagt er im fünfzehnten Band rückblickend.

Seinen Erfolg verdankte Pitaval dem fesselnden Stoff – der Wirklichkeit, die ja an Breite der Kombination alle menschliche Erdichtung weit hinter sich läßt – und seiner Art des Berichts. Er unterbrach seine Berichte nur selten, und dann nur, um eine Verfahrensweise oder ein Urteil kritisch zu beleuchten. Reflexionen mied er: sie hätten den Fluß der Erzählung gestört.

Auch die Ansichten seiner Leser über den *Verbrecher* teilte er im wesentlichen, als Jurist seiner Zeit und als Sprecher vor einer großen Lesergemeinde. Der Verbrecher ist für ihn und für seine Leser ein Mensch, der sich gegen das geltende Gesetz des Staates oder der Kirche vergangen hat, das vor allem das Leben und Eigentum schützt, und der daher auch den Vorschriften des Rechts der Bestrafung durch die Gesellschaft zugeführt werden muß. So rüttelte Pitaval noch kaum an den Rechtsvorschriften selbst oder an der Härte des Strafmaßes, er beschränkte sich vielmehr im wesentlichen auf die Rolle des Berichterstatters. Dennoch liegt ein Hauch von früher Aufklärung und wohltuender Humanität über seinen ›Berühmten Rechtsfällen‹. Dieser Hauch zeigt sich in Ansätzen, die Motive des Verbrechens menschlich verständlich zu machen, statt sie, wie bisher meist, in Bausch und Bogen einfach als sündig abzutun. Er äußert sich als Mitleid Pitavals mit den unschuldig Verdächtigten und den durch eine nun einmal so überkommene grausame Justiz unschuldig Verhafteten und Verurteilten und erscheint als Kritik an der Praxis pflichtvergessener, bestochener oder unkundiger Richter, als Kritik an Amtsmißbrauch treibenden Justizpersonen. (Man vergegenwärtige sich, daß nach Ludwig XIV. allmählich alle Staatsämter – schließlich auch die des Gerichtswesens – ebenso wie die Adelsbriefe zu festen Sätzen käuflich geworden waren.) Der Gedanke, daß auch die Gegensätze innerhalb der Gesellschaft selbst – die schreienden Gegensätze zwischen den Ständen und Einkommen der damaligen Gesellschaft, in der der dritte Stand, vor allem die Bauern, so gut wie alle Staatslasten allein zu tragen hatten – an Verbrechen mitschuldig sein könnten, kommt den frühen Aufklärern und so auch Pitaval noch nicht.

So gut Pitaval aber auch in die Gesellschaft seiner Zeit paßte, von *einem* ihrer herrschenden Züge scheint er durch Erziehung und als Mensch des Übergangs vom Barock zum Rokoko noch frei gewesen zu sein: von der Zersetzung des Kirchenglaubens – einer Erscheinung, die damals rapide Adel und Großbürgertum ergriff und sich bis zur bewußten Frivolität des Regenten, des Herzogs Philipp von Orléans, steigerte, der 1715–1723 als Neffe und Nachfolger Ludwigs XIV. für dessen noch unmündigen Urenkel, den späteren Ludwig XV., die Regierungsgeschäfte führte. Sie spiegelte die Verweltlichung der damaligen Kirche und deren Kompromittierung durch ihre galant lebende hohe Geistlichkeit wider und trug nicht selten auch zur Lockerung der Moral bei.

Dagegen stimmt Pitaval den Grundanliegen der frühen Aufklärung, der großen *geistigen* Lockerung und

Befreiungsbewegung seiner Zeit, wenn auch nur gefühlsmäßig, durchaus zu. Er teilt die von den Denkern der Aufklärung seit etwa vierzig Jahren vertretene und über die Salons ständig weiterverbreitete Auffassung, daß die Fragen der Zeit vor dem Richterstuhl der *Vernunft* entschieden werden müssen und daß die *Toleranz* an die Stelle des starren Festhaltens am Überkommenen zu treten habe. Wie die Aufklärungsschriftsteller sucht auch er dem Aber- und Wunderglauben mit der Vernunft entgegenzutreten. Wie ihre Schriften sind auch seine ›Rechtsfälle‹ popularisierte Wissenschaft, die durch Belehrung der Befreiung von Vorurteilen dienen will. Rückhaltlos genau, fast ohne Stellungnahme, einfach durch die berichteten Tatsachen wirkend, enthüllen sie erstmalig einer teils aufgeklärten Leserschaft, bestehend aus Adligen, Großbürgern und Juristen, und konservativen Lesern, vor allem Geistlichen und Vertretern ihrer theologischen Wissenschaft, den empörenden Mangel an Methode in der strafrechtlichen Untersuchung. Trotz aller Zurückhaltung und Unparteilichkeit in der Darstellung ließen sie, wie schon gesagt, eine gewisse Sympathie mit den unschuldigen Opfern spüren und lehnten – als eine der frühesten Schriften – aus Gründen der Vernunft auch die Anwendung der Folter als untaugliches Mittel der Wahrheitsfindung im Strafprozeß ab. Damit trugen sie zu einer Bewegung bei, die Jahrzehnte danach in Beccarias Buche ›Von Verbrechen und Strafen‹ (1764) gipfelte und schließlich in Frankreich, im Zuge der Gerichtsreform von 1788, zur Abschaffung der Folter führte. Zwar hütete sich Pitaval aus inneren und äußeren Gründen noch – oder er denkt noch gar nicht daran –, das Dogma und das Gesetz kritisch anzutasten; denn für ihn schwebt die Majestät des Rechts in gleicher Erhabenheit unbestechlich über hoch wie niedrig. Zu diesen Eigenschaften, die Pitavals ›Rechtsfälle‹ den Lesern seiner Zeit wertvoll machten, kommt schließlich sein logischer, schmuckloser, kühler und meist durchsichtiger Stil, der gleichfalls weitgehend den Ansprüchen der frühen Aufklärung entsprach. Dies erklärt, warum sie derart beliebt waren, daß mehrere Ausgaben existieren. So gibt es das Original: die zwanzigbändige Pariser Ausgabe bei Guillaume Cavelier, die von 1734–1743 herauskam, und neben ihr – vielleicht als Raubdruck – die zweiundzwanzigbändige Ausgabe, die bei Jean Néaulme, angeblich in La Haye (Den Haag, 1735–1745) erschien. Eine deutsche Ausgabe von einem nicht genannten Übersetzer brachte in Leipzig und Stockholm Gottfried Kiesewetter schon 1747–1768 in neun Teilen heraus. Gleichzeitig erschien bei Wilh. Heinsius eine Übersetzung. Ihr folgten: eine neue, erweiterte französische Ausgabe, ebenfalls angeblich in ›Amsterdam‹ 1764–1771, eine vierbändige Fortsetzung von La Ville in Paris 1769, eine sechsundzwanzigbändige Neuausgabe, die 1775 in kleineren Typen wiederum angeblich in Amsterdam herauskam und auch La Villes Fortsetzung enthielt, und schließlich eine Auswahl in Paris 1833. Der Erfolg von Pitavals Sammlung – und das Verlangen nach Kriminalfällen überhaupt, das sie angeregt hatte – war schließlich in dieser Gesellschaft so groß und anhaltend, daß von 1774 an eine anonyme Konkurrenzausgabe, vorwiegend von Parlements-Juristen verfaßt, unter demselben Titel wie Pitavals Sammlung erschien – eine Konkurrenz, die es immerhin auf zwölf Bände brachte.

Für die Beliebtheit spricht auch, daß sich fast vierzig Jahre nach ihrem ersten Erscheinen ein anderer Anwalt am Parlement von Paris, der juristische Autor und Montesquieu-Herausgeber François Richer (1718 bis 1790), entschloß, Pitavals Hauptwerk zu bearbeiten, umzuschreiben, das heißt vor allem, es entsprechend dem inzwischen weiterentwickelten Stilgefühl der Aufklärung zu modernisieren, das die gleichmäßige Übersichtlichkeit im Aufbau wie die Klarheit in Satzbau und Ausdruck verlangte. Richer hat also die barocken Reste aus Pitavals Text nach Möglichkeit entfernt: Ausführlichkeit, Umständlichkeiten in Erzählung oder Schriftsätzen, Dunkelheiten, unübersichtlich lange Sätze usw. und außerdem die für juristische Leser gedachten Angaben. In Richers Vorwort zu seiner zweiundzwanzigbändigen Ausgabe, die unter Pitavals Namen und Titel, ›umgearbeitet und vermehrt von Herrn Richer, Parlementsadvokat in Paris‹, 1772–1788 in ›Amsterdam‹ (Paris), erschien, heißt es mit berechtigtem Selbstbewußtsein: ›Ich wagte, diesen Rechtsfällen eine neue Gestalt zu geben. Ich versuchte, aus dem Wust die Tatsachen herauszuheben. Ich bemühte mich, die Erzählungen möglichst so aufzubauen, daß der Leser den Ausgang und das Urteil nicht voraussehen kann und bis zur Entwicklung des Stückes immer im Ungewissen bleiben muß. ... Doch konnte ich manche Rechtsfälle dieser Sammlung nicht nach diesem Plan bearbeiten, weil sie mir dazu ganz ungeeignet schienen. Bei solchen bemühte ich mich also nur, sie möglichst deutlich darzustellen und sie durch sich selbst interessant zu machen. ... Hieraus ist nun leicht zu erkennen, daß ich mich des Werkes ganz bemächtigt und es wie meinen eigenen Grund und Boden bearbeitet habe. Der Leser findet daher in jedem Rechtsfall nicht nur meinen Stil statt des Stiles von

Herrn von Pitaval und einen ganz veränderten Handlungsverlauf, sondern ich wagte es auch, die Rechtsgründe, die mein Vorgänger anführt und aus den Schriften und Verhandlungen der Parteien entnommen hat, hier und da noch zu erweitern und zu vermehren. ... Um dieser Ausgabe noch einen merklichen Vorteil zu verschaffen, habe ich verschiedene Rechtsfälle eingeschaltet, die Herr Gayot nicht veröffentlichte, ... und fühle mich auch jetzt noch bewogen, alle nur historischen Stücke, die Herr Gayot in Rechtsfälle umgeformt hat, ganz wegzulassen.‹

Mit dieser für uns heute lesbareren Bearbeitung, einer durchgehenden Umschmelzung, ist es Richer in der Tat gelungen, Pitavals Fassung zu verdrängen, aber auch zu ersetzen und dem Namen Pitavals für Jahrzehnte weiteren Ruhm hinzuzufügen. Von Richers Fassung als Stoffquelle gehen dann auch später Roman- und Schauspieldichter aus. Pitavals ›Berühmte Rechtsfälle‹ waren in Richers Bearbeitung immer noch so beliebt, daß kurz nach Richers Publikation davon auch eine deutsche Übersetzung erschien, die Carl Wilhelm Franz, Regierungsadvokat zu Gera, später Stadtsyndikus in Schleiz, in der Cunoischen Buchhandlung zu Jena 1772–1787 besorgt hat. Auf Schillers Empfehlung wurde sie 1791 in zweiter Auflage von dessen schwäbischem Landsmann, dem Magister Friedrich Immanuel Niethammer, der später in Jena Philosophie lehrte, stilistisch überarbeitet und geistig verfeinert und erschien ohne Namensnennung der Übersetzer. So entstand die unserer Auswahl großenteils zugrunde liegende vierbändige Ausgabe: ›Merkwürdige Rechtsfälle als ein Beitrag zur Geschichte der Menschheit. Nach dem französischen Werk des Pitaval durch mehrere Verfasser ausgearbeitet und mit einer Vorrede begleitet, herausgegeben von Schiller‹ (1792–1795).

Schiller lebte damals, seit 1789, als außerordentlicher Professor für Geschichte und Philosophie in Jena. Es war die Zeit, bevor er Goethe nähertrat. Seinen Ruhm verdankte er seinen Jugenddramen: den ›Räubern‹, der ›Verschwörung des Fiesko zu Genua‹ und ›Kabale und Liebe‹; seine straffe seelenkundliche Räubererzählung ›Der Verbrecher aus verlorener Ehre‹ (1787), die das Verbrechen aus dem Natürlichen und den gegebenen Umständen ableitet, und in dem mit den Mitteln der Geisterbeschwörung, des Mordes und der Staatsinquisition arbeitenden glänzend geschriebenen Kolportageroman ›Der Geisterseher‹ (1787), in dem ein bigott erzogener deutscher Prinz in Venedig durch Ausnutzung seiner – damals modischen – Neigung zum Übersinnlichen den jesuitischen Intrigen charakterlich zum Opfer fällt, hatten Schillers Erfolg bei der bürgerlichen und höfischen Leserschaft noch gewaltig verstärkt. Er hatte gerade seine ›Geschichte des Dreißigjährigen Krieges‹ abgeschlossen, als ihn Cunos Erben um die Vorrede zu Pitaval baten. Mit ihr ist der erste Teil des Werkes dann in Jena zur Ostermesse 1792 erschienen. ›Man findet in demselben‹, sagt Schiller darin, ›eine Auswahl *gerichtlicher Fälle*, welche sich an Interesse der Handlung, an künstlicher Verwicklung und Mannigfaltigkeit der Gegenstände bis zum Roman erheben und dabei noch den Vorzug der historischen Wahrheit voraushaben. Man erblickt hier den Menschen in den verwickeltsten Lagen, welche die ganze Erwartung spannen, und deren Auflösung der Divinationsgabe des Lesers eine angenehme Beschäftigung gibt. Das geheime Spiel der Leidenschaft entfaltet sich hier vor unseren Augen, und über die verborgenen Gänge der Intrige, über die Machinationen des *geistlichen* sowohl als *weltlichen* Betruges wird mancher Strahl der Wahrheit verbreitet. Triebfedern, welche sich im gewöhnlichen Leben dem Auge des Beobachters verstecken, treten bei solchen Anlässen, wo Leben, Freiheit und Eigentum auf dem Spiele steht, sichtbarer hervor, und so ist der Kriminalrichter imstande, tiefere Blicke in das Menschenherz zu tun. Dazu kommt, daß der umständlichere Rechtsgang die geheimen Bewegursachen menschlicher Handlungen weit mehr ins klare zu bringen fähig ist, als es sonst geschieht, und wenn die vollständigste Geschichtserzählung uns über die letzten Gründe einer Begebenheit... oft genug unbefriedigt läßt, so enthüllt uns oft ein Kriminalprozeß das Innerste der Gedanken und bringt das versteckte Gewebe der Bosheit an den Tag.‹

Durch diese von Schiller eingeleitete Ausgabe wurde Pitavals Name in Deutschland nun auch weiteren Kreisen bekannt. Man nannte von nun an überhaupt Sammlungen wahrer Kriminalgeschichten ›Pitaval‹, wie man Reiseführer schlechtweg Baedeker nennt. Der Berliner Kriminaldirektor Julius Eduard Hitzig beispielsweise und Wilhelm Häring, der sich später Willibald Alexis nannte, gaben ihrer Fortführung, die von 1842–1865 in dreißig Bänden erschien, den Titel: ›Der neue Pitaval‹. Ein dreibändiger ›Sächsischer Pitaval‹ (1861/62), ein ›Pitaval der Gegenwart‹ (1903–1913) von Frank, Roscher und Schmidt und ein ›Prager Pitaval‹ von Egon Erwin Kisch (1931) beschließen – einstweilen – den Reigen und mischen sich in die Flut *erdichteter* Kriminalromane und -novellen, die der alte Pitaval heraufbeschwor.

Ansätze zur Darstellung *erdichteter* (oder von den

Fakten nur frei ausgehender) krimineller Handlungen und deren Verflechtung mit andersartigen Handlungen und Inhalten dürften so alt sein wie die Erzählungsliteratur überhaupt und kommen in einem großen Teil ihrer Werke vor, so daß man die Kriminalerzählung von der übrigen Erzählungsliteratur nicht scharf trennen kann. Kriminalgeschichten entstehen erst, wenn in einer Erzählung das Verbrechen zum Hauptgegenstand, Mittelpunkt, wichtigsten Anliegen des Verfassers wird. Zur Entfaltung der Kriminalgeschichte nur folgende Schlußbemerkungen, die zugleich Pitavals vielfältig anregende Wirkung ahnen lassen:

Die Kriminalgeschichte erwächst – wie Pitavals Kriminalreportage – auf dem Boden der frühen Aufklärung. In beiden lebt das von Vernunft geleitete Interesse am Menschen, auch in seiner Abnormität und Verfehlung. Man wendet die nach Befreiung von hingenommener Tradition dürstende Logik nun auch auf die menschliche Seele und die ›Triebfedern‹ ihres Handelns an. Dieser neue Reiz der Vernunft: die Auflösung eines Geheimnisses durch Verstand, ist die Triebkraft für Pitaval-Richers Kriminalberichte ebenso wie für die ersten Kriminalerzählungen. Dies gilt für die Ansätze in der Moralischen Wochenschrift ›Der Patriot‹ (1724–1726) wie für August Gottlieb Meißners psychologisch-moralisierende ›Kriminalgeschichten‹ (1778), Christian Heinrich Spieß' verständnisheischende ›Biographien der Selbstmörder‹ (1785) und andere bis hin zu Schillers ›Verbrecher aus verlorener Ehre‹ (1787).

Die darauf folgende Romantik, Tochter der Aufklärung, die in ihren besten Geistern den scharfen analytischen Verstand ihrer Mutter geerbt hat, ist jedoch des vernünftlerischen Tones satt, in dem seit hundert Jahren der normale Verstand die Welt erklären zu können meint. Sie glaubt nicht mehr daran, daß das gesunde Durchschnittsgehirn des prosaischen ›Philisters‹, den die Aufklärung erzogen hat, dazu ausreiche. Die Welt erscheint ihr weit verwickelter, undurchsichtiger, rätselhafter und der Wahrscheinlichkeitsvorstellung des sicheren Bürgers unzugänglicher, ja sie wird für die Romantik unter dem Eindruck von Volkssage und Volksballade zum Rätsel, zum Geheimnis überhaupt, zu dessen Aufhellung es noch ganz anderer Verstandeskräfte und Gefühlstalente bedarf, als die Aufklärung annahm. Und als Schwierigkeit kommt hinzu, daß die vom Ursächlichkeitsdenken des Verstandes ohnehin kaum durchdringbare Rätselhaftigkeit der Welt von Schwindlern obendrein noch irreführend zu Gaunertricks benutzt wird.

Die Erzähler der Romantik, die dieses neue Weltgefühl zu verbreiten halfen, erkannten in ihm sogleich die Möglichkeit, die Reize ihrer Erzählung durch Steigerung des Unwahrscheinlichen, des scheinbar Unbegreiflichen, ja Wunderartigen, die Spannung, die Angst, das Grauen noch zu verstärken. Es entwickelte sich so eine Kriminalerzählung, die nach Weltgefühl, Formung und Absicht in Gegensatz zu Pitaval-Richers verstandeshelle, vernunftgläubige Kriminalberichte trat, wenn sie sich auch durch deren Stoffe weiterhin anregen ließ. Es war das die Zeit der Spätaufklärung, in der abenteuernde spiritistische ›Wundertäter‹ wie Cagliostro ihr Unwesen trieben, die Zeit, in der die obersten Schichten von einem Drang nach dem Übernatürlichen, dem Wunder, befallen wurden, wie wir es auch in Schillers ›Geisterseher‹ finden. Es war die Zeit des englischen Schreckensromans (der ›Gothic Novel‹, des Geheimnisromans, 1790–1820), der nach gewaltigen Gruselerregungen einem der Aufklärung müden Publikum am Ende alle ›übernatürlichen‹ Geschehnisse auf natürliche Weise erklärt. Da beide, Schreckensroman und romantische Kriminalgeschichte, die Klärung eines Geheimnisses zum Gegenstande haben, hat der Schreckensroman durch spannenden Aufbau und schauerliche Einzelzüge auf die Kriminalgeschichte eingewirkt, ja manche Kriminalnovellen machen den Eindruck zusammengedrängter Schreckensromane. Eine Art Mittelding zwischen Kriminal- und Schreckensroman schuf damals der gesellschaftsreformerische William Godwin in dem eindrucksvollen ›Caleb Williams‹ (1794), in dem ein Diener wegen Mitwisserschaft an dem Morde seines Herrn in den Wahnsinn getrieben wird. Die romantisch intensivierte Kriminalerzählung jedoch erreichte unter dem Nachhall von Schillers ›Räubern‹ bald künstlerische Höhepunkte, in denen ältere Überlieferung mit neuen Impulsen aus Pitaval verschmolzen wurde. So verwendete E. T. A. Hoffmanns Erzählung ›Das Fräulein von Scuderi‹ (1819) – die für die spätere Kriminalerzählung richtunggebend werden sollte – neben anderen Anregungen den durch Pitaval berühmt gewordenen Rechtsfall der Marquise de Brinvillier für seine Umweltschilderung und erzählt noch in seinen letzten Jahren ›nach Richers Causes célèbres‹ die ›Marquise de la Pivardiere‹ (1825), durch deren romantische Hülle Richers vernunfthelle Kenntnis des wirklichen, wendungsreichen Lebens in seiner Mehrdeutigkeit noch schimmert. Und Walter Scotts ›Herz von Mid-Lothian‹ (so heißt das Zuchthaus von Alt-Edinburgh, 1818) wußte – wie auch eine Anspielung deutlich zeigt – die richterlich-kühl distanzierte französische Pitaval-Tradition vernunftklarer Aufhellung mit der von Defoe und Fielding geschaffenen volksnahen ›Newgate Novel‹ (Gefängniserzählung) zu verbinden. Die ›Newgate Novel‹ geht ihrerseits übrigens wiederum auf die elisabethanische ›rogue story‹ (Gaunergeschichte) und die ›Newgate Pamphlets‹ (Flugschriften und Kalender mit den Geständnissen der Verurteilten aus dem Anfang des 18. Jahrhunderts) zurück und blühte später bei Dickens (›Oliver Twist‹, 1838); (›Das Geheimnis Edwin Droods‹, 1870), Wilkie Collins (›Frau in Weiß‹, 1860; ›Der Mondstein‹, 1868) und anderen. Auch in Frankreich setzte die Kriminalerzählung, der ›roman policier‹, wohl sogleich mit einem Meisterwerk ein: mit Balzacs phantastischer, großenteils unaufgeklärt bleibender ›Geschichte der Dreizehn‹ (1833–1835). Wie weit hatte sich die Kriminalgeschichte in einer Welt, die vom Verstande als kaum noch durchdringlich empfunden wurde, jedoch hier von Pitaval-Richers vernunftgläubigen, verstandeshellen Berichten schon entfernt! Während die Kriminalhandlung dann bei Victor Hugo, Alexandre Dumas oder Eugène Sue neben anderen Handlungen dahintreibt und sich mit ihnen vermischt, erreichte die eigentliche Kriminalerzählung in ihrer älteren Form noch Triumphe in Paul Févals Fortsetzungsromanen (um 1850) und Gipfel in Dostojewskis ›Schuld und Sühne‹ (1866) – tief dadurch, daß hier der Mörder durch seine Tat in eindringender Analyse zugleich Klarheit über sich selbst und die sittliche Welt gewinnt – oder dem ganz andersartigen ›Phantom der Oper‹ (1910) von Gaston Leroux, einem Werke, das zum schauerlichen Geheimnisroman zurückkehrt und dessen Rätsel am Ende wieder auf natürliche Weise löst. Doch diese ältere Erzählform der Kriminalgeschichte hatte Edgar Allan Poe mit dem ›Doppelmord in der Rue Morgue‹ 1841 schon verlassen. Er hatte ihr die entscheidende Wendung zur *Detektivgeschichte* gegeben: der vom Ende her aufgerollten Kriminalerzählung, in der nicht mehr die *Geschichte* eines Verbrechens parallel mit dessen Hergang, sondern die *Aufdeckung* eines Verbrechens rückläufig rekonstruierend erzählt wird.

Aber auch diese für die Erzählform umstürzende Neuerung: die denksportliche, nachträgliche Analyse des Verbrechens, war in den Untersuchungsmethoden der Strafjustiz natürlich seit langem in Anwendung und Pitaval auch als Darstellungsform geläufig. Poe wandte sie als erster auf die erzählende Dichtung an, fügte ihr jedoch als zentralen Fragesteller und Gedanken-Motor neu den *Detektiv* hinzu, den Pitaval nicht kannte. In der Form der Detektivgeschichte hat die Kriminalerzählung seitdem ihren beispiellosen Siegeszug um die Erde angetreten. Über Emile Gaboriau (›Die Affäre Lerouge‹, 1866), über Conan Doyles ›Abenteuer des Sherlock Holmes‹ (1891 ff.) reicht sie in immer scharfsinnigerer oder ausgeklügelterer Gedankenführung und raffinierterer Form, indem sie die jeweils jüngsten technischen Erfindungen und scheinbar nebensächlichsten Kleinigkeiten und Umstände nutzt und zur Darstellung einer übersteigerten Gegenwart verfremdet, indem sie die Welt in Hunderten von Millionen Bänden mit ihren Detektiven bevölkert – den Dupin, Lecoq, Holmes, Poirot, Lord Wimsey, Maigret, die auch das Unwahrscheinlichste mit Instinkt, Phantasie und exzeptionellem Überverstand durchdringen – bis zu den Heutigen, etwa Agatha Christie, Dorothy Sayers oder Georges Simenon und hundert anderen mit ihnen Wetteifernden, und der

Champion von ehemals, Pitaval, versank dabei als Oldtimer längst in ihrer Menge.

Wenn wir uns schließlich fragen, was Pitaval – in Richers Fassung – für uns Heutige noch bedeutet, so könnte die Antwort etwa lauten: Er hat unsere Kenntnis des Menschen durch rückhaltlose Enthüllung der Seele des Verbrechers beträchtlich erweitert. Er hat uns zugleich ein Bild von den Hintergründen der Adelsgesellschaft seiner Zeit überliefert, das durch die Genauigkeit seiner Einzelzüge vielfach ergreifend kritisch wirkt. Er hat aus Sammlungen strafrechtlicher Lehrbeispiele und Musterreden durch die Kraft seiner Erzählung den Kriminalbericht und damit nichts Geringeres als das Vorbild für die erdichtete Kriminalnovelle geschaffen.

Rudolf Marx

Unerhörte Kriminalfälle

Die Marquise von Brinvillier

Marie-Marguerite d'Aubray war die Tochter des Herrn Dreux d'Aubray, Zivilleutnant am Châtelet zu Paris. Sie vermählte sich im Jahre 1651 mit dem Marquis von Brinvillier, dem Sohn des Herrn Gobelin, eines reichen Präsidenten bei der Rechnungskammer. Beide waren sich an Stand und Vermögen gleich. Der Marquis hatte ein jährliches Einkommen von 30000 Livres; seine Gemahlin erhielt eine Mitgift von 200000 Livres und hatte Aussicht auf ein beträchtliches Erbe, das sie nach ihres Vaters Tod mit einer Schwester und zwei Brüdern zu teilen hatte.

Reichtum war aber nicht der einzige Vorzug der Marquise. Sie war von der Natur ebenso wie vom Glück begünstigt. Bei einem Wuchs von mittlerer Größe hatte sie ein rundes, freundliches Gesicht, in dem sich Anmut mit Regelmäßigkeit der Züge und dem Ausdruck einer ganz reinen, leidenschaftslosen Seele vereinigte, um ihm den höchsten Reiz zu geben. Diese in allen ihren Zügen herrschende Ruhe, der echte Widerschein eines unbefangenen, arglosen Gemütes, gewann ihr das Zutrauen aller, mit denen sie umging, während ihre Schönheit die Herzen aller fesselte.

Ihr Verführer wurde ein gewisser Herr Godin, der sich von Sainte-Croix nannte und Hauptmann beim Kavallerieregiment Trassi war. Der Marquis von Brinvillier, der als Oberst beim Regiment Normandie stand, machte seine Bekanntschaft im Felde.

Dieser Sainte-Croix war einer von den Glücksrittern, die, weil sie selbst nichts haben, alles fremde Gut als ihr Eigentum behandeln. Man sprach sehr verdächtig von seiner Herkunft. Man wußte, daß er in Montauban geboren sei; doch man zweifelte, ob er aus einer guten Familie stamme oder ein uneheliches Kind aus vornehmem Hause sei. Das Glück hatte ihn nicht sehr begünstigt, aber die Natur war freigebiger gegen ihn gewesen. Er hatte ein einnehmendes, geistvolles Gesicht, das ihm leicht Vertrauen und Zuneigung verschaffte, und besaß die glückliche Geschmeidigkeit des Geistes, die jede Gestalt mit gleicher Leichtigkeit annimmt und mit derselben Fertigkeit die Rolle des Andächtigen spielt, mit der sie ein Bubenstück ausführt. Er war empfindlich gegen Beleidigungen, empfänglich gegenüber dem anderen Geschlecht bis zur Leidenschaft und eifersüchtig in der Liebe bis zur Raserei – selbst bei Personen, die ihr öffentliches Gewerbe zu Freiheiten berechtigte, die ihm nicht unbekannt sein konnten. Bei einem unbegrenzten Hang zur Verschwendung von allen Mitteln entblößt, war er jeder Schandtat fähig, durch die er etwas zu gewinnen hoffte. Einige Jahre vor dem Tode fing er an, den Frömmler zu spielen, und soll in dieser Periode sogar Andachtsbücher geschrieben haben. Er sprach von Gott wie ein Prophet, während er ihm wie ein Baalspfaffe diente, und gab sich unter dieser Maske, die er nur im Kreise seiner vertrautesten Freunde abnahm, das Ansehn eines ganz frommen Menschen, während er Urheber und Mitverschworner der ungeheuerlichsten Verbrechen war.

Der Aufmerksamkeit eines solchen Menschen konnte der Marquis von Brinvillier nicht entgehen, der bei lebhaftem Hang zum Vergnügen großen Aufwand trieb, Reize genug für Sainte-Croix, um seine Angel nach ihm auszuwerfen! Es konnte ihm auch nicht fehlschlagen, sich bald genug in seine Gunst einzuschmeicheln. Sobald der Feldzug beendet war, führte ihn der Marquis selbst in seinem Hause ein. Der Freund des Mannes wurde bald der Liebhaber der Frau, und seine Grundsätze fanden Eingang mit der Neigung, die er einzuflößen wußte. Der Marquis, selbst zu sehr durch Zerstreuungen abgelenkt, um auf die Schritte seiner Gemahlin achtzugeben, war ganz unbesorgt wegen ihres Betragens; und die beiden Liebenden hatten freie Hand, zu tun, was sie wollten.

Der Marquis brachte endlich seinen Besitz in solche Zerrüttung, daß es seiner Gemahlin gestattet wurde, ihr Vermögen zurückzunehmen und für sich zu verwalten. Durch diesen letzteren Schritt glaubte sie sich berechtigt, alle weiteren Rücksichten außer acht zu lassen und sich ihrer Neigung ohne Zwang hinzugeben.

Man sprach bald ganz laut über ihren Umgang mit Sainte-Croix. Der Marquis hörte es mit der größten Gleichgültigkeit. Allein Herr d'Aubray, um die Ehre seiner Tochter mehr besorgt als ihr Gemahl, wirkte einen Haftbefehl gegen ihren Liebhaber aus und ließ ihn ganz unvermutet, als er eben mit der Marquise im Wagen saß, gefangennehmen. Er wurde auf ein ganzes Jahr in die Bastille gebracht.

Unglücklicherweise gab ihm diese Gefangenschaft selbst das schrecklichste Mittel zur Rache in die Hand. Er machte in der Bastille die Bekanntschaft eines gewissen Exili, eines gebornen Italieners, der ihn noch mehr zur Rache anfeuerte und ihn zugleich die Mittel lehrte, sie ungestraft auszuführen. »Die Franzosen«, sagte er, »gehn bei ihren Verbrechen viel zu ehrlich zu Werke und verstehn auch ihre Rache nur so wenig geschickt auszuführen, daß sie immer selbst deren Opfer werden. Sie führen den Streich auf ihren Feind mit so viel Geräusch, daß sie sich selbst einen noch weit grausameren Tod zuziehen als den, den sie ihrem Feind antun, indem sie zugleich Vermögen und Ehre verlieren. Die Italiener sind feiner in ihrer Rache. Sie haben es in ihrer Kunst so weit gebracht, daß sie Gifte bereiten können, die dem geschicktesten Arzt verborgen bleiben. Ein schneller oder langsamer Tod, wie es ihre Zwecke erfordern, steht in ihrer Macht. In beiden Fällen lassen ihre Mittel keine Spuren zurück, sie sind, wenn sich doch einige Kennzeichen finden, so zweideutig, daß man sie auch der gewöhnlichsten Krankheit zuschreiben kann und die Ärzte, in der gänzlichen Ungewißheit über die unbestimmten Anzeichen, die sie bei ihren anatomischen Untersuchungen finden, den Tod des Patienten nicht anders als mit allgemeinen Ausflüchten, die sie immer bei der Hand haben, verborgnen Krankheitsstoffen, schlimmen Zufällen, ungesunder Luft und dergleichen, zu erklären wissen. Dies ist eigentlich die wahre Kunst, die es versteht, die Verbrechen der Menschen auf die Rechnung der Natur zu setzen.«

Eine so erwünschte Gelegenheit, sich mit unsichtbaren Werkzeugen der Rache zu bewaffnen, wodurch er nicht bloß seinen bittern Haß ohne Gefahr befriedigen, sondern zugleich auch ein unermeßliches Vermögen auf einmal in die Hände einer Frau bringen konnte, die mit Vergnügen den Raub mit ihm teilen würde, ergriff Sainte-Croix mit größter Begierde. Er hatte während seiner Gefangenschaft Zeit genug, die abscheuliche Kunst des Italieners von Grund aus zu lernen. Dieser Unterricht füllte nun die leeren Stunden der beiden Gefangenen aus. Die Geschicklichkeit des

Lehrers und der Eifer des Schülers, von Liebe, Rache und Raubgier gleich stark angefeuert, beflügelten die Fortschritte des letztern; und noch ehe er die Bastille verließ, war er Meister in dieser infernalischen Erfindung.

Das erste Opfer, das er sich wählte, war Herr d'Aubray, der Vater der Marquise. Außer daß dieser strenge Sittenrichter ihn mitten im Genuß seiner Freude zu einer Zeit gestört hatte, als der Ehemann selbst entweder ein ganz blinder oder doch ganz kalter Zuschauer dabei gewesen war, stand er jetzt auch seinem Umgang mit der Marquise überall störend im Wege und hinderte ihn aufs neue, die süßen Früchte einer Leidenschaft zu genießen, die durch die Entfernung nicht gedämpft, sondern nur noch mehr gereizt worden war. Zwei der ausschweifendsten Leidenschaften forderten ihn also zugleich auf, sich eines so beschwerlichen Aufsehers zu entledigen. Allein es war ihm nicht genug, seinen Feind zu morden: Durch die Hand seiner eignen Tochter sollte er sterben. Und die Marquise war verabscheuungswürdig genug, ihres eignen Vaters Henkerin zu werden, nur weil es ihr lästig war, sich in ihren Ausschweifungen durch seine strenge Aufsicht Zwang auferlegen zu lassen.

Es ist unglaublich, bis zu welchem Grad von Lasterhaftigkeit eine einzige herrschend gewordene Leidenschaft einen Menschen führen kann. Aus wollüstigem Hang zu einem schändlichen Bösewicht unterdrückt die Tochter das stärkste Gefühl, das die Natur in uns gelegt hat, und beschließt, ihres Vaters Mörderin zu werden. Doch noch nicht genug! Um ihren Streich nicht zu verfehlen, entschließt sie sich zu einer Vorbereitung, die noch abscheulicher ist als das Verbrechen selbst. Angesteckt von den verworfenen Grundsätzen ihres Liebhabers und eingeweiht in die Geheimnisse seiner infernalischen Kunst, übte die Marquise sich lange vorher in den unerhörtesten Verbrechen, um ihr Ziel desto sicherer zu erreichen. Ihre ersten Experimente machte sie an Tieren. Aber weil ihre Hauptabsicht auf Menschen gerichtet war, genügten ihr diese Versuche nicht. Sie fürchtete, die große Verschiedenheit des menschlichen Körperbaus könnte ihre Kunst zuschanden machen. Sie nahm sich also vor, sie an den Menschen selbst zu studieren! Zu diesem Zweck teilte sie vergifteten Zwieback unter die Armen aus und brachte diese tödlichen Geschenke selbst in das Gotteshaus, um mit eignem Auge deren erste Wirkungen an den Kranken beobachten zu können. Da ihr aber die Klugheit hier doch nicht erlaubte, selbst Zeuge aller Wirkungen und Symptome zu sein, beschloß sie endlich, an ihrer Kammerjungfer eine Probe zu machen. Sie gab ihr einen Teller mit vergifteten Johannisbeeren und Schinken. Das unglückliche Mädchen wurde davon todkrank, aber sie starb doch nicht. Eine Beobachtung, wodurch Sainte-Croix belehrt wurde, daß sein Gift noch eines Zusatzes bedürfe, um seine Wirkung nicht zu verfehlen.

Sie wiederholte diese Experimente auch noch an andern, um die Wirkung ihres Giftes auf verschiedne Körper methodisch zu studieren. Frau von Sévigné gibt in ihren Briefen folgende Beschreibung von diesen Versuchen. ›Die Brinvillier‹, sagt sie, ›setzte ihren Gästen bisweilen vergiftete Taubenpasteten vor, nicht gerade, um sie ums Leben zu bringen, sondern nur, um Beobachtungen über ihre Gifte anzustellen. Mehrere starben aber wirklich daran. Auch der Ritter von Guet hatte einst eine solche Mahlzeit bei ihr eingenommen. Das Gift verzehrte ihn aber ganz langsam, er starb erst zwei oder drei Jahre nachher. Da die Unglückliche schon im Gefängnis saß, erkundigte sie sich, ob er gestorben sei; und als man ihr sagte, daß er noch lebe, erwiderte sie: ‚Er hat in der Tat ein zähes Leben.' Herr von Rochefoucault erzählt dies als eine ganz wahre Begebenheit.‹

Durch eine Reihe solcher unerhörter Grausamkeiten im Laster schon verhärtet und durch lange Übung sicher, ihr Ziel nicht zu verfehlen, beschloß sie endlich, den Streich gegen das bestimmte Opfer selbst zu führen. Es konnte ihr nicht schwerfallen, eine passende Gelegenheit dazu zu finden. Als eine gelehrige Schülerin von Sainte-Croix hatte sie auch in der Verstellungskunst so schnelle Fortschritte gemacht, daß sie den Unwillen ihres Vaters, der wegen ihres Verhaltens sehr aufgebracht gewesen war, längst wieder besänftigt hatte. Seit ihr Liebhaber in die Bastille gebracht worden war, hatte sie ihr Betragen mit so viel Feinheit geändert, daß ihr Vater bald wieder völlig mit ihr ausgesöhnt wurde; und da sie auch in der Folge vorsichtig genug war, ihn von der Fortsetzung ihres Umganges mit Sainte-Croix nichts ahnen zu lassen, besaß sie jetzt seine ganze Zärtlichkeit und sein unumschränktes Vertrauen.

Als er eines Tages beschloß, zur Erholung von seinen beschwerlichen Amtsgeschäften einige Tage auf seinem Landhause in Offemont zuzubringen, mußte ihn die Marquise begleiten. Sie hatte sich ihm ganz unentbehrlich gemacht. Ihr hatte er alle Sorge für seinen durch Arbeit und Alter schon geschwächten Körper anvertraut; ohne sie wollte er keine Freude genießen, mit ihr auch dies Vergnügen des ländlichen Aufenthaltes teilen. Hier in dieser heiligen Freistatt der Ruhe, mitten unter den rührendsten Ergießungen der väterlichen Liebe, reichte die Marquise ihrem Vater den Becher des Todes.

Um auch nicht den entferntesten Verdacht zu erregen, übernahm sie selbst gleich von Anfang an die ganze Pflege ihres Vaters. Wer konnte auch besser als eine so zärtliche Tochter jede kleinste Sorgfalt für ein so teures Leben beobachten? Sie selbst ließ unter ihren Augen alle Suppen für ihn bereiten; sie selbst reichte sie ihm mit eigner Hand. Kein Zug ihres Gesichts verriet das unnatürliche Verbrechen, das in ihrer Seele schon beschlossen war. Vielmehr schien sie nur mit doppelter Sorgfalt die Erhaltung des unglücklichen Vaters zu überwachen, zu dessen Vernichtung sie schon den Dolch gezückt hatte.

Endlich glaubte sie sich sicher genug, um ihr Werk zu vollenden. Sie vergiftete eine Suppe, die sie ihm selbst brachte, und sie war Ungeheuer genug, sie ihm mit der Miene der zärtlichsten Besorgnis für seine Gesundheit selbst zu reichen. Nicht lange, so tat das Gift seine Wirkung. Herr d'Aubray bekam ein heftiges Erbrechen und unerträgliche Magenschmerzen; eine tödliche Hitze brannte in seinen Eingeweiden. Unter dem Vorwand, ihm beizustehen und die Arzneien selbst zu reichen, ließ ihn seine Tochter keinen Augenblick aus den Augen. Mit gespannter Erwartung beobachtete sie die Wirkungen des Giftes. Ihr einziger Wunsch war, den Tod schnell kommen zu sehen, ihre einzige Furcht, daß die gute Natur des Unglücklichen dem Gift widerstehen könnte. Aber auch nicht das leiseste Mienenspiel verriet diese satanischen Empfindungen; vielmehr schien sie über die Leiden ihres Vaters vom innigsten Schmerz durchdrungen. Der Kranke wurde nach Paris zurückgebracht und mußte in einigen Tagen der Stärke des Giftes unterliegen.

Gewisse Verbrechen, besonders Verbrechen dieser Art, sind so abscheulich, daß man, geschweige sie zu vermuten, sich nicht einmal ihre Möglichkeit vorstellen kann. Die wahre Ursache von dem plötzlichen Tod des unglücklichen Vaters ahnte auch kein Mensch; es fiel niemandem ein, sie in seinen Eingeweiden aufsuchen zu lassen. Man bezeugte seinen Kindern das Beileid über den Verlust eines so rechtschaffenen Vaters, und die schöne leidtragende Tochter hatte die meisten Tröster um sich. Die erkünstelte Betrübnis, unter der sie ihre innere Freude verbarg, hatte so ganz den Schein der Aufrichtigkeit, daß jedermann glaubte, sie fühle den Verlust noch weit schmerzlicher als ihre Geschwister. Aber sie tröstete sich für diesen lästigen Zwang, den sie sich antun mußte, in den Armen ihres abscheulichen Liebhabers, mit dem sie nun schon Pläne entwarf, den Nachlaß des Ermordeten auf die beste Art zu verschwenden.

Jedoch fiel der Anteil, den die Marquise an dem hinterlassenen Vermögen erhielt, nicht ihren Erwartungen gemäß aus. Die meisten Güter teilte ihr älterer Bruder, der seinem Vater im Amte folgte, mit dem jüngeren, der Rat am Parlement war. Sainte-Croix und seine schändliche Buhlerin sahen also ihren Zweck nur halb erreicht. Es mußten noch zwei Köpfe fallen, um sie ganz in den Besitz der Habe zu setzen, auf den sie es bei der Ermordung des Vaters abgesehen hatten. Der Tod der beiden Brüder wurde also beschlossen. Das Vorzugsrecht an der väterlichen Erbschaft, das Gesetze und Familienverträge den Söhnen zusprechen, war hier ihr Todesurteil.

Sainte-Croix übernahm selbst die Durchführung dieses Plans. Es genügte für seine Absichten, die Marquise selbst zum Vatermord gebraucht und sich dadurch ihrer Verschwiegenheit und Einwilligung zu jedem folgenden Schritt versichert zu haben. Was nun noch zu tun war, wollte er selber ausführen.

Zwei Bösewichter, die er in seinem Sold hatte, waren ihm die unfehlbarsten Mittel dazu. Der eine, namens Martin, aus einer Provinz mit ihm gebürtig, war bei ihm im Hause als eine Art Verwalter tätig. Diesem Menschen konnte er die verwegensten Unternehmungen anvertrauen, sicher, daß ihn keine Schwierigkeit abschrecke, sobald es darauf ankam, ein Verbrechen zu begehen. Falsches Geld zu münzen, war sein Hauptgeschäft; die Zeit, die er nicht dazu gebrauchte, brachte er in den zügellosesten Ausschweifungen zu. Ein Subjekt, das in der Tat wert war, einem solchen Herrn zu dienen! Der andere, namens La Chaussée, sein ehemaliger Bedienter, hatte ebenfalls alle nötigen Anlagen, um sich seines Vertrauens vollkommen würdig zu zeigen.

Der letztere wurde hier zum Werkzeug gewählt. Die Marquise fand Gelegenheit, ihn in die Dienste ihres jüngeren Bruders zu bringen, der mit dem älteren zusammen wohnte. Sie verbarg aber ihren Brüdern sehr sorgfältig, daß dieser Mensch ehemals mit Sainte-Croix in Verbindung gestanden hatte, wie sie überhaupt auch den eigenen Umgang mit ihrem Liebhaber aufs peinlichste vor ihnen verheimlichte.

Der erste Angriff sollte auf den Zivilleutnant, den älteren Bruder, gerichtet werden. La Chaussée wurden 100 Louisdors versprochen, mit der Versicherung einer lebenslänglichen Versorgung, wenn er ihn glücklich aus dem Wege schaffen würde. Der Eifer, womit dieser Bösewicht zu Werke ging, hätte aber beinah den ganzen Plan aufgedeckt.

Begierig, seinen Auftrag schnell auszuführen und

um seinen Zweck nicht zu verfehlen, nahm er die Dosis zu stark. Er brachte dem Zivilleutnant ein vergiftetes Glas Wasser mit Wein. Allein kaum hatte dieser es an die Lippen gesetzt, als er erschrocken zurückfuhr und schrie: »Was hast du mir da gegeben, Schurke? Ich glaube, du willst mich vergiften.« Er gab das Glas seinem Sekretär, der etwas davon in einem Löffel kostete und versicherte, es schmecke bitter und rieche wie Vitriol. Die kleinste Verwirrung des Bedienten hätte alles verraten. Jedoch fehlt es solchen Verbrechern selten an der nötigen Geistesgegenwart. Ohne im geringsten aus der Fassung zu geraten, nahm La Chaussée schnell das Glas und goß es aus. »Wahrscheinlich«, sagte er, »ist mir in der Eile das Glas in die Hände gefallen, aus dem der Kammerdiener des Rats heute früh Arznei eingenommen hat; daher muß der üble Geschmack stammen.« So kam er mit einem bloßen Verweis wegen seiner Nachlässigkeit davon, und der Vorfall erregte weiter keinen Verdacht.

Dieser mißlungene Versuch, obwohl er mit so großer Gefahr verbunden gewesen war, hielt aber die Verbündeten nicht ab, ihren Plan zu verfolgen. Um ihn jedoch mit mehr Sicherheit auszuführen, ergriffen sie ihre Maßregeln jetzt auf die Gefahr hin, dabei Personen zu treffen, denen sie eigentlich nicht gelten sollten.

Anfang April 1670 begab sich der Zivilleutnant auf sein Landgut nach Villequoy in Beausse, um da die Osterferien zuzubringen. Der Parlementsrat, begleitet von La Chaussée, reiste mit ihm. Eines Tages, als eine zahlreiche Gesellschaft mit ihnen zu Mittag aß, wurden nach der Mahlzeit plötzlich sieben Personen zugleich sehr krank. Das waren gerade diejenigen, die von einer Ragoutpastete gegessen hatten, die aufgetragen worden war. Alle anderen, die sie hatten vorübergehen lassen, blieben völlig gesund. Der Zivilleutnant und der Rat waren die ersten, die die Wirkung des Gifts an sich erfuhren. Sie wurden von heftigstem Erbrechen befallen. Am 12. April kamen sie nach Paris zurück, beide mit eingefallenen, blassen Gesichtern, als wären sie eben von einer langwierigen, harten Krankheit wiedererstanden.

Dies hielt Sainte-Croix für den rechten Zeitpunkt, um sich die Vorteile zu sichern, auf die er es für seine Person bei dem Verbrechen abgesehen hatte. Er ließ sich von der Marquise zwei Schuldverschreibungen ausstellen: die eine über 30000 Livres auf seinen eignen und eine andre über 25000 Livres auf Martins Namen. So groß war also die Summe, welche die Marquise für den Mord an ihren Brüdern bezahlte!

Mit dem Zivilleutnant wurde es inzwischen von Tag zu Tag schlimmer. Er hatte einen unüberwindlichen Ekel vor allen Speisen, und das Erbrechen ließ nicht nach. Drei Tage vor seinem Tode fühlte er ein wütendes Feuer in seinem Magen, das ihn ganz zu verzehren schien. Er starb endlich am 17. Juni 1670. Bei der Öffnung seines Leichnams fand man den Magen und Zwölffingerdarm ganz schwarz und zerbröckelnd, als wären sie über einem großen Feuer gebrannt, und die Leber angefressen und brandig. Es war entschieden, daß er vergiftet worden sein müsse. Doch auf wen sollte man Verdacht werfen? Man hatte noch nicht den geringsten Argwohn auf jemand.

Die Marquise hatte die Vorsicht angewandt, sich während dieser Vorfälle aufs Land zu begeben. Sainte-Croix berichtete ihr jetzt den Tod des Zivilleutnants mit dem Zusatz: das Befinden des Parlementsrats lasse hoffen, er werde seinem Bruder bald nachfolgen.

In der Tat zeigten sich auch bei dem Parlementsrat dieselben Symptome wie bei seinem Bruder. Er mußte aber noch einen Monat länger in diesem qualvollen Zustand zubringen. Sein Gemüt war von quälender Angst ebenso gemartert wie sein Körper von heftigen Schmerzen. Von innen und außen ständig beunruhigt, fand er jede Lage unbequem. Das Bett war ihm eine Marter, doch kaum hatte er es verlassen, verlangte er wieder danach, um Linderung darin zu suchen, die er jedoch erst in den Armen des Todes fand. Man öffnete seinen Leichnam und fand Magen und Leber bei ihm in dem gleichen Zustand wie bei seinem Bruder. Daß La Chaussée sein Mörder sei, ahnte er so wenig, daß er ihm vielmehr eine Anweisung auf 300 Livres in seinem Testament vermachte, die ihm auch ohne Schwierigkeit ausgehändigt wurde.

Noch war aber die Erbgier der Marquise nicht gestillt. Bis jetzt hatte sie noch zur Hälfte für ihre Schwester gearbeitet, mit der sie die Erbschaft ihrer Brüder zu teilen hatte. Um alles allein zu haben, mußte auch diese aus dem Wege geräumt werden, und ihr Werk war immer nur halb getan, wenn nicht den vollbrachten drei Mordtaten die vierte folgte. Sie ließ es auch in der Tat nicht an Versuchen fehlen, ihrer Schwester mit den nämlichen Waffen beizukommen. Doch diese, gewarnt durch drei so schreckliche Beispiele, die so schnell hintereinander in ihrer Familie vorgefallen waren, war auf der Hut und entging allen Nachstellungen durch kluge Vorsicht.

Am übelsten aber wurde dem Gemahl der Marquise selbst mitgespielt. ›Frau von Brinvillier‹, erzählt Frau von Sévigné in ihrem 270. Brief, ›beabsichtigte, Sainte-Croix zu heiraten, und flößte, um diesen Plan ausführen zu können, ihrem Gemahl mehrmals Gift ein. Sainte-Croix aber, der gar keine Lust hatte, eine Frau zu heiraten, die ihm an Abscheulichkeit gleichkam, suchte ihm, um die Ausführung dieses Plans zu verhindern, immer Gegengift einzuflößen. So blieb der unglückliche Ehemann nur dadurch am Leben, daß er, von den beiden Ungeheuern einander zugeschleudert, bald vergiftet, bald entgiftet wurde.‹

Man sprach jetzt allgemein über diese drei so schnell aufeinander erfolgten Todesfälle, und die Umstände, von denen sie begleitet gewesen waren, ließen nicht daran zweifeln, daß der Vater sowohl wie die beiden Söhne an Gift gestorben seien. Jedoch über die Täter hatte man bloß leere Vermutungen. Auf Sainte-Croix fiel auch nicht der entfernteste Argwohn. Jedermann glaubte, sein Verhältnis mit der Marquise sei längst beendet; zu welchem Zweck sollte er also diese Verbrechen begangen haben? Auch La Chaussée kam gar nicht in Verdacht. Im Verstellen seiner Lasterhaftigkeit ebenso geübt wie im Ausführen, hatte er sich mit solcher Unbefangenheit bei dieser Schandtat benommen, daß es niemand einfiel, sie ihm zuzuschreiben.

Ein Zufall entdeckte endlich das ganze infernalische Komplott. Sainte-Croix hatte zwar in der Familie d'Aubray seinen Zweck erreicht. Doch für einen Menschen, dessen Wünsche mit jeder Befriedigung nur unersättlicher wurden, hatte eine Kunst, die so leichte Mittel bot, zu jedem Ziel zu gelangen, zuviel Reiz, als daß er sie sogleich nach dem ersten Versuch ungebraucht beiseite gelegt hätte. Vielmehr betrieb er jetzt deren Studium nur mit um so größerem Eifer. Die Gifte, die er anfertigte, waren so fein, daß ihn ein einziger Atemzug von ihnen töten konnte. Er nahm bei seinen Zubereitungen deshalb eine gläserne Maske vor, um die Ausdünstungen des Gifts von sich abzuhalten. Eines Tages aber fiel ihm die Maske vom Gesicht, und er war auf der Stelle tot.

Niemand wußte, ob er noch Verwandte hatte. Die Obrigkeit ließ also seine Sachen versiegeln und dann ein Inventar davon aufnehmen. Unter anderm kam auch eine Kassette zum Vorschein, bei deren Eröffnung man gleich obenauf ein Schreiben folgenden Inhalts fand:

›Ich bitte diejenigen inständigst, in deren Hände diese Kassette kommen könnte, mir die Güte zu erweisen, sie der Marquise von Brinvillier, in der neuen Rue-Saint-Paul, eigenhändig zu übergeben, da alles, was darin befindlich ist, sie allein betrifft und ihr allein gehört und außer dem Interesse, das sie daran hat, keinem Menschen etwas nützen kann. Sollte aber diese Dame schon vor mir gestorben sein, so bitte ich, die Kassette weder zu öffnen noch den Inhalt zu prüfen, sondern mit allem, was sich darin findet, sogleich zu verbrennen. Damit aber derjenige, in dessen Hände die Kassette fällt, nicht zum Vorwand nehme, daß man doch nicht wissen könne, ob sich dies alles wirklich so verhalte, so schwöre ich bei Gott, den ich anbete, und bei allem, was heilig ist, daß es die reine Wahrheit ist. Sollte er aber dennoch meiner gutgemeinten und wohlüberlegten Anweisung zuwiderhandeln, so gebe ich es ihm auf sein Gewissen in dieser und jener Welt, indem ich erkläre, daß es mein Letzter Wille ist. Geschrieben zu Paris, den 25. Mai 1672, nachmittags. Unterzeichnet: von Sainte-Croix.‹ Weiter unten war noch geschrieben: ›Paket, gerichtet an Herrn Penautier, der es übergeben soll.‹

Diesem Verlangen zum Trotz machte sich die Obrigkeit kein Gewissen daraus, die Kassette zu untersuchen; und wir wollen nun unsern Lesern eine Beschreibung dieser dem Schutz Gottes und allem, was am heiligsten ist, übergebenen Schätze in den Worten des darüber aufgenommenen Protokolls mitteilen.

1. In der Kassette fand sich ein Paket, das mit acht Siegeln von verschiednen Wappen versiegelt war, mit der Aufschrift: ›Papiere, die nach meinem Tod zu verbrennen sind, da sie niemand etwas nützen können. Ich bitte sehr inständig darum, und ich gebe es denen, in deren Hände sie kommen, aufs Gewissen, daß sie es tun, ohne das Paket geöffnet zu haben!‹ In diesem Paket waren zwei andre, welche sublimierten Merkurius enthielten.

2. Ein anderes Paket, mit sechs Siegeln von verschiedenen Wappen versiegelt und auf dieselbe Art überschrieben, worin sich gleichfalls ein halbes Pfund sublimierter Merkurius befand.

3. Ein Paket, auf dieselbe Art versiegelt und überschrieben, mit drei Päckchen, von denen das erste eine halbe Unze, das zweite zwei Unzen sublimierten Merkurius und ein viertel Pfund römischen Vitriols enthielt und das dritte kalzinierten präparierten Vitriol enthielt.

4. Eine große achteckige Flasche mit einem Achtel klaren Wassers, woran, wie Herr Moreau, der Arzt, versicherte, nichts zu erkennen war, bis man Versuche damit anstellen könnte.

5. Eine andere kleinere Flasche mit ebenfalls klarem Wasser, in der sich ein weißlicher Bodensatz befand. Herr Moreau bemerkt dazu dasselbe.

6. Ein kleiner Topf von Porzellan, worin zwei oder drei Unzen präpariertes Opium waren.

7. Ein zusammengelegtes Papier, in welchem sich zwei Drachmen sublimierter korrosivischer Merkurius befanden.

8. Eine Büchse mit Höllenstein.

9. Ein Papier mit einer Unze Opium.

10. Ein Stück von drei Unzen Regulus Antimonii.

11. Ein Paket Pulver, auf dessen Umschlag geschrieben war: ›Das Blut der Weiber zu stillen.‹ Herr Moreau sagt, es sei aus gedörrten Quittenknospen und Blättern gemacht.

12. Ein Paket mit sechs Siegeln, wie die obigen überschrieben, in welchem siebenundzwanzig Stückchen Papier enthalten waren, jedes mit der Aufschrift: ›Verschiedene sonderbare Geheimnisse.‹

13. Ein Paket, ebenfalls mit der obigen Überschrift, worin man sechs verschiedne Pakete fand, die an verschiedne Personen adressiert waren und zusammen fünfundsiebzig Pfund sublimierten Merkurius enthielten.

Wir fügen diesem Verzeichnis von Giften sogleich einen der Berichte bei, die von den Ärzten über die damit angestellten Versuche erstattet wurden.

»Das künstliche Gift des Sainte-Croix«, sagte einer dieser Ärzte, »entzieht sich allen Versuchen, die man damit anstellen will. Es ist so versteckt, daß man es nicht erkennen kann, so fein, daß es alle Kunst des Arztes hintergeht. Die gewöhnlichen Experimente mit den Giften werden entweder mit den Elementen oder mit Tieren angestellt. Im Wasser fällt das Gift infolge seiner Schwere zu Boden; es präzipitiert sich und sinkt unter. Im Feuer wird alles Fremdartige und Unschädliche davon abgesondert und verzehrt, es bleibt nur eine scharfe, bittere Materie zurück. An den Tieren bemerkt man seine Spuren durch den ganzen Körper; es verbreitet sich durch alle Teile, durchdringt alle Gefäße, verbrennt und zernagt alle Eingeweide. Bei den Giften von Sainte-Croix werden die Erfahrungen nichtig, die Regeln ungewiß und die Lehrsätze lächerlich. Sie schwimmen auf dem Wasser; sie lassen in der Feuerprobe bloß eine süße, unschädliche Materie zurück und liegen in den tierischen Körpern so künstlich versteckt, daß man sie unmöglich erkennen kann. Man hat alle Arten von Versuchen damit angestellt. Zuerst goß man aus einer der Flaschen einige Tropfen in Weinsteinöl und in Seewasser; allein es präzipitierte sich gar nichts auf den Boden des Gefäßes, worin man den Versuch machte. Einen andern Versuch machte man damit, daß man dasselbe Wasser in ein Gefäß voll heißen Sandes goß; doch es blieb keine scharf schmeckende Materie auf dem Sande zurück. Der dritte Versuch wurde mit einem jungen indischen Huhn, einer Taube und einem Hunde angestellt. Diese Tiere starben gleich darauf. Als man sie aber am folgenden Tag öffnete, fand sich gar nichts weiter als ein wenig geronnenes Blut in der Herzkammer. Noch einen Versuch machte man mit einem der weißen Pulver an einer Katze, der man etwas davon in Schafdärmen beibrachte. Sie spie eine halbe Stunde lang, und am andern Tage fand man sie tot. Man sah aber bei ihrer Öffnung kein einziges Organ vom Gift angegriffen. Ein zweiter Versuch mit demselben Pulver wurde an einer Taube vorgenommen, die auch kurze Zeit darauf starb. Bei der Öffnung fand man nichts weiter als etwas rötliches Wasser im Magen.«

Man kann aus diesem Zeugnis entnehmen, wie weit sich Sainte-Croix nach und nach in dieser abscheulichen Kunst vervollkommnet hatte. In der Tat war er mit diesen Hilfsmitteln der gefährlichste Mensch, der ungestraft der ganzen Menschheit den Kampf ansagen konnte.

Außer diesem Vorrat der fürchterlichsten Gifte enthielt aber jene Kassette – zum Unglück von Frau Brinvillier – auch alle die Papiere, die auf sie Bezug hatten. Man fand darin nicht nur all die Briefe, die sie an ihn geschrieben hatte, sondern auch die von ihr an Sainte-Croix ausgestellte Schuldverschreibung über 30000 Livres.

In einem dieser Briefe schrieb die Marquise: ›Entschlossen, meinem Leben ein Ende zu machen, habe ich diesen Abend etwas von dem genommen, was mir Ihre freundschaftliche Hand mitgeteilt hat. Es ist ein Rezept von dem Apotheker Glazer. Sie sehen, daß ich für Sie mein Leben opfern kann. Aber ich gebe den Wunsch nicht auf, Sie vielleicht noch einmal an einem bestimmten Ort zu sprechen, um Ihnen das letzte Lebewohl zu sagen.‹ Wahrscheinlich war dies bloß eine von den Drohungen, die die gewöhnliche Sprache aufgebrachter Liebender und meist nur das Signal zur Versöhnung sind. Aber man sieht doch daraus, daß zwischen diesen beiden durch die schwärzesten Verbrechen verbündeten Seelen nicht immer die beste Harmonie geherrscht hat.

Die Marquise erfuhr zu gleicher Zeit den Tod von Sainte-Croix und die Versiegelung seiner Sachen. Der Schmerz über den Verlust ihres Liebhabers wurde durch die Besorgnis über diese Versiegelung verdrängt. Ohnehin war, wie man sogleich sehen wird, die Liebe dieser zwei Menschen, die einander fürchten mußten, längst erkaltet. Und die unheilvolle Kassette ließ ihr jetzt gar keine Zeit, an etwas anderes zu denken. Was für Schritte sie unternahm, um sie noch in ihre Gewalt zu bekommen, hören wir aus folgenden Zeugenaussagen.

Pierre Frater, der Schreiber des Kommissars Picard, sagte bei dem Zeugenverhör aus: Frau von Brinvillier sei abends um zehn Uhr in das Haus seines Herrn gekommen, um noch mit diesem zu sprechen. Er habe ihr geantwortet, sein Herr sei schon zu Bett. Darauf habe sie verlangt, er solle dem Kommissar melden, daß sie wegen einer Kassette gekommen sei, die sich unter den versiegelten Sachen von Sainte-Croix befinde und ihr gehöre und die sie uneröffnet zurückverlange. Der Kommissar habe ihr durch ihn antworten lassen: er sei bereits schlafen gegangen; und darauf habe sie zur Antwort gegeben: sie werde am andern Morgen jemanden schicken, der die Kassette abholen solle.

Ein anderer Zeuge namens Cluet gab an: Frau von Brinvillier habe gesagt: ihr ältester Bruder sei ein nichtswürdiger Mensch gewesen; wenn es ihr darum zu tun gewesen wäre, ihn aus dem Wege zu räumen, so hätte sie ihn längst, als er noch Intendant in Orléans gewesen, auf dem Wege dahin durch zwei Edelleute ermorden lassen können. Sie habe Sainte-Croix nur darum noch so viel gute Worte gegeben, um ihm die Kassette abzulocken, und sie hätte gerne 50 Louisdor gegeben, wenn ihr sie jemand nach seinem Tode hätte verschaffen können; sie wünsche nicht, daß jemand sähe, was darin sei, es seien Sachen von Wichtigkeit, die *sie* beträfen. Als er ihr darauf gesagt habe: der Kommissar Picard habe verlauten lassen, er habe sonderbare Sachen darin gefunden, sei sie plötzlich errötet und habe sogleich versucht, das Gespräch auf etwas anderes zu lenken. Er habe sich auch die Freiheit genommen, sie zu fragen: ob sie nicht etwa Anteil an den Vergiftungen gehabt habe, deren Sainte-Croix verdächtig sei. Darauf habe sie mit sichtbarer Verwirrung geantwortet: »Warum ich?« Zugleich habe sie äußerst verlegen und ohne recht zu wissen, was sie rede, hinzugesetzt: sie habe Sainte-Croix lange genug verfolgt, um die Kassette zu bekommen, und wenn ihr das gelungen wäre, hätte sie Sainte-Croix aufhängen lassen.

Die Marquise sah bald deutlich genug, daß es zu spät sei, sich noch um die Kassette zu bemühen. Sie war in den Händen der Obrigkeit, und sie konnte nicht hoffen, daß sie ihr ununtersucht ausgeliefert werden würde. Um also der dabei zu befürchtenden Gefahr zu entgehen, faßte sie den Entschluß, ihr Heil in der Flucht zu suchen. Sie verließ Picpus, wo sie sich damals aufhielt, plötzlich in der Nacht und flüchtete nach Lüttich.

Vor ihrer Abreise trug sie noch einem Anwalt auf, in ihrem Namen bei der Versiegelungskommission zu erscheinen. Dieser gab folgendes zu Protokoll: Es erscheint Alexandre La Mare als Sachwalter der Frau Marie-Marguerite d'Aubray, Marquise von Brinvillier, und gibt an, daß, wenn sich in einer Kassette ein von besagter Marquise von Brinvillier unterschriebenes schriftliches Versprechen über eine Summe von 30000 Livres finden sollte, dieses ein durch List und Überraschung ihr abgelocktes Versprechen ist, wogegen sie gehört zu werden verlangt, um es für null und nichtig erklären zu lassen.

Alle diese Umstände ergaben Verdachtsgründe genug gegen die Marquise, daß sie mit Sainte-Croix gemeinschaftliche Sache gemacht habe. Aber sie waren doch nicht hinreichend, sie zu überführen. Auf einmal aber erhielten die Richter neues Licht durch La Chaussée, der sich durch seine Unbesonnenheit selbst der Gerechtigkeit in die Hände lieferte. Er erhob nämlich Einspruch bei der Versiegelungskommission wegen besonderer Forderungen, die er noch an Sainte-Croix habe. Er habe diesem, sagte er, während der sieben Jahre, die er in dessen Diensten zugebracht, 100 Louisdors und 100 Écus Silbergeld zum Aufheben gegeben, die sich in einem leinenen Beutel hinter dem Fenster des Kabinetts finden müßten, mit einer schriftlichen Versicherung von Sainte-Croix zur Beglaubigung seiner Aussage. Ferner werde man an derselben Stelle eine Abtretung von 300 Livres, auf einen gewissen La Serre ausgestellt, vorfinden, die er von dem verstorbenen Rat d'Aubray erhalten habe, und drei Quittungen von seinem Herrn, jede über 100 Livres. Er verlange also diese Papiere und jenes Geld zurück.

Diese bestimmte Bezeichnung so vieler besonderer Umstände, die man alle als richtig befand, ließ vermuten, daß La Chaussée eine sehr genaue Bekanntschaft mit dem Kabinett von Sainte-Croix haben müsse. Wahrscheinlich aber hatten zu diesem Kabinett nur dessen vertrauteste Freunde Zutritt, und man kann nicht der Vertraute eines solchen Menschen sein, ohne an dessen Verbrechen Anteil zu haben. La Chaussée hatte durch diesen Schritt also einen starken Verdacht gegen sie erweckt, der noch sehr dadurch vermehrt wurde, daß er eine große Unruhe erkennen ließ, als man ihm sagte, was für Entdeckungen beim Versiegeln gemacht worden seien.

Frau von Villarceau, die Witwe des jüngeren Sohnes, des Zivilleutnants d'Aubray, hielt diese Indizien für stark genug, um ihn wegen Vergiftung ihres Gemahls strafrechtlich anzuklagen. Es wurde auch sogleich ein richterlicher Befehl zu seiner Verhaftung erlassen. Als man ihn festnahm, fand man bei ihm Gift.

Der Prozeß nahm also nun seinen Anfang mit den Zeugenverhören. Aus einer großen Menge wollen wir hier nur einige der merkwürdigsten wiedergeben.

Laurent Perette, ein Lehrbursche bei dem Apotheker Glazer, sagte aus: Er habe oft eine Dame in Begleitung Sainte-Croix' zu seinem Herrn kommen sehen, deren Bedienter einmal zu ihm gesagt habe: »Das ist Frau von Brinvillier, ich wollte meinen Kopf wetten, daß sie bloß zu Glazer kommen, um Gift bei ihm machen zu lassen.« Ihren Wagen, setzte er hinzu, hätten sie jedesmal in ziemlicher Entfernung vom Hause halten lassen.

Die zweite Zeugin war Amande Huet, die Tochter eines Apothekers, die im Hause der Marquise von Brinvillier freien Zutritt hatte und oft dahin kam. Folgendes ist ihre Aussage: Eines Tages war ich im Kabinett der Marquise, als diese ganz betrunken hereinkam, um ihren Rausch auszuschlafen. In diesem Zustand war sie so unbedachtsam, mir eine Büchse zu zeigen, die sie aus ihrer Schatulle nahm. »Hier ist etwas«, sagte sie, »womit man sich an seinen Feinden rächen kann, auch soll es für Erbprozesse sehr gut sein.« Ich erkannte es als sublimierten Merkurius, teils in Pulver, teils als Masse. Da die Marquise nach sieben oder acht Stunden wieder erwachte und die Weindünste verflogen waren, erzählte ich ihr, was vorgefallen war. »Das war nur so dahingesprochen«, erwiderte sie, empfahl mir aber doch unverbrüchliches Stillschweigen. Sie behütete diese Schatulle jedoch immer mit äußerster Sorgsamkeit und bat mich, wenn sie sterben sollte, diese sogleich ins Feuer zu werfen. Als sie einst Verdruß gehabt hatte – fuhr diese Zeugin fort – entschlüpfte ihr die Äußerung: sie wolle sich vergiften. Ein andermal, als sie gegen jemand aufgebracht war, sagte sie: »Es gibt noch Mittel, sich widerwärtige Leute vom Hals zu schaffen, man braucht nur eine Pistolenkugel in einer Brühe!« Auch sah ich La Chaussée öfters bei der Marquise in vertraulichen Gesprächen. »Das ist doch ein braver Junge«, sagte sie eines Tages zu ihm, indem sie ihm die Wangen streichelte, »er hat mir gute Dienste geleistet.«

Ein Fräulein Villeray bezeugte: Sie habe La Chaussée in großer Vertraulichkeit mit der Marquise gefunden. Nach dem Tode des Zivilleutnants habe sie beide allein beisammen gesehen, und zwei Tage nach dem Tode des Parlementsrates habe die Marquise ihn hinter ihrem Bett verstecken müssen, weil sie eben Herr Cousté, der Sekretär des Verstorbenen, bei ihr habe anmelden lassen. Diesen Umstand bekannte La Chaussée selbst bei seinem zweiten Verhör. Er habe einen Brief von Sainte-Croix, sagte er, an die Marquise gehabt und wäre von Herrn Cousté bei ihr angetroffen worden, wenn er sich nicht versteckt hätte.

Cluet, der schon oben unter den Zeugen gegen die Marquise genannt worden ist, setzte hinzu: Noch vor der Vergiftung der beiden jungen Herren d'Aubray habe er eines Tages zu Frau von Brinvillier gesagt: »Wenn der Zivilleutnant wüßte, daß La Chaussée bei Sainte-Croix gedient hat, würde er ihn gewiß sogleich fortschicken.« – »Mein Gott!« habe sie darauf hastig geantwortet, »sagen Sie meinen Brüdern ja nichts davon, ich glaube, sie würden ihn zum Hause hinausprügeln, und doch sehe ich's lieber, daß er etwas verdient als ein anderer.«

Andere Zeugen erzählten: Als La Chaussée während der Krankheit seines Herrn nach dessen Befinden gefragt worden sei, habe er mit einem groben und verächtlichen Beinamen, den er ihm gegeben, geantwortet: »Er ist schon abgezehrt genug, macht uns aber viel Mühe, ich weiß nicht, wann er einmal abtreten wird.« Und nachher, als er ihn nach seinem Tode in ein Tuch eingewickelt hatte, habe er mit demselben Schimpfwort gesagt: »Nun ist er tot – ich will ihn jetzt verscharren lassen; ich habe ihn ordentlich geschüttelt, lebendig hätte ich ihn nicht so schütteln dürfen.«

Das Châtelet hielt indes diese Beweise doch nicht für hinreichend, um das Todesurteil über ihn zu sprechen, und verurteilte ihn zu den ersten Graden der Folter.

Frau von Villarceau legte aber gegen dieses Urteil Berufung ein; es könnte den Verbrecher leicht der verdienten Strafe entziehen, wenn er nur Mut genug hätte, die Schmerzen der Folter zu überwinden und seine Verbrechen standhaft zu leugnen. Darauf wurde von der Kriminalkammer am 4. März 1673 folgendes neue Urteil über La Chaussée gesprochen: Es wird feierlich und öffentlich erklärt, daß La Chaussée, angeklagt und überwiesen des Verbrechens, den Zivilleutnant und den Rat d'Aubray mit Gift getötet zu haben, zu der wohlverdienten Strafe verurteilt worden sei, lebendig gerädert und sodann auf das Rad geflochten zu werden. Vor der Hinrichtung aber soll er noch auf die ordentliche und außerordentliche Folter gebracht werden, um von ihm seine Mitschuldigen zu erfahren. Außerdem wird die Marquise von Brinvillier, die sich geweigert hat, vor dem Richter zu erscheinen, zur Enthauptung verurteilt.

Auf der Folter gestand er seine Verbrechen und erklärte: Er sei eigentlich nur der Beauftragte von Sainte-Croix gewesen, der ihn durch große Belohnungen zu seinen Absichten verführt habe. »Das erstemal«, setzte er hinzu, »als mir Sainte-Croix Gift gab, sagte er mir, er habe es von der Marquise erhalten, deren Brüder damit vergiftet werden sollten; als aber die Tat wirklich geschehen war, sagte er, Frau von Brinvillier wisse nichts davon. Mir kommt dieses letztere aber sehr unwahrscheinlich vor; denn sie sprach nicht nur täglich mit mir von Gift, sondern sie wollte mich auch nach der vollbrachten Tat zur Flucht bereden und gab mir in dieser Absicht sogar Geld. Die Vergiftung der beiden Brüder«, fuhr er fort, »habe ich mit Wasser und mit Brühen versucht. In dem Glas, das ich dem Zivilleutnant reichte, war etwas von dem rötlichen, in der Pastete, die zu Villequoy aufgetragen wurde, von dem hellen Wasser.« Man kann daraus schließen, daß er mehrere Versuche gemacht hatte, den beiden Beamten Gift einzugeben. »Sainte-Croix«, sagte er endlich noch, »hatte auch große Lust, die Schwester der Marquise zu vergiften, und gab sich Mühe, ihr einen Bedienten zuzuführen, der die Tat hätte verrichten sollen. Doch der Versuch schlug fehl, entweder weil ein günstiger Zufall es so fügte oder weil das Fräulein d'Aubray, die wahre Ursache der plötzlichen Todesfälle in ihrer Familie ahnend, gegen alles Mißtrauen hegte, was durch die Hand oder auf Empfehlung ihrer Schwester an sie gelangt war. Trotzdem unterstützte diese Frau ihre mordsüchtige Schwester auf ihrer Flucht mit Geld.«

Nun wurde das Todesurteil an La Chaussée auf der Place de Grève sogleich vollzogen.

Durch diese Untersuchung war jetzt das ganze Gewicht der Anklage auf die Marquise von Brinvillier gefallen. Jedermann war überzeugt, daß sie schuldig sei; man sprach ihren Namen mit Abscheu aus. Inzwischen glaubte sie sich durch ihre Flucht in ein fremdes Land dem Arm der Gerechtigkeit entzogen. Allein die Freistatt, welche Fürsten, durch das Gefühl der Menschlichkeit bewogen, Verbrechern aus einem fremden Lande in ihren Staaten gewähren, gilt nicht für Verbrecher, die selbst alles Gefühl der Menschlichkeit in sich erstickt haben; der Schutz, der kleinern Vergehen gewährt wird, ist kein Freibrief für Verbrechen, vor denen die Menschheit zurückschaudert; die Täter werden der Gerechtigkeit übergeben, sobald dem Landesherrn die Gründe der Zurückforderung vorgelegt werden.

Desgrais, ein Gefreiter der berittenen Polizei, wurde, begleitet von mehreren Häschern, nach Lüttich geschickt, um die Marquise zu verhaften. Er war mit einem königlichen Schreiben an den Rat der Sechzig der Stadt versehen, worin der Monarch die Auslieferung der Marquise verlangte, um die gebührende Strafe an ihr vollziehen zu lassen. Der Rat, dem Desgrais dieses Schreiben, dem ein Auszug aus den Strafakten beigefügt war, vorlegte, fand kein Bedenken, ihm sogleich die Verhaftung Frau von Brinvilliers zu erlauben.

Desgrais, der hörte, daß sie sich in einem Kloster verborgen hatte, hielt es nicht für ratsam, sie aus dieser Freistätte mit Gewalt abzuholen. Es konnte hier leicht seinen ganzen Zweck verfehlen. Es war zu befürchten, daß eine gewaltsame Festnahme im Kloster als Entweihung eines Heiligtums angesehen werden und einen Auflauf in der Stadt veranlassen könnte, währenddessen seine Beute ihm vielleicht aus den Händen entschlüpfte.

Er nahm also seine Zuflucht zu einer List. In einem geistlichen Gewand machte er der Marquise seine Aufwartung. Er sei ein Franzose, sagte er, und habe nicht nach Lüttich reisen wollen, ohne eine Dame zu besuchen, die ebenso allgemeine Teilnahme durch ihr unglückliches Schicksal wie allgemeine Bewunderung durch ihre Schönheit errege. Er spielte seine Rolle so gut, daß er bald dazu gelangte, von Liebe sprechen zu dürfen. Er fand Gehör. Ein Kloster ist für vertraute Zusammenkünfte zweier Verliebter ein sehr unbequemer Ort. Desgrais schlug deshalb eine Spazierfahrt aufs Land vor. Sein Vorschlag wurde angenommen. Kaum waren sie aber vor der Stadt, als sich der verliebte Abbé plötzlich in einen Gefreiten der berittenen Polizei verwandelte und sie den Händen seiner Häscher übergab, die sie hier schon erwartet hatten.

Mit einer Anordnung vom Rat versehen, die ihm freien Zutritt sicherte, begab sich jetzt Desgrais sogleich ins Kloster und nahm alles an sich, was er im Zimmer der Marquise fand. Am meisten war die Marquise durch eine Schatulle beunruhigt, die er unter ihrem Bett gefunden hatte. Sie bat sehr dringend, daß man sie ihr zurückgeben möge. Allein Desgrais war taub gegen alle Bitten. Schließlich verlangte sie nur noch ein Papier, das sie ihre Beichte nannte; doch auch dies wurde ihr versagt. Selbst die Ehrfurcht, die man sonst allem entgegenbringt, was sich auf das Sakrament der Beichte bezieht, konnte den Gefreiten nicht bestimmen, ihr das Schriftstück zurückzugeben. Er hielt es für seine strenge Amtspflicht, nicht nur die Verbrecherin, sondern auch alles, was zu ihrer Überführung dienen konnte, in die Hände der Justiz zu liefern.

Die Marquise versuchte inzwischen ein anderes Mittel, sich oder wenigstens ihre Schatulle zu retten. Sie bot einem von den Wächtern Geld an, wenn er eine Bestellung für sie übernehmen wollte, und da dieser sich bereitwillig stellte, so gab sie ihm einen Brief an einen gewissen Théria, mit dem sie während ihres Aufenthaltes in Lüttich in einem sehr vertrauten Umgang gelebt hatte. In diesem Brief bat sie ihn, ihr schleunigst zu Hilfe zu kommen und sie aus den Händen Desgrais' zu retten; und ich einem zweiten Briefe benachrichtigte sie ihn, daß ihre ganze Bewachung nur aus acht Mann bestehe, die durch fünf entschlossene Leute leicht auseinandergesprengt werden könnten. In einem dritten Brief endlich schrieb sie dem geliebten Théria: wenn er auch sie selbst nicht mit offener Gewalt befreien könnte, so möchte er wenigstens kommen, um zwei der vier Pferde an ihrer Kutsche zu erstechen und sich der Schatulle zu bemächtigen, weil sie sonst unfehlbar verloren wäre.

Keiner von diesen Briefen kam in Thérias Hände, weil der Wächter seinen Auftrag verriet. Dennoch fand Théria sich zu Maastricht ein, als sie durch diese Stadt gebracht wurde, und machte einen Versuch, die Bewachung zu bestechen. Er steigerte seine Angebote bis auf tausend Louisdors, wenn die Wächter die Marquise entwischen ließen. Doch diese waren unerbittlich. Da nun alle Hoffnung auf Rettung verloren schien, wollte sich die Marquise aus Verzweiflung selbst das Leben nehmen und zu diesem Zweck eine Nadel verschlucken. Einer ihrer Bewacher bemerkte ihr Vorhaben jedoch und hinderte sie an der Ausführung.

Inzwischen erhielt das Parlement Befehl, den Rat Palluau nach Rocroi abreisen und die Marquise sogleich dort verhören zu lassen. Die Absicht dieses Befehls war entweder, zu verhindern, daß sich zum Vorteil der Verbrecherin, die beinah mit dem ganzen Parlement in Verbindung stand, nicht eine Kabale entspinne, oder weil man ihr nicht Zeit lassen wollte, sich Antworten auszudenken und wegen geschickter Ausflüchte sich bei anderen Rat zu holen. Der Auftrag wurde richtig ausgeführt.

Sobald die Marquise in Paris angelangt und im Parlementsgefängnis in Verwahrung gebracht war, wandte sie sich an Herrn Penautier, der als Schatzmeister der Provinz Languedoc und der Geistlichkeit ein großes Einkommen und daher die Mittel hatte, eine reiche Tafel zu halten. Durch diese beiden Vorzüge erfreute er sich allgemeiner Achtung und konnte sich in der Tat zum Beschützer aufwerfen. Doch er kam bei dieser Geschichte selber ins Gedränge und hatte seinen ganzen Kredit für sich selbst nötig.

Ein Brief, den die Marquise vom Parlementsgefängnis aus an ihn schrieb, wurde aufgefangen und brachte ihn in große Verlegenheit. Sie benachrichtigte ihn in diesem Brief ganz freimütig von der Gefahr, die ihr drohe, ihr Leben auf dem Schafott zu verlieren, und davon, wie sie sich bei ihrem Verhör zu verhalten entschlossen habe. Sie habe sich vorgenommen, schrieb sie, alles abzuleugnen und nicht das geringste zu gestehen. Sie bat ihn schließlich noch um seinen Rat und ersuchte ihn, den Einfluß seiner Freunde für sie geltend zu machen.

Diesem Entschluß entsprechend, hatte sie ihr Verhalten auch tatsächlich schon bei dem Verhör in Rocroi eingerichtet und alles hartnäckig geleugnet. Sie wollte nichts von den Briefen wissen, die sie nach ihrer Verhaftung geschrieben hatte, und wollte auch die Kassette von Sainte-Croix nicht kennen, als man sie ihr zeigte. Zu dem Schuldschein über 30000 Livres erklärte sie, sie habe ihn nur ausgestellt, damit Sainte-Croix unter ihren Gläubigern mit ihm auftreten und diese zur Nachsicht und zur Beilegung des gegen sie eingeleiteten Gerichtsverfahrens bewegen könnte. Er habe ihr deshalb einen Gegenschein gegeben, den sie aber unterwegs verloren habe.

Im Gefängnis trug sie eine Gemütsruhe zur Schau,

die ihrem Herzen ganz fremd war. Sie kannte ihre Verbrechen, und sie sah, daß diese auch ihren Richtern nicht mehr unbekannt waren. Unaufhörlich umschwebte sie das Bild des Todes, der sie erwartete; und in dem Augenblick, als sie mit scheinbarer Ruhe eine Partie Pikett zu spielen verlangte, war ihr einziger Gedanke, sich ums Leben zu bringen. Sie wählte zu diesem Zweck ein Mittel, mit dem sie die Aufmerksamkeit ihrer Wächter am leichtesten zu hintergehen hoffte. Sie hatte sich eine Klistierspritze mit einer sehr langen Röhre angeschafft, um sich ihrer ohne fremde Hilfe bedienen zu können. Diese suchte sie weit in den Leib hineinzustoßen, um sich die Eingeweide zu durchstechen; entschlossen, diese tödlichen Qualen der Schmach des Todes vorzuziehen, den ihr die Hand der Gerechtigkeit bereiten würde. Man entdeckte aber ihr Vorhaben, und sie wurde an der Ausführung gehindert.

Das wichtigste unter den gegen sie vorhandenen Beweismitteln war ihre geschriebne Beichte, die Mitteilungen über die geheimsten Umstände ihres Lebens enthielt. Es gibt fast kein Verbrechen, dessen sie sich in dieser Schrift nicht selbst anklagte. Sogleich im Eingang erklärt sie sich für eine Mordbrennerin und bekennt, daß sie in einem Hause Feuer angelegt und, mit den Ausschweifungen aller Art vertraut, sich allen Verwirrungen der Wollust und der Trunkenheit zügellos überlassen habe. ›Frau von Brinvillier berichtet uns in ihrer Beichte‹ – schreibt Frau von Sévigné in ihrem 269. Briefe, und zwar ist es wirklich wahr, was sie davon schreibt, was, nebenbei gesagt, sonst nicht immer der Fall ist –, ›daß sie schon in ihrem siebenten Jahre aufgehört habe, Jungfrau zu sein, und in gleicher Weise fortgefahren sei. Sie habe ihren Vater, ihre

Brüder und eins ihrer Kinder vergiftet und sogar selbst Gift genommen, um mit einem Gegengift einen Versuch zu machen. Medea selbst hat es nicht so weit getrieben.‹ Frau von Sévigné vergißt hier die Tatsache, die in der Beichte auch angeführt ist, daß sie auch ihrer Schwester mit Gift nach dem Leben getrachtet hatte. – ›Sie hat diese Beichte als ihre Handschrift anerkannt, und das ist sehr unklug; aber sie behauptet, sie habe den Aufsatz in heftigem Fieber geschrieben, er sei ein sinnloses, ungereimtes Geschwätz, das man gar nicht ohne Lachen lesen könne.‹ Im folgenden Briefe setzt sie noch hinzu: ›Man spricht jetzt von nichts anderem als von der Brinvillier. Man erzählt sich, was sie sagt, was sie tut, wie sie sich beträgt. Ihren Vatermord hat sie vermutlich in ihrer Beichte aufgezeichnet, um ihn bei ihrem Beichtvater nicht zu vergessen. Man muß in der Tat gestehen, die kleinen Gewissensskrupel, die sie zu vergessen fürchtet, sind bewundernswürdig.‹

Die Verbrecherin fand aber doch einen geschickten Verteidiger in Herrn Nivelle, einem Mann, der ebenso berühmt war durch seine Klugheit und Rechtschaffenheit wie durch seine gründliche Gelehrsamkeit und der alle Kräfte seines Geistes aufbot, seine Klientin zu retten. Folgendes sind die Hauptgedanken der Verteidigungsschrift, die er für sie drucken ließ:

Die Marquise hatte sehr unrecht, sagte er gleich im Eingang seiner Apologie, eine so strafbare Liebe in ihrem Herzen Wurzel fassen zu lassen, und dies ist um so tadelnswerter, da sie den abscheulichsten aller Menschen zum Gegenstand ihrer Zärtlichkeit gewählt hatte. Aber sie kannte ihn nicht. Er wußte sich zu verstellen und verbarg das verworfenste Herz unter der Maske einer strengen Rechtschaffenheit.

Er allein war der Urheber des schauervollen Schicksals, das die Familie der Marquise traf, und dieser Lasterhafte, den sie so zärtlich liebte, den sie zum Vertrauten ihrer Leiden machte, in dessen Teilnahme sie, tief verwundet durch den plötzlichen und traurigen Verlust ihrer geliebtesten Anverwandten, Trost und Linderung suchte, dieser Bösewicht war grausam genug, während er mit der einen Hand ihre Tränen abtrocknete, mit der andern ihr das Herz noch einmal zu durchstechen.

Er hatte ihrer Familie den Untergang geschworen und hielt seinen Schwur. Empfindlich gekränkt durch das Vorgehen Herrn d'Aubrays, der ihn aus den Armen der Liebe gerissen, um ihn in einer harten Gefangenschaft schmachten zu lassen, hatte er schon lange bittre Rache in seinem Herzen gehegt. Geldgier vollendete endlich den Entschluß, den Rachsucht schon längst vorbereitet hatte. Er bemächtigte sich eines großen Vermögens, indem er seinen Haß befriedigte. Zwei Triebfedern, die stark genug sind, eine so schwarze Seele zu allem fähig zu machen. Es ist wahr: das Vermögen fiel nicht in seine Hände, aber die Marquise, die er ganz beherrschte, war die Erbin, und was in ihren Händen war, darüber schaltete er unbeschränkt. Sie verwünschte das Mißgeschick, das ihr diese Reichtümer zuteilte, die sie mit so großem Verlust erkaufen mußte, und unwissend, von welch grausamer Hand sie diese unglückseligen Geschenke empfing, klagte sie die Natur selbst wegen dieser Verteilung der Glücksgüter an, die sie mit ihrem Leben erkauft hätte, wenn es ihr vergönnt gewesen wäre.

In den Briefen, die man in der berüchtigten Kassette gefunden hat, findet sich auch nicht die geringste Spur von einem Anteil, den sie an Sainte-Croix' Freveltat gehabt hätte. Hätte man aber hier nicht etwas davon entdecken müssen, da Sainte-Croix alles von ihr so sorgfältig aufbewahrt hat? Das höchste Vertrauen einer zärtlichen Liebe scheint diese Briefe eingegeben zu haben, sie tragen das Gepräge der freimütigsten Wahrhaftigkeit, ihr ganzes Herz ist darin entfaltet – und doch findet man auch nicht *einen* Hinweis, um nur entfernt etwas von einem Anteil an diesen abscheulichen Mordtaten zu argwöhnen.

Ein so geübter Bösewicht wie Sainte-Croix weiß auch gut genug, daß die Sicherheit eines Verbrechers von seiner Verschwiegenheit abhängt und daß jeder Vertraute immer als eine Öffnung anzusehen ist, durch die das Geheimnis leicht entschlüpfen kann. Ein solcher Mensch vertraut sich nur seinen unentbehrlichsten Gehilfen an, und dazu wählt man nicht solche, von denen zu befürchten ist, daß sie, durch die Stimme der Natur beim ersten Schritt aufgeschreckt, mit zitternder, ungewisser Hand ihren Streich verfehlen oder, nach vollbrachter Tat von Gewissensbissen gefoltert, ihre eignen Ankläger werden könnten.

Sainte-Croix wußte seine Wahl besser zu treffen. Er hatte nicht mehr als *einen* Gehilfen nötig, um seinen Plan auszuführen, und dieser eine war La Chaussée. Der Ausgang hat gezeigt, daß er recht hatte, sich diesem so zuversichtlich anzuvertrauen.

Verbindet man mit diesen Betrachtungen die persönlichen Umstände der Marquise, so muß man, weit entfernt, noch den geringsten Argwohn gegen sie zu hegen, vielmehr bekennen, daß es die boshafteste und strafwürdigste Verleumdung sei, sie dieses Verbrechens zu beschuldigen. Die Marquise ist von vornehmer Geburt. Keine Schandtat, selbst nicht einmal ein Vorwurf hat je das Blut befleckt, das in ihren Adern fließt. Ehre und Rechtschaffenheit sind das Erbteil ihrer Vorfahren und aller derer, die den Namen d'Aubray führen, und die Keime dieser Tugenden, durch die Geburt schon in ihr Herz gelegt, hat die sorgfältigste Erziehung entwickelt und gepflegt.

Auch hatten die Natur und das Glück diese Vorzüge nicht vergebens an sie verschwendet. Es ist wahr: der Ruf der Marquise ist nicht ganz unbefleckt geblieben. Doch alle die Schritte, die ein nachteiliges Urteil über sie veranlaßt haben, waren nur Folgen einer leidenschaftlichen Liebe, die, entsprungen aus Verblendung, durch die Nachlässigkeit ihres eigenen Gemahls unterhalten wurde. Ihr übriges Betragen aber und ihre allgemein bekannte Gemütsart waren den Verbrechen, deren man sie jetzt beschuldigen will, so gerade entgegengesetzt, daß sich damals, als sie geschahen, auch nicht der leiseste Argwohn gegen sie erhob und daß man sie ohne alle Hindernisse in den Besitz der Güter gelangen ließ, die sie sich durch solche Greueltaten erkauft haben soll.

Es ist ein Unglück, daß sich dieses bedauernswürdige Opfer der Verleumdung genötigt sieht, zu seiner Verteidigung selbst Schwächen aufzudecken, die es in jedem andern Fall mit dem Schleier der Schamhaftigkeit verhüllt hätte. Um sich jedoch vor einer schimpflichen Strafe zu retten, ist sie gezwungen, ihre Rechtfertigung sogar auf ihre Fehltritte zu gründen. Eine so treue Anhänglichkeit, wie sie die Marquise an den Niederträchtigen verschwendete, der ihr Verführer war und durch den ihre Tugend Schiffbruch litt, kann tatsächlich nur in einem sanften Herzen Platz finden. Und ein solches Herz sollte fähig sein, Vater- und Brudermord zu beschließen? Ein Herz, das jeden Leidenden beklagt, das die Schmerzen anderer wie seine eigenen empfindet? Aber die Verleumdung macht bei der Marquise eine Ausnahme, um sie aufs Schafott zu bringen. Bei ihr sollen die sanftesten Empfindungen mit einer Grausamkeit vereinigt sein, die selbst an wilden Tieren unnatürlich ist.

Zwar kann man nicht leugnen, daß die Liebe bisweilen zu Schritten führt, die unvereinbar sind mit der natürlichen Stimmung des Herzens, das von ihr beherrscht wird. Doch abgesehen davon, daß Beispiele dieser Art doch äußerst selten sind, so kann man auch nur zwei Ursachen solcher unnatürlicher Erscheinungen angeben: Eifersucht und strenge Bewachung. Um sich eine Nebenbuhlerin vom Halse zu schaffen, soll aber doch wohl die Marquise nicht ihren Vater und ihre Brüder vergiftet haben? Ebensowenig hat man ein Beispiel, daß sie je auf ein Frauenzimmer einen ähnlichen Anschlag gemacht habe. In keinem einzigen ihrer Briefe findet sich die geringste Spur von Eifersucht; weder mündlich noch schriftlich hat sie sich jemals beklagt, daß ihr Liebhaber sein Herz zwischen ihr und einer andern teile.

Ebensowenig war ihr Verhältnis mit Sainte-Croix durch eine strenge Aufsicht gestört. Ihr Gemahl, der selber in unaufhörlichen Zerstreuungen lebte und durch seine Kälte gegen sie die erste Veranlassung ihres Fehltrittes wurde, stand ihrem Umgang mit Sainte-Croix sowenig wie irgendein ganz gleichgültiger Mensch im Wege. Ihr Vater, ihre Brüder legten ihr ebenfalls keinen Zwang auf. Sie war fein genug, sie zu hintergehen; sie starben in der vollen Überzeugung, daß sie mit Sainte-Croix gebrochen habe.

Es läßt sich also kein einziger Beweggrund denken, der ein so sanftes, mit dem zärtlichsten Gefühl erfülltes Herz auf einmal zu einer solchen Grausamkeit hätte leiten können.

Vermutungen von solchem Gewicht sprechen *für* die Marquise! Um so einleuchtende Gründe zu widerlegen, kann man mit Recht Beweise fordern, die stark genug wären, um die Wahrheit und Wirklichkeit eines Wunders darzutun. Was sind es aber für Beweise, die man *gegen* die Marquise aufstellt, um sie aufs Schafott zu bringen?

Die gefährlichste unter allen Zeugenaussagen gegen sie ist Cluets Erzählung. Jedoch er steht allein – und ein einzelner Zeuge reicht zur Entscheidung über eine Sache nicht aus. Überdies, wie unwahrscheinlich ist es doch, daß eine Dame von solchem Stande einen so unbedeutenden Menschen zum Vertrauten gemacht habe? Keiner von den übrigen ist als Augenzeuge aufgetreten, keiner bringt etwas vor, das er gesehen hätte; alles, was sie sagen, sind bloß Vermutungen.

Die Aussage, die man von La Chaussée noch vor seiner Hinrichtung erhalten hat, enthält zwei Stücke. Zuerst erklärt er ganz bestimmt: Sainte-Croix habe ihm versichert, daß die Marquise nicht nur keinen Anteil an der Vergiftung habe, sondern auch nicht einmal etwas davon wisse. Der zweite Teil seines Bekenntnisses aber besteht aus Mutmaßungen und Verdachtsgründen, womit der Nichtswürdige zu beweisen sucht, daß diese Versicherung von Sainte-Croix eine Lüge sei.

Allein, daß die Marquise mit ihm öfters von Vergiftungen gesprochen hat, beweist nichts weiter, als daß ihre ganze Einbildungskraft mit der Vorstellung eines Verbrechens erfüllt war, wodurch sie ihre beiden Brüder so schnell nacheinander verloren hatte. Alles erinnerte sie an diesen schrecklichen Vorfall; es war der tägliche Gegenstand, wovon sie sich mit allen ihren Verwandten und Freunden unterhielt. Und dann liegt gerade darin, daß sie so oft von Vergiftungen sprach, ein auffallender Beweis ihrer Unschuld. Verbrecher machen ihre Greueltaten gewiß nicht zum täglichen Gegenstand ihrer Gespräche; allem, was nur entfernte Beziehung dazu haben kann, weichen sie vielmehr sorgfältig aus; ihre Gewissensbisse erwachen bei jeder Erwähnung des Verbrechens, dessen sie sich schuldig wissen; jedes ihrer Worte, ihre Blicke, selbst jede Miene ihres Gesichts fürchten sie als ihre eigenen Verräter. Weit entfernt davon also, aus diesen wiederholten Gesprächen von Vergiftungen, welche die Marquise geführt haben soll, den Schluß zu ziehen, daß sie in die Verbrechen von Sainte-Croix verwickelt gewesen sei, muß man sie vielmehr als Beweise ihrer Unschuld ansehen.

Daß sie La Chaussée veranlaßt habe, Paris zu verlassen, läßt sich sehr natürlich aus dem Umstand erklären, daß sie gern einen Menschen entfernen wollte, den Sainte-Croix in die vertrautesten Geheimnisse ihrer Liebe eingeweiht hatte. Seine Gegenwart war ihr peinlich, weil sie vor ihm über Schwachheiten erröten mußte, für die man nicht gern Zeugen hat und die überdies bei einem Bedienten in einer sehr unsichern Hut sind.

Allein die Umstände verdienen nicht einmal soviel Beachtung. Sie sind nichts weiter als Aussagen eines verworfenen Bösewichts, der als ein erwiesener Feind des ganzen Menschengeschlechts keinen Glauben verdienen kann. Wären sie aber auch wahr und wäre man wirklich berechtigt, sie zum Nachteil der Marquise auszulegen, so würden doch nur Vermutungen daraus entspringen. Kann man aber auf solche unsicheren Indizien den Beweis von Verbrechen gründen, die allen natürlichen Empfindungen widersprechen und durch die bekannte Gemütsart der Marquise sowohl wie durch ihre Erziehung unmöglich sind?

Aber hat sie sich nicht so dringend bemüht, die Kassette Sainte-Croix' in ihre Gewalt zu bekommen, bevor sie geöffnet würde, und zeigt nicht dieses ängstliche Zurückfordern, daß sie befürchtete, durch das, was darin enthalten war, verraten zu werden? Allein man braucht nur zu untersuchen, was darin war, um diesen Einwurf auf einmal zu entkräften.

Man fand zuerst eine Erklärung, daß alles, was sich in der Kassette befinde, der Marquise von Brinvillier gehöre, daß es für niemand als für sie allein einiges Interesse habe und daß man sie ihr aushändigen oder, im Fall sie schon gestorben wäre, sie verbrennen sollte. Ferner fand man die Liebesbriefe der Marquise, die Sainte-Croix sehr heilig verwahrte – eine Torheit der Verliebten, die sehr häufig ist und so oft schon schlimme Folgen gehabt hat! Sainte-Croix war auch von dieser Grille angesteckt, jedes Billett seiner Gebieterin als ein Unterpfand ihrer Zärtlichkeit zu verwahren; aber er wollte doch, daß diese Beweise ihrer Liebe in die Hände zurückkommen sollten, aus denen er sie empfangen hatte. Nur aus diesem Grunde hatte er so dringend gebeten, daß man die Kassette der Dame zurückgeben oder, im Fall sie gestorben wäre, verbrennen sollte.

Sie, als Frau noch mehr interessiert, keine Urkunden ihrer Fehltritte auf die Nachwelt kommen zu lassen, hatte keinen der Briefe aufgehoben, die sie von ihm empfangen hatte. Allein diese Vorsicht konnte sie doch über die Sicherheit ihres Geheimnisses nicht beruhigen, solange sie ihre Briefe von ihm aufbewahrt wußte. Sie gab auch ihre Unruhe darüber ihrem Liebhaber mehrmals zu erkennen. Doch er suchte sie endlich durch die Versicherung zu beruhigen, daß er alle ihre Briefe in einer Kassette verwahre, die in keines Menschen Hände kommen könne, und daß er dieses Heiligtum ihrer Liebe durch eine beigelegte sehr ernsthafte Erklärung seines Letzten Willens vor ungeweihten Händen geschützt habe, die sich desselben nach seinem Tode bemächtigen könnten.

Auf diese Art bekam sie zuerst Nachricht von der Kassette, und dies war wohl Grund genug, sehr dringend um deren Auslieferung zu bitten.

Daß die Marquise im übrigen von den bei ihren Briefen befindlichen Giften etwas gewußt habe, davon hat man auch nicht das entfernteste Anzeichen. Sainte-Croix, gewöhnt, dieses Behältnis, in dem er die Briefe seiner Gebieterin aufbewahrte, als das Archiv seiner tiefsten Geheimnisse anzusehen, hatte ebendiesen Ort auch gewählt, um seine mörderischen Waffen zu verbergen. Doch der Marquise, die nicht einmal ahnte, daß ihr Liebhaber ein gewerbsmäßiger Giftmischer sei, konnte es gar nicht einfallen, anzunehmen, daß das Archiv ihrer Geheimnisse zugleich das Behältnis der abscheulichsten Giftmittel sei.

Überdies, man braucht nur die auf die Pakete geschriebenen Daten mit dem Datum der dabeiliegenden letzten Willenserklärung zu vergleichen, um sich ganz zu überzeugen, daß Sainte-Croix, indem er der Marquise die Kassette vermachte, die Gifte damit nicht hatte einbegreifen wollen. Auf jedes Paket war ein Datum geschrieben; alle diese Daten lagen aber später als das Datum jenes Vermächtnisschreibens. Als er also der Marquise die Kassette vermachte, konnte nichts weiter darin sein als die Briefe, die der einzige Gegenstand des Vermächtnisses waren. Die Marquise hatte mithin an den Giften keinen Anteil, und indem sie die Kassette zurückforderte, erstreckten sich ihre Ansprüche nicht auf die abscheuliche Niederlage, die darin neuerlich angelegt war.

Von den Beweisen gegen die Marquise ist nun nur noch das Schriftstück übrig, das mit ›Beichte‹ überschrieben ist und Bekenntnisse der entsetzlichsten Greueltaten enthält.

Dieses Schriftstück kann weder auf irgendeine Weise in dem Prozeß der Marquise verwendet werden, noch darf es den geringsten Einfluß darauf haben. Die Beichte, sie mag nun mündlich oder schriftlich abgelegt werden, ist immer ein unverletzliches heiliges Geheimnis, und man kann von ihrem Inhalt im bürgerlichen Leben schlechterdings keinen Gebrauch machen. Natürliche und göttliche Gesetze sichern der Beichte diese Unverletzlichkeit. Nicht darum hat Christus die Sünder zur Buße gerufen, damit sie durch das Bekenntnis ihrer Sünden in Gefahr kämen, Ehre und Leben zu verlieren. Wie wollte man so traurige Folgen mit der Barmherzigkeit Gottes vereinigen? Dieses Gesetz der Geheimhaltung erstreckt sich aber ebensogut auf schriftliche wie auf mündliche Beichten; denn die Gründe zur Verschwiegenheit, die daraus entspringen, daß die Beichte ein Sakrament ist und daß man verpflichtet ist zu beichten, gelten für beide Arten der Beichte.

Wir halten uns hier nicht damit auf, aus heiligen und profanen Schriftstellern Stellen anzuführen, in denen die Beichte als ein Heiligtum hingestellt wird, das unter dem unmittelbaren Schutz der Religion steht. Alles Hierhergehörige ist durch den Abbé Lenglet Dufresnoy gesammelt in seinem ›Traktat vom unverletzlichen Geheimnis der Beichte‹. Wir wollen aus diesem Buch aber einige Beispiele anführen zum Beweis, daß auch die Fürsten immer all ihre Gewalt angewendet haben, die Entscheidungen der Kirche in diesem Punkt zu sichern, der für die Ruhe der Bürger und für das Heil der Gläubigen so wichtig ist.

Ein Katalonier, der wegen Mordes zum Tode verurteilt war, wollte vor seiner Hinrichtung schlechterdings nicht beichten und wies alle Ermahnungen, ohne einen vernünftigen Grund anzugeben, mit solcher Hartnäckigkeit zurück, daß man anfing zu glauben, die Todesangst habe sein Gehirn zerrüttet. Der heilige Thomas von Villeneuve, Erzbischof von Valencia, der sich gerade an dem Orte befand, wo man dem Katalonier den Prozeß gemacht hatte, erhielt Nachricht von diesem Vorfall und begab sich sogleich selbst zu dem unglücklichen Menschen, um ihn auf andere Gedanken zu bringen und seine Seele zu retten. Wie erstaunte er aber, als er den Grund dieser Weigerung des Delinquenten erfuhr. Der Gefangene sagte ihm nämlich: die Ursache, warum er das Beichten verabscheue, sei keine andere, als daß die Beichte selbst an seinem Tode schuld sei. Kein Mensch in der Welt habe etwas von dem Mord gewußt, wegen dessen er jetzt hingerichtet werde. Er habe sich aber gedrängt gefühlt, seine Tat dem Priester in der Beichte offen zu bekennen, und kein Bedenken getragen, ihm alle Umstände und selbst den Ort genau anzugeben, wo er den Ermordeten eingescharrt hatte. Unglücklicherweise sei der Priester, wie sich nachher herausgestellt habe, ein Bruder des Ermordeten gewesen, der sich aus Rachgier habe verleiten lassen, die Beichte zu verraten und der Obrigkeit alles anzuzeigen. Alles Leugnen sei hier vergebens gewesen, und nun müsse er um seiner Beichte willen eines schmählichen Todes sterben. Der heilige Thomas von Villeneuve hielt diesen Umstand für wichtiger als den ganzen Prozeß. Dieser betraf ja nur die Bestrafung eines einzelnen Menschen, das Verfahren des Priesters aber das Interesse der Religion selbst. Er ließ den Priester vor sich kommen, und nachdem er von diesem das Geständnis seines Verrats erhalten hatte, bewog er die Richter, ihr Urteil zu widerrufen und den Missetäter freizusprechen. Der Beichtvater wurde bestraft, seine Strafe aber gemildert, weil er die Strafwürdigkeit seiner Handlung selbst so reumütig bekannte.

Im Jahre 1579 ermordete ein Schankwirt zu Toulouse einen seiner Gäste und verscharrte ihn heimlich in seinem Keller, ohne daß jemand im Hause etwas davon bemerkte. Kurz darauf beichtete er den Mord und erzählte dem Beichtvater alle dabei vorgefallenen Umstände. Die Verwandten des Ermordeten stellten indes alle möglichen Nachforschungen an und ließen endlich nach vielen fruchtlosen Erkundigungen für denjenigen, der ihnen Nachricht von der vermißten Person geben würde, öffentlich eine große Belohnung aussetzen. Der Beichtvater, durch den Reiz dieses Versprechens in Versuchung geführt, gab ihnen insgeheim Nachricht, man brauche nur im Keller des Schankwirtes zu suchen, so werde man den Leichnam des Ermordeten finden. Man fand ihn auch wirklich; der Wirt wurde in Haft genommen und bekannte die Tat auf der Folter. Aber er behauptete beständig, daß sein Beichtvater der einzige Mensch auf der Welt sei, durch den er habe verraten werden können. Das Parlement zu Toulouse erkannte mit größter Mißbilligung den unrechtmäßigen Weg, wodurch man den Verbrecher zur Tortur gebracht hatte, und erklärte ihn so lange für unschuldig, bis man andere Beweise als die Anzeige des Priesters gegen ihn beibringen würde. Dieser aber wurde verurteilt, daß er am Galgen sterben und sein Körper verbrannt werden solle. So nachdrücklich sorgte dieses weise Tribunal für die Sicherheit eines so wichtigen Sakraments.

Selbst nichtchristliche Richter in Ländern, wo die christliche Religion geduldet wird, überzeugt, daß ein im Schoße der Religion niedergelegtes Geheimnis unverletzlich bewahrt werden müsse, haben eingesehen, daß der weltliche Richter davon keinen Gebrauch machen dürfe und daß diejenigen, die es durch Verräterei entweihen, die schärfste Strafe verdienen. Ein junger vornehmer Türke hatte sich in die Frau eines Armeniers verliebt. Durch die Klugheit dieser Schönen lange im Zaum gehalten, brach endlich seine Leidenschaft mit voller Gewalt aus. Mit Ungestüm forderte er die Erfüllung seiner Wünsche und drohte, sie selbst und ihren Mann umzubringen, wenn sie ihn nicht erhören wolle. Erschreckt durch diese Drohung, deren Erfüllung sie nur allzu gewiß voraussehen konnte, nahm sie ihre Zuflucht zur Verstellung. Sie bestimmte ihm eine Zusammenkunft in ihrem Hause, zu einer Zeit, wo ihr Mann, wie sie sagte, abwesend wäre. Der Liebhaber fand sich ein, bewaffnet mit seinem Säbel und zwei Pistolen. Plötzlich erschien der Mann, und nun nahm die Sache auf einmal eine solche Wendung, daß die Eheleute sich glücklich schätzen mußten, ihren Feind erlegen zu können. Sie verscharrten ihn in ihrem Hause, und kein Mensch wußte etwas von dem ganzen Vorgang. Jedoch ein geldgieriger Priester ihrer Religion, dem sie den Vorfall mit allen Umständen beichteten, war niederträchtig genug, dieses Bekenntnis zuerst dazu zu mißbrauchen, daß er den unglücklichen Leuten, unter der Bedrohung, sie zu verraten, nach und nach ihr ganzes Vermögen abnötigte und dann, als er nichts mehr von ihnen erpressen konnte, sie zuletzt an den Vater des Ermordeten für eine beträchtliche Summe wirklich verriet. Der Türke hinterbrachte diese Aussage des Priesters sogleich dem Wesir, dessen Freund er war. Dieser, ebensosehr von Mitleid gegen die Unglücklichen wie von Unwillen gegen den schändlichen Priester erfüllt, ließ sogleich den armenischen Bischof zu sich rufen und fragte ihn, was die Beichte sei, wie der Verrat der Beichte bestraft werde und was mit solchen Leuten geschehe, deren Verbrechen auf diese Art entdeckt werde. Die Antwort des Bischofs war: Die Beichte sei ein unverletzliches Geheimnis bei den Christen; nach ihren Gesetzen werde ihr Verrat mit dem Scheiterhaufen bestraft und die durch eine solche Verräterei Angeklagten würden freigesprochen, weil ihr Geständnis vor dem Priester eine Pflicht sei, die ihnen die Religion selbst bei Strafe der ewigen Verdammnis auferlege. Der Wesir, mit dieser Antwort zufrieden, ließ sogleich die Angeklagten vor sich rufen. Zitternd und halbtot warfen sie sich zu seinen Füßen und bekannten ihr Verbrechen; aber sie entschuldigten es als Notwehr zur Verteidigung ihrer Ehre und beklagten sich zugleich über den Priester, der ihr Bekenntnis mißbraucht, sie zu Bettlern gemacht und außerdem noch verraten habe. Nun ließ er den verräterischen Priester selbst vor sich bringen, stellte ihn dem Bischof vor, der in seiner Gegenwart noch einmal die Strafe für einen Verräter der Beichte angeben mußte, und verurteilte ihn dann, auf einem öffentlichen Platz sogleich lebendig verbrannt zu werden.

Es ist also einleuchtend, daß der Richter die Entdekkungen, die er vermittels der Beichte macht, in einem gerichtlichen Verfahren durchaus nicht anwenden darf. Was hätte denn eine Verwendung der Beichte in den ersten Jahrhunderten, als sie noch öffentlich im Angesicht der ganzen Gemeinde abgelegt wurde, nicht für Folgen gehabt? Die Richter, die Christen waren und in den Versammlungen der Gemeinde täglich solche Bekenntnisse hörten, wären gezwungen gewesen, unaufhörlich gegen Missetaten der Beichtenden das Schwert der Gerechtigkeit zu führen. Doch damals nahmen die Richter keine Anklage an, die sich bloß auf das öffentliche Geständnis eines Büßenden gründete. Da aber die Sittenverderbnis unter den Christen allmählich immer mehr einriß und die Feinde eines Beichtenden sein öffentliches Bekenntnis dazu mißbrauchten, andre Beweise aufzusuchen, worauf sie ihre Anklage bauen konnten, so mußte endlich die Kirche diesen Gebrauch abändern und die Ohrenbeichte an die Stelle der öffentlichen Beichte setzen. Die öffentliche Beichte ist also nur darum abgeschafft worden, damit kein Gebrauch davon vor Gericht gemacht werden sollte.

Für die geschriebenen Beichten muß man aber ebensoviel Achtung aufbringen wie für die mündlichen; denn in bezug auf Gott, an den sie gerichtet sind, sind beides echte Beichten. Es entscheiden auch alle Theologen, die über diesen Gegenstand geschrieben haben, ohne alle Einschränkung, daß hier kein Unterschied bestehe. Diese Meinung wird von drei Hauptgründen unterstützt. Erstens müssen auch die zu einer Beichte notwendigen Hilfsmittel unter dem Siegel der Verschwiegenheit gesichert sein, und man muß daher auch wesentliche Anstalten zur Beichte, wie doch ein schriftlicher Entwurf es ist, als einen Teil der Beichte selbst betrachten und wie diese für unverletzlich halten, es darf keinem andern Menschen als einem Priester mitgeteilt werden, der allein berechtigt ist, eine Beichte anzunehmen. Zweitens treffen dieselben schlimmen Folgen, die schließlich die Kirche bestimmten, die mündliche Beichte mit dem Siegel der unverletzlichen Verschwiegenheit zu bewahren, auch auf die schriftliche Beichte zu. Ja noch mehr, die Folgen, die man von der Entdeckung einer schriftlichen Beichte zu befürchten hat, sind sogar noch schlimmer, da bekanntlich schriftliche Beweise von größerer Wirkung sind als mündliche. Drittens ist nicht nur der Beichtvater zur Verschwiegenheit verpflichtet, sondern auch alle die, die zufällig oder absichtlich eine Beichte mit angehört haben, ebenso wie diejenigen, die einem der Landessprache unkundigen Ausländer als Dolmetscher bei seiner Beichte dienen; wobei der Dolmetscher nach dem Ausspruch des heiligen Thomas sozusagen die Stelle des Priesters vertritt, insofern die Beichte, die er dem Beichtvater überbringt, ihm unmittelbar abgelegt wird. Nun ist aber eine schriftliche Beichte im Grunde nichts anderes als ein solcher Dolmetscher (internuntia confessionis, wie die Theologen sagen). Man vertraut ihr das Bekenntnis der Sünden an, um es dem Beichtvater zu eröffnen. Der Brauch, dem Beichtvater, zu dem man einmal sein Vertrauen gefaßt hatte, in einem Briefe zu beichten, wenn er entfernt war, wurde von Papst Clemens VIII. gänzlich abgeschafft, weil solche Beichten immer mit vielen Schwierigkeiten verknüpft waren. Jedoch solange dieser Gebrauch galt, waren alle die, in deren Hände ein solcher Brief kommen konnte, zum unverletzlichen Stillschweigen verpflichtet, indem alle, die von einer Beichte entweder durch Vorwitz oder zufällig oder von

Amts wegen etwas erfahren, die gleiche Pflicht der strengsten Verschwiegenheit zu üben haben.

Von diesen unumstößlichen, einleuchtenden Wahrheiten sind die Ankläger der Marquise selbst so überzeugt, daß sie für nötig befunden haben, ihre Zuflucht zu dem Vorwand zu nehmen, daß das fragliche Papier keine echte Beichte, sondern nur ein Merkzettel zu einer Beichte sei.

Doch auch angenommen, dies wäre wirklich begründet, so würde doch auch selbst ein solcher Merkzettel zu einem gerichtlichen Beweis nicht verwendet werden dürfen. Denn auch dadurch würde sich der Beichtende häufig in der nämlichen Gefahr befinden. Die Kirche befiehlt, er soll alle seine Sünden bekennen; sein Gedächtnis ist schwach, er muß sich also damit helfen den Inhalt seiner Beichte schriftlich festzuhalten. Ein Hilfsmittel, das selbst der Beichtvater öfters anrät! Und dies sollte ihm hernach zum Verderben gereichen dürfen? Auch haben alle Kirchenlehrer einhellig entschieden, daß weder geistliche noch weltliche Richter Aufzeichnungen in Betracht ziehen dürfen, die das Bekenntnis eines Sünders enthalten, daß sie vielmehr solche Schriftstücke von den Akten ausschließen und nicht befugt sein sollen, einen Angeklagten darüber zu verhören oder über die darin enthaltenen Umstände Zeugen zu befragen. Ohne uns hier auf eine weitläufige Aufzählung aller der Schriftsteller einzulassen, die über diesen Gegenstand geschrieben haben, führen wir nur das an, was der berühmte Kanonist Dominikus Soto, der Beichtvater Karls V., darüber sagt. ›Ein gewisser Mensch‹, sagt er, ›verlor ein Papier, worauf er seine Vergehungen aufgezeichnet hatte. Dieser Aufsatz fiel in die Hände eines geistlichen Richters, der deshalb eine gerichtliche

Untersuchung gegen ihn anstellen und Zeugen darüber verhören lassen wollte. Doch er wurde von seinem Obern wegen dieses unrechtmäßigen Verfahrens zur Strafe gezogen, und das von Rechts wegen, denn‹ – setzt dieser Schriftsteller hinzu – ›die Beichte ist eine so heilige Sache, daß alles, was zu ihrem Ablegen bestimmt ist und darauf Bezug hat, im tiefsten und unverbrüchlichsten Stillschweigen vergraben bleiben muß.‹ Und das, was er hier in Hinsicht auf die geistlichen Richter sagt, soll seiner Anweisung nach auch auf die weltlichen angewendet werden.

Überdies aber ist der Aufsatz, von welchem *hier* die Rede ist, in der Tat kein bloßer Merkzettel, den Frau von Brinvillier nur verfertigt hätte, um ihre Beichte danach einzurichten, sondern er ist eine echte Beichte, niedergeschrieben in der Zuversicht, daß sie nur Gott oder seinem dazu verordneten Diener bekannt werden solle. Die ganze Beschaffenheit dieser Schrift zeigt, daß sie eine wahre und wirkliche Beichte ist. Sie hebt mit den Worten an: ›Ich bekenne vor Gott und Ihnen, mein ehrwürdiger Vater.‹ Die Marquise spricht darin also nur mit Gott und ihrem Beichtvater, der an Gottes Statt da ist; und da folglich ihre Beichte an Gott allein gerichtet ist, so ist auch Gott allein derjenige, der sie wissen darf, und es kann kein Mensch ein Recht haben, sie zu untersuchen. Die Kirche selbst muß der Marquise Bürgin sein für die Geheimhaltung dieser Beichte; denn ›die Kirche hat‹, wie Kardinal Perron sagt, ›ihren reumütigen Kindern, die ihres Herzens Geheimnisse in ihren Schoß niederlegen, zur Sicherung ihrer Ehre und ihres Lebens heilig versprochen, daß alle ihre Sünden treulich und unverletzlich verschwiegen bleiben sollen; und dagegen kann niemand handeln, ohne gleichzeitig alle göttlichen und menschlichen Rechte mit Füßen zu treten.‹

Auch ist es weder die geweihte Person des Priesters noch seine heilige Handlung, Absolution zu erteilen, was diese Geheimhaltung begründet; vielmehr ist gewiß, daß der Priester auch dann zur Verschwiegenheit verpflichtet ist, wenn er es für nötig befinden sollte, dem Beichtenden die Absolution zu versagen, und daß diese Pflicht auch denjenigen ebenso bindet, der nicht Priester ist und entweder vorsätzlich, indem er sich in einen Beichtstuhl setzt, um die Gesinnungen eines andern auszuhorchen, oder zufällig, indem er sich in der Nähe eines Beichtstuhls befand, die Beichte eines andern gehört oder im Notfall, bei Ermangelung eines Priesters, selbst die Stelle des Beichtvaters vertreten hätte. Sondern es ist einzig und allein das Wesen der Beichte selbst, woraus diese unauflösliche Verpflichtung zur Verschwiegenheit entspringt.

Doch, wird man sagen, es kann gar nicht mehr zur Debatte stehn, den Inhalt dieser Schrift der Marquise geheimzuhalten; er sei nun eine Beichte oder nicht, man weiß ja schon, was sie enthält. Dieser Einwand ist aber schon behoben durch die oben angeführten Gründe. Es ist bewiesen: ein Prozeß darf nicht nur niemals auf dergleichen Bekenntnisse hin angestrengt werden, sondern man darf sie auch in einem schon anhängigen Prozeß nicht als Beweismittel verwenden und muß also überhaupt alles gerichtliche Verfahren auf Grund von ihnen für null und nichtig ansehn.

Außer diesen allgemeinen Gründen, welche die Unzulässigkeit alles gerichtlichen Verfahrens nach bloßen Indizien aus einer Beichte unumstößlich beweisen, findet sich auch in der Beichte der Marquise selbst noch ein besonderer Umstand, der ihre Unbrauchbarkeit zu diesem Zwecke noch einleuchtender darstellt. Genötigt, aus ihrem Vaterland zu fliehen, wo erbitterte Feinde sich gegen sie verschworen hatten, sie an den Galgen zu bringen; umherirrend in einem fremden Land, ohne Beistand, ohne Ratgeber; bedeckt mit der Schande ihres vor aller Welt geoffenbarten Liebesverhältnisses mit dem schändlichsten aller Menschen, wurde sie endlich von einem heftigen Fieber befallen, das ihren Verstand verwirrte und sie in den Zustand des Phantasierens und des Wahnsinns versetzte, wo der Kranke die Bilder seines zerrütteten Gehirns für Wahrheiten hält und sich zuweilen Taten zuschreibt, die niemals begangen worden sind oder an denen er nicht den mindesten Anteil gehabt hat. Dieser Zustand ist immer die Folge einer durch die Schreckbilder ungerechter Verfolgungen und durch die Vorstellung grausamer und unverdienter Strafe geängstigten Phantasie.

Dieser Umstand beweist aber nicht, daß diese Schrift keine echte Beichte sei. Ihr ganzer Inhalt ist Gott geweiht, indem sogleich der Eingang zeigt, daß das ganze Bekenntnis vor Gott abgelegt wird. Um ihr den Schutz der unverletzlichen Geheimhaltung zu sichern, ist es genug, daß sie in der Absicht verfaßt worden ist, eine allgemeine Absolution dadurch zu erlangen, welche die Beichtväter auch sonst den Kranken, die im Zustand des Phantasierens sind, nicht versagen, weil solche Verwirrungen nicht als dauernder Irrsinn zu betrachten sind, sondern als vorübergehende Anfälle, bei denen auch wohl lichte Augenblicke eintreten können. So ist ja auch ein Gebet, das ein Mensch in einem solchen Zustand an Gott richtet, ein echtes Gebet, und nicht selten hat es Erhörung gefunden.

Übrigens, daß Frau von Brinvillier, als sie diesen

Aufsatz schrieb, wirklich in einer heftigen Fieberhitze gelegen hat, die sie des freien Gebrauchs ihrer Vernunft beraubte, kann man aus allen diesen Umständen sehen. Bei der Wallung, in der sich ihr entzündetes Blut befand, konnte sie kaum die Feder halten. Die Buchstaben sind so verzerrt, daß man ihre Handschrift nicht erkennen und die Worte kaum lesen kann. Überdies sind Bekenntnisse darin enthalten, die als falsch erwiesen sind. Sie klagt sich an, ihren Vater ermordet zu haben, der im Jahre 1666 ruhig gestorben ist.

Dies waren die scharfsinnigen Gründe, mit denen Herr Nivelle die Marquise verteidigte. Doch der Tatbestand der Verbrechen war vollkommen geklärt. Daß die beiden Brüder der Marquise wirklich vergiftet worden sind, war erwiesen durch den Bericht eines Arztes, zweier Wundärzte und eines Apothekers. Daß aber Sainte-Croix und die Marquise mit Hilfe La Chaussées beide Mordtaten begangen hatten, ergab sich ganz deutlich aus der Vereinigung sämtlicher Zeugenaussagen; und die Antworten der Marquise selbst enthalten einen noch stärkeren Beweisgrund gegen sie. Wir wollen auch diese Antworten hier aus dem Protokoll selbst mitteilen:

Als Ursache ihrer Flucht aus Frankreich gibt sie gewisse Verdrießlichkeiten an, die sie mit ihrer Schwägerin gehabt habe. Die Beichte, die man unter den Papieren in ihrer Schatulle gefunden hat, habe sie in einem Zustand geschrieben, als sie in einem ganz fremden Lande, von allen ihren Verwandten verlassen und in der äußersten Not gezwungen, sich einen Écu leihen zu müssen, in ihrem Gemüt zu zerrüttet gewesen sei, daß sie nicht gewußt habe, was sie tue, noch was sie schreibe. Auf die Frage nach dem ersten Artikel ihrer Beichte, in welchem Hause sie Feuer angelegt habe, sowie auf die Fragen über sechs andre Artikel darin antwortete sie immer bloß: sie habe es nicht getan, und wenn sie es geschrieben habe, so sei dies in der Zerrüttung ihres Geistes geschehen. Ebenso antwortete sie auf die Frage: ob sie nicht ihren Vater und ihre zwei Brüder vergiftet habe, nichts weiter als: sie wisse von dem allen nichts. Auf die Frage, ob ihre Äußerung, ihre Schwester werde nicht mehr lange leben, nicht darauf beruhe, daß ihr etwas von deren Vergiftung bekannt gewesen sei, antwortete sie: diese Vermutung habe sich bloß auf die krankhaften Zustände gestützt, von denen ihre Schwester schon damals geplagt gewesen sei und an denen sie noch jetzt leide. Sie sagt ferner, sie habe die Zeit vergessen, in der sie ihre Beichte geschrieben, und gesteht, sie habe Frankreich auf Anraten ihrer Verwandten verlassen. Auf die Frage, warum ihre Verwandten ihr diesen Rat gegeben hätten, sagte sie: wegen des Vorfalls mit ihren Brüdern. Sie gesteht, daß sie mit Sainte-Croix nach seiner Befreiung aus der Bastille wieder Umgang gehabt habe. Auf die Frage, ob Sainte-Croix sie nicht beredet habe, ihren Vater aus dem Wege zu schaffen, antwortet sie, sie könne sich dessen nicht erinnern; ebensowenig erinnere sie sich, daß ihr Sainte-Croix Pulver oder andere Spezereien gegeben und daß er jemals zu ihr gesagt habe: er wisse Mittel, sie reich zu machen. Es wurden ihr acht Briefe vorgelegt und sie befragt, an wen sie solche geschrieben habe. Sie antwortete, sie könne sich dessen nicht mehr erinnern. Wegen des Schuldscheins über 30000 Livres, den sie Sainte-Croix ausgestellt hatte, gab sie vor: sie habe diese Summe bei Sainte-Croix niederlegen wollen, um im Notfall ein

Hilfsmittel zu haben, von dem ihre Gläubiger nichts wüßten. Sie habe darüber einen Rückschein von Sainte-Croix erhalten, der aber auf der Reise verlorengegangen sei. Ihr Gemahl habe von dieser Verschreibung nichts gewußt. Auf die Frage: ob sie diese Verschreibung vor oder nach dem Tode ihrer Brüder ausgestellt habe, antwortete sie: sie könne sich dessen nicht mehr erinnern, und darauf werde es auch bei der Sache nicht ankommen. Später aber sagte sie: Sainte-Croix habe das besagte Geld von einem seiner Freunde für sie entliehen, und sie habe ihm die Verschreibung dafür ausgestellt. Sie gesteht, daß sie dreimal bei Glazer gewesen sei, um sich wegen ihrer Gesundheitsumstände Rat zu holen. Auf die Frage: warum sie Penautier um Ratschläge ersucht habe, antwortete sie: sie wisse, daß er durch seine Freunde imstande wäre, sich nachdrücklich für ihre Angelegenheiten zu verwenden. Warum sie die Versicherung hinzugesetzt habe, daß sie alles tun wolle, was er ihr rate? Eigentlich wisse sie selbst nicht, warum; in ihrem gegenwärtigen Zustand aber sei sie genötigt, jedermann um guten Rat anzusprechen. Warum sie an Théria geschrieben habe, er solle sie befreien? Sie wisse nicht, was man damit wolle. Warum sie in einem andern Brief an Théria gesagt habe, sie sei verloren, wenn er sich ihrer Schatulle nicht bemächtigen könne? Sie könne sich dieses Umstandes nicht erinnern. Sie behauptet, sie habe nicht bemerkt, daß ihr Vater im Jahre 1666 bei seiner Reise nach Offemont unpäßlich gewesen sei, weder auf dem Hinweg noch auf der Rückreise. Als man ihr die Kassette von Sainte-Croix zeigte, sagte sie: die gehöre ihr nicht, und wollte sie nicht kennen. Mit Penautier, behauptete sie, nur wegen 30000 Livres, die er ihr schuldig wäre, einigen Umgang gehabt zu haben. Ein anderes Mal: sie habe gemeinschaftlich mit ihrem Gemahl Penautier 10000 Écus geliehen gehabt, nach deren Rückzahlung sie weiter in keiner Verbindung mit ihm gestanden habe. Die Auslieferung der bei Sainte-Croix gefundenen Kassette habe sie auf Anraten ihrer Verwandten verlangt.

Man braucht nur diese Antworten zu lesen, um zu sehen, wie die Wahrheit, die sie unterdrücken will, öfter mit Gewalt hervorbricht. Man sieht hier die Verzagtheit einer schwarzen Seele, die, fähig, die größten Greueltaten ohne Zittern zu begehen, solange sie nicht entdeckt zu werden fürchtet, beim bloßen Anblick des Richters alle Besonnenheit verliert. Sie hatte sich vorgenommen, alles zu leugnen; jedoch die Bestürzung und die Furcht legten ihr Antworten in den Mund, die wider ihren Willen die Wahrheit aufdeckten, die zu verhüllen sie alle Kräfte ihres Geistes anstrengte.

Wäre sie wirklich unschuldig gewesen, würde sie wohl – bei einer Beschuldigung, die ihr Innerstes empören mußte – nur geantwortet haben: sie wisse nicht, daß sie ihren Vater und ihre Brüder vergiftet hätte? Hätte nicht die bloße Frage ihr eine Antwort abnötigen müssen, in der höchster Unwille gegen ihre Ankläger und selbst gegen ihre Richter ausgedrückt gewesen wäre? Aber sie hat nicht einmal Stärke genug, sich hinter ein bestimmtes Nein zurückzuziehn, und weiß in der Verwirrung nichts weiter als Unwissenheit vorzuschützen. Sie weiß nicht, ob sie ihren Vater und ihre Brüder umgebracht hat!! – Auch ihre übrigen Antworten tragen alle diese Gepräge.

Diese eignen Aussagen der Marquise also, verbunden mit den gegen sie vorhandenen Zeugenaussagen, vollendeten ihre Überführung bis zur höchsten Evidenz. Man weiß nicht, ob das Parlement auch Beweise aus der Beichte entnommen hat; indessen ist es einleuchtend, daß der Prozeß selbst Gründe genug enthielt, um dieses Mittel ganz entbehrlich zu machen, das ohnehin, was auch immer Gegner der Marquise sagen mochten, weder als Bekenntnis noch als Beweis bei dem Prozeß gebraucht werden durfte.

Es wurde also endlich am 16. Juli 1676 in der Versammlung der Großen Kammer und der Kriminalkammer des Parlements folgendes Urteil über die Marquise gesprochen:

›Marie-Marguerite d'Aubray, die Gattin des Herrn Marquis von Brinvillier, wird hiermit für überführt und überwiesen erklärt, ihren Vater, Herrn Dreux d'Aubray, und ihre beiden Brüder, Herrn Antoine d'Aubray, Requetenmeister und Zivilleutnant zu Paris, und Herrn d'Aubray, Parlementsrat, vergiftet und ihrer verstorbenen Schwester nach dem Leben getrachtet zu haben. Sie wird daher zur wohlverdienten Strafe verurteilt, barfuß, mit einem Strick um den Hals und einer zwei Pfund schweren brennenden Kerze in der Hand auf einem Karren an die Türe der Hauptkirche zu Paris gebracht zu werden, um daselbst Kirchenbuße zu tun und auf ihren Knien öffentlich zu bekennen, daß sie schändlicherweise sowohl aus Rachsucht als aus Geldgier ihren Vater und ihre zwei Brüder vergiftet und ihrer Schwester nach dem Leben getrachtet habe. Von da soll sie auf die Place de Grève geführt und ihr auf einem dazu errichteten Schafott der Kopf abgeschlagen, ihr Körper verbrannt und die Asche in die Luft gestreut werden. Zuvor aber soll sie noch auf die ordentliche und außerordentliche Folter gebracht werden, um ihre Mitschuldigen anzugeben. Zugleich wird sie der Hinterlassenschaft ihres Vaters, ihrer Brüder und ihrer Schwester von dem Tage ihres Verbrechens an für verlustig erklärt, und ihr gesamtes Vermögen soll von der Behörde eingezogen werden. Davon und von demjenigen Teil ihrer Güter, die der Konfiskation nicht unterworfen sind, sollen 4000 Livres zu einer Buße an den König, 5000 Livres an die Kapelle des Parlementsgefängnisses zu Seelenmessen für die Ruhe ihres verstorbenen Vaters, ihrer Brüder und ihrer Schwester, 10000 Livres zur Schadloshaltung für Frau von Villarceau, die Witwe Herrn d'Aubrays, und überhaupt alle Unkosten des Prozesses, auch die des Prozesses gegen La Chaussée, abgezogen und bezahlt werden.‹

Die Marquise, die bisher noch in der Hoffnung, ihren Richtern ein Blendwerk vorgaukeln zu können, ihre Verbrechen hartnäckig geleugnet hatte, gestand jetzt selbst, als ihr Urteil schon gesprochen war. Herr Pirot, ein Doktor der Sorbonne, dem sie beichtete und der sie auf den Richtplatz begleitete, gibt eine sehr rührende Erzählung von den letzten vierundzwanzig Stunden ihres Lebens. Sie bat um das Abendmahl, es wurde ihr aber abgeschlagen; es wird niemals Verbrechern gereicht, die zur Todesstrafe verurteilt sind. Sie verlangte darauf nur das geweihte Brot, so wie es ihr Vetter, der Marschall von Marillac, vor seiner Hinrichtung noch empfangen habe. Doch auch dieses wurde ihr abgeschlagen, weil das Verbrechen des Marschalls, sagte man ihr, bei weitem nicht so abscheulich gewesen wäre wie das ihrige; sie müsse es durch die Entziehung nicht nur des Abendmahls selbst, sondern auch sogar dieses Sinnbilds davon büßen.

Der Zulauf an Menschen bei ihrer Hinrichtung war außerordentlich groß. Nicht nur der Richtplatz, sondern auch alle Gassen, durch die sie geführt wurde, waren mit einer unzählbaren Menge Menschen bedeckt. Der berühmte Maler Le Brun stellte sich an einen Ort, wo er sie ganz genau beobachten konnte, um den Ausdruck der Todesfurcht vor einer gewaltsamen Hinrichtung von ihrem Gesicht abzuzeichnen. Doch er fand nicht, was er suchte. Die Marquise, mit dem Bild des Todes, den sie so oft mit eigner Hand ausgeteilt hatte, durch lange Übung vertraut, hatte eine Härte erlangt, die sie selbst gegen ihren eignen Tod unempfindlich machte. Sie verlor die Geistesgegenwart so wenig, daß sie, schon auf dem Wege zum Richtplatz, wo ein schmerzvoller Tod sie erwartete, in der schimpflichsten Lage, in der sich ein Mensch befinden kann, alles, was um sie her vorging, ganz frei und unerschrocken beobachtete. Einige vornehme Damen, welche die Neugierde auch herbeigeführt hatte, faßte sie mit einem festen Blick ins Auge und sagte ihnen ganz bitter: »In der Tat, ein sehr schönes Schauspiel für Sie, meine Damen!«

Doch wir wollen uns diese Hinrichtung von Frau von Sévigné erzählen lassen.

›Mit der Brinvillier ist es nun vorbei‹, sagt sie in einem Briefe vom 17. Juli 1676, dem Tag nach der Veröffentlichung des Urteils – ›sie befindet sich in der Luft. Ihr armer kleiner Körper wurde nach der Enthauptung in ein ungeheuer großes Feuer geworfen und ihre Asche in die Luft gestreut. Wir können sie nun einatmen, und wer weiß, mit was für giftmischerischen Launen uns diese Übertragung anstecken wird! Gestern wurde ihr Urteil gesprochen, heute morgen las man es ihr vor. Man wollte sie auf die Folter bringen, sie versicherte aber, es sei nicht nötig, sie wolle alles freiwillig gestehen. Sie hat auch wirklich bis um vier Uhr eine Erzählung von ihrem Leben gegeben, die noch viel schrecklicher ist, als man sich dachte. Zehnmal nacheinander hat sie ihrem Vater Gift beigebracht, ehe sie ihren Zweck erreichte; und immer heuchelte sie ihm dabei die höchste kindliche Zärtlichkeit vor. Sie verlangte noch, den Generalprokurator zu sprechen. Er war auch eine ganze Stunde bei ihr, man weiß aber nicht, was sie ihm noch zu sagen hatte.

Um sechs Uhr wurde sie, im bloßen Hemd mit einem Strick um den Hals, zu der Kirche Notre-Dame geführt, um da Kirchenbuße zu tun, und sodann wieder auf den Karren gesetzt. Hier sah ich sie selbst, rücklings auf Stroh liegend, im Hemd, mit einer niedrigen Haube auf dem Kopf, den Geistlichen zur einen, den Scharfrichter zur andern Seite. Alle Glieder zitterten mir bei diesem Anblick. Diejenigen, welche die Hinrichtung mit angesehen haben, versichern, sie habe das Schafott mit viel Mut bestiegen. Ich für meinen Teil war mit der guten Deseurs auf der Brücke von Notre-Dame. Nie habe ich Paris so in Bewegung gesehen. Wenn Sie mich aber aufs Gewissen fragen, was ich eigentlich gesehen habe, so muß ich bekennen, nichts weiter als eine Haube. Es war ein schauderhafter Tag. Ich werde heute noch mehr davon hören, und das sollen Sie morgen auch noch erfahren.‹

›Noch ein paar Worte, von der Brinvillier‹ – sagt sie im folgenden Brief. ›Sie ist gestorben, wie sie gelebt hat, mit Entschlossenheit. Als man sie an den Ort brachte, wo sie die Tortur bekommen sollte, sagte sie beim Anblick der drei Eimer Wasser: ‚Ich soll vermutlich ersäuft werden; denn von mir kann man doch nicht verlangen, das alles zu schlucken.' Ihr Urteil hörte sie ohne Bestürzung. An dessen Ende bat sie, es ihr noch einmal vorzulesen; ‚denn der Karren', sagte sie, ‚ist mir von Anfang an so aufgefallen, daß ich für das übrige die Aufmerksamkeit verloren habe.' Auf dem Wege zum Richtplatz bat sie ihren Beichtvater, er möchte den Scharfrichter sich vor sie setzen lassen, ‚damit ich‘, fügte sie hinzu, ‚den Schurken Desgrais, der mich eingefangen hat, nicht zu sehen brauche‘. Desgrais begleitete den Karren zu Pferde. Da ihr der Beichtvater diese Äußerung vorwarf, erwiderte sie: ‚Ach, mein Gott, ich bitte Sie um Verzeihung. Lassen Sie mir also diesen seltsamen Anblick!‘ Sie bestieg das Schafott allein, mit bloßen Füßen. Es dauerte wohl noch eine Viertelstunde, bis die Scharfrichter sie zurechtgemacht hatten, so daß die Zuschauer anfingen, ungeduldig zu werden. Am folgenden Tag suchte man die Überbleibsel ihrer Gebeine zusammen; denn der Pöbel war der Meinung, sie sei eine Heilige. Sie hatte vor ihrer Gefangennahme, wie sie vorgab, zwei Beichtväter gehabt. ‚Der eine‘, sagte sie, ‚verlangte: ich müsse alles bekennen, der andere aber behauptete: ich solle es nicht tun; und ich‘, setzte sie mit Lachen über diese entgegengesetzten Meinungen hinzu, ‚kann also tun, was mir beliebt.‘ Es hat ihr beliebt, von ihren Mitschuldigen nicht ein Wort zu sagen. Penautier kommt noch etwas weißer als Schnee aus der Sache. Das Publikum ist nicht zufrieden.‹

›Die Welt ist immer ungerecht‹ – sagt sie im folgenden Briefe –, ›sie war es auch in bezug auf die Brinvillier. Nie hat man eine Greueltat so gelind behandelt. Man hat die Verbrecherin nicht auf die Folter gebracht; man ließ sie sogar auf Begnadigung hoffen und so gewiß hoffen, daß sie wirklich glaubte, mit dem Leben davonzukommen, und noch beim Hinaufsteigen aufs Schafott sagte: ‚Nun ist wohl alles gut?‘ Indes ist sie nun in der Luft, und ihr Beichtvater versichert, sie sei eine Heilige.‹

Der Marquis von Brinvillier wurde bei dem Prozeß

seiner Gattin in nichts verwickelt, und niemand weiß, was nach ihrer Hinrichtung aus ihm geworden ist. Madame Sévigné erzählt, er habe für seine teure Hälfte doch um Begnadigung gebeten. Vermutlich suchte er an irgendeinem einsamen Fleck seinen Kummer zu vergraben und dem Andenken des Publikums einen Namen zu entziehen, der jetzt zur Bezeichnung des abscheulichsten Verbrechens diente.

Der Apotheker Glazer wurde bei diesem Prozeß auch mit zur Verantwortung gezogen, weil er Sainte-Croix verschiedene Rohstoffe geliefert hatte, und es kostete ihn alle Mühe, freigesprochen zu werden.

Gegen Herrn Penautier wurde durch die Briefe, die Frau von Brinvillier aus dem Gefängnis an ihn geschrieben hatte, auf einmal alles in Bewegung gesetzt. Man sah daraus, daß er mit dieser Verbrecherin in einem vertrauten Verhältnis gestanden haben müsse, und seine Verbindung mit Sainte-Croix war schon öffentlich bekannt. Durch das allgemeine Gerücht von den Giftmischereien des Sainte-Croix veranlaßt, erhob jetzt auch eine gewisse Frau von Vosser Beschuldigungen wegen Ermordung ihres Gatten. Sie gab vor, daß ihr Gatte, Herr von Saint-Laurent, oberster Steuereinnehmer des Klerus, durch einen Bedienten, der ihm von Sainte-Croix empfohlen war, vergiftet worden sei, und behauptete, Sainte-Croix habe diese Vergiftung eigentlich auf Veranlassung von Penautier ausgeführt, bei dem es längst beschlossen gewesen sei, ihrem Gemahl das Amt mit Gewalt zu entreißen, das dieser ihm als sein Mitbewerber entzogen hatte. Sie gründete ihre Beschuldigung hauptsächlich auf dieses ganz besondere Interesse, das Herr Penautier daran gehabt habe, ihren Gemahl aus dem Wege zu schaffen, durch dessen Tod er zugleich seine Rache an einem verhaßten Nebenbuhler befriedigte und eines der einträglichsten Ämter erhielt. Daß aber Sainte-Croix zu dieser Vergiftung gebraucht worden sei, suchte sie vor allem aus dem engen Verhältnis zu erweisen, in dem Penautier zu diesem abscheulichen Verbrecher gestanden hatte. ›Sainte-Croix‹, sagte sie ›erhielt von Penautier Geld genug, um Bediente, Sänftenträger, Kutschen, mit einem Wort ein glänzendes Haus zu unterhalten. Einen solchen Aufwand pflegt man aber für einen andern schwerlich aus bloßer Freundschaft zu machen; ein ganz anderes, weit lebhafteres Interesse muß die Triebfeder davon sein. Was für ein Interesse konnte aber Penautier daran haben, Sainte-Croix so mit Wohltaten zu überhäufen, wenn es nicht ausbedungene Belohnungen für die Dienste waren, die er ihm durch seine Vergiftungskunst geleistet hatte? Aber es war ganz in der Ordnung solcher schändlichen Komplotte, daß dieser seinen Anteil an den Einkünften eines Amts forderte, das er seinem Freunde unter der Gefahr, auf den Scheiterhaufen zu kommen, verschafft hatte. Die innige Vertrautheit dieser beiden Menschen ist aber allgemein bekannt; jedermann weiß, daß keiner ohne den andern leben konnte, daß sie täglich beisammen waren und daß Sainte-Croix, wenn er durchaus verhindert war, selbst zu kommen, wenigstens seinen Martin, den Mitwisser aller seiner Ruchlosigkeiten, zu ihm schickte. Auch die Erklärung seines Letzten Willens, die von Sainte-Croix zugunsten der Madame Brinvillier der berüchtigten Kassette beigelegt war, ist ein Beweis für die innige Verbindung zwischen ihm und Penautier; denn an diesen war sie adressiert, diesem sollte sie überbracht werden.‹ Endlich behauptete Frau von Saint-Laurent auch, Sainte-Croix habe von Penautier zur Belohnung für den

Dienst, den er ihm geleistet habe, eine Anweisung auf eine sehr beträchtliche Summe erhalten; der letztere sei aber schlau genug gewesen, diese Anweisung durch den Kommissar, der die Inventur besorgte, unterschlagen zu lassen.

Dies waren also die Gründe, womit man beweisen wollte, daß Penautier ein Mitschuldiger von Sainte-Croix sei und dessen Vergiftungskunst auch zu seinem Vorteil benutzt habe. Aber wenn diese Gründe auch hinreichten, sein Betragen zweideutig und seinen guten Ruf verdächtig zu machen, so konnte sie der Richter doch unmöglich als Beweise betrachten, um ihn zu verurteilen. Das Parlement sah diese Beweise als ungenügend an und sprach ihn daher von der Anklage frei. Aber das Publikum verurteilte ihn doch. Man behauptete öffentlich, er wäre der verdienten Strafe nicht entgangen, wenn er nicht Geld mit vollen Händen ausgeteilt hätte.

Der Bettler von Vernon

Jeanne Vacherot war verheiratet mit Lancelot le Moine, einem Notar beim Châtelet in Paris, und hatte drei Kinder: Pierre, Jacques und Louis. Jacques, von dem in diesem Prozeß oft die Rede sein wird, wurde am 11. September 1644 in der Kirche Saint-Sulpice, im Kirchspiel Bois-Hiéraulme bei Vernon in der Normandie, getauft.

Lancelot le Moine starb im Jahre 1649 und hinterließ ein Testament, worin er seine Gattin zum Vormund seiner Kinder einsetzte: Er verlangte für seine Kinder, sagt er in diesem Testament, keinen andern Vormund als sie; denn sie würden sonst gewiß um ihr Vermögen gebracht werden. Seine Wahl wurde durch einen Spruch des Châtelets bestätigt.

Im September 1654 machte die Witwe eine Reise nach Vernon, wo die meisten Güter ihrer Kinder lagen. Sie nahm den jüngsten ihrer Söhne mit sich und ließ die beiden anderen, Pierre, vierzehn, und Jacques, zehn Jahre alt, unter der Aufsicht ihrer Großmutter und einer Magd zu Hause. Während ihrer Abwesenheit verschwanden auf einmal diese beiden Knaben mit den Söhnen des Bürgers Coutard aus Paris. Die letzteren wurden bald danach zu ihrem Vater zurückgebracht; von den ersteren aber hatte man keinerlei Nachricht.

Die Mutter wandte alle Sorgfalt an, ihre Kinder wiederzufinden. Während sie damit beschäftigt war, begegnete sie eines Tages einem Bettler, der ein Kind bei sich hatte, an dem sie verschiedene Züge ihres verlorenen Jacques zu entdecken glaubte. Sie betrachtete es aufmerksamer und fand, daß sie sich irrte. Sie gab aber dem Bettler eine genaue Beschreibung ihrer beiden Söhne und trug ihm auf, sie ihr zuzuführen, falls sie ihm bei seinem Umherziehn zufällig begegnen sollten. Nachdem sie acht Monate mit vergeblichem Suchen zugebracht hatte, zeigte sie endlich den Vorfall bei der Obrigkeit an und bat um gerichtliche Untersuchung wegen des Verschwindens ihrer Kinder. Es wurden acht Personen darüber verhört, aber ihre Aussagen gaben keine Aufklärung. Doch führte einer dieser Zeugen einen Umstand an, der in der Folge wichtig wurde. Es war ein Schreibemeister, der sagte: Die beiden Kinder könnten lesen und schreiben und verständen sogar die ersten Anfangsgründe der lateinischen Sprache. Einige Zeit darauf reiste die Witwe le Moine wieder nach Vernon. Sie hörte dort am 25. Juli 1655 eben die Messe in der Pfarrkirche, als der Bettler, von dem vorhin die Rede war, mit demselben Kinde in die Kirche kam. Sie winkte ihm, sprach heimlich mit ihm und gab ihm ein Almosen. Einigen Frauen, die neben ihr saßen, fielen die Züge des Bettlerkindes auf. Sie sagten ihr, das sei der jüngere von ihren verlorenen Söhnen. Sie antwortete aber ganz kühl, ihr Sohn habe eine etwas kürzere Nase. Doch die Frauen gaben sich mit dieser Antwort nicht zufrieden; sie teilten ihre Gedanken ihren Nachbarinnen mit, und so ging die Entdeckung von Mund zu Mund. Die ganze Versammlung fing an, die Witwe le Moine für eine Rabenmutter zu halten, die ihren Sohn absichtlich nicht kennen wolle und ihn also wahrscheinlich dem Bettler selbst übergeben habe.

Sobald die Messe beendet war, wurde der Bettler von fünf oder sechs Personen an der Kirchentür angefallen, die ihm das Kind mit Gewalt wegnehmen wollten und geradezu behaupteten, es sei der Sohn des verstorbenen le Moine. Es entstand ein Auflauf. Während des Streitens wurden die Leute in ihrer Meinung durch ein Bettelweib bestärkt, das sich unter dem zusammengelaufenen Volk befand und den Umstehenden erzählte: Der Mann, den man festnehmen wolle, sei mit ihr in die Stadt gekommen, und an einer gewissen Straße habe der Knabe gesagt, da wollten sie nicht hineingehen, weil seine Mutter Vacherot da wohne. Der Tumult vermehrte sich; man drang in den Bettler, sich zu erklären, ob er der Vater des Kindes sei. »Wer es ernährt«, antwortete er, »ist Vater. Seine Mutter ist in einem Hospital gestorben. Ich habe es zu mir genommen und ihm versprochen, es nicht zu verlassen.« Bald wurde der Vorgang in der ganzen Stadt bekannt. Man nahm es sogleich als erwiesen an, daß Jeanne Vacherot eine unnatürliche Mutter sei und daß der Bettler zu der Klasse derer gehöre, die den berufsmäßigen Kinderraub betreibt.

Nachmittags gab es einen neuen Auflauf. Man fand den Bettler am Tore von Bissi; das Volk umringte ihn; jedermann wollte den kleinen le Moine auf den ersten Blick erkennen. Der königliche Prokurator befand sich unter dem Haufen und stellte verschiedene Fragen sowohl an den Bettler als auch an das Kind. Den ersteren fragte er, woher er stamme? Er antwortete einmal: aus Périgord, das andere Mal: aus Bapaume. Das Kind, das von dem Bettler etwas entfernt stand, fragte er: woher es jetzt komme und ob es in den benachbarten Dörfern (unter denen er absichtlich Bois-Hiéraulme erwähnte, wo die Witwe le Moine ein Gut hatte, auf dem sie sich öfters aufhielt) jemand kenne? Es antwortete: es sei oft in diesem Dorfe gewesen und habe dort Bekannte. Um die väterliche Zuneigung des Bettlers auf die Probe zu stellen, nahm der königliche Prokurator einige kleine Münzen, die das Kind in der Hand hatte, ließ sie dem Bettler durch einen der Umstehenden übergeben und ihm dabei sagen: der kleine le Moine wolle ihn verlassen und seine Verwandten in Bois-Hiéraulme aufsuchen. Kaum hatte der Bettler das gehört, so drängte er sich durch den Haufen und ergriff die Flucht. Man hielt ihn aber auf, und der königliche Prokurator ließ ihn samt dem Kinde zum Partikulierleutnant bringen, weil der Generalleutnant gerade abwesend war.

Dieser Richter war mit dem verstorbenen Lancelot le Moine leiblich Geschwisterkind. Der Bettler wurde von ihm sogleich verhört. Der Hauptinhalt von dessen Aussage war folgender: Er heiße Jean Monrousseau und sei der Sohn eines Steinschneiders aus dem Limousin. In seiner Jugend habe er Vieh gehütet. Danach habe er dem König in Italien und Flandern als Soldat gedient. Während er zu Bapaume in Garnison gewesen sei, habe er sich mit Jeanne Blond, der Witwe eines Schuhmachers, verehelichen wollen, aber man habe die Trauung nicht zugelassen, weil die Frau keinen Totenschein ihres ersten Mannes habe vorweisen können. Indessen seien sie doch nachher, am 27. Mai 1642, in Arras von Michel Hocquet, dem Pfarrer an der Kirche Saint-Nicolas, im Beisein des Korporals und mehrerer Soldaten seiner Kompanie getraut worden. Darauf habe er sich mit seiner Frau nach Mondidier begeben, wo diese von einem Knaben und einem Mädchen entbunden worden sei. Beide Kinder seien einige Monate später wieder gestorben. Von da sei er mit seiner Frau nach Neuville bei Mondidier gezogen, wo sie sich mit Arbeiten in Gärten und im Wald ernährt hätten. Im November 1646 habe seine Frau abermals Zwillinge verschiedenen Geschlechts geboren. Der Knabe, der Louis heiße, sei nun der, den man für den Sohn der Witwe le Moine halte. Die Erziehung dieser Kinder habe seiner Frau so viel Arbeit verursacht, daß sie sich ihren Unterhalt nicht mehr hätte erwerben können; sie hätten sich also entschlossen zu betteln. Beim Weggehen von Neuville hätten sie sich mit Zeugnissen und Pässen versehen, zum Beweis ihrer Ehrlichkeit und Armut.

Das erste dieser Papiere bestand in einer Erklärung in Form einer Bittschrift vom 1. April 1647, die vom Pfarrer und von sieben der vornehmsten Einwohner zu Neuville an den Bischof zu Beauvais gerichtet war, worin diese sagten: Jean Monrousseau und sein Eheweib Jeanne Blond seien wegen der Kriegsunruhen nach Neuville gezogen. Hier sei die Frau mit Zwillingen niedergekommen. Dies habe beide Eheleute in die äußerste Armut versetzt und nötige sie nun, zur bischöflichen Gewalt und Gnade ihre Zuflucht zu nehmen und zu bitten, daß er ihnen erlaube, in dem Sprengel Almosen zu sammeln.

Das zweite war ein Beglaubigungsschriftstück vom 4. April desselben Jahres, worin der Pfarrer und der königliche Richter von Neuville bezeugten, daß Jean Monrousseau und Jeanne Blond in der Pfarrkirche Saint-Nicolas zu Arras getraut worden seien, wie aus dem Trauschein zu ersehen sei, den Michel Hocquet, der Prediger an dieser Kirche, unter dem 31. Mai 1642 ausgestellt habe. In diesem Trauschein hieß Monrousseau zwar Philippe statt Jean, doch dies sei ein bloßes Versehen, das Monrousseau nicht sogleich habe entdecken können, weil der Schein lateinisch abgefaßt sei. Übrigens hätten sich die beiden Eheleute seit drei Jahren ständig zu Neuville aufgehalten und als ehrliche Leute aufgeführt, denen man niemals etwas nachgesagt habe. Mit diesem guten Ruf hätten sie auch den Ort wieder verlassen, nachdem die Frau von Zwillingen entbunden worden sei, einem Knaben und einem Mädchen, die sie noch vorher hätten taufen lassen. – Der lateinische Trauschein, von dem hier die Rede ist, war zwar nachher verlorengegangen. Doch durch das Zeugnis des Pfarrers und des Richters, die versicherten, ihn gesehen zu haben, war hinreichend erwiesen, daß er vorhanden gewesen war.

»Von Neuville«, fuhr Monrousseau fort, »ging ich mit meiner Familie ins Limousinische. Hier starb das Mädchen nach einigen Monaten. Als der Knabe etwa sieben Jahre alt war und nicht mehr soviel Pflege brauchte, glaubten wir, unser früheres Leben in Neuville wieder aufnehmen zu können, und beschlossen, dahin zurückzukehren. Meine Frau starb aber unterwegs im Hospital von Tours, am 10. Juni 1654, wie man aus dem Totenschein ersehen kann. Ich setzte mit meinem Sohn die Reise nach Neuville fort. Doch hier war inzwischen durch den Frieden die Arbeit seltener und der Tagelohn geringer geworden. Ich wanderte also nach Paris, wo ich zufällig die Witwe le Moine sah. Von Paris ging ich wieder aufs Land, um Erntearbeit zu verrichten. Der Zufall führte mich nach Vernon, wo eine Ähnlichkeit meines Sohnes mit dem jungen le Moine den Auflauf veranlaßt hat, bei dem ich verhaftet worden bin.«

Der Partikulierleutnant untersuchte nun die Papiere, die Monrousseau bei sich hatte, und legte ihm dann noch allerlei Fragen vor. In dessen Antworten fand er weder die Klarheit noch die Bestimmtheit, die man von der Wahrheit zu erwarten berechtigt ist. Als das Verhör beendet war, befahl er, Monrousseau ins Gefängnis zu bringen und ihm Eisen an die Füße anzulegen. Dieser Befehl wurde aber nicht in gerichtlicher Form ausgefertigt, sondern bloß mündlich erteilt. Auch wurde der Name des Gefangenen nicht in das Gefängnisregister eingetragen. Das Kind ließ er ins Hospital in Verwahrung bringen. Alle diese Vorkehrungen erfolgten am 25. Juli 1655. Am 27. Juli reichte ein gewisser Jean le Moine, ein Prokurator aus Vernon, eine Schrift ein, worin er als angeblicher Verwandter des von Monrousseau entführten Kindes anführte: Jeanne Vacherot sei eine unnatürliche, pflichtvergessene Mutter, die nach dem Verlust ihrer Söhne sich gar keine Mühe gegeben habe, sie wiederzufinden, und, da ihr der Zufall den einen wieder zuführe, ihn nicht einmal als ihr Kind anerkennen wolle. Er bitte also, daß man deshalb eine Untersuchung anstellen möge. Er fügte aber hinzu: er habe sich zu dieser Anzeige für verpflichtet gehalten, wolle jedoch nicht als Ankläger auftreten und die Sache auch nicht auf seine Kosten untersuchen lassen.

Diese Schrift wurde dem königlichen Prokurator zugeschickt, der nun in seinem eigenen Namen beantragte, man möchte über die angegebenen Umstände ein Zeugenverhör anstellen. Merkwürdig ist dabei, daß er in seinem Gesuch so tat, als habe er den ganzen Vorfall erst in diesem Augenblick erfahren, während es doch als feststehend galt, daß er sich mitten unter dem Pöbel befunden hatte, als Monrousseau samt dem Kinde zum Partikulierleutnant geführt wurde.

Der Generalleutnant, der inzwischen zurückgekommen war, verfügte auf dieses Ansuchen des staatlichen Anklägers hin das Zeugenverhör und befahl, Jeanne Vacherot und Jean Monrousseau zu vernehmen. Diese

Verhöre müssen wir etwas genauer betrachten. Der Bettler hatte anfänglich gesagt, er heiße Jean Monrousseau. Nun erhob ihm gegenüber der Richter den Einwand, in seinem Trauschein werde er ja Philippe genannt. Darauf antwortete Monrousseau: er habe statt des Namens Jean den Namen Philippe angenommen, als er Bapaume verlassen habe, um nach Arras zu gehen. Als man ihn fragte, warum er das getan habe, wußte er nichts zu antworten. Endlich aber sagte er: es könne wohl sein, daß die Frau, die von ihm den Auftrag gehabt habe, den Trauschein ausfertigen zu lassen, aus Versehen einen unrichtigen Namen angegeben habe. Dieser Umstand konnte wahr sein, denn damals war man um die Richtigkeit der Kirchenbücher noch sehr unbekümmert; oft wurden Taufen, Trauungen und Begräbnisse nicht einmal eingetragen, und wem daran gelegen war, eine Urkunde über einen solchen Vorgang zu erhalten, dem blieb kein anderes Mittel, als sich von dem Geistlichen selbst, der die Handlung vorgenommen hatte, ein Zeugnis darüber ausstellen zu lassen. Und wenn man dabei nicht selbst alle mögliche Vorsicht anwandte, so schlichen sich tausend Fehler ein.

Ferner wurde Monrousseau gefragt, wieviel Kinder er gehabt habe. Er antwortete: er habe nur eine Tochter und einen Sohn gehabt; das Mädchen sei in Issudel gestorben. Vierzehn Tage später aber, in einem anderen Verhör, sagte er: seine Frau sei zweimal von Zwillingen entbunden worden.

Auf die Frage, ob der Knabe, den er jetzt bei sich habe, von der ersten oder der zweiten Niederkunft stamme, antwortete er: von der ersten. Dagegen wandte der Richter ein, das sei nicht möglich. Er habe früher gesagt, von den ersten Zwillingen habe der

Knabe Jean geheißen, dieser aber heiße Louis. Darauf änderte er seine Aussage und sagte, daß das Kind, das er mit sich führe, von der zweiten Niederkunft stamme. Als man darauf erwiderte, er widerspreche sich abermals, da er schon vorher angegeben habe, der Knabe von der zweiten Niederkunft sei in Vallery sechs Monate nach seiner Geburt gestorben, da behauptete er wieder: das Kind, das man ihm streitig machen wolle, stamme doch von den ersten Zwillingen. Man wandte dagegen ein, diese Antwort stehe wieder zu mehreren früheren im Widerspruch, in denen er angegeben habe, sein erstgeborener Knabe sei in Mondidier auf die Welt gekommen und dort auf den Namen Jean getauft worden, während der, den er bei sich habe, in Neuville auf den Namen Louis getauft worden sein solle. Darauf gab er weiter keine Antwort. Die Frage, ob er Jeanne Vacherot kenne, wurde im Verhör in verschiedenen Zusammenhängen von Zeit zu Zeit wiederholt. Seine Antwort lautete jedesmal anders. Bald wollte er sie nur ein einziges Mal auf der Place de Grève gesehen haben, bald hatte er sie zweimal gesprochen, auf der Place de Grève und beim Hospital, und zuletzt sprach er sogar von einem dreimaligen Zusammentreffen, wovon das letztere schon vor mehr als einem Jahr erfolgt sein sollte.

Der Richter drang in ihn, er solle doch eine Ursache für diese auffallenden Widersprüche nennen. Er erhielt darauf keine Antwort.

Nach diesem Verhör ließ der Richter die Witwe le Moine in sein Haus führen, um sie dem Bettler gegenüberzustellen. Dieser Befehl wurde ebenfalls ohne alle Beachtung der bei Prozessen üblichen Form erteilt und ausgeführt. Man bemächtigte sich der Frau in dem Haus, wo sie sich aufhielt. Man führte sie öffentlich durch die Stadt, mitten durch den zusammengelaufenen Pöbel, der sie mit Schmähungen und Schimpfreden überhäufte. Man brachte sie in ein Zimmer im Haus des Richters und ließ die Tür bewachen, als wäre sie eine bereits überführte Verbrecherin; und endlich ließ man auch das Kind zu ihr. Sobald der Knabe sie sah, lief er auf sie zu und nannte sie Mama. Sie blieb aber dabei, daß es nicht ihr Sohn sei.

Nach unserer Ansicht vernachlässigte hierbei der Generalleutnant einen Umstand, der nicht hätte übersehen werden sollen. Er hätte nämlich die Witwe und das Kind zugleich über mehrere besondere Umstände, die sie beide wissen mußten, befragen und immer das Kind zuerst antworten lassen sollen. Statt dessen begnügte er sich damit, der Witwe die Frage vorzulegen, ob sie Monrousseau kenne. Vor ungefähr vier Monaten, antwortete sie, habe sie ihn auf den Stufen des Hôtel-Dieu in Paris gesprochen. Dies stand abermals im Widerspruch zu den Antworten, die der Bettler auf die gleiche Frage gegeben hatte.

Erst zur Nachtzeit wurde die Witwe wieder in Freiheit gesetzt. Sie benutzte die Dunkelheit, um der Wut des Pöbels zu entgehen, und begab sich nach Paris, ehe man etwas von ihrer Entfernung erfuhr. Kaum aber wurde ihre Abreise bekannt, als der Pöbel sogleich in das Haus eindrang, in dem sie logierte, alle Fenster zerschlug und sich die mutwilligsten Zerstörungen erlaubte.

Der Richter begann jetzt die Untersuchung in aller Form. Es wurden einundzwanzig Zeugen verhört. Wir führen einige der wichtigsten Aussagen an.

Die Magd der Witwe le Moine erklärte: das ihr vorgeführte Kind sei der Sohn ihrer Herrin. Sie kenne ihn gewiß, denn sie habe ihn drei Jahre gewartet.

Ein anderes Mädchen, das in einem Hause diente, in dem Jeanne Vacherot sieben oder acht Jahre gewohnt hatte und wo das Kind erzogen worden war, versicherte: der Knabe, den man ihr vorführe, sei wirklich der kleine le Moine. Sie erkenne ihn an den Haaren, den Augen, am Gesicht und an der Stimme. »An dem Tage, an dem der Auflauf wegen des Bettlers war«, setzte sie hinzu, »brachte man den Knaben auch in das Haus, wo ich diene. Man wollte sehen, ob jemand im Haus ihn erkenne. Ich fragte ihn, wie er heiße. Er antwortete: ›Ich heiße Jacques und Sie Marie.‹ Darauf führte ich ihn im Haus umher und legte ihm die Frage vor, ob er das Bett wohl noch kenne, worin er sonst geschlafen habe. Sogleich ging er mit mir zu einem Zimmer, in dem zwei Betten standen, und zeigte mir ganz richtig dasjenige, das ihm gehört hatte.« Sie schloß ihre Aussage mit einem sehr merkwürdigen Umstand von dem Kinde. Es hörte, daß jemand zu einem anderen die Bemerkung machte: der Knabe habe noch einen Bruder, der Loisot heiße. Sogleich unterbrach es den Sprechenden von selbst und sagte: »Mein Bruder heißt Loiot.« Wirklich wurde der kleinste von den Söhnen des verstorbenen Lancelot le Moine in seiner Kindheit so genannt.

Drei Bürgerinnen von Vernon beteuerten bei ihrem Leben, sie und ihre Kinder hätten den Betteljungen beim ersten Anblick als den Sohn Jeanne Vacherots erkannt. Man ließ ihm diese Kinder gegenüberstellen, und er nannte sie sogleich alle bei ihrem Namen.

Die Witwe von Nicolas le Maître, einem Advokaten, sagte aus: sie sei gestern, den Tag vor dem Verhör, zufällig im Hospital gewesen. Auf den ersten Blick habe der Knabe sie erkannt und ausgerufen: das ist Frau le Maître; und dann habe er hinzugesetzt, sie wohne neben Frau le Cocq (die eben die jetzige Wirtin der Witwe le Moine war) und er sei oft zu ihr hinübergekommen und habe sich ein Buch geholt, wenn er zu Herrn Plessis in die Schule gegangen sei.

Ein Schneider erkannte in dem Kind ebenfalls den Sohn der le Moine, dem er ehedem ein Jäckchen gemacht habe. Als das Kind ihm gegenübergestellt wurde, erwähnte es sogar noch den Umstand: an dem Jäckchen seien Ärmel mit Bändern gewesen. Außerdem sagte der Schneider noch aus: er sei aus Neugierde in das Hospital gegangen und habe den Knaben allerlei gefragt; unter anderem habe dieser ihm auch gesagt: seine Großmutter heiße Frau Vacherot und er sei in der Rue Saint-Martin weggenommen worden. Anne le Cocq, die Hauswirtin Jeanne Vacherots, mit der sie verwandt war, gab an: das Kind habe sie gleich beim ersten Anblick Frau le Cocq genannt und nach ihrem kleinen Jacques gefragt, dem er einst aus einer Lohgrube geholfen habe.

Ein Wundarzt bezeugte: er habe dem kleinen le Moine einst eine Wunde auf der Stirn geheilt und der Knabe, den man ihm vorführe, sei derselbe, denn er habe noch die Narbe auf der Stirn.

Ein gewisser Robert Laurier erzählte: er sei mit Claude le Moine in das Hospital gegangen. Den letzteren habe das Kind sogleich als seinen Oheim erkannt. Über ihn habe es jedoch erklärt, es erinnere sich seines Namens nicht mehr, doch sei er der Nachbar der Witwe le Cocq. Es wisse noch recht gut, habe das Kind hinzugesetzt, daß er es einst habe schlagen wollen, weil es in seinen Hof gelaufen sei. Ferner habe es ihm gesagt, man nenne seine Tochter nur la Roussel; auch habe es den Ort angegeben, wo er gewöhnlich sein Pferd stehen habe. »Alle diese Umstände«, setzte der

Zeuge hinzu, »die mit der Wahrheit vollkommen übereinstimmen, haben einen solchen Eindruck auf mich gemacht, daß ich bitten möchte, das Kind mir zu überlassen. Ich würde es aus alter Anhänglichkeit sehr gern ernähren.«

Noch zwei Frauen endlich, nahe Verwandte der Witwe le Moine, bezeugten, der kleine Bettler habe alle Züge des vermißten Sohnes von Frau le Moine, sogar die Sommersprossen im Gesicht, die beinahe ein besonderes Merkmal der Familie seien.

Um nichts zu unterlassen, was zur Aufdeckung der Wahrheit dienen könnte, wollte der Richter selbst einen Versuch machen, ob das Kind ebenso, wie es die Menschen erkannt hatte, auch die Häuser kenne, in denen es in Vernon gewesen war. Er ging also in Begleitung eines Aktuars mit dem Kinde aus. Sie kamen alle drei in das Haus der Witwe le Cocq. Gleich beim Eintritt nannte das Kind die Witwe beim Namen und deutete auf sie mit dem Finger. Darauf zeigte es das Zimmer, in dem seine Mutter geschlafen hatte, und den Stall, worin das Pferd des obengenannten Laurier stand. Ferner wußte es unter mehreren Lohgruben diejenige anzugeben, aus der es einst dem kleinen Sohn der Witwe le Cocq herausgeholfen hatte. Man führte ihm diesen Knaben in Gesellschaft vieler anderer gleichaltriger vor; es zeigte sogleich auf ihn und nannte ihn bei seinem Namen Jacques. Als es in den Hof kam, zeigte es einen Ort, an dem sonst ein kleiner Springbrunnen gestanden hatte. Die Witwe le Cocq und Laurier, die dabei waren, bestätigten, daß dies richtig sei.

Eine ähnliche Probe stellte der Richter auch in Bois-Hiéraulme an. Der Knabe hatte mehrmals geäußert, er sei öfters in diesem Dorf gewesen und kenne dort viele Leute. Der Richter begab sich also, begleitet von seinem Aktuar, mit dem Knaben dahin. Dieser kannte nicht nur alle Wege, sondern wußte auch einige Stellen anzugeben, wo vormals Brücken gestanden hatten, die jetzt nicht mehr da waren. Er nannte den Namen eines Klosters, das er unterwegs sah. Er wußte den Weg in das Schloß von Bois-Hiéraulme; die Pächterin und viele Kinder erkannten ihn sogleich. Auch das Gut seiner Mutter fand er ohne Schwierigkeiten. Er ging hinein, und der Pächter erkannte ihn auf den ersten Blick. Er kam in das Pfarrhaus und erkannte den Pfarrer, der ihn gleichfalls erkannte und versicherte, daß er der Sohn von Lancelot le Moine sei. Fünf Einwohner und alle Frauen und Mädchen des Dorfes versicherten das gleiche. Man wollte ihn auf die Probe stellen und sagte, daß der gegenwärtige Priester nicht der Pfarrer sei, sondern der Vikar. Er blieb aber dabei, es sei der Pfarrer. Der Schloßherr von Bois-Hiéraulme und dessen Bruder erkannten ihn ebenfalls. Der erstere fragte, ob sein Bruder, der mit ihm gekommen sei, nicht einen Schaden an sich habe? Anfangs antwortete der Knabe: »Nein.« Er faßte sich aber schnell wieder und sagte: »Ja, an einem Finger der linken Hand.« Dies war wirklich der Fall.

Bei alledem hatte doch Monrousseau beständig behauptet, weder er noch sein Sohn seien jemals in Vernon oder Bois-Hiéraulme gewesen.

Die Untersuchung wurde endlich mit einem abermaligen Verhör Monrousseaus geschlossen. Auch in diesem Verhör blieb er unverändert dabei, daß er der wirkliche Vater des Knaben sei. Weder Drohungen noch Gefängnis, noch Fesseln konnten ihn dahin bringen, dies zu widerrufen.

Hierauf erfolgte ein richterlicher Beschluß, in dem

die Witwe le Moine zum persönlichen Erscheinen vor Gericht aufgefordert und zugleich der Befehl gegeben wurde, den Bettler von neuem in engeren Gewahrsam zu bringen und die Verwandten des kleinen le Moine vorzuladen, um für ihn einen Vormund zu ernennen. Inzwischen sollten 100 Livres zu seinem Unterhalt ausgesetzt und zu diesem Zweck die Befugnis erteilt werden, alle Güter der Witwe le Moine und ihres verstorbenen Mannes mit Beschlag zu belegen. Dieser Gerichtsbeschluß wurde in seinem ganzen Umfang vollzogen, ausgenommen, daß die Verwandten nicht erschienen. Auf Antrag des königlichen Prokurators wurde Jeanne Vacherot das Urteil bekanntgegeben.

Darauf appellierte die Witwe le Moine sogleich gegen das ganze Verfahren der Gerichte von Vernon an das Parlement zu Paris und erreichte am 21. August 1655 einen Beschluß, worin den Gerichten in Vernon alles weitere Verfahren untersagt und zugleich der Befehl erteilt wurde, die ganze Sache an das Parlement zu übergeben.

Dieser Parlementsbefehl wurde am 30. desselben Monats dem Generalleutnant, dem königlichen Prokurator und dem Gerichtsaktuar von Vernon mitgeteilt. Doch diese Beamten erhoben den Einwand, sie unterständen nicht dem Parlement von Paris, sondern gehörten unter die Gerichtsbarkeit des Parlements von Rouen, und gehorchten also nicht, sondern fuhren fort, ihr Urteil an den Pächtern der Witwe le Moine mit aller Strenge zu vollziehen. – Sobald das Parlement von diesem Verfahren Nachricht erhielt, wiederholte es seinen Befehl und ließ die Gerichtsbeamten namentlich und persönlich vorladen, vor Gericht zu erscheinen, um sich gegen die in der Berufung vorgebrachten Beschwerden zu verantworten. Dieser neue Parlementsbefehl hatte aber ebensowenig Wirkung wie der erste. Die Gerichtsbeamten in Vernon ließen auf Antrag des königlichen Prokurators alle Pächter der Witwe le Moine vorladen und sich von ihnen angeben, was sie noch an rückständigen Pachtgeldern zu bezahlen hätten. Hierauf erließen sie ein Urteil, das den Pächtern untersagte, etwas an die Witwe le Moine zu bezahlen. Auf Antrag des königlichen Prokurators wurde gleichzeitig befohlen, zum Unterhalt des Kindes sogleich 100 Livres zu erheben. – Es erfolgte ein neuer Parlementsbefehl, der die Vollstreckung der vorhergegangenen forderte und die auf die Pachtgelder gelegte Beschlagnahme aufhob. Jedoch die Beamten in Vernon erließen dagegen einen neuen Beschluß, worin ausdrücklich bestimmt wurde, daß die Sache trotz der ergangenen Parlementsbefehle weitergeführt werden solle und folglich der königliche Prokurator die Pächter auspfänden und ihre Möbel und Pferde verkaufen lassen könne, wenn sie nicht freiwillig bezahlen wollten. Alle diese Schritte rechtfertigten sie damit, daß das Parlement in Paris über die Gerichte in Vernon keine Gerichtsbarkeit besitze.

Um diesen Streit über die Gerichtsbarkeit zu beenden, wandte sich die Witwe le Moine mit ihren Beschwerden an den Conseil. Darauf wurde dem Gericht zu Vernon durch Beschluß vom 18. Februar 1656 befohlen, die Akten sogleich an den Conseil einzusenden, den Bettler samt dem Kinde nach Paris in das Gefängnis von Fort l'Evêque abzuliefern und sich inzwischen aller weiteren Vollstreckung ihres Urteils gegen die Witwe le Moine zu enthalten. Man beschuldigte damals die Richter von Vernon einer Fälschung. Die Anzeige, worin die Witwe le Moine als unnatürliche, pflichtvergessene Mutter erscheint, von der wir oben gesprochen haben und die nun vom 27. Juli datiert wurde, hätten sie nämlich, hieß es, durch Jean le Moine erst einreichen lassen, nachdem sie sich durch diesen letzten Befehl des Conseils wegen ihres widerrechtlichen Verfahrens zur unvermeidlichen Verantwortung gezogen sahen. Diese Vermutung wird durch den ganzen Gang des bisherigen Verfahrens mehr als wahrscheinlich. Alles, selbst die Beschlagnahme der Pachtzinsen, war nur auf eigenen Antrieb des Richters und im Namen des königlichen Prokurators erfolgt. In den Akten war eine Person, die Anzeige erstattet hatte, mit keinem Wort erwähnt. Diese und andere rechtswidrige Schritte, die sich die Beamten bei dem Prozeß erlaubt hatten, konnte man offenbar eher für Gewalttätigkeiten einer Privatperson halten, die sich selbst Recht verschaffen wolle, als für Vorkehrungen eines Richters, dem es darum zu tun ist, die Wahrheit zu ergründen.

Sobald Monrousseau mit dem Kinde im Fort l'Evêque angekommen war, begab sich Herr von la Moignon dahin, um ihn zu verhören. Monrousseau beharrte bei der Behauptung, daß er der Vater des Kindes sei, und erzählte seine ganze Lebensgeschichte mit denselben Umständen, die er in den beiden Verhören in Vernon ausgesagt hatte. Ebenso blieb auch die Witwe le Moine im Verhör dabei, daß das Kind nicht ihr Sohn sei. Der Knabe endlich, dem man die Frage vorlegte, ob die Frau, die er vor sich sehe, seine Mutter sei und ob er nicht gern ihr Sohn sein möchte, um ein bequemeres Leben zu haben, antwortete ganz offen: er möchte das wohl gern, aber sie sei es doch nicht. Ferner sagte er aus: er heiße Monrousseau und sei ungefähr acht Jahre alt. Er könne weder lesen noch schreiben. Seines Vaters Name sei Jean, seine Mutter habe

Jeanne geheißen und sei vor zwei Jahren im Hospital von Tours gestorben. Er nannte die meisten Orte, die er auf den Bettelzügen mit seinem Vater durchwandert hatte. Man fragte ihn, ob er wirklich ein Bettelkind sei. Seine Antwort war: er müsse es wohl sein. Endlich machte man ihm den Vorschlag, er solle Monrousseau verlassen und nicht mehr mit ihm betteln gehen. Doch er antwortete: er müsse mit ihm gehen, denn er sei sein Vater und er wolle seinen Vater nicht verleugnen.

Nach diesem Verhör verwies der Conseil durch einen Beschluß vom 2. Juni die Parteien an das Parlement von Paris, wo sie die Untersuchung fortsetzen und die Sache entscheiden lassen sollten. Der Grund, warum diese Entscheidung dem Parlement von Paris und nicht dem von Rouen übertragen wurde, lag teils darin, daß die Ehe, aus der das in Frage kommende Kind gezeugt sein sollte, in Paris geschlossen war, teils, weil die Sache durch die Anzeige, die die Witwe le Moine zum Verschwinden ihrer Kinder beim Kommissar des Châtelets eingereicht hatte, bereits in Paris anhängig gemacht worden war.

Acht Tage, nachdem der Conseil diesen Beschluß ausgefertigt hatte, kam Pierre le Moine, der ältere der zwei verschwundenen Knaben, ganz unvermutet wieder bei seiner Mutter an. Durch ihn erfuhr man folgende Umstände von der Flucht der Knaben. Sie waren von Paris nach Vernon gegangen und von da in das Kirchspiel Saint-Wast gekommen. Hier mußten sie anfangen zu betteln. Ein Edelmann, namens Montaud, der aus ihrem Ansehen schloß, daß sie schwerlich zum Betteln erzogen seien, nahm sie in sein Haus auf. Hier wurde der jüngere Bruder krank und starb zwölf Tage nach seiner Aufnahme bei dem Edelmann. Er wurde auf dem Friedhof von Saint-Wast begraben.

Der zurückgekommene Bruder brachte einen Totenschein mit, der von dem Pfarrer, jenem Edelmann, mehreren Einwohnern des Kirchspiels und von den Barmherzigen Brüdern, die das Begräbnis besorgt hatten, unterschrieben war. Nach dem Tod seines Bruders wollte auch der ältere nicht mehr im Hause Herrn von Montauds bleiben. Er lief also wieder davon, irrte eine Zeitlang im Lande umher und hatte alles Elend einer solchen Lebensweise auszustehen. Dadurch kam er endlich zu dem Entschluß, zu seiner Mutter zurückzukehren, die ihn mit um so größerer Freude empfing, als sie inzwischen ihren dritten Sohn durch den Tod verloren hatte und in dem ungetreuen Flüchtling nunmehr ihren einzigen Sohn umarmte.

Inzwischen wurde der Prozeß doch weitergeführt und kam endlich zur gerichtlichen Verhandlung in einer Parlementssitzung. Herr Pousset von Montauban sprach zuerst für die Witwe le Moine, als Appellantin gegen das ganze Verfahren der Richter zu Vernon. Sie beschuldigte diese Beamten, sie hätten den ganzen Prozeß aus Rachsucht gegen sie angesponnen, nur weil sie eines ihrer Güter in Vernon, das ihnen sehr günstig erschienen wäre, nicht an sie habe verkaufen wollen. Da die Richter ohne vorherige Anzeige gegen sie vorgegangen wären, fügte sie hinzu, seien sie auch als ihre einzigen wahren Gegner anzusehen, an die sie sich wegen des Ersatzes alles ihr zugefügten Schadens halten müsse; deswegen habe sie sie auch persönlich vor das Obergericht vorgeladen. Ebenso habe sie auch zwei in der Sache vernommene Zeugen vorladen lassen, nämlich den Schneider und den Wundarzt, die im Einverständnis mit den Gerichtsbeamten den Pöbel aufgewiegelt und durch ausgesprengte falsche Gerüchte den Betrug unterstützt hätten. Sie bitte also, man möchte ihre Ansprüche an diese Zeugen und Richter für berechtigt erklären und ihnen den Ersatz der Kosten und alles ihr zugefügten Schadens auferlegen; und man möchte zugleich diejenigen, die ihr das Kind als ihren Sohn aufdrängen wollten, für immer abweisen.

Für Jean Monrousseau sprach der berühmte Fourcroy. Sein Antrag ging dahin, man möchte die Verhaftung seines Klienten für schimpflich und gesetzwidrig erklären, ihm seinen Sohn Louis Monrousseau zurückgeben und sowohl den Generalleutnant als auch den königlichen Prokurator von Vernon als ungerechte Richter ganz allein zum Ersatz alles Monrousseau zugefügten Schadens und zur Bezahlung aller Kosten verurteilen.

Die Gerichtsbeamten von Vernon hatten ihre Verteidigung Herrn Billain, einem Advokaten, aufgetragen. Dessen Antrag ging dahin, das Parlement möchte erklären, daß man sie ganz widerrechtlich in Anspruch genommen habe und daß also ihre Gegenpartei allen dadurch verursachten Schaden zu ersetzen verpflichtet sei. Im Namen des Kindes trat Herr Robert auf und bat, das Parlement möchte den Knaben für den rechtmäßigen Sohn des verstorbenen Herrn le Moine und Jeanne Vacherots erklären und gegen Monrousseau als Räuber des Kindes den Prozeß fortsetzen und beenden.

Nachdem nun sämtliche Parteien gehört waren, nahm endlich Herr Bignon, der Generaladvokat, das Wort. Wir haben uns absichtlich nicht auf eine umständliche Darstellung der Gründe eingelassen, die die Anwälte zur Stützung ihrer Anträge vorbrachten. Die Rede des Generaladvokaten, von der wir einen ausführlichen Auszug geben wollen, verbreitet sich über alle diese Gründe. Außerdem werden wir in dieser Rede mehrere Tatsachen finden, die Aufschluß über die wahre Beschaffenheit der Sache geben; Tatsachen, die nur dem Generaladvokaten kein Geheimnis waren, den übrigen Anwälten aber nicht bekannt sein konnten, die in die Geheimnisse des Prozesses einzudringen keine Gelegenheit hatten, sondern sich an das halten mußten, was öffentlich bekannt geworden war.

»Es steht fest«, sagte Herr Bignon, »daß das Verbrechen, dessen man den Bettler angeklagt hat, eine echte Entführung ist. So nennt man nämlich den Raub eines Menschen, er sei Freier oder Sklave. Es steht ebenso fest, daß dieses Verbrechen unter die öffentlichen gehört, das heißt zu denjenigen, zu deren Anzeige in Rom jedermann berechtigt war. Der königliche Prokurator konnte also in der vorliegenden Sache mit Recht Untersuchung verlangen, da hier die öffentliche Stimme die Stelle des Anzeigenden vertrat.

Über den letzten Grundsatz stimmen die Parteien im ganzen vollkommen überein. Aber für das erstere tritt nur ein Teil von ihnen ein. Sie behaupten, das Verbrechen Monrousseaus sei keine Entführung, da er behaupte, Vater des Kindes zu sein, dessen Raub man ihm vorwerfe, und sogar Beweise für seine Vaterschaft anführe und sich des Besitzes derselben rühme. Unter diesen Umständen, sagen sie, ist sein Verbrechen nicht als Entführung, sondern als Unterschiebung eines Kindes anzusehen. Nun ist bekannt, fahren sie fort, daß die Klage wegen dieses Verbrechens niemandem zustehen kann als entweder dem Ehemann gegen seine Ehefrau, die ihm ein Kind, das sie nicht geboren hat, unterschieben wollte, oder einer Ehefrau gegen ihren Ehemann in dem gleichen Falle, oder endlich den Verwandten, denen daran liegt, ein untergeschobenes Kind zu entfernen, das einst zu ihrem Nachteil eine Erbschaft bekommen soll. Daraus nun ziehen sie den Schluß, daß der königliche Prokurator ganz und gar nicht befugt gewesen sei, eine Klage anzustrengen, die nur Eltern oder vermutlichen Erben allein zukomme.

Jedoch, worauf bezieht sich eigentlich eine solche Klage der Verwandten? Ihnen ist es nur darum zu tun, daß kein fremdes Kind in ihre Familie aufgenommen werde. Die Art, wie der Vater zu dem Kinde gekommen sei, das er unterschieben will, interessiert sie gar nicht. Dieser Besitz des Vaters, als bloßer Besitz betrachtet, ist ihnen gleichgültig. Es ist ihnen gleichgültig, ob ihr Verwandter ein Kind besitze oder nicht. Denn sobald der Vater ein Kind, das er aufnimmt, selbst als ein fremdes ausgibt, obgleich er es wie sein eigenes liebt und behandelt, so müssen die Verwandten dazu schweigen. Aber die Art und Weise der Aufnahme kann ihnen nicht gleichgültig sein. Sobald er nämlich behauptet, daß es sein eigenes Kind sei, und auf diese Art einen Fremden in ihre Familie bringen will, haben sie das Recht, ihn wegen Unterschiebung eines fremden Kindes anzuklagen. Dieses Recht erstreckt sich aber nicht auf eine Anklage wegen Entführung; denn es ist in bezug auf ihre Rechte ganz gleichgültig, ob er das Kind geraubt oder nicht geraubt habe; ihnen kommt es bloß darauf an, daß er es nicht für ihren Verwandten ausgebe. Mit einem Wort, sie können sich nicht wider die Aufnahme der Person auflehnen, sondern bloß gegen die Aufnahme in den Stand, den er ihm widerrechtlich erteilen will.

Wenn aber, wie es hier der Fall ist, der Prozeß mit der Klage wegen *Entführung* eines Kindes anhebt, das sich in der Tat noch in den Händen desjenigen befindet, den man wegen des Verbrechens anklagt, dann ist es nicht der Stand des Kindes, es ist selbst nicht einmal der Besitz des Kindes, der in Anspruch genommen wird, sondern es betrifft den Ursprung des Besitzes, den bösen Vorsatz, der sich in diesem Ursprunge findet, mit einem Wort, den Raub des Kindes. Dies allein macht das Verbrechen aus; und dieses Verbrechen zu entdecken und zu verhindern, ist jeder Bürger berechtigt.

Wenn ein solcher Beklagter, der ein Kind unrechtmäßigerweise besitzt und zurückhält, auch einwendet: er sei Vater des Kindes, so ist er doch nicht von der Untersuchung ausgeschlossen. Sein Urteil wird dadurch nur verschoben. Es entsteht daraus nur eine andere Frage, die noch zuvor untersucht werden muß, nämlich die Frage: ob er wirklich Vater des Kindes sei. Diese hebt aber die Hauptfrage wegen des Kindesraubs nicht auf. Beide Fragen greifen ineinander, beide müssen untersucht und öfters beide zugleich entschieden werden.

Es steht also fest, daß im gegenwärtigen Fall die Anklage wegen Entführung wirklich erhoben wird; eine Anklage, die bekanntermaßen jeder Bürger erheben kann und die also um so mehr in der Zuständigkeit eines königlichen Prokurators liegt. Überdies, wenn dieser Bettler das Kind einer Mutter entführt hat und diese Mutter, anstatt ihr Kind zurückzufordern, es verleugnet: wer hätte die Bestrafung dieser beiden miteinander einverstandenen Verbrecher betrieben, wenn nicht der staatliche Ankläger gegen sie aufgetreten wäre?

Wenn sich in einem solchen Falle gar keine Spur von der warmen Empfindung, die die Natur in jede mütterliche Brust gelegt hat, die das mütterliche Herz mit unruhiger Sorge für ihr Kind erfüllt, bei einer Frau entdecken läßt, so ist diese Gleichgültigkeit sonst allerdings ein sehr starker Grund, ihre Versicherung für aufrichtig zu halten, wenn sie sich weigert, ein Kind anzunehmen, das man ihr als dasjenige aufdrängen will, das sie verloren und lange Zeit vergebens gesucht hat. Aber kann denn die Witwe le Moine auf dieses günstige Vorurteil Anspruch erheben? Beweist nicht vielmehr ihr ganzes Betragen, daß sie eine von den mindestens gleichgültigen Müttern sei? Von drei Kindern, die ihr einziger Trost in ihrem Witwenstand hätten sein sollen, verliert sie zwei; und doch läßt sie acht Monate verstreichen, ohne von diesem Vorfall etwas bei der Obrigkeit anzuzeigen! Und selbst das, was sie nach Verlauf einer so langen Zeit getan hat, erscheint sehr verdächtig. Es scheint bloß in der Absicht geschehen zu sein, sich gegen den Verdacht zu verwahren. Warum verlangt sie wegen des Weglaufens ihrer Kinder Zeugenverhör? Ein Verfahren, das bloß angewendet wird, die Anklage gegen einen Verbrecher zu unterstützen. Wollte sie wohl ihren Kindern des Weglaufens wegen den Prozeß machen lassen?

Der Affekt zeigt einer zärtlichen Mutter, die den Schmerz über den Verlust ihres Kindes noch in seiner ganzen Stärke empfindet, überall ihr Kind. Sie glaubt ihr Kind zu sehen, wo sie nur die mindeste Spur einer Ähnlichkeit entdeckt, und sie entdeckt oft solche Ähnlichkeiten, wo gar keine zu finden sind. Hier hingegen ist die Ähnlichkeit so auffallend, daß ganz Vernon, wo Lancelot le Moine und dessen Witwe allgemein bekannt sind, wo sogar das verlorengegangene Kind selbst geboren ist, keinen Augenblick daran zweifelt, das Kind, das man bei dem Bettler fand, sei der Sohn der Witwe le Moine. Nur die Mutter allein beharrt darauf, daß es nicht ihr Kind sei. Die ganze Stadt ist bei dem rührenden Auftritt bewegt, sie allein heuchelt eine Unempfindlichkeit, die unnatürlich ist und also verdächtig sein muß.

Hätte nicht Mutterliebe, Neugierde oder, wenn man lieber will, auch nur der bloße Anstand sie antreiben müssen, das Kind wenigstens zu sich kommen zu lassen, es sich aufmerksam anzusehen und mit dem Bilde ihres Sohnes zu vergleichen, das in ihrem Herzen oder doch in ihrem Gedächtnis zurückgeblieben war? Hätte sie nicht das Kind sogleich in Gegenwart aller über verschiedene Umstände befragen sollen, um durch dessen Antworten selbst die Leute zu überzeugen, daß sie sich geirrt haben? Statt dessen tut sie gerade das Gegenteil. Nicht nur ist sie die einzige Person, die bei dem Erscheinen des Kindes ganz kalt bleibt, sondern sie entweicht sogar heimlich aus Vernon wie eine – wenn man nicht sagen will Verbrecherin – doch wenigstens wie eine Person, welche fürchtet, die Natur, die sie gewaltsam unterdrückt, könne ihr Recht behaupten und sie bei einem Zusammentreffen mit dem Kinde durch den Ausbruch ihrer wahren Empfindungen verraten.

Aber, sagt man, dasselbe Kind, das man einer Frau aufdrängt, die es nicht anerkennen will, wird ja von einem Manne zurückgefordert, der sich für dessen Vater ausgibt. Doch gerade dieser Umstand vermehrt den Verdacht. Dieser Mann ist, wie er in seinen Verhören selbst bekannt hat, von Jugend auf Landstreicher gewesen, hat nie eine ständige Wohnung gehabt, nie ein bestimmtes Gewerbe betrieben und ist schließlich zum Betteln übergegangen. Und diese Notlage ist nicht etwa die Folge einer Krankheit, einer Verstümmelung oder eines gebrechlichen Alters. Nur die Liederlichkeit hat ihn getrieben, einen Stand zu wählen, den nur eine ganz niederträchtige Seele wählen kann, die am Müßiggang Vergnügen findet, bei der alle natürlichen Empfindungen erstickt sind und die ebendarum jedes Bubenstücks fähig ist.

Man weiß, daß Leute von dem Schlage, zu denen Monrousseau gehört, keine Ehe kennen, sondern zusammenlaufen, wie sie Zufall und Begierde führt; daß sie mit Kindern Handel treiben, die eigenen, wenn damit etwas zu gewinnen ist, verkaufen und dafür fremde kaufen, mieten oder stehlen und daß sie zuweilen die unglücklichen Geschöpfe verstümmeln, um durch diese Opfer ihrer Grausamkeit das Mitleid zu desto reichlicheren Almosen zu bewegen.

Im vorliegenden Fall, wo man bei diesem Bettler ein Kind findet, das einem von den zwei entlaufenen Knaben ähnlich sieht, darf man demnach leicht annehmen, es sei, von seinem älteren Bruder abgekommen, auf einem entlegenen Wege dem Bettler in die Hände gefallen, der es durch allerlei Versprechungen zu einer Lebensweise verführt habe, die, so ekelhaft sie auch an sich ist, dennoch für Menschen, die einen Hang zur Faulenzerei, Unabhängigkeit und Liederlichkeit haben, etwas sehr Anziehendes hat. Und den kleinen le Moine, der aus freien Stücken seiner Mutter Haus verläßt, nur um, der mütterlichen Zucht ledig, in der Welt umherzuschweifen, kann man sich in der Tat wohl so liederlich vorstellen.

Man kann dagegen nicht einwenden, daß die Frau ebenso fest darauf beharrte, das Kind zu verleugnen, wie der Bettler, es zurückzufordern. Wenn das Verbrechen unter ihnen verabredet ist, wenn diese Mutter, die entweder von Natur wenig Anhänglichkeit an ihre

Kinder besitzt oder durch deren schlechte Aufführung gleichgültig gegen sie geworden ist, den Entschluß gefaßt hätte, sich von ihnen loszusagen; wenn andererseits der Bettler, entweder bestochen von der Mutter oder angelockt durch den eigenen Vorteil der Sache, das Kind einmal für das seinige ausgegeben hat: stehen dann nicht beide Teile unter einer Art von Zwang, bei ihrem Verbrechen zu bleiben? Ist nicht die Vorstellung der Lebensstrafe, die sie bedroht, ein Motiv, mächtig genug, sie zum beharrlichsten Stillschweigen zu veranlassen?

Zu allem diesem kommen noch die vielen Widersprüche in den Aussagen Monrousseaus über die wichtigsten Umstände: über die Geburt und über die Anzahl seiner Kinder und über seine Reisen nach Paris. Bald will er nur ein einziges Mal dort gewesen und erst vor vierzehn Tagen von da zurückgekommen sein; bald ist er zweimal dort gewesen und schon vor einem Jahr das letztemal von da weggegangen; endlich, in seinem letzten Verhör, spricht er sogar von einer dritten Reise, die er dahin gemacht habe. Müssen nicht diese Widersprüche ganz natürlich den Verdacht erregen, daß in Paris etwas vorgegangen ist, dessen er überführt zu werden fürchtet? Und sollte dies nicht das Komplott sein, weswegen man Jeanne Vacherot und ihn im Verdacht hat? Beide stimmen weder in der Zeit noch im Ort ihrer Zusammenkunft überein; aber beide gestehen, daß sie einander gesprochen haben. Sie treffen sich sodann wieder in Vernon. Die Mutter fragt nicht nach Nachrichten von ihren Söhnen, und der Bettler gibt ihr ebensowenig Auskunft in Sachen des Auftrages, den sie ihm gegeben haben will. Alles dies läßt vermuten, daß ihre Unterhandlung in Paris, wenn sie einander wirklich dort gesprochen haben, weit eher die Verschleppung als die Aufsuchung des Kindes betroffen habe.

Bis jetzt haben wir nur Vermutungen und Schlüsse aufgeführt, jedoch die Zeugenverhöre von Vernon liefern Beweise. Zwei Verwandte, zwei Nachbarn, die ehemaligen Gespielen des kleinen le Moine, die Mägde, die ihn erzogen und bedient haben, erkennen ihn und werden von ihm erkannt. Er gibt verschiedene besondere Umstände an, die als richtig befunden werden. Ein Wundarzt, der ehemals eine Wunde an seinem Kopf geheilt hat, findet noch jetzt die Narbe da, wo er sie suchte.

Dies ist der wesentliche Inhalt der Aussagen von fünfundzwanzig Zeugen. Es sind vielleicht einige dabei, gegen die sich Einwendungen machen ließen. Aber das Zeugnis der ganzen Stadt Vernon kann doch nicht als verdächtig gelten. Die bloße Ähnlichkeit erregte die Aufmerksamkeit der Einwohner; alles, was das Kind sagte und was öffentlich mit ihm vorging, bestärkte sie in ihrer Vermutung. Und man kann die Richter nicht beschuldigen, daß sie das Kind abgerichtet und ihm die Antworten in den Mund gelegt haben, als sie es an den Orten, wo es früher gewohnt hatte oder durchgereist war, umherführten, um zu sehen, ob es sie kenne: die Öffentlichkeit war ja Zeuge dieser Vorgänge und hat in gewisser Weise selbst daran teilgenommen.

Man hat jedoch den wirklichen Ursprung dieser Geschichte in einem alten Haß gesucht, den die Gerichtsbeamten schon lange gegen den verstorbenen Lancelot le Moine und dessen Gattin gehegt haben sollen. Aber man findet weder von diesem Haß noch von dem Vorfall, aus dem er entsprungen sein soll, einen Beweis angeführt.

Auch der wichtige Umstand der Rückkehr Pierre le Moines und dessen Erzählung von seines Bruders Schicksal scheint diese so starken Beweise nicht umzustoßen. Pierre ist ein Knabe, der durch sein Weglaufen, wozu er ohne Zweifel auch seinen jüngeren Bruder verführt hatte, einen unruhigen Geist und einen entschiedenen Hang zur Liederlichkeit verraten hat. Überdies sind die Zeugnisse, die er zum Beweis seiner Aussagen mitgebracht hat, offenbar falsch.

Es sind zwei Zeugnisse, die in der Hauptsache dasselbe aussagen, beide von den gleichen Personen unterschrieben, nämlich von einem Edelmann, der Herr von Montaud heißt, vom Pfarrer zu Saint-Wast du Val und seinem Vikar, von den Barmherzigen Brüdern, von einem Bauern, namens Verdure, und einigen anderen Landleuten. Diese Zeugnisse besagen: es seien im Dezember zwei Kinder in dem Dorf betteln gegangen, die Herrn von Montaud durch ihr äußeres gutes Aussehen bewogen, sie zu sich zu nehmen. Sie hätten sich le Moine genannt, und der jüngere, namens Jacques, sei dort gestorben. Gesetzt nun, diese Zeugnisse wären wirklich von den Personen ausgestellt worden, deren Namen darunterstehen: könnte man sie als sicheren Beweis dafür ansehen, daß Jacques le Moine gestorben sei? Die Personen, die unterschrieben haben, kannten ihn ja nicht. Sie konnten also weiter nichts bezeugen, als daß ein Kind gestorben sei. Ob aber dieses Kind Jacques le Moine sei, konnten sie nicht wissen. Diese Zeugnisse beweisen also nichts. Außerdem sind sie beide nur von Privatpersonen ausgestellt, haben also auch der Form nach keine rechtliche Gültigkeit. Keines davon ist ein Auszug aus einem öffentlichen Totenregister. Das eine hat gar kein Datum, in dem anderen hat man zuerst leeren Raum gelassen und den

Tag erst nachher hineingeschrieben. Die zwei Worte ›dreißigsten Juli‹ sind offenbar von ganz anderer Hand geschrieben als das Zeugnis selbst und nehmen den Raum, der leer gelassen worden ist, kaum halb ein, so daß zwischen dem Wort ›Juli‹ und den darauf folgenden ziemlich viel leerer Platz geblieben ist. Endlich enthalten auch diese Zeugnisse, die doch von den gleichen Personen unterschrieben sind, untereinander einen offenbaren Widerspruch. Nach dem einen soll das Kind in der Kirche, nach dem anderen jedoch auf dem Kirchhof von Saint-Wast du Val begraben worden sein.«

Dies sind die Gründe, die sich gegen die Witwe le Moine anführen lassen. Es sprechen aber andererseits noch stärkere für sie.

»Wer ist die Frau«, fährt Herr Bignon fort, »die das Kind nicht anerkennen will? Eine Frau, deren Lebenswandel ohne Tadel ist, die ihr Ehemann selbst zum Vormund seiner Kinder bestellt hat, von der er ausdrücklich sagt: er könne seinen Kindern keinen anderen zum Vormund bestimmen, wenn sie nicht um das Ihrige kommen sollen. Eine Mutter, die ihren Kindern den größten Beweis ihrer Liebe dadurch gegeben hat, daß sie Witwe geblieben ist, und von der ein unverdächtiger Zeuge behauptet, er habe an ihr immer viel Anhänglichkeit und Liebe für ihre Kinder bemerkt. Verleugnung eines Kindes durch den Mund einer solchen Frau erregt schon ein starkes Vorurteil gegen die Herkunft des Kindes, zu dessen Mutter man sie machen will.

Ein Zeuge beschuldigt sie zwar, sie sei geizig. Doch auch angenommen, diese Beschuldigung wäre begründet, läßt sie sich als gültiger Beweisgrund ansehen, der sie bestimmt haben könnte, ihr Kind zu verleugnen, da vielmehr erst übertriebene Mutterliebe gewöhnlich diese schmutzige Leidenschaft veranlaßt? Man sagt, sie hat viel zu spät über den Verlust ihrer Söhne gerichtliche Untersuchung anstellen lassen. Doch eben durch diese Untersuchungen ist es bewiesen, daß sie vom ersten Augenblick an, als sie Nachricht von der Flucht ihrer Kinder erhalten hatte, weder Kosten noch Mühe gespart hat, deren Aufenthalt zu entdecken. Der Auflauf des Pöbels, setzt man hinzu, selbst die Zuversichtlichkeit, mit der man allgemein behauptete, der Betteljunge sei ihr Sohn, erregte bei ihr nicht die leiseste Vermutung, daß er es wirklich sein könnte, sogar nicht einmal die kleinste Neugierde. Aber sie hatte ja das Kind selbst schon in Paris bei dem Bettler gesehen, hatte es dort schon aufs genaueste untersucht und sich überzeugt, daß es nicht ihr Sohn sei. Das Zeugnis einer Mutter gilt in solchem Fall weit mehr als die Versicherungen eines voreingenommenen Pöbels.

Ihre beharrliche Verleugnung hätte an sich schon genügt, die Anklage vom ersten Anfang an hinfällig zu machen. Die ganze Schwierigkeit entstand erst dadurch, daß in die Sache ein Mensch verwickelt wurde, dessen Lebensweise seine Ansprüche an das Kind sehr verdächtig machte.

Dieser Verdacht wurde durch die Widersprüche bestärkt, die man in den Aussagen des Bettlers fand. Die Hauptfakten jedoch, die er angegeben hatte und die besonders die Herkunft des Kindes betrafen, wurden als vollkommen richtig befunden. Ein Taufschein, den Herr Mordant, der Generalleutnant von Vernon, dem Conseil vorgelegt hat, beweist, daß das Kind in Neuville geboren ist; man findet darin auch denselben Namen des Kindes, den ihm Monrousseau beigelegt hat. Der Tod seiner Frau ist ebenfalls durch den Totenschein erwiesen. Einen Trauschein hat er freilich nicht aufweisen können. Doch seine Verheiratung ist hinlänglich beglaubigt durch eine Bescheinigung vom Pfarrer in Neuville und einigen Einwohnern desselben Ortes, in welchem der Frau derselbe Name beigelegt wird, den sie in dem späteren Totenschein hat. Ebendiese Bescheinigung erwähnt auch zwei Kinder, was gleichfalls mit den Aussagen des Bettlers übereinstimmt. So unterstützen sich diese Aktenstücke gegenseitig.

Monrousseau war also mit Rechtsgrund und Besitz versehen, um seine Ansprüche auf das Kind geltend zu machen. Wollte ihm jemand diesen Besitz entreißen, so war er doch befugt zu verlangen, daß man ihn in diesem Besitze so lange schützen solle, bis der Streit wegen des Eigentums entschieden wäre.

Es ist aber nicht einmal jemand da, der auf Besitz und Eigentum des Kindes Anspruch erhoben hat. Im Gegenteil: die Frau, der man es zuteilen will, verweigert standhaft die Annahme, und ihre Weigerung hat die Stimme ihrer ganzen Familie für sich. Alle ihre Verwandten in Paris, wo die Witwe le Moine ihre ständige Wohnung hat und wo alle ihre Kinder erzogen sind, haben beim Verhör vor dem Conseil dieselbe Sprache geführt wie sie. Und das Zeugnis dieser Leute ist von einem ganz anderen Gewicht als alles, was die Leute von Vernon sagen, wo sich Jacques le Moine nur sehr kurze Zeit aufgehalten hat.

Den Vorwand zur Klage gab die Flucht eines Kindes, das ein Jahr zuvor von zu Hause weggelaufen war, die Ähnlichkeit mit ihm, die man an dem Bettelkinde fand, die Stimme des Publikums, welche die Stelle des Anzeigenden vertrat, und des Kindes angebliche Kenntnis aller Orte und Personen.

Allein abgesehen davon, daß ein Richter auf Beweise dieser Art gar nicht bauen darf – denn welcher Personenstand wäre noch einen Augenblick sicher, wenn man solche Beweise gelten lassen wollte –, außerdem ist ja hier eine entschiedene Tatsache vorhanden, die alle diese Zweifel behebt. Umsonst sucht man an dem Bettelkinde eine Ähnlichkeit mit Jacques le Moine; er ist tot. Die Umstände seines Todes sind ausführlich dargelegt. Sein Tod ist durch Zeugnisse beurkundet und durch die Aussage seines eigenen Bruders als Augenzeuge bestätigt. Außerdem, wenn noch ein Zweifel wegen dieser Tatsache übrig wäre, so wäre nichts leichter, als die entscheidenden Erläuterungen darüber zu erhalten.

Mag man gegen diese Totenscheine einwenden, was man will: daß sie nicht in gehöriger Form abgefaßt seien; daß der eine gar kein Datum habe, in dem anderen aber das Datum verfälscht und mit anderer Tinte nachher erst hineingeschrieben sei; daß der eine den Kirchhof, der andere die Kirche als den Begräbnisort angebe, so machen sie doch – man kann es mit Grund behaupten – beinah einen vollen Beweis aus. Denn wenn der Generalleutnant von Vernon ein Taufzeugnis des Betteljungen aufsuchen und ausfertigen ließ, warum ließ er nicht solche Untersuchungen auch anstellen, um die Unrichtigkeit dieser Totenscheine zu beweisen? Man kann kaum bezweifeln, daß er auch dazu Anstalten getroffen habe. Daß er davon nichts erwähnt, kommt wohl daher, weil das Resultat nicht seinen Wünschen entsprach.

Im übrigen enthalten diese Zeugnisse doch alle erforderlichen wesentlichen Stücke. Das Dorf, in dem der Knabe gestorben ist, nämlich Saint-Wast du Val in der Normandie, ist genau bezeichnet. Ein Edelmann desselben Dorfes, der Pfarrer und die dort befindlichen Barmherzigen Brüder haben sie ausgestellt und ordnungsgemäß unterschrieben. Es sind mehrere Umstände darin erwähnt, die man in einem formgerechten Totenschein nicht finden würde.

»Lassen Sie uns nun auch sehen«, fährt Herr Bignon fort, »was sich aus den Zeugenaussagen ergibt und was für einen Grad der Glaubwürdigkeit man ihnen beilegen kann.

Erstens gehört von den einundzwanzig Zeugen, die in Vernon verhört worden sind, der größte Teil zu einem Geschlecht, das sich allzuleicht durch Neuheit überraschen und einnehmen läßt.

Ferner hat man von so vielen Verwandten väterlicherseits, die in Vernon wohnten, nur zwei Frauen verhört. Die eine ist die Witwe Cretté, bei der die angebliche Mutter wohnte, wenn sie in Vernon war, und die deshalb das Kind am besten kennen mußte. Doch sagte diese, sie kenne den Knaben in keiner Weise, wenngleich sie an ihm auch etwas Ähnlichkeit mit dem kleinen le Moine finde. Außerdem fügt sie ihrer Aussage noch den wichtigen Umstand hinzu, daß sie an Jeanne Vacherot immer sehr viel Liebe für ihre Kinder bemerkt habe. Die zweite war eine Frau von vierundzwanzig Jahren, die sich auch für eine Verwandte ausgab. Sie erkannte zwar wirklich das Kind als Jacques le Moine, setzt aber hinzu: der Knabe habe im Hospital zu ihr gesagt, sein Bruder habe ihn vor vier Jahren auf der Landstraße verlassen. Dies ist aber offenbar unrichtig, denn beide waren noch nicht ein halbes Jahr von zu Hause weg. Auch zwei andere Zeugen machten hierzu widersprechende Aussagen. Der eine wollte von dem Knaben gehört haben, sein Bruder habe ihn auf der Heerstraße verlassen, dem anderen sollte er gesagt haben, das sei in der Rue Saint-Martin geschehen.

Die Narbe, die der Wundarzt untersucht und wiedererkannt haben soll, wäre allerdings ein wichtiges Beweismittel. Doch diese Aussage wird durch die Widersprüche, die sich die Zeugen über diesen Punkt haben zuschulden kommen lassen, sehr entkräftet. Der Wundarzt, der sich doch unstreitig dieses Umstandes am besten erinnern mußte, gab an, es sei nun zwei Jahre her, seit er diese Kopfwunde des Knaben geheilt habe. Andere Zeugen, die auch von diesem Vorfall sprachen, rückten ihn um vier Jahre zurück. Außerdem ist es leicht möglich, daß zwei Personen an der gleichen Stelle ihres Körpers eine Narbe haben, ohne daß man darum die eine Person für die andere ausgeben kann, zumal wenn auf der anderen Seite gegen eine solche Verwechslung so starke Gründe sprechen.

Den meisten Eindruck unter allen hätte das Zeugnis eines gewissen Laurier machen sollen; und deshalb hätte die Witwe le Moine diesen mit größerem Recht in Anspruch nehmen können als den Schneider. Dieser habe doch weiter nichts ausgesagt als: er glaube, das Kind sei der kleine le Moine, dem er eine Jacke gemacht habe. Laurier aber erzählt ganz umständlich: er habe aus Neugier den Knaben im Hospital besucht. Dieser habe ihn von sich aus, ohne die geringste Anleitung, in Gegenwart dreier Personen und selbst eines Oheims von le Moine bei seinem Namen Laurier genannt. Nichts ist wahrscheinlicher als diese Erzählung. Als der Richter das Kind jedoch diesem Zeugen gegenüberstellen ließ, konnte es dessen Namen doch nicht nennen, sosehr man auch darauf drang. Wenn es sich aber seines Namens im Hospital so leicht zu erinnern wußte, nachdem es ihn vielleicht zwei Jahre lang nicht gesehen hatte: wie war es dann möglich, daß es ihn jetzt so schnell wieder vergessen haben konnte? Allein die Sache ist noch schlimmer! Einer von denen, die nach Lauriers Erzählung seiner Unterredung mit dem Knaben beigewohnt hatten, sagte nachher bei seinem Verhör geradezu: das Kind habe Laurier nicht mit Namen genannt. Dieser Zeuge ist also einer falschen Aussage überwiesen, und man ist dadurch berechtigt zu glauben, wenn das Kind auch wirklich etwas von dem Stall, in dem Lauriers Pferd steht, und von dem kleinen Springbrunnen im Hofe gewußt hat, daß er selbst ihm alle diese Umstände eingegeben habe. Er scheint überhaupt einen ganz besonderen Anteil an dieser Sache genommen zu haben, da er auch bei seinem eigenen Verhör die Bitte anbrachte, das Kind zu sich nehmen zu dürfen, er wolle es aus alter Bekanntschaft ernähren.

Eine so offensichtliche Unwahrheit durfte also ganz ungescheut gesagt werden; kann man sich nun noch wundern, wenn ein anderer Zeuge sagt: er habe gehört, daß ein Bettelweib gesagt habe, sie habe gehört, daß der Knabe, als sie miteinander nach Vernon hineingegangen seien, gesagt habe, hier dürften sie nicht hineingehen, denn da wohne seine Mama; und daß Monrousseau darauf geantwortet habe, sie müßten hinein; denn sie hätten ja kein Brot? Ist es nicht einleuchtend, daß diese Aussage verabredet ist, um eine Unwahrscheinlichkeit zu beseitigen, die sich jedem aufdrängen mußte? Daß Monrousseau, wenn er das Kind wirklich geraubt hätte, es gerade an den Ort geführt haben würde, wo alles zusammentraf, sein Verbrechen aufzudecken, das kann man freilich nur dann begreiflich finden, wenn ihn der Hunger dazu getrieben hätte, der weder Vorsicht noch Klugheit kennt.

Hinzu kommt noch eine Beobachtung, die wichtig ist, um sämtliche Zeugenaussagen auf ihren wahren Wert hin zu prüfen. Alle Zeugen wurden in Gegenwart des Betteljungen über jeden einzelnen Umstand vernommen. Jedes einzelne Zeugenverhör war also für diesen ein Hinweis zu seinen vorgeblichen Kenntnissen und Wiedererinnerungen. Wenn der Schneider von einer Jacke sprach; wenn eine gewisse Collette Bonami erzählte, sie habe einmal dem kleinen Jacques die Rute gegeben, weil er ihr ein Knäuel Zwirn durcheinandergebracht habe; wenn Laurier von seinem Pferdestall redete und ein anderer von der Lohgrube, so hatte das Kind tatsächlich nichts weiter zu tun, als alle diese Umstände wie ein Echo zu wiederholen, ohne das Geringste dazuzusetzen. Außerdem ist aber auch durch Zeugen hinlänglich erwiesen, daß der Knabe am ersten Tag seiner Ankunft in Vernon nicht ins Hospital gebracht wurde, sondern bei der Witwe Cretté gewohnt hat und dort beständig an der Seite der Magd war, die so zuversichtlich behauptete, er sei Jacques le Moine, und die überhaupt dabei ganz besonders Partei ergriffen zu haben scheint. Sie hatte also Zeit genug, das Kind von allem zu unterrichten und ihm alle Gedanken beizubringen, die es, ihrem Plan gemäß, zu anderen äußern sollte.

Alle weiteren Bedenken und alle die Schlüsse, die man aus den bisherigen Äußerungen des Kindes hatte ziehen wollen, werden vollständig widerlegt durch das, was mit dem Kind in Paris vorging, wo es nun, entfernt von dem Ort, wo man ihm vermutlich bisher alles eingeblasen hatte, ganz klarsehenden Augen ausgestellt war. Wenn der Knabe wirklich Jacques le

Moine gewesen wäre, so war es sein Interesse, darauf zu beharren, daß er es sei. Er hatte weder Gefahr noch Strafe zu fürchten, vielmehr kam es hier auf seine Geburt, seinen Stand und seine Glücksumstände an, und er war alt genug, um den Unterschied einzusehen zwischen der elenden Lebensweise eines Bettlers und der Annehmlichkeit eines bequemen Lebens bei einer wohlhabenden Mutter.

Über die Echtheit der angeblichen Kenntnisse, die der Knabc in Vernon gezeigt hatte, hätte man in Paris außerdem leicht eine Probe anstellen können. Denn obgleich er in Vernon geboren war, hatte er sich doch beinahe von Kindheit an beständig in Paris aufgehalten. Seine Mutter besaß dort ein Haus und hatte verschiedene Nachbarn und Freunde, die sie öfters besuchte und deren Besuche sie empfing. Man brauchte den Knaben nur an diese Orte zu führen. Doch – wozu hätte diese neue Probe dienen sollen, da der Knabe schon ganz offen erklärt hatte, die Witwe le Moine sei nicht seine Mutter?

So wäre in der Hauptsache nichts mehr dunkel, nichts mehr verwickelt außer der Frage, woraus dieser Irrtum oder diese Betrügerei entstanden sei. Man gibt Herrn Mordant, den Gencrallcutnant und königlichen Prokurator in Vernon, als Urheber an, der, sagt man, aus einem alten heimlichen Haß und selbst auch um seines Vorteils willen diesen Prozeß angezettelt hätte.

Es trifft zu: aus den Zeugenaussagen scheint sich zu ergeben, daß sich der königliche Prokurator bei dem Auflaufe des Volkes, als der Bettler am Tor von Bissi angehalten wurde, unter dem Pöbel befunden und ihn aufgewiegelt habe; und doch stellt er sich in seiner eingereichten Anzeige, als wäre er von der Sache erst durch andere benachrichtigt worden. Monrousseau wurde ins Gefängnis gebracht, ohne daß man ihn in das Gefängnisregister eintrug, wie es Vorschrift ist; er wurde in Eisen geschlossen, um ihm das Geständnis abzuzwingen, daß er nicht Vater des Kindes sei; man behielt die Witwe le Moine im Hause des Richters mit Gewalt in Gewahrsam, um sie zu nötigen, daß sie den Knaben als ihr Kind anerkenne; der Parlementsbefehl, der alles weitere Verfahren in der Sache untersagte, wurde nicht befolgt. In allen Akten und Registraturen wird der Betteljunge Jacques le Moine genannt; bei den Richtern war es also schon von Anfang an entschieden, daß er dieser durchaus sein müsse; vermutlich unter dieser Voraussetzung haben sie ihm auch sogleich Alimentengelder aus den Gütern der Witwe le Moine angewiesen, die sie durch Urteilsvollstreckung beitreiben ließen. Um allen diesen widerrechtlichen Schritten endlich doch einen Schein des Rechts zu geben, benutzte man einen gwissen Jean le Moine als vorgeblichen Verwandten des Kindes, der erst nachträglich eine Anzeige einreichen mußte, die einen Tag vor dem Antragschreiben des königlichen Prokurators datiert war, von der aber nur in den geheimen Aktenstücken, die nach Belieben abgeändert werden konnten, die Rede ist.

Aber die Gerichtsbeamten verteidigen sich gegen diese Vorwürfe. Der königliche Prokurator erwidert: Wenn er sich bei dem entstandenen Auflauf unter das Volk gemischt habe, so sei dies in der Absicht geschehen, den Pöbel zu besänftigen, nicht ihn aufzuhetzen; die Stimme des Volkes habe ihn von selbst aufgefordert, die Sache anzuzeigen; er habe also weder vorher eine andere Anzeige abzuwarten brauchen noch sich nachher von Jean le Moine eine erdichtete Anzeige ausfertigen lassen, um durch dessen Namen sein rechtswidriges Verfahren zu beschönigen. Der Generalleutnant weist nach, daß er am Anfang der Angelegenheit gar nicht in Vernon gewesen und daß Monrousseau auf Befehl des Partikulierleutnants in Haft genommen worden sei, wie teils aus den Verhören, teils aus einem eigenen Schriftstück dieses Unterbeamten hervorgehe, worin dieser sagt, der Bettler sei durch über hundert Menschen zu ihm geführt worden, und er habe sich hernach als ein Verwandter des verstorbenen Lancelot le Moine nicht weiter in die Sache mischen wollen. Ferner sagen sie: alle die Urteile, worauf jetzt Bezug genommen würde, seien mit Zustimmung aller Beisitzer des Gerichtes gefällt worden; und dies ist aus den Akten erwiesen. Noch mehr! Der Urheber des Beschlusses, mit dem Prozeß trotz des Parlementseinspruches fortzufahren, sei Herr Bouville, der Requetenmeister, der sich gerade damals in Vernon befunden und an demselben Tage im Gericht präsidiert habe. Außerdem hätten die Gerichte vom Pariser Parlement in einer rein strafrechtlichen Sache keine Befehle entgegennehmen können, da Vernon dem Parlement von Rouen unterstehe. Die Alimentengelder, die dem Knaben angewiesen worden seien, befänden sich noch in den Händen des Gerichtsaktuars; die gerichtliche Verfügung zu ihrer Aufbringung sei vollkommen den Gesetzen gemäß, die denjenigen, der als Vater eines Kindes angegeben wird, so lange zu dessen Ernährung verpflichten, bis die Frage über die Herkunft des Kindes gerichtlich entschieden ist. Daß Monrousseaus Name nicht in das Gefängnisregister eingetragen wäre, sei nur ein formales Versehen; die Folge habe es ja deutlich genug gezeigt, daß man nicht die Absicht gehabt habe, den Bettler in geheimer Gefangenschaft zu behalten, sondern ihm den Prozeß zu machen. Daß er an den Füßen geschlossen werden solle, sei eine einstimmige Verfügung des gesamten Gerichts gewesen. Die Gewalttätigkeiten, worüber sich die Witwe le Moine beklage, seien durchaus nicht erwiesen, vielmehr sei das Gegenteil durch beigebrachte Zeugnisse dargetan. Was den alten Haß betreffe, der die Beamten von Vernon zu ihrem ganzen Verfahren bestimmt haben solle, so könne dieser Vorwurf den Generalleutnant nicht treffen, der in Gisors geboren sei, wo seine ganze Familie und alle seine Güter wären, und in Paris getraut sei, wo alle Verwandten seiner Gattin lebten; der also in Vernon schlechterdings keine Verwandtschaft gehabt und das Amt, das er dort bekleidet, erst vor neun Jahren übernommen habe; er habe also Lancelot le Moine, der schon vor zehn Jahren gestorben sei, nicht einmal gekannt, und es sei also auch nicht möglich, daß er gegen ihn oder seine Familie einen Haß habe fassen können.

Bis hierher findet sich demnach kein Grund, gegen die Richter persönliche Ansprüche zu stellen.

Doch da festgestellt ist, daß das Kind nicht Jacques le Moine ist: woher kommt denn dieser schriftliche Beweis, der das Gegenteil zu erhärten scheint, wenn nicht von den Beamten, die das ganze Verfahren geleitet haben? Der Einwurf scheint Gewicht zu haben. Indessen muß man doch bedenken, daß die Sache allgemeines Aufsehen in Vernon erregt hatte und daß es dadurch den Beamten sehr schwer hätte sein müssen, einen geheimen Plan dabei durchzuführen. Überdies, wenn sie wirklich mit unredlichen Absichten dabei umgegangen wären, so wären doch die Zeugenverhöre nicht über die wichtigsten Punkte so voller Widersprüche; auch würden sie sich gehütet haben, in die Protokolle über die Wiedererkennungsproben, die mit dem Kinde angestellt wurden, soviel Schwankendes und Unbestimmtes einfließen zu lassen.

Allerdings haben sie sich wichtige Versehen zuschulden kommen lassen. Sie haben von so vielen in Vernon wohnenden Verwandten des verstorbenen le Moine nur zwei Weibspersonen verhört; die Protokolle von Bois-Hiéraulme, denen zufolge die Pächter, der Pfarrer und einige Weiber das Kind erkannt haben sollen, sind von niemand als vom Richter und seinem Aktuar unterschrieben.

Übrigens läßt sich der ganze Vorgang leicht erklären. Im Grunde findet sich in allem, was das Kind gesagt hat, nicht das geringste, das ihm nicht durch boshafte oder dreiste Menschen könnte eingeblasen worden sein. Aufgeregt durch die Ähnlichkeit, fing der Pöbel gleich damit an, es als sicher anzunehmen, daß das Kind Jacques le Moine sei. Bei dem Auflauf nannte man diejenige gleich mit Namen, die seine Mutter sein sollte; man behauptete, es sei dasselbe Kind, das in Bois-Hiéraulme geboren und erzogen worden sei. Der Knabe, der alt genug war, um den Unterschied zwischen dem elenden Zustand eines Bettlers und dem Schicksal eines Kindes aus begüterter Familie einzusehen, wollte die Gelegenheit benutzen und ließ sich verführen, von dem, was er gehört hatte, Gebrauch zu machen. Es verflossen sechs Tage, ehe der Richter die Probe des Erkennens von Häusern und Personen in Vernon mit ihm anstellte; und erst nach drei Wochen wurde er nach Bois-Hiéraulme in derselben Absicht gebracht. Während dieser Zeit trieb die Neugierde unzählige Leute ins Hospital. Wovon werden sie wohl den Knaben unterhalten haben als von seiner Mutter, von seinen Verwandten, von seinen Nachbarn, von seinen Bekanntschaften, von den Häusern in Vernon und Bois-Hiéraulme? Hat man ihm nicht durch solche Fragen die ganze Lebensgeschichte des Kindes beigebracht, für das man ihn hielt? Hat man ihn nicht eben damit alles gelehrt, was er nachher geantwortet hat? Es könnte allerdings auch sein, daß jemand aus bösen Absichten gegen die Witwe le Moine dem Knaben alles eingegeben hätte, was er vorgebracht hat; und man kann nicht wissen, ob nicht die Richter selbst auch Anteil an diesem Plane hatten. Jedoch, ohne jemand zu verdächtigen, braucht man zur Erklärung des ganzen Vorfalles gar keiner anderen Eingebung als der, die das zulaufende Volk von selbst bewirkte. Der Pöbel war nun einmal von dem Vorurteil eingenommen; man wünschte mit Ungestüm, daß es sich bestätigen möchte; durch falschen Eifer oder unangebrachtes Mitleid geleitet, erzählte jeder, der zu dem Kinde kam, alles, was er von Jacques le Moine wußte, behauptete mit Zuversicht, es sei dasselbe Kind, das er da oder dort bei dieser oder jener Gelegenheit gesehen hätte, und gab dadurch dem Kinde einen ausführlichen Unterricht über das, was es auszusagen hatte. Die Ähnlichkeit war die einzige Ursache des allgemeinen Irrtums. Man weiß, wie leicht ein Vorurteil den Pöbel einnimmt, mit welcher Blindheit er das abgeschmackteste Märchen glaubt und mit welcher Hartnäckigkeit er ein gefaßtes Vorurteil festhält. Einer solchen vorgefaßten Meinung muß man den ganzen Vorfall in Vernon zuschreiben. Beeinflußt durch das einstimmige Urteil der ganzen Stadt, haben die Richter nicht Sorgfalt genug angewendet, eine Wahrheit gehörig zu untersuchen, die sie in der Übereinstimmung scheinbarer Umstände mit ihrem vorgefaßten Urteil schon gefunden zu haben glaubten. Dies ist – muß man gestehen – ein

Versehen, aber es ist weder Bosheit noch Rachsucht.«

Diesen Gründen zufolge stellte Herr Bignon sein Gutachten dahin: Gegen die Richter von Vernon sei nichts weiter zu unternehmen, das Gesuch der Parteien gegeneinander wegen Schaden- und Kostenersatzes sei zu verwerfen, Monrousseau aus der Haft zu entlassen, sein Name im Gefängnisregister des Parlements auszustreichen und unleserlich zu machen, und seinem Sohn Louis Monrousseau solle eingeschärft werden, ihn als seinen Vater anzuerkennen und ihm gehorsam zu sein. Außerdem solle der Knabe in das Hospital zurückgebracht werden und dort mit den übrigen Kindern Erziehung und Unterhalt erhalten. Die Alimentengelder endlich, die noch bei den Gerichten von Vernon in Verwahrung lägen, sollen Jeanne Vacherot sogleich wieder zurückgegeben werden.

Das Parlement fand dieses Votum Herrn Bignons ganz dem Recht und der Sache gemäß und ließ das Parlementsurteil wörtlich danach abfassen, das darauf am Donnerstag der Karwoche des Jahres 1659 bekanntgemacht wurde.

Joseph Vallet

Joseph Vallet, der Besitzer einer Ziegelei in der Landschaft Bresse, stand allgemein in dem Ruf, daß er vorzüglich gute Ziegel brenne. In der ganzen Gegend kaufte alles Ziegel von ihm; solange bei ihm noch Vorrat war, wollte niemand von einem andern Ziegelbrenner welche kaufen. Dieser Vorzug machte alle Besitzer der benachbarten Ziegeleien zu seinen Feinden. Man suchte ihn in Prozesse zu verwickeln, man hetzte verschiedene Edelleute gegen ihn auf, die ihn auf ihren Gütern hatten Lehm graben lassen; mit einem Wort: man ließ nichts unversucht, um ihn zu stürzen.

Der gefährlichste unter seinen Feinden aber war der königliche Fiskal Frillet, der selbst auch ein Gut mit einer Ziegelei besaß. Dieser arglistige, unternehmende Mann zeigte seinen Haß gegen Vallet schon in einer früheren Geschichte auf furchtbare Art:

Im Jahre 1705 kam Vallet an einem Sonntage von Priay aus der Vesper, in Gesellschaft von drei Landleuten, Pierre und Claude Blondel und Claude Maurice. Auf diesem Wege begegnete ihnen ein gewisser Antoine Duplex so betrunken, daß er kaum noch gehen konnte. Sie sahen seine Nase bluten und schlossen daraus, daß er schon hingefallen sein müsse. Vallet wollte sich also seiner annehmen und ihn nach Hause begleiten. Es kamen aber eben einige Bekannte des Betrunkenen, Mallet und Nicolau, hinzu, die ihn nach Hause brachten. Am folgenden Morgen hatte Duplex seinen Rausch glücklich ausgeschlafen und ging an seine üblichen Arbeiten. Die darauf folgenden drei

Tage arbeitete er im Weinberg des Pfarrers von Priay in Gesellschaft von Mallet, mit dem er auch am dritten Tage abends spät nach Hause ging. In der Finsternis fiel er in einen mit Schlamm und Wasser gefüllten Graben. Er war vom Gehen erhitzt, es befiel ihn also ein starker Frost, worüber er sich auch gegen seinen Gefährten beklagte. Zu Hause wurde er noch kränker und konnte schon am folgenden Morgen nicht wieder aufstehen. Es stellte sich eine Brustfellentzündung ein, an der er nach einigen Tagen starb.

Sogleich nach seinem Tode machte Frillet dem Kriminalrichter Ravet die Anzeige: Duplex sei vor einigen Tagen mit Blondel und Vallet in Streit geraten und von ihnen hart geschlagen worden. Vermutlich habe dies zu seinem Tode weit mehr beigetragen als die Erkältung; er möchte also Untersuchung darüber anstellen.

Der Richter ließ die Witwe von Duplex rufen und befragte sie über die in dieser Anzeige angegebenen Umstände. Sie antwortete aber: ihr Mann sei an einer Brustfellentzündung gestorben, die er sich durch eine Erkältung zugezogen habe; von Händeln, die er mit Blondel oder Vallet gehabt haben solle, wisse sie gar nichts, sie habe nicht die geringste Klage von ihrem Manne gehört, daß er von diesen beiden geschlagen worden sei.

Diese Erklärung hätte allen Verdacht auf einmal beseitigen sollen; denn niemand konnte über die Krankheit des Verstorbenen bessere Auskunft geben, und niemand hatte weniger Ursache, die Wahrheit zu verbergen, als die Witwe. Dennoch wurde die Untersuchung fortgesetzt; es wurden mehrere Zeugen verhört. Aber keiner sagte etwas zum Nachteil der Angeklagten aus. Vielmehr bezeugte Maurice, der mit Blondel und Vallet an diesem Sonntag nach der Vesper Duplex begegnet war: das Nasenbluten, das sie an Duplex bemerkt hätten, habe keine andere Ursache gehabt, als daß er im Rausch hingefallen sei; denn er sei ganz betrunken gewesen; er wisse es aus dessen eignem Munde, daß er mit niemand Streit gehabt habe und von niemand geschlagen worden sei, denn er habe ihn am folgenden Tag deshalb befragt; er habe es auch selbst gesehen, daß Duplex gleich darauf drei Tage bei dem Pfarrer von Priay gearbeitet habe.

Der Richter, der nun weiter keinen Grund fand, die Untersuchung fortzusetzen, sprach die Angeklagten frei, verurteilte sie aber doch, sämtliche Gerichtskosten zu bezahlen. Äußerst unzufrieden über dieses Urteil, beschuldigte Frillet jetzt ganz öffentlich den Richter, daß er sich von Vallet habe bestechen lassen, und machte ihm so viel Verdruß, daß Ravet wirklich dadurch bewogen wurde, sein Amt niederzulegen.

Frillet, dem dieser abscheuliche Plan gegen Vallet mißlungen war, fand späterhin eine bessere Gelegenheit, seine Rache zu befriedigen.

Im Jahre 1724, am 19. Februar, sah man zwei Einwohner von Priay in der Landschaft Bresse, Joseph Sevos und Antoine Pin, den ganzen Tag zusammen in den dortigen Weinhäusern, und am folgenden Tage waren beide verschwunden.

Von Antoine Pin erfuhr man bald, daß er in die Landschaft Dombes, unweit Bresse, verzogen sei und sich beim Regiment von Sarre habe anwerben lassen.

Von Sevos aber hatte man nicht die geringste Spur. Er hatte sein notdürftiges Auskommen, besaß ein kleines Haus und stand als ein rechtschaffner Mann unter seinen Mitbürgern in Achtung. Niemand konnte also begreifen, warum er heimlich entwichen sein sollte, und man war geneigt zu glauben, daß er ermordet worden sei.

Das Gerücht von diesem Mord verbreitete sich in der ganzen Gegend. Antoine Pin wurde allgemein für den Täter gehalten. Man wollte vorher schon Drohungen gegen Sevos von ihm gehört haben; beide hatten noch zuletzt den ganzen Tag zusammen zugebracht; Pins Weggang nach Dombes sah einer Flucht ganz ähnlich, und überdies stand er in dem Ruf eines ausgemachten Bösewichts, der jedes Verbrechens fähig wäre.

Doch alle diese Umstände gaben keinen begründeten Schuldbeweis. Denn wenn auch Pin nach Dombes gegangen war, so folgte daraus doch noch lange nicht, daß er Sevos ermordet haben müsse. Vielmehr konnte man das Gegenteil daraus folgern. Wäre er der Mörder gewesen, hätte er einen viel sichereren Zufluchtsort gewählt. Dombes gehörte damals zwar nicht der Krone Frankreichs, aber auf die erste Aufforderung der französischen Richter hin wäre Pin als Mörder ausgeliefert worden. Pin stand zwar in schlechtem Rufe, aber konnte man ihn deswegen aller in der Gegend vorgefallenen Verbrechen beschuldigen? Er hatte mit Sevos zuletzt den ganzen Tag in Weinschenken zugebracht: war daraus aber zu schließen, daß er ihn ermordet haben müsse? Wo war außerdem das Corpus delicti? Wo war der Leichnam des ermordeten Sevos? Mußte dieser Mann denn ermordet worden sein? Konnte er sich nicht aus einem Grunde, der bis jetzt noch ein Geheimnis war, unsichtbar gemacht haben?

So wurde noch über die Sache hin und her geurteilt, als auf einmal ein neues Gerücht entstand. Es gab Leute, die behaupteten, man habe an dem Tage, da Sevos verschwunden sei, in den Gesichtern der Familie Vallet eine Unruhe und Bestürzung bemerkt, die eine ganz außerordentliche Veranlassung gehabt haben müsse. Andere sagten: sie hätten gehört, die Vallets wären die eigentlichen Mörder; andere sprachen davon als Augenzeugen.

Am 19. August 1724 erstattete endlich der königliche Fiskal Frillet, angeblich durch dieses allgemein verbreitete Gerücht aufgefordert, den Gerichten folgende Anzeige: ›Joseph Sevos, der nach dem 19. Februar dieses Jahres plötzlich verschwunden ist, hat noch am Abend zuvor bei Joseph Vallet gegessen. Es geht nun das Gerücht, er sei in Vallets Ziegelei ermordet und beim Ofenloch verscharrt, nachher aber wieder ausgegraben und im Ziegelofen verbrannt worden. Ich beantrage also von Amts wegen Untersuchung dieses Verbrechens und bitte um Vernehmung der Zeugen, die ich dem Richter stellen werde.‹

Auf diese Anzeige hin eröffnete Herr Ravier, der Richter zu Pont-d'Ain, die Untersuchung und ließ die Zeugen verhören. Der Hauptzeuge war ein gewisser Vaudan. Folgendes ist seine Aussage, die er vor Gericht machte:

In der Nacht des 19. Februar ging ich nach Mastalion. Ungefähr drei oder vier Stunden vor Tage kam ich an Vallets Haus vorbei. Ein starker Lärm erregte meine Aufmerksamkeit. Auf einmal hörte ich jemand schreien: »Helft, helft, ich will ja alles bekennen, nur diesmal habt Erbarmen mit mir!« Zwei- oder dreimal wurde dies mit demselben Angstgeschrei wiederholt. »Da ist nichts mehr zu bekennen«, rief eine andre Stimme, die ich als Vallets Stimme deutlich erkannte, »du mußt fort!« Erschrocken über diese Äußerung, verkroch ich mich hinter einen Busch, um den Fortgang dieses Auftritts abzuwarten. Ich hörte, daß auf den Schreienden stark eingeschlagen wurde. Kurz darauf wurde es still im Hause, und endlich sah ich, daß Vallet mit Hilfe seiner Frau und seiner Söhne eine Leiche aus dem Hause trug. Sie vergruben sie in der Ziegelei beim Ofenloch und überdeckten die Stelle mit Holz. Drei oder vier Tage darauf ging ich unter einem Vorwand zu Vallet in die Ziegelei, um zu sehen, ob ich noch eine Spur davon wahrnehmen könne. Ich bemerkte aber, daß der Leichnam schon weggebracht worden sein müsse, und später hörte ich, der Erschlagene sei Joseph Sevos gewesen, und Vallet habe den Leichnam am Karfreitag in seinem Ziegelofen verbrannt.

Es fanden sich auch wirklich mehrere Zeugen, die an diesem Karfreitag an Vallets Ziegelei vorbeigegangen zu sein oder in deren Nähe auf ihren Feldern gearbeitet zu haben behaupteten und sämtlich versicherten, aus Vallets Ziegelofen sei ein Gestank gekommen, als ob frisches Fleisch darin verbrannt würde. Man habe diesen Gestank, setzten sie hinzu, über eine Viertelmeile weit gerochen, er sei völlig unerträglich gewesen; mehrere, die nahe dabei auf dem Felde gewesen seien, hätten ihre Ochsen ausgespannt und seien nach Hause gegangen, weil sie den abscheulichen Geruch nicht länger hätten aushalten können. Einige Zeugen erklärten, diese Erzählung von Vaudan selbst gehört zu haben.

Auf diese Aussagen vor Gericht hin wurde nun die Verhaftung der ganzen Valletschen Familie verfügt.

Durch die Abscheulichkeit des Verbrechens, das durch die erhaltenen Zeugenaussagen beinahe erwiesen war, hielt sich der Richter für berechtigt, so grausamen Mördern die gelinde Behandlung zu versagen, die das Gesetz bei Verhaftung und Verwahrung eines Angeklagten vorschreibt. Der königliche Fiskal Frillet ließ also den richterlichen Beschluß mit der äußersten Härte vollziehen.

Eine Abteilung Landreiter brachte die Angeklagten nach dem Schloß zu Pont-d'Ain. Der alte Vallet litt an heftigem Fieber, als er gefangengenommen wurde, und war sehr krank, als er in das Schloß kam. Dennoch ließ ihm Frillet an Händen und Füßen Fesseln anlegen, durch die eine eiserne Stange ging, die fünfunddreißig Pfund wog, und lachte, als das Gewicht der Ketten den schwachen Mann zu Boden warf. Er ließ ihn sogar in ein unterirdisches Loch werfen, obwohl die Gesetze ausdrücklich anordneten, kranke Gefangene nicht in Löcher zu werfen, sondern in leidlichem Gefängnis zu halten und durch Ärzte und Wundärzte behandeln zu lassen. Selbst das Wasser, um seinen Fieberdurst zu löschen, wurde ihm versagt; und damit die Vorübergehenden sein ängstliches Wehklagen nicht hören sollten, wurde das einzige Luftloch seines Gefängnisses, das auf die Straße ging, dicht verstopft. Seine Verwandten und Freunde, die ihm eine Erquickung bringen wollten, wurden nicht zu ihm gelassen, und sogar ein mitleidiger Geistlicher, der dem Kranken Trost zusprechen wollte, wurde abgewiesen. Auch Vallets Ehefrau wurde in Handschellen geschlossen, ohne zu berücksichtigen, daß es sonst ganz ungewöhnlich war, Weibspersonen Fesseln anzulegen. Philippe Vallet, sein ältester Sohn, wurde, mit schweren Fesseln belastet, in ein feuchtes Loch gesteckt, wo er an Händen und Füßen gelähmt wurde; und selbst Pierre Vallet, einem vierzehnjährigen Knaben, wurden die Hände mit Handeisen so zusammengeschraubt, daß er vor Schmerzen unaufhörlich schrie; dennoch nahm man sie ihm erst nach vierzehn Tagen wieder ab.

Frillet erhielt nun vom Richter die Erlaubnis, noch mehrere Zeugen verhören zu lassen. Er brachte auch noch eine große Menge von solchen zusammen. Doch die meisten sprachen nur von Hörensagen und wußten keine andere Quelle als das bisherige öffentliche Gerücht anzugeben.

Nun brachte aber Frillet auch die Geschichte aus dem Jahre 1705, die angebliche Ermordung von Antoine Duplex, wieder in Erinnerung und führte jetzt denselben Maurice als Zeugen auf, der damals so vorteilhaft für den alten Vallet ausgesagt hatte. Maurice machte jetzt folgende Aussage:

Vor achtzehn oder neunzehn Jahren saß ich eines Tages in einer Schenke und trank. Auf einmal erhob sich einige Schritte vom Hause ein Geschrei, man hörte einen Menschen um Hilfe rufen. Ich lief hinaus, und mehrere von den Anwesenden folgten mir. Als ich auf den Platz kam, sah ich, daß Joseph Vallet Antoine Duplex unter sich hatte und mit aller Heftigkeit auf ihn losschlug. Die beiden Brüder Blondel standen dabei. Einer von ihnen rief Vallet zu, er solle ihn nun gehn lassen, er habe ihn genug geschlagen. Doch Vallet fuhr fort zu schlagen und sagte: »Nein, ich muß ihm den Rest geben.« Einige Tage nach diesem Auftritt starb Duplex. Bei dem zweiten Verhör setzte er noch hinzu: Joseph Vallet und die beiden Blondel gaben der Witwe Duplex Geld, damit sie sie nicht verklagen sollte, und bestachen Herrn Ravet, den damaligen Richter. Dieser suchte also die Sache zu unterdrücken, und daher kam es, daß die Zeugen nicht gehörig vernommen wurden.

Während sich aber auf Frillets Betreiben die ganze

Untersuchung des Mordes an Sevos gegen Vallet und seine Familie richtete, gab es doch Leute genug, die Antoine Pin nicht aus den Augen gelassen hatten. Man sagte öffentlich, daß er der Mörder sei, und die ganze Geschichte dieses Vorfalles gelangte sogar an den Hof. Man suchte nähere Aufschlüsse zu erhalten. Der Minister schrieb an das Regiment, bei dem sich Pin hatte anwerben lassen. Auf seine Aufforderung hin wurde Pin ausgeliefert und in das Gefängnis nach Pont-d'Ain gebracht.

Bei seinem ersten Verhör erklärte er anscheinend freimütig, er wisse wohl von der Ermordung Sevos' und wolle ganz unverhohlen die Wahrheit sagen.

In der Nacht des 19. Februar 1724 – erzählte er nun – war ich mit Sevos bei Joseph Vallet; wir drei hatten da ein kleines Trinkgelage. Zwei Stunden nach Mitternacht saßen wir noch beisammen. Sevos, dem der Wein in den Kopf gestiegen war, machte Vallet den Vorwurf, daß er Antoine Duplex ums Leben gebracht habe. Vallet geriet darüber in die heftigste Wut, ergriff eine große Zinkkanne, die auf dem Tische stand, und versetzte damit Sevos einen so heftigen Schlag an den Kopf, daß dieser sogleich niederstürzte. Er schrie: »Ach, Barmherzigkeit! Barmherzigkeit! Nehmt all mein Geld und schenkt mir nur das Leben!« Vallet erwiderte: »Was Barmherzigkeit!«, und nun ging das Schlagen erst recht los. Vallets Frau ergriff eine große Feuerschaufel und versetzte damit dem schon verwundeten Sevos noch einige heftige Schläge. Auch Philippe Vallet half noch mit zuschlagen, bis endlich Sevos unter ihren Händen verschied. Pierre Vallet ging indes vor die Tür, um achtzugeben, ob etwa jemand vorbeiginge. Da Vallet merkte, daß Sevos tot sei, wollte er mich nötigen, auch noch mit zuzuschlagen, vermutlich in der Absicht, daß ich nicht gegen ihn zeugen sollte; doch ich ließ mich nicht überreden. Endlich schaffte Vallet mit Hilfe seiner Frau und seiner Söhne den Toten in die Ziegelei, legte ihn bei dem Ofenloch nieder und bedeckte ihn ganz mit Holz. Hier ließen sie den Leichnam bis zur Karwoche liegen. Dann aber wurde er hervorgezogen und im Ziegelofen verbrannt. Daß dies letztere geschehen ist, weiß ich daher, weil ich am Karfreitag selbst in Vallets Ziegelei war, einen unausstehlichen Geruch bemerkte, der aus dem Ofen kam, und verbrannte Knochen im Ofen sah. Übrigens hat mir Vallet öfters gedroht, es solle mir ebenso ergehen, wenn ich nur eine Silbe über Sevos' Ermordung verlauten ließe. Zuweilen aber gab er mir auch ganz gute Worte und überhäufte mich mit Geschenken von Wein und Geld, bloß damit ich schweigen sollte.

Durch diese Aussage, die mit Vaudans Zeugnis in den Hauptumständen so genau übereinstimmte, schien es beinah außer allem Zweifel zu sein, daß Vallet mit seiner Familie diesen Mord wirklich begangen habe.

Inzwischen führten diese zu ihrer Verteidigung hauptsächlich folgende Umstände an: Erstens habe man sogleich nach Sevos' Verschwinden in dessen Bett, am Kopfkissen und Bettuch und am Fußboden seiner Kammer Spuren von Blut gefunden; folglich müsse er in seinem Bette ermordet worden sein, und niemand anders als Antoine Pin könne ihn umgebracht haben. Zweitens wurde bewiesen, daß Pierre Vallet, der jüngste Sohn, in der Nacht des 19. Februar, in der er während der Ermordung Sevos' vor seines Vaters Hause Wache gestanden haben sollte, in einer Pension bei einem Schullehrer zu Poncin zwischen zwei seiner Mitschüler geschlafen habe.

Aber die Gerichte übergingen diese Umstände mit Stillschweigen und bestanden allein darauf: Vallet solle gerichtliche Beweise beibringen, daß Antoine Pin Sevos ermordet habe. Bei diesem Verfahren blieb freilich Vallets Rechtfertigung unmöglich.

Frillet übergab nun als königlicher Fiskal folgendes Gutachten: Joseph Vallet, der durch mörderische Gewalttätigkeit den Tod von Antoine Duplex verursacht habe, solle mit dem Strang hingerichtet, seine Frau aber und seine beiden Söhne sowie auch Antoine Pin, die außer ihm sämtlich des an Joseph Sevos verübten Mordes angeklagt wären, sollten auf die Folter gebracht werden.

Hierauf verkündete das Gericht am 9. Mai 1725 den Beschluß, daß Joseph Vallet nebst seiner Frau und seinen Söhnen, weil sie bei ihrer Verteidigung das, was sie hätten beweisen sollen, nicht erwiesen hätten, auf die ordentliche und außerordentliche Folter gebracht werden sollen, um dadurch ein richtiges Bekenntnis wegen des an Sevos verübten Mordes von ihnen zu erhalten.

Mit diesem Rechtsspruch, der dem alten Vallet noch das Leben fristete, war aber Frillet nicht zufrieden. Er appellierte an das Parlement zu Dijon. Die Akten wurden vom Richter dahin eingesandt und Vallet mit seiner Familie ins Parlementsgefängnis zu Dijon gebracht.

Dieser Gerichtshof fand zwar in den Akten Umstände genug, die Vallet und die Seinigen sehr belasteten. Aber die Verdachtsgründe gegen Antoine Pin, der üble Ruf, in dem er stand, seine Flucht, verschiedene auf seine Sicherheit gerichtete Bedingungen, die er gestellt hatte, als er sich zum Militär anwerben ließ, mancherlei Widersprüche in seinen Aussagen – alles dies war nicht minder wichtig. Die Sache schien noch weit mehr Aufklärung zu erfordern.

Das Parlement verordnete also durch ein Urteil vom 18. Juni 1725, daß sowohl Vallet mit seiner Familie als auch Antoine Pin, jeder einzeln, noch einmal verhört und alsdann alle einander gegenübergestellt werden sollten.

Diese neue Untersuchung verbreitete zwar im ganzen nicht soviel Licht, wie man gehofft hatte. Doch vervielfältigten sich dadurch die Verdachtsgründe gegen Pin so sehr, daß man berechtigt war, sich zunächst an ihn allein zu halten.

Durch ein neues Urteil des Parlements vom 26. Juni wurde daher angeordnet, daß Antoine Pin in Gegenwart eines vom Parlement abgeordneten Kommissars gefoltert werden sollte, um ein richtiges Bekenntnis über den Mord an Sevos und eine genaue Anzeige seiner Mitschuldigen von ihm zu erhalten.

Von diesem Urteil erhielt Pin auf die eine oder andre Art eine vorläufige Kenntnis und sprach davon mit einem seiner Mitgefangenen, der selbst erst vor kurzem die Folter ausgestanden hatte, ohne etwas zu gestehen. Dieser legte nun Pin an seinem eignen Beispiel dar, daß er sein Leben retten könne, wenn er nur Mut genug habe. Durch einen starken Körperbau unterstützt, konnte Pin diesen Rat um so leichter befolgen. Er ließ sich durch die Folter so wenig eine Änderung seiner Aussage abzwingen, daß er vielmehr noch den neuen Umstand hinzusetzte: Vallet habe ihn dazu veranlaßt, Sevos an jenem Abend des 19. Februar zu ihm zu führen, und ihm dafür einen Louisdor gegeben.

Durch diese Aussage schien Vallet jetzt mit seiner Familie völlig überführt. Eine schmähliche Todesstrafe wartete schon ihrer.

Doch auch bei einem verhärteten Bösewicht bewirkt oft die Stimme des Gewissens mehr als die Schmerzen der Folter. Kaum war Pin von der Folter wieder ins Gefängnis gebracht worden, als sich seiner eine bei ihm ganz ungewöhnliche Rührung bemächtigte. Er bat flehentlich, eine Gerichtsperson möge zu ihm ins Gefängnis kommen.

Herr von Vormes, der Referent dieses Prozesses, begab sich also mit einem Aktuar zu ihm, und nun widerrief Pin alle seine vorher gemachten Aussagen und legte folgendes Geständnis ab:

Am 19. Februar 1724 traf ich Joseph Sevos in Vallets Hause. Ich setzte mich zu ihm, um mit ihm zu trinken. Nach einigen Stunden ging er weg zu einer gewissen Flory; ich folgte ihm bald dahin nach. Bei dieser Frau zechten wir bis abends um neun Uhr. Alsdann gingen wir noch zu Dumoulin und tranken fort bis nach Mitternacht. Hier sah ich bei Sevos einen Beutel mit ungefähr vierzig Écus Silbergeld, und dadurch entstand bei mir der Gedanke, ihn zu ermorden. In dieser Absicht begleitete ich ihn nach seinem Hause und machte ihm den Vorschlag, daß wir noch etwas miteinander essen wollten. Es war kein Brot im Hause, ich ging also noch aus, um welches zu holen. Zugleich aber nahm ich aus meines Vaters Hause ein kleines Beil mit, das ich unter meinem Anzug verborgen hielt. Sevos hatte bis zu meiner Rückkunft mehr Lust zum Schlafen als zum Essen bekommen und bat mich, die Nacht bei ihm zu bleiben. Ich brachte ihn zu Bett, und als er eben im Begriff war hineinzusteigen, gab ich ihm mit dem Beile einen Schlag auf den Kopf. »Ach, mein Gott!« schrie er, »ich sterbe«, stürzte sogleich nieder und rührte sich nicht mehr. Ich nahm darauf sein Geld, trug den Körper in den Stall und deckte ihn mit Mist zu. Das Bett und der

Fußboden waren mit Blut befleckt. Ich suchte also diese Flecken sorgfältig wegzuwischen und warf Kleie darüber. Beim Weggehen vergaß ich aber meinen Rucksack, der auch mit Blut bespritzt worden war. Diesen letzten Umstand, setzte er hinzu, bemerke ich deswegen, weil ich erfahren habe, daß der Kastellan von Varembon einige Tage nach dem Mord in das Haus gekommen sei und die Blutspuren gesehen habe und daß sogar einige von seinen Begleitern gesagt haben, der blutige Rucksack gehöre mir.

Im Mai 1722, fuhr er dann fort, wurde Philippe Vallet von mir auf der Straße seines Geldes und seiner Kleidung beraubt. Diesen Straßenraub sah Sevos hinter einem Busch mit an und ließ hernach verlauten: er könne Pin aufs Rad bringen, wenn er wolle. Diese Äußerung gab mir den Gedanken ein, einen so gefährlichen Zeugen bei der ersten Gelegenheit aus dem Wege zu räumen, und der Anblick des Geldes an dem unglücklichen Tage brachte diesen Entschluß schnell zur Reife. Übrigens kann ich versichern, daß ich bei der Ermordung Sevos' ganz allein war und daß Vallet mit seiner Famlie an dieser Tat ganz unschuldig ist. Ich kann dies so gewiß sagen, als ich von Gott Vergebung hoffe, und ich bereue es unaussprechlich, daß ich auf diese unschuldigen Leute mein Verbrechen habe wälzen wollen.

Hier fragte ihn Herr von Vormes, was er für einen Grund dazu gehabt habe, diese Familie des Mordes zu beschuldigen. »Ich war entschlossen«, antwortete er darauf, »als man mich nach Pont-d'Ain führte, die Wahrheit zu bekennen. Aber der Stockmeister gab sich alle Mühe, mich gegen Vallet einzunehmen. Er stellte mir vor, daß es Vallet mit seiner Frau und seinen Söhnen in allen Verhören darauf angelegt habe, den

Mordverdacht auf mich zu lenken, und daß ich also Grund genug hätte, mich an ihnen zu rächen, ihnen Gleiches mit Gleichen zu vergelten und sie als Mörder Sevos' anzugeben. Durch solche Vorstellungen wurde ich tatsächlich umgestimmt.«

Endlich setzte er noch hinzu: »Vaudan, der gegen die Familie Vallet als Zeuge aufgetreten ist, ist ein ausgemachter Bösewicht. Sein ganzes Zeugnis ist falsch, er ist dazu durch eine große Summe erkauft worden, und wenn man ihn festsetzt, so wird man das ganze Komplott entdecken.«

Nach diesem Bekenntnis, daß Pin noch in einigen darauffolgenden Verhören bestätigte, sprach das Parlement am 3. Juli das Urteil über ihn, daß er an Beinen, Schenkeln und Armen gerädert und alsdann noch lebendig auf ein Rad gelegt werden solle. Von seinem Vermögen sollten 50 Livres als Buße dem Besitzer der Herrschaft Pont-d'Ain zufallen, 100 Livres zu Seelenmessen für ihn verwendet und das übrige von der Behörde eingezogen werden.

Vor seiner Hinrichtung bat Pin noch die unglückliche Familie Vallet aufs rührendste um Verzeihung und ging dann mit Standhaftigkeit zum Richtplatz.

Sogleich am folgenden Tag schickte nun das Parlement Herrn Flutelot als Kommissar ab, um unverzüglich den Körper des ermordeten Sevos aufsuchen zu lassen. Im Hause von Sevos und um dasselbe herum wurde alles aufs strengste untersucht. Doch es fand sich keine Spur von einem ermordeten Körper.

Zugleich befahl das Parlement, Antoine Vaudan unverzüglich in Haft zu nehmen und Untersuchung gegen ihn anzustellen, auch alle bei den Gerichten zu Pont-d'Ain und Varembon in dieser Sache ergangenen Akten, besonders aber das über die erste Nachsuchung in Sevos' Hause geführte Protokoll, dem Herrn Flutelot, als dem ernannten Kommissar, auszuliefern.

Diesem Befehl gemäß wurde Vaudan sogleich verhaftet und noch an demselben Tage verhört. Er blieb hartnäckig bei seiner ersten Aussage, daß Sevos in Vallets Hause ermordet worden sei; aber er gestand, ohne darüber befragt zu sein, daß er Antoine Valencel, bei dem er als Knecht in Diensten gewesen sei, ein Fohlen und drei Ochsen gestohlen habe.

In den Untersuchungsakten, die von den Gerichten zu Pont-d'Ain ausgeliefert wurden, fand der Kommissar vieles ausradiert, mehrere Abänderungen und Zusätze, die nicht von der Hand des Gerichtaktuars gemacht waren, und verschiedne wichtige Aufzeichnungen, die nicht unterschrieben waren. Dies veranlaßte bei ihm den Verdacht, daß Frillet wohl auf eine ganz andere Art in die Sache verwickelt sei, als sein Amt erfordere. Er setzte also die Untersuchung um so schärfer fort und fand bald, daß alle gegen Vallet und dessen Familie aufgetretenen Zeugen entweder Betrüger und vorsätzlich falsche Zeugen oder Betrogene waren, die man mit List zum Zeugnis bewogen hatte. Besonders entdeckte er, daß Frillet absichtlich die ganze Untersuchung nur gegen die Familie Vallet gerichtet und alle andern Verdachtsmomente hinterlistig unterdrückt habe. So fand er jetzt, daß nicht nur mehrere Personen nach Sevos' Verschwinden in dessen Hause gewesen waren und die Blutspuren im Bett und auf dem Fußboden gesehen hatten, sondern daß der Kastellan und der Pfarrer von Varembon dem Fiskal Frillet selbst eine gerichtliche Anzeige davon erstattet hatten. Ferner erfuhr er, daß das Mordinstrument noch in Sevos' Haus sei. Er ließ es abholen, und man sah noch jetzt Blut daran. Umstände genug, die nur Frillets Bosheit so lange unterdrückt hatte!

Nun wurden auch die wegen der angeblichen Ermordung von Antoine Duplex verhandelten Akten noch einmal genau durchgesehen. Der Kommissar ersah aus der unmittelbar nach Duplex' Tode im Jahre 1705 angestellten Untersuchung ganz deutlich, daß Duplex eines natürlichen Todes gestorben war und daß auch nicht ein Schatten von Verdacht gegen Vallet vorhanden gewesen sei, den die Aussage von Claude Maurice vollkommen gerechtfertigt habe. Die ganz gegenteilige Aussage ebendieses Claude Maurice, die in den neuern Akten vom Jahre 1724 enthalten war, bewies offenkundig, daß ihr Urheber ein falscher Zeuge sei. Maurice wurde also auch in Haft genommen und Vaudan gegenübergestellt. Doch beide blieben hartnäckig bei ihren Aussagen gegen Vallet und wurden nun ins Parlementsgefängnis gebracht.

Kaum war aber Vaudan dort angekommen, als er, ebenso wie vorher Pin von seinem Gewissen gequält, die Wahrheit freiwillig bekannte. Er widerrief seine Aussage und alles das, was er bei seiner Gegenüberstellung mit Maurice gesagt hatte.

Am 15. Oktober 1725 sprach nun das Parlement das Urteil über ihn: Er soll, mit der Aufschrift auf der Brust: ›Falscher Zeuge und Hausdieb‹, auf den Richtplatz geführt und durch den Strang hingerichtet werden. Zuvor aber soll man ihn auf die Folter bringen, um seine Mitschuldigen von ihm zu erfahren.

Diesem Rechtsspruch zufolge wurde also Vaudan noch gefoltert. Man erfuhr aber nichts weiter von ihm, als was er schon ausgesagt hatte.

Das Parlement eilte nun, die Untersuchung zu beenden, und verurteilte am 22. Oktober 1725 auch Claude

Maurice zur Folter, um ihn zum Geständnis seines Verbrechens zu bringen.

Dieser Befehl wurde noch an demselben Tage vollzogen. Auf der Folter gestand Maurice, Frillet sei der Urheber dieser ganzen Intrige gegen Vallet und seine Familie. Frillet habe ihn aufgefordert, jetzt das Gegenteil seiner ehemaligen Aussage zu behaupten, und ihm gesagt: man müsse jetzt die Geschichte Duplex wieder aufrollen und ganz dreist behaupten, Vallet habe ihn ermordet und den damaligen Kriminalrichter bestochen, die Untersuchung zu unterdrücken. Anfangs habe er sich zu einem solchen falschen Zeugnis durchaus nicht verstehen wollen. Aber Frillet habe die listigsten Überredungen angewendet, und er habe sich endlich, teils durch Furcht vor Frillets Verfolgung, teils durch die vorgespiegelten Belohnungen verführen lassen, dessen abscheuliche Pläne zu unterstützen. Auch Antoine Thorillon, ein Oheim des Vaudan, und Joseph Mallet hätten sich große Mühe gegeben, Zeugen auftreiben und abzurichten.

Auf dieses Bekenntnis hin erfolgte sogleich am 23. Oktober 1725 das Urteil des Parlements: Claude Maurice soll gehängt und von seinem Vermögen sollen der Familie Vallet 500 Livres zur Schadloshaltung gezahlt werden.

Die unglückliche Familie, die durch die schwärzeste Intrige an den Rand des Verderbens geführt worden war, ohne die geringste Schuld an den Verbrechen zu haben, deren der boshafteste Neid habsüchtiger Nachbarn sie angeklagt hatte, und so lange unter der Last der empfindlichsten Leiden hatte schmachten müssen, wurde nun endlich von der gegen sie erhobnen Anklage völlig losgesprochen und wieder auf freien Fuß gesetzt.

Am Tage nach Maurices Hinrichtung gab das Parlement Befehl, daß Frillet, der bisherige königliche Fiskal zu Pont-d'Ain, Joseph Mallet, Förster in den Diensten der Herren von Varembon, und Antoine Thorillon, der Bediente dieser Herren, in Haft genommen und in das Parlementsgefängnis gebracht werden sollen. Aber Frillet fand Mittel zu entwischen und nahm auch Mallet und Thorillon mit sich. Sie flüchteten nach Savoyen in ein Kloster.

Einige Jahre darauf war Pierre Vallet eines Tages in der Stadt Bourg. Auf einmal begegnete ihm ein Mann, dessen Anblick ihn wie eine Geistererscheinung erschreckte. Mit aufgerissenen Augen, wie angewurzelt an den Boden, stand er da und betrachtete den Mann. Er konnte nicht reden und zeigte Schreck und Erstaunen nur durch Mienen und Gebärden. Endlich ging der Mann auf ihn zu und reichte ihm die Hand. »Erschrick nur nicht«, sagte er, »ich bin der leibhafte Sevos, aber ich bitte dich, mache mir keine Schererei.« Vallet konnte noch immer nicht begreifen, wie ein Mensch noch leben könne, den Antoine Pin ermordet, dessen Ermordung dieser Pin selbst eingestanden und wofür er die Todesstrafe erlitten habe. Dennoch war der Mann, der da stand, der wirkliche Sevos.

Vallet nötigte diesen wiederaufgelebten Sevos, mit ihm vor die Obrigkeit zu gehen, und bat die Gerichte des Ortes, sie beide so lange in Haft zu behalten, bis ein Befehl vom Parlement eingeholt werden könnte. Auf die Nachricht von dieser unerwarteten Erscheinung wandte sich der alte Vallet sogleich an das Parlement und erhielt am 4. Januar 1730 einen Befehl an den Kriminalleutnant zu Bourg, den Sevos über seine plötzliche Entfernung von seinem Heim und über die Ursache, warum er sich so lange verborgen gehalten habe, zu vernehmen. Seine Antworten zeigten aber so viel Zurückhaltung und waren so voller Widersprüche, daß das Parlement vermutete, es sei auch hierunter ein Geheimnis der Bosheit verborgen.

Sevos wurde deshalb am 13. März in das Parlementsgefängnis gebracht, um vom Parlement selbst genauer verhört zu werden. Anfangs war er gegen den Kommissar des Parlements, der ihn verhörte, ebenso zurückhaltend. Da man ihm aber drohte, strengere Mittel anzuwenden, ließ er sich endlich zum Reden bringen.

Seine Erzählung stimmte mit dem Bekenntnis Antoine Pins vollständig überein. Er hatte mit diesem den ganzen Tag in Schenken zugebracht, Pin war endlich spät in der Nacht mit in sein Haus gegangen und hatte bei ihm schlafen wollen. »In dem Augenblick, da ich mich zu Bett legen wollte« – fuhr Sevos in seiner Erzählung fort, »gab er mir mit einem Beil einen Schlag an den Kopf. Ich stürzte sogleich nieder und schrie: ›Mein Gott, ich sterbe!‹ Da ich mich nicht mehr rührte, glaubte Pin, ich sei wirklich tot. Pin nahm mir die vierzig Écus, die ich bei mir hatte, und machte sich davon. Sobald ich merkte, daß er das Haus verlassen hatte, stand ich auf und verschloß die Tür. Die Wunde am Kopf blutete zwar stark, war aber nicht gefährlich. Ich suchte während der Nacht das Blut zu stillen, und als es Tag wurde, machte ich mir einen Verband, so gut ich konnte. Zwei Tage lang blieb ich in meinem Hause eingeschlossen, denn ich kannte Pins Verwegenheit und getraute mir nicht, mich lebendig vor ihm sehn zu lassen. Am dritten Tag ging ich ganz früh nach Varembon zum königlichen Fiskal Frillet und erzählte diesem Beamten den mörderischen Angriff, den Pin auf mein Leben gemacht hatte, mit allen Umständen. Frillet hörte mich sehr aufmerksam an, schien einige Augenblicke über die Sache nachzudenken und sagte endlich: ›Was kannst du Pin anhaben? Er ist ein Bösewicht, der nichts zu verlieren hat und alles wagt. Erfährt er, daß du noch lebst und ihn verfolgst, so stellt er dir heimlich nach und bringt dich um, sobald er dich am geeigneten Ort findet. Ich rate dir, dich jetzt vor keinem Menschen sehn zu lassen und dich fortzumachen, soweit deine Füße dich tragen wollen.‹ Durch Vorstellungen dieser Art setzte mich Frillet so in Furcht, daß ich sogleich mit möglichster Eile die Gegend verließ. Ich trieb mich lange in der Ferne herum, bis ich endlich wieder nach Bourg kam.«

Dies war alles, was man aus ihm herausbringen konnte. Höchstwahrscheinlich verhielt es sich so, daß Frillet Sevos nicht bloß diesen Rat, sondern auch, vielleicht im Einverständnis mit Vallets übrigen Feinden, Geld gegeben hatte, um ihn aus dem Lande zu treiben.

Nun sah man auch wohl ein, warum Frillet auf das Gerücht hin, Sevos sei verschwunden, nicht gleich eine genaue Untersuchung seines Hauses veranstaltet hatte. Er wußte freilich schon zu gut, was sich finden würde und daß die Untersuchung dann einen ganz andern Gang nehmen müßte, als in seinem Plan lag. Er hatte nun einmal beschlossen, diesen Vorfall gegen die Familie Vallet auszunutzen. Deswegen wartete er so lange mit dem Beginn der Untersuchung, bis sich der gegen Pin entstandene Verdacht in den Gemütern des Volkes gelegt und er durch seine Abgesandten seine Absichten gehörig vorbereitet hatte.

Inzwischen hatte Frillet kaum erfahren, daß Sevos wiedergekommen sei, als er sich sogleich selbst auch wieder einfand. Er suchte diesen Umstand zu benutzen und übergab dem Conseil eine weitläufige Schrift, worin er teils das Parlement zu Dijon eines unüberlegten, ungerechten Verfahrens beschuldigte, da es einen Mann als Mörder habe rädern lassen, obgleich der Ermordete noch lebe, teils sein eignes Verhalten bei der Untersuchung gegen Vallet und dessen Familie mit den listigsten Wendungen zu verteidigen suchte.

Der Conseil ließ hierauf dem Parlement die Akten abfordern. Aber es fand sich darin ebensowenig ein Beweis für die Tatsache, deren Frillet das Parlement beschuldigte, wie ein Beweis, der sein eigenes Verfahren rechtfertigen konnte. Vielmehr gingen seine gewaltsamen Rechtsverdrehungen daraus so klar hervor, daß der Conseil sogleich durch ein Urteil vom 30. Mai 1730 befahl: Frillet soll in Haft genommen, mit genügender Bewachung in das Parlementsgefängnis gebracht und ihm vom Parlement der Prozeß gemacht werden.

Dieser Rechtsspruch mußte Frillet sehr unerwartet kommen; denn er war schon so gewiß, die Sache werde nun beigelegt werden, daß er bereits um Niederschlagung des Verfahrens nachgesucht hatte. Er wurde verhaftet, aufs schärfste verhört und den gegen ihn vorhandenen Zeugen gegenübergestellt. Man entdeckte noch mehrere Gehilfen seiner boshaften Intrige.

Während dieser Untersuchung starb Sevos im Gefängnis, ehe man ihn zu einem vollständigen Geständnis hatte bringen können. Vermutlich hatte er selbst auch Anteil an dem Komplott gehabt, das Frillet gegen die unglückliche Familie Vallet geschmiedet hatte.

Dennoch wurde Frillet vollkommen überführt, daß er die Anklage gegen Vallet wegen der an Duplex und Sevos verübten Morde nur aus Haß erhoben und bei der Untersuchung wider besseres Wissen gehandelt habe.

Das Parlement sprach ihm also am 7. August das Urteil, daß er durch den Strang hingerichtet, sein Vermögen eingezogen und der Familie Vallet davon 8000 Livres ausgezahlt werden sollen.

Die Richter waren von sieben Uhr vormittags bis vier Uhr nachmittags versammelt, als sie dieses Urteil abfaßten. Ganz Dijon war an diesem Tage in Bewegung, jedermann erwartete begierig die Entscheidung über Frillets Schicksal, jedermann hoffte, daß das Urteil die bürgerliche Gesellschaft von einem solchen Ungeheuer befreien und all den kleinen Tyrannen, die ihre Amtsmacht zum Verderben ihrer Untertanen mißbrauchen, an ihm ein warnendes Beispiel geben werde.

Sobald bekannt wurde, daß Frillet zum Tode verurteilt sei, schien jedermann aufzuatmen. Der Weg vom Gefängnis bis zum Gerichtsplatz war mit Menschen bedeckt, alle Fenster waren besetzt, und das ganze Publikum schien mit Vergnügen den Augenblick zu erwarten, wo ein Bösewicht seinen Lohn bekommen sollte, der die Gewalt der Gerechtigkeit mit einer so schwarzen Bosheit zur Unterdrückung der Unschuld mißbraucht hatte.

Wider alles Vermuten aber erschien der Generalprokurator im Parlement und überreichte dem ersten Präsidenten einen Brief vom königlichen Kanzler, worin gesagt wurde: Seine Königliche Majestät habe sich Frillets Sache vortragen lassen und darauf befohlen, wenn das Urteil ihm eine Todesstrafe zuerkennen würde, mit der Vollstreckung auf weiteren Befehl zu warten. Dieser Brief war weder an das Parlement adressiert noch von einem Staatssekretär gegengezeichnet; er hatte also in keiner Weise die Form eines unmittelbaren königlichen Befehls. Das Parlement war also anfänglich im Zweifel, ob es sich danach richten solle. Doch gingen endlich die meisten Stimmen dahin, man müsse aus Ehrfurcht gegen die Willensmeinung des Königs die Form übersehen.

Das Publikum war äußerst verlegen und unzufrieden, sich in seiner Erwartung betrogen zu sehen. Jeder glaubte, für seine eigne Person nicht mehr sicher zu sein, wenn ein solcher Justizmörder nicht zu einem öffentlichen Opfer der rächenden Gerechtigkeit gemacht würde.

Der König verwandelte Frillets Todesstrafe in eine zehnjährige Landesverweisung. Der Familie Vallet mußte er jedoch die zuerkannte Summe bezahlen. In dem Augenblick aber, da er aus dem Gefängnis entlassen werden sollte, um seine Wanderschaft aus dem Lande anzutreten, starb er eines plötzlichen Todes.

Renée Corbeau

Im Jahre 1594 kam ein junger Adliger, dessen Namen wir vergebens zu erfahren suchten, aus der Stadt Sées in der Normandie nach Angers, um dort an der Universität die Rechte zu studieren. Hier sah er Renée Corbeau, eine Bürgerstochter dieser Stadt. Vier Worte zeichnen uns ein vollständiges Bild des Mädchens. Sie war jung, klug, schön und sehr geistvoll. All diese glänzenden Eigenschaften wurden jedoch durch einen Mangel verdunkelt, den zwar ein Philosoph für nichts, die Gesellschaft jedoch, infolge der Verderbnis des Jahrhunderts, für viel erachtet. Man sieht wohl, was ich sagen will: ihre Eltern waren nicht wohlhabend.

Sie flößte dem jungen Adligen eine rasch wachsende Leidenschaft ein; er konnte sich nur noch mit diesem liebenswürdigen Mädchen beschäftigen und unterhalten. Er verstand es, sich bei ihr Zugang zu verschaffen, und hatte das Glück, ihr ebenso zu gefallen wie sie ihm. Ihrer beider Leidenschaft wurde so mächtig, daß er im Überschwang der Gefühle sie zu heiraten versprach und ihr das schriftlich zusicherte. In ihrem Entzücken vergaß das Mädchen, im Vertrauen auf das Geschriebene, ihre Klugheit. So zerstört die Liebe in einem einzigen Augenblick eine Tugend, die das Werk mehrerer Jahre ist, raubt einen Schatz, den man stets so sorgsam behütet hat, und benutzt den einen Moment, in dem die Wachsamkeit der Hüterin nachläßt. Die Schöne wurde schwanger: sie sah sich gezwungen, ihren Fehltritt der Mutter anzuvertrauen, die ihn dem Vater entdeckte. Sie machten ihrer Tochter viele Vorwürfe, doch dann beratschlagten sie. Das Ergebnis war: sie wollten so tun, als gingen sie in ihr Landhaus, während die Tochter ihrem Liebhaber ein Stelldichein geben sollte. Wenn er da wäre, würden die Eltern rechtzeitig zurückkehren, um die jungen Leute zu überraschen.

Der Plan wurde so ausgeführt, und gerade als die Liebe den jungen Herrn ganz erfüllte, bemächtigte sich Furcht seiner Seele. Die erzürnten Eltern, die plötzlich vor ihm standen, verdrängten das Bild der reizenden Geliebten in seinen Armen. Im ersten großen Schreck erklärte er ihnen, sie möchten sich über das, wozu ihn die Liebe bewogen habe, nicht beunruhigen, er hege ehrbare Absichten, denke nicht daran, über die Tugend ihrer Tochter zu triumphieren, um sie dann dem Gerede der Stadt auszusetzen, sondern wolle sie heiraten. Durch diese Worte wurden die Eltern besänftigt und sagten ihm, sie wären völlig überzeugt, wenn er einverstanden wäre, sogleich mit ihrer Tochter einen Ehekontrakt zu schließen. Der Liebhaber hatte nichts gegen diesen Vorschlag einzuwenden. Ein Notar, der schon benachrichtigt und in der Nähe war, erschien, um den Vertrag aufzusetzen und auszufertigen, durch den die beiden Liebenden einander für immer gehören sollten, trotz des Verdrusses, den erkaltete Liebe danach eingeben könnte.

Kaum hatte der Kavalier, das, wie der Dichter sagt, beglaubigte Opfer des Ehejochs, seinen Namen daruntergekritzelt, als alle Vorzüge seiner Geliebten, von denen er so entzückt gewesen war, vor seinen Augen verblaßten und er – ich weiß nicht, welches Verhängnis einem Ehekontrakt anhaftet – sein Versprechen bereute. Wenige Tage darauf verließ er ganz plötzlich die Geliebte, um seinen Vater aufzusuchen, und erzählte diesem Anfang, Verlauf und Ausgang seines Liebesabenteuers. Der eigennützige Vater, der in glücklichen Vermögensumständen lebte und Besitz den gediegensten und glänzendsten Eigenschaften vorzog, erklärte ihm, er werde nie gestatten, daß sich sein Sohn, falls dessen Gefühle für sie wieder erwachen sollten, mit einer Person vereinige, die nur wenig Heiratsgut mitbringe. Ob nun der Sohn nach dem Rat seines Vaters verfuhr oder einer eignen Regung folgte: er trat in einen geistlichen Orden ein, wurde sogar Priester, um seiner Ehe dadurch ein unüberwindliches Hindernis entgegenzusetzen.

Renée Corbeau vernahm diese Kunde mit dem ganzen Schmerz und Zorn, den ein gutes Herz empfindet, wenn es seine Liebe mit so schwarzer Untreue belohnt sieht. Ihr Vater klagte zu Angers wegen Entführung und Verführung. Gegen den Liebhaber wurde daraufhin Haftbefehl erlassen. Dagegen legte er Berufung ein. Die Angelegenheit wurde vor das Parlementsstrafgericht zu Paris gebracht, dessen Vorsitzender Herr de Villeray war. Die Handlungsweise des jungen Adligen erschien in den Augen der Richter so verwerflich – besonders weil er sich zum Priester hatte weihen lassen, um die Erfüllung seines Versprechens zu umgehen –, daß sie ihn zum Tode verurteilten, es sei denn, er zöge vor, das Mädchen zu heiraten. Und da er sie nicht heiraten konnte, weil er Priester war, und erklärte, durch dieses Hindernis sei es ihm unmöglich, die Ehe zu wählen, so befahl der Gerichtshof, sein Urteil zu vollstrecken. Man übergab ihn den Händen des Scharfrichters, und der Beichtvater suchte ihn auf, der ihm in seinen letzten Stunden beistehen sollte.

Renée Corbeau wurde das Herz grausam zerrissen, als sie sah, daß die Leidenschaft, die sie für ihren Geliebten empfunden hatte und noch immer empfand, ihn nun zur Todesstrafe führen sollte. Sie konnte diesen furchtbaren Gedanken nicht ertragen. Von ihrer Liebe getrieben, drang sie bis in das Zimmer vor, in dem die Richter noch versammelt waren. In Tränen und voller Verwirrung sprach sie zu ihnen: »Meine Herren, Sie sehen in mir die unglücklichste Liebende, die jemals vor Gericht erschien. Als Sie meinen Geliebten verurteilten, glaubten Sie, ich selbst sei schuldlos oder wenigstens mein Verbrechen sei zu entschuldigen. Doch Sie geben *mir* den Tod, wenn Sie *ihn* sterben lassen. Sie lassen mich das grausamste aller Schicksale erleiden; denn der schmähliche Tod meines Geliebten fällt auf mich zurück, und ich werde ebenso in Schande sterben wie er. Sie wollten den Schimpf wiedergutmachen, den er meiner Ehre angetan hat, doch das, womit Sie mein Unrecht sühnen wollten, macht mich zur Schande der ganzen Stadt. In der Meinung, ich sei mehr unglücklich als schuldig, verurteilen Sie mich zur schrecklichsten aller Strafen. Wie können Sie mit Ihrer Gerechtigkeit vereinbaren, daß ich ein solches Schicksal erleiden soll? Sie werden mich verstehen, denn Sie waren Menschen, ehe Sie Richter wurden, und Sie kennen die Gesetze der Liebe, wissen, welche Qual ein Mensch erduldet, der wirklich liebt, wenn er sich vorwerfen muß, den Tod, einen schimpflichen Tod, desjenigen verursacht zu haben, den er liebt. Gibt es eine Strafe, die dieser unerträglichen Qual gleichkäme? Ist der Tod, der sie beendet, im Vergleich dazu nicht ein Geschenk des Himmels?

Doch ich will Ihnen die Augen öffnen, meine Herren. Ich habe Ihnen mein Verbrechen verborgen; denn ich glaubte, es geheimhalten zu müssen, damit Sie ein Urteil fällen könnten, das meinem Geliebten ermöglichte, meine verletzte Ehre durch Heirat wiederherzustellen. Von meinen Gewissensbissen gedrängt, muß ich Ihnen aber sagen, daß ich ihn verführt habe. Ich habe ihn zuerst geliebt, durch mein Feuer erst habe ich ihn entflammt. Ich selbst war das Werkzeug meiner Schmach. Meine Herren, ändern Sie Ihre Ansicht, betrachten Sie *mich* als die Verführerin und meinen Geliebten als den Verführten, bestrafen Sie *mich*, retten Sie *ihn*! Wenn die Gerechtigkeit ein Opfer fordert, so muß *ich* es sein.

Sie legen es ihm als Verbrechen aus, daß er in einen geistlichen Orden eintrat, um sein Versprechen nicht erfüllen zu können. Diese Tat ging nicht von *ihm* aus, sondern von seinem unmenschlichen, herrischen Vater, dem er sich nicht widersetzen konnte. Ein aufgezwungener Wille ist kein Wille; also hat er nicht frei, nicht aus eignem Antrieb gehandelt. Sein Vater allein ist schuldig, und wenn es nicht der Vater meines Geliebten wäre, so würde ich seine Bestrafung fordern. Aber, meine Herren, konnten Sie denn zu einem anderen Urteil kommen? Sie haben bestimmt, daß mein Geliebter die Todesstrafe erleiden soll, wenn er nicht vorzieht, mich zu heiraten. Sie ließen *ihn* wählen; könnten Sie ihm die Wahl nun nicht abnehmen, indem *Sie* für ihn wählen? Ich bin also in Ihren Augen so widerwärtig, da Sie bestimmten, daß er lieber einen schmählichen Tod sterben solle, als mich zu heiraten!

Er hat erklärt, sein Stand erlaube ihm nicht zu heiraten, und diese Erklärung hat Sie dazu geführt, ihn zum Tode zu verurteilen. Was besagt seine Erklärung? Er wollte nur zum Ausdruck bringen, daß er mich heiraten würde, wenn ihm zu heiraten erlaubt wäre. Also können Sie ihn, der mich ja heiraten würde, nach der

Wahl, die Sie ihm gelassen haben, nicht zum Tode verurteilen. Daß er trotz seines Priesterstandes heiraten dürfte, wer möchte daran zweifeln? Wenn ich auch nur ein ganz unwissendes Mädchen bin, so hat mich meine Liebe hierüber doch bald unterrichtet. Welche Kenntnis hätte sie mir verschlossen, wenn seine Sache sie forderte? Ja, meine Herren, ich weiß, und Sie wissen es auch, daß ein Priester mit einem Dispens des Papstes heiraten darf. Wir erwarten demnächst die Ankunft des Legaten Seiner Heiligkeit; er besitzt alle Machtvollkommenheit des Papstes. Ich werde ihn um diesen Dispens anflehen, und meine Liebe, des bin ich sicher, wird ihn erhalten. Welches Hindernis würde sie nicht überwinden, wenn es sein müßte? Möge Sie daher, meine Herren, das Mitleid mit so unglücklich Liebenden zu einem milderen Urteil geneigt machen! Haben Sie die Güte, wenigstens die Vollstreckung Ihres Urteils aufzuschieben, und sagen Sie mir, wann ich den Legaten um diesen Dispens bitten kann. Wenn Sie in meinem Geliebten auch einen großen Verbrecher sähen, welches Verbrechen wäre nicht schon gesühnt, seit ihm die Vorbereitung und der ganze Schrecken der Todesstrafe vor Augen geführt worden ist? Er ist schon tausend Tode gestorben, seit ihm sein Urteil verkündet wurde. Ach, daß Sie nicht in mein Herz blicken können, um dort meine ganze Qual zu sehen! Wären Sie auch durch die strengste Rechtsprechung verhärtet, Sie würden gerührt sein. Ich wage zu hoffen, daß das Mitleid im Herzen von Richtern, die selber einmal zärtlich geliebt haben, nicht erloschen ist, und daß diejenigen, die nicht geliebt haben (falls es solche gibt), ihr Herz der Freundschaft öffneten, die sie empfänglich machte für den Kummer, den die Liebe ihre Anhänger erleiden läßt. Ich habe junge Richter und ich habe ältere vor mir. Die ersteren sind durch ihre Jugend empfänglicher für die Eindrücke dieser Leidenschaft. Die älteren besitzen eine Erfahrung, die sie all die Gefühle verstehen läßt. So liegt meine Rettung im Herzen der einen wie der andern. Da Sie, meine Herren, hier Mitleid und Gerechtigkeit vereinigen können, bringen Sie doch beide in Einklang. Wenn ich auch jetzt erst wenige Stimmen für mich habe, dürften sie nicht die anderen, zahlreicheren um der Menschlichkeit willen mitreißen? Doch wenn Sie unerbittlich sind, versagen Sie mir wenigstens nicht die Gnade, mit meinem Geliebten zusammen die Todesstrafe zu erleiden.«

Das schöne Mädchen fand eine ihr sehr gewogene Zuhörerschaft. Man hörte auf jedes Wort ihrer Rede, die sie mit klarer und wohlklingender Stimme, doch im Tone eines tief unglücklichen Menschen vortrug. Ihre Worte drangen rasch durchs Ohr zum Herzen der Richter. Ihre Schönheit, ihre Tränen, ihre Beredsamkeit machten einen zu starken Eindruck, um nicht zu rühren, zu überzeugen, zu bezwingen. Sie gingen mit sich zu Rate. Herr de Villeray verkündete dann das Ergebnis der Abstimmung: Die Vollstreckung des Urteils sei um sechs Monate aufgeschoben, und der Angeklagte möge innerhalb dieser Frist Berufung einlegen.

Kurz darauf kam der Legat nach Frankreich. Es war der Kardinal von Medici, der nachmalige Papst Leo XI., der starb, als er den päpstlichen Stuhl noch nicht einen ganzen Monat innegehabt hatte. Der Legat war trotz inständiger Bitten so entrüstet über den Angeklagten, der Priester geworden war, um seine Geliebte nicht heiraten zu müssen, daß er den erbetenen Dispens verweigerte.

Da warf sich Renée Corbeau dem König zu Füßen. Bei diesem für die Reize des schönen Geschlechts äußerst empfänglichen Monarchen hatte sie gute Aussichten. Kurz, es war Heinrich IV., ein Held, der selbst die liebenswürdige Herrschaft mehrerer Frauen erfahren hatte. Sie erbat von ihm das Leben ihres Geliebten, sie berichtete ihm ihrer beider Lage. Er ließ sich bald überzeugen. Die Schönheit Renée Corbeaus, ihre geistige und körperliche Anmut gewannen ihn. Er geruhte, den Legaten selbst um den Dispens zu bitten. Einem solchen Bittsteller konnte man nichts verweigern. So wurde die Gnade erwiesen und die Heirat vollzogen. Sie lebten in einer vollkommenen Ehe. Der Gatte sah in seiner Frau stets eine Heilige, die ihm Leben und Ehre gerettet hatte. Das war eines der größten Wunder, das die Liebe je vollbracht hat.

War ein Kind da?

Der Marschall von Saint-Geran aus dem Hause Guiche war zweimal verheiratet. Seine erste Gemahlin, Anne von Tournon, gebar ihm einen Sohn, Claude von Guiche, und eine Tochter, die nachher die Gemahlin des Marquis von Bouillé und ihrerseits Mutter einer Tochter wurde, die später den Grafen von Lude heiratete. Seine zweite Gemahlin, Susanne von Epaules, war eine Witwe, die vorher mit dem Grafen von Longaunay verheiratet gewesen war und von diesem eine Tochter, Susanne von Longaunay, in die zweite Ehe mitbrachte. Aus dieser zweiten Heirat ging gleichfalls eine Tochter hervor, die nachher die Gemahlin des Herzogs von Ventadour wurde.

Der Marschall und seine zweite Gemahlin beschlossen, sich durch eine Verbindung ihrer Kinder aus erster Ehe selbst noch enger zu vereinigen. Claude von Guiche wurde demnach, ungefähr achtzehnjährig, mit der etwa dreizehnjährigen Gräfin von Longaunay vermählt. Ihre Ehe wurde am 17. Februar 1619 zu Rouen geschlossen. Weil der Graf aber noch so jung war, so schlug man ihm eine Reise nach Italien vor, von der er erst nach zwei Jahren zurückkehrte.

Der Marschall von Saint-Geran erlebte die Freude nicht, Enkel und künftige Stammhalter seines Hauses zu sehen. Er starb am 30. Dezember 1632. Sein Sohn, der Graf von Guiche, folgte ihm als Gouverneur von Bourbonnois, wurde Ritter des königlichen Ordens und führte nun den Titel eines Grafen von Saint-Geran.

Zwanzig Jahre hatte der Graf schon in der Ehe gelebt, ohne einen Nachkommen zu erhalten. Seine Gemahlin war schon gegen fünfunddreißig Jahre alt, und die Hoffnung, einen Erben von ihr zu erhalten, wurde täglich geringer. Der Kummer des Grafen darüber nahm zu mit der Abnahme seiner Hoffnungen und hatte ihn schon ziemlich entmutigt, als sich ihm auf einmal die längst ersehnte Aussicht auftat. Die Gräfin machte im November 1640 eine Reise von Moulins nach Paris und war kaum dort angelangt, als sie alle üblichen Anzeichen einer Schwangerschaft zu spüren glaubte. Das Gerücht von dieser wichtigen Neuigkeit verbreitete sich bald überall. Die ganze Familie, alle Freunde des Grafen und die ganze Provinz Bourbonnois bezeugten ihre Freude über das unvermutete glückliche Ereignis.

Bald darauf ging die Gräfin nach Saint-Geran zurück, um ihre Niederkunft dort abzuwarten. Im siebenten Monat ihrer Schwangerschaft hatte sie das Unglück zu fallen. Die herbeigerufenen Ärzte und Wundärzte wandten alle mögliche Vorsicht an, um den schlimmen Folgen dieses Falls vorzubeugen und besonders allen Nachteil für die Schwangerschaft der Gräfin zu verhüten. Die Damen von Stande aus der Provinz kamen alle der Reihe nach, um der Gemahlin ihres Gouverneurs ihre Ehrerbietung zu bezeugen und ihr zu einem Sohn Glück zu wünschen, den sie ihr prophezeiten. Schon zwei Monate vor der Zeit ihrer Niederkunft hielt der Graf einen Arzt und eine Hebamme im Haus, die für das Wohlergehen der Schwangeren zu sorgen und ihre Lebensweise zu überwachen hatten. Mit einem Wort: schwerlich ist je von einer Schwangerschaft soviel öffentlich gesprochen und soviel Aufhebens gemacht worden wie von dieser.

Der Graf berichtete alle Umstände der Schwangerschaft seiner Gemahlin an seine Schwiegermutter, die Marschallin von Saint-Geran, und bat sie, zu kommen und dem künftigen Erben den Namen zu geben. Die Marschallin ließ sogleich die Geschenke bereitstellen, die sie ihrem kleinen Paten mitzubringen gedachte, und begab sich mit freudigen Erwartungen nach Saint-Geran zu ihrer Tochter. Wenige Tage nach ihr kam auch Frau von Saligni, eine Schwester des verstorbenen Marschalls von Saint-Geran, auf dem Schloß an. Amme und Wärterin wurden angenommen und alles in Bereitschaft gesetzt, den neuen Erben des Hauses zu empfangen.

Unter den Personen, die sich damals im Schloß zu Saint-Geran aufhielten, befand sich der Marquis von Saint-Maixant, ein Verwandter des Grafen, der sich dahin geflüchtet hatte, um einer behördlichen Untersuchung zu entgehen, die ihn mit sehr unangenehmen Folgen bedrohte. Der Graf erwies ihm dadurch, daß er ihm einen Zufluchtsort auf seinem Schloß einräumte und ihn als Gouverneur der Provinz unter seinen Schutz nahm, einen sehr wichtigen Dienst.

Auch die Schwester des Grafen, Marquise von Bouillé, lebte damals bei ihrem Bruder, dessen vermutlich einzige Erbin sie war. Sie hatte sich von ihrem Gemahl getrennt und wußte eine Menge Ursachen aufzuzählen, die sie gezwungen hätten, ihn zu verlassen; andere wußten es aber weit wahrscheinlicher aus einem einzigen Grunde zu erklären, nämlich aus den siebzig Jahren, die ihr Mann zählte. Die Jugend, die hübsche Gestalt, das höfliche Betragen des Marquis von Saint-Maixant gewannen bald das Herz der Marquise, ihre Reize eroberten das seinige. Täglich hatten sie Gelegenheit, sich zu sehen und zu sprechen, sie liebten sich.

Man behauptet, sie hätten den Plan gehabt, ihre Herzen durch noch engere Bande zu vereinigen, sobald der alte Marquis von Bouillé ihren Wünschen nicht mehr im Wege stehen würde. Sie hofften beide, ein siebzigjähriger Gemahl könne die Ausführung ihres Plans nicht mehr lange hindern, und im Notfall, versicherte man, verließ sich der Marquis auf sein Geheimnis, einem zu lange lebenden Greis früher ins Grab zu helfen.

Die Marquise hatte zwei Kammerfrauen bei sich, die Schwestern waren und Quinet hießen, Geschöpfe, ganz von der gewöhnlichen Denkungsart ihrer Klasse; durchdrungen von echtem Zofengeist; feil zu allem, verschwiegen, solange sie kein größerer Gewinn lockte; verräterisch, sobald ihr Vorteil es gebot; listig und untreu, demütig und unverschämt; nach den Geheimnissen ihrer Herrschaften begierig, um diese von sich abhängig zu machen und ihr Vertrauen zu mißbrauchen, sooft es ihnen gefiel.

Außer diesen Personen waren noch auf dem Schloß: der Haushofmeister des Grafen, Beaulieu – ein Mann, seinem Herrn, dem er auch einst in einem Gefecht beigestanden hatte, schon deswegen sehr zugetan, weil er die Erhaltung seiner ganzen zahlreichen Familie von ihm erwarten mußte – und die Hebamme, Louise Goillard aus Vichy, eine von den verworfenen Geschöpfen, die man zu jeder Schandtat leicht kaufen kann und die mit kaltem Blut Verbrechen aller Art auszuführen wissen.

Wir haben bei der ausführlichen Beschreibung dieser Personen und der einzelnen Umstände absichtlich etwas länger verweilt, weil die ganze Verwicklung und Auflösung der Geschichte auf ihnen beruht.

Am 16. August 1641 wurde die Gräfin während

einer Messe in der Schloßkapelle von Wehen überfallen. Man brachte sie in ihr Zimmer. Ihre Mutter machte ihr mit eigener Hand das Haar zurecht und ordnete ihren Kopfputz nach der damaligen Sitte der Wöchnerinnen. Die Windeln zum Empfang des Kindes wurden bereitgehalten, die Amme und die Wärterinnen herbeigerufen und die Gräfin eilends zu Bett gebracht. Die Wehen waren so anhaltend und heftig, daß man fürchtete, sie möchte es nicht aushalten können. In allen Kirchen zu Moulins wurde das heilige Sakrament ausgestellt und für eine glückliche Entbindung der Gouverneurin gebetet.

Die bevorstehende Niederkunft der Gräfin hatte die Erwartungen der ganzen Familie aufs höchste gespannt. Alle hatten sich um sie versammelt, um Zeugen einer Begebenheit zu sein, von der das Schicksal ihres Hauses und der fortdauernde Glanz des berühmten Stammes abhing. Die Marschallin, Frau von Saligni, der Marquis von Saint-Maixant, die Marquise von Bouillé mit ihren beiden Kammerfrauen, der Graf und seine beiden jüngeren Schwestern befanden sich im Zimmer der Gräfin. Die ältere von ihnen, die spätere Herzogin von Ventadour, damals erst sechzehn Jahre alt, soll einige Male selbst den Leib ihrer Stiefschwester befühlt und die Bewegungen des Kindes bemerkt haben.

Das Beisammensein so vieler Menschen im gleichen Zimmer in der heißesten Jahreszeit mußte die Hitze unerträglich und die Luft für die Kranke selbst gefährlich machen. Außerdem hinderten die zahlreichen müßigen Zuschauer nur diejenigen, die zur Pflege der Gräfin bestimmt waren. Die Marquise von Bouillé äußerte dies ganz freimütig und verlangte geradezu in einem Ton, zu dem sie durch schwesterliche Liebe und natürliche Zärtlichkeit für die Gräfin berechtigt schien: alle, deren Anwesenheit nicht unbedingt notwendig wäre, sollten aus dem Zimmer gehen. »Und um niemand einen Vorwand zu lassen«, sagte sie zu der Marschallin, »muß ich Sie bitten, Madame, den anderen mit gutem Beispiel voranzugehen.« Niemand konnte mit mehr Recht Anspruch darauf erheben, bei der Niederkunft der Gräfin zugegen zu sein, als die Mutter. Doch aus Liebe zu ihrer Tochter unterwarf sie sich deren Wunsch, sich zu entfernen, und die übrige Gesellschaft folgte ihr nach. Es blieben im Zimmer nur die Hebamme, die Marquise und ihre beiden Kammerfrauen. Die letzteren mußten die Stelle der beiden Kammerjungfern der Gräfin vertreten, die noch sehr jung waren und aus Schamhaftigkeit der Entbindung nicht beiwohnen wollten.

Inzwischen dauerten die Wehen zwei Stunden lang ununterbrochen an und schwächten die Kräfte der Gräfin zusehends. Abends gegen sieben Uhr versicherte die Hebamme: die Gräfin werde die Anstrengung nicht aushalten können, wenn sie nicht, durch etwas Ruhe gestärkt, neue Kräfte sammle, und zugleich reichte sie ihr etwas zu trinken. Kaum hatte die Gräfin den Trank zu sich genommen, als sie in einen wahren Totenschlaf fiel, der bis zum anderen Morgen anhielt. Während dieses Zustandes erschien alle Augenblicke ein Abgesandter des Grafen, der Marschallin oder der übrigen, die an der Entbindung Anteil nahmen, vor der Tür des Zimmers, um sich nach dem Befinden der Gräfin zu erkundigen. Keiner von ihnen wurde ins Zimmer gelassen. Sie kamen aber nie mit einer schlimmen Nachricht zurück. Man ließ durch sie sagen: es gehe alles gut, und man könne hoffen, die Wünsche bald erfüllt zu sehen. Der Marquis von Saint-Maixant lief die ganze Nacht im Hause herum und kam oft auch vor das Zimmer der Gräfin. Die Tür wurde ihm ein wenig geöffnet, und er sprach ganz leise bald mit der Hebamme, bald mit der Marquise von Bouillé. Nur Beaulieu genoß den Vorzug, ganz ins Zimmer eingelassen zu werden.

Die Gräfin erwachte endlich wieder gegen Anbruch des Tages. Sie glaubte, die deutlichsten Spuren einer Niederkunft gewahr zu werden, und ihre ersten Worte waren eine Frage nach ihrem Kinde. Die Umstehenden erwiderten: sie sei noch nicht entbunden worden. Sie behauptete aber mit lebhaftem Eifer das Gegenteil und zeigte heftige Unruhe. Um sie zu beruhigen, versicherte die Hebamme, die Entbindung müsse gewiß noch vor Abend erfolgen, und alle Zeichen, die sie die Nacht über habe wahrnehmen können, kündigten einen Sohn an. Der Graf und die Marschallin wurden durch dieses Versprechen beruhigt. Doch die Gräfin gab sich damit durchaus nicht zufrieden, sondern blieb fest bei ihrer Behauptung, ihre Entbindung sei schon erfolgt.

Da die Niederkunft selbst am anderen Morgen noch nicht erfolgt war, äußerte die Gräfin heftigsten Kummer. Mit Tränen und Seufzen bat sie, man solle ihr doch sagen, was mit ihrem Kinde geschehen sei. Die Hebamme wiederholte ihre Versicherung, daß sie noch nicht entbunden worden sei. »Der Neumond«, sagte sie, »hat Ihre Niederkunft verhindert, haben Sie nur noch so lange Geduld, bis der abnehmende Mond eintritt; Ihre Entbindung wird dann um so leichter vor sich gehen, da alles so gut vorbereitet ist.« Aber was für Gründe sie auch vorbringen mochte, alle verfehlten ihre Wirkung bei der Gräfin, die unabänderlich bei ihrer Behauptung blieb.

Die Beharrlichkeit, mit der die Gräfin ihre Meinung vertrat, verbunden mit einer Zuversicht, die nur eine echte Überzeugung begleitet, mußte Aufmerksamkeit erregen und hätte ohne Zweifel auch endlich die anderen alle davon überzeugt, daß die Gräfin mit ihrer Behauptung wohl recht haben könne. Doch die Marschallin – vermutlich nur, um sich selbst noch länger eine Hoffnung zu erhalten, deren Erfüllung sie so sehnlich wünschte – führte eine ihrer eigenen Schwangerschaften als Beispiel an, in der sie auch, wie sie erzählte, am Ende des neunten Monats alle Anzeichen einer Niederkunft empfunden habe, die aber erst sechs Wochen später erfolgt sei. Ein Trost, der den Wünschen aller so schmeichelhaft entgegenkam, fand leicht Gehör. Alle ließen sich durch die Erzählung täuschen. Der Marquis von Saint-Maixant und die Marquise von Bouillé, die am lebhaftesten von der Möglichkeit, daß hier ein ähnlicher Fall vorliege, überzeugt schienen, suchten diese Gründe ihrer Hoffnungen auch den übrigen noch einleuchtender zu machen. Man fing an, allgemein zu glauben, daß sich die Niederkunft wohl noch einige Zeit verzögern könnte.

Die Gräfin aber war nicht so leichtgläubig, sie blieb noch immer unerschütterlich bei ihrer Meinung. Die Hebamme versuchte also eine vorgespiegelte Hoffnung auf eine nahe Entbindung zu gewinnen. »Das Kind«, sagte sie, »hat zwar die ersten Bewegungen schon gemacht, doch es muß sich verwickelt haben und zu fest an der Mutter anliegen. Um aber die Ablösung zu befördern, wird die Mutter eine starke Leibesbewegung machen müssen.«

Die Gräfin widersetzte sich diesem Vorschlag rundweg, der ihr um so gefährlicher scheinen mußte, je gewisser sie überzeugt war, zum erstenmal Kindbetterin zu sein. Aber der Graf und die Marschallin, bei denen die Überredungskunst der Hebamme glücklicheren Erfolg gehabt hatte, gaben sich alle Mühe, von der Gräfin die Einwilligung zu dieser Probe zu erhalten. Ihren dringenden Bitten konnte sie endlich nicht länger widerstehen. Sie entschloß sich, ihren vereinten Wünschen das Opfer zu bringen, und ließ sich in eine Kutsche setzen, in der sie auf die schlechtesten Wege und frisch geackerte Felder geschleppt wurde. Die Erschütterungen waren so heftig, daß ihr der Versuch ohne Zweifel das Leben gekostet hätte, wenn sie von der Natur eine weniger starke und gesunde Leibesbeschaffenheit erhalten hätte. Als endlich die Spazierfahrt lange genug gedauert hatte, um den Zweck der Hebamme erfüllt zu haben, brachte man die Gräfin wieder zu Bett. Sie konnte nun wohl einsehen, daß es ihr nicht gelingen würde, von der Wahrheit ihrer Behauptung jemand zu überzeugen. Sie verschloß also ihren Kummer in sich und überließ es der Zeit und den Umständen, die Wahrheit ans Licht zu bringen, während sie sich im Vertrauen auf die göttliche Vorsehung der Religion in die Arme warf und in ihren Wahrheiten Beruhigung suchte.

Sechs Wochen waren mit erfolgloser Erwartung vergangen. Man fing endlich an, die Schwangerschaft der Gräfin selbst anzuzweifeln. Wie leicht, dachte man, konnte sie von ihrer Einbildungskraft getäuscht worden sein, an ein Geschehnis zu glauben, das seit langem das höchste Ziel aller ihrer Wünsche gewesen war? Und wie leicht mußte diese Meinung nicht bei den übrigen Eingang finden, die an dem frohen Ereignis nicht weniger Anteil nahmen? Es war also vermutlich nur ein Trugbild, das, von gespannten Erwartungen erzeugt, dieselben Erwartungen eine Zeitlang vorgetäuscht und endlich betrogen hatte. Nun fehlt es nicht an Beispielen von Frauen, die sich für schwanger hielten und mehrere Monate in dieser falschen Einbildung lebten. Mit einem Wort: man glaubte endlich allgemein, die ganze Begebenheit sei ein bloßes Spiel der Natur gewesen, die sich wohl bisweilen eine kleine Abweichung von ihrem gewöhnlichen Wege erlaube. Die Vereinigung aller Stimmen gegen die ihrige schien endlich die Gräfin gegen ihre eigene Überzeugung mißtrauisch zu machen. Ihr Leiden verbarg sich tief im Innersten ihrer Seele. Nur selten sah man noch Spuren von dem geheimen Kummer, der an ihrem Herzen nagte. Die wohltätige Hand der Zeit besänftigte endlich ihren Schmerz, und einige Jahre hätten vielleicht das Andenken an die ganze Begebenheit ausgelöscht, wenn es nicht ein Zufall aufs neue hervorgerufen hätte.

Beaulieu, der Haushofmeister des Grafen, hatte einen Bruder in Paris, der Fechtmeister war und die Tochter eines Schauspielers, Marie Pigoreau, geheiratet hatte. Dieser Bruder war im Juni 1639 erstochen worden und hatte seine Frau mit einem Kinde, namens Antoine, und mit einem zweiten unter dem Herzen hinterlassen, von dem sie am 9. August desselben Jahres entbunden wurde. Zwei Jahre nach dieser Niederkunft brachte Marie ihr zweites Kind, mit Namen Henri, zu Beaulieu, seinem Oheim und Paten, und bat ihn, sich des Kindes anzunehmen, dem sie in ihren traurigen Umständen gar keine Erziehung geben könne.

Beaulieu war sehr geneigt, Vaterstelle an seinem Neffen zu vertreten, und bat den Grafen und die Gräfin um Erlaubnis, ihn zu sich aufs Schloß nehmen zu dürfen. Sie wunderten sich beide, daß er sich zu seinen fünf Kindern diese neue Last noch aufbürden wolle, und suchten ihn um seines eigenen besten Willens von diesem Vorsatz abzubringen. Doch er bat nur um so dringender, und sie konnten ihm eine Bitte nicht abschlagen, die sie als Beweis seiner edelmütigen Gesinnung bewundern mußten. Der kleine Henri wurde also aufs Schloß gebracht.

Die Gräfin war eben im Begriff, nach Moulins zu fahren, und gab Befehl, Beaulieus kleinen Neffen im Wagen ihrer Kammerfrauen mitzunehmen. Als man ihr aber das Kind zeigte, fand sie den kleinen blonden Gast mit seinen großen blauen Augen und feinen regelmäßigen Zügen so reizend, daß sie ihn in ihren eigenen Wagen nahm. Er wußte sich bald in die Gunst der Gräfin so einzuschmeicheln und gefiel auch dem Grafen so gut, daß er in kurzem der ausgemachte Liebling beider war. Mit Wohlgefallen sah die Gräfin seine unschuldigen kindlichen Spiele, und mit innigem Vergnügen hielt sie ihn in ihren Armen. Oft, wenn er an ihrem Halse hing, drang tief aus ihrer Brust ein Seufzer. Lebhaft erwachte bei ihr das Andenken an ihre ehemaligen Hoffnungen. ›So‹, dachte sie, ›würde jetzt auch das Kind meines Herzens an meinem Hals hängen. So würde ich es jetzt auch mit mütterlicher Zärtlichkeit an meine Brust drücken. Ebensoalt wäre es jetzt, vielleicht auch ebensoschön.‹ Stundenlang verweilte sie bei diesen süßen Bildern, die Wirklichkeit sein könnten. Mit Wehmut erwachte sie dann aus ihren Träumen zur Wirklichkeit – ›die Vorsehung hat's nicht haben wollen‹, tröstete sie sich dann. Aber die Tränen traten ihr in die Augen. Oft verlor sie sich beim Anblick des hübschen Henri in solch wehmütig angenehme Schwärmereien und gewann diesen dadurch nur um so lieber.

So waren schon einige Jahre verflossen, als im Jahre

1648 der Oheim des kleinen Lieblings der Gräfin plötzlich von einer Krankheit befallen und vom Tod hinweggerafft wurde. Man hat nachher behauptet, daß Gift die Ursache davon gewesen sei. Beaulieus Tod veranlaßte den Grafen und die Gräfin, seinen Neffen zu sich zu nehmen. Sie ließen ihrem Pflegling eine standesgemäße Erziehung geben. Ihre Zuneigung zu ihm wurde täglich größer, sie liebten ihn wie ein eigenes Kind. Kaum war er sieben Jahre alt, so kleideten sie ihn in ein Pagengewand, und als solcher diente er ihnen, bis sich die Lage durch die Begebenheiten änderte, die sich im August 1651 zu entwickeln begannen.

Auf einmal verbreitete sich ein dunkles Gerücht von einer Verschwörung, die das Kind der Gräfin beiseite geschafft haben sollte, durch die ganze Provinz und erregte selbst die Aufmerksamkeit des Gouverneurs. Der ehemalige Verdacht, der noch tief im Herzen der Gräfin eingegraben lag, erwachte aufs neue. Sie beschlossen, mit dem angestrengtesten Eifer nach der Quelle des Gerüchts zu forschen und jedem kleinsten Umstand nachzugehen, der ihnen Licht in die für sie so wichtige Angelegenheit bringen konnte.

Unterdessen reiste der Graf mit seiner Gemahlin und der Marquise von Bouillé nach Vichy, um dort die Bäder zu gebrauchen. Wir haben schon oben bemerkt, daß die Hebamme, die der Gräfin bei ihrer vermeintlichen Niederkunft beigestanden hatte, aus Vichy stammte. Eines Tages überraschte die Gräfin ihre Schwägerin bei einer geheimen Unterredung mit dieser Hebamme. Sie unterbrach sie und erkundigte sich nach dem Inhalt ihrer Unterhaltung. »Frau Louise«, sagte Madame Bouillé, »lobt meinen Bruder, daß er keine Unzufriedenheit gegen sie gezeigt habe.« –

»Was für einen Grund hatten Sie denn, eine unfreundliche Aufnahme von meinem Gemahl zu befürchten?« – »Ich dachte, gnädige Frau, er könnte es mir böse heimzahlen für das, was damals geschah, als wir uns einbildeten, Sie würden niederkommen.« Die Verwirrung, die die Gräfin auf den Gesichtern der Hebamme und ihrer Schwägerin bemerkte, machte sie auf die Zweideutigkeit dieser Antwort aufmerksam. Mit Gewalt wollte ihr Verdacht sich Luft machen. Sie sah aber, daß jetzt alles darauf ankomme, sich nicht zu verraten, weil sonst leicht neue Maßnahmen der Verbündeten die Entdeckung ihres Geheimnisses ganz vereiteln könnten. Glücklich verbarg sie die Aufwallung; und um ihre Fassung nicht zum zweitenmal der Gefahr auszusetzen, brach sie das Gespräch ab und entfernte sich. Unmittelbar danach verließ die Marquise von Bouillé ihren Bruder und ihre Schwägerin, zog sich nach Lavoire zurück und kam nie wieder nach Saint-Geran.

Der Graf und die Gräfin teilten alle diese Umstände nebst den Vermutungen, die sie daraus zogen, der Marschallin mit, und alle drei hielten nun Rat, wie die Sache anzugreifen sei. Sie hielten es für das allerzweckmäßigste, sich der Hebamme zu versichern und sie ganz in der Stille nach Saint-Geran kommen zu lassen, um von ihr nähere Umstände zu erfahren. Die Hebamme kam und wurde über verschiedene Begebenheiten befragt, die zur Entdeckung der Wahrheit führen konnten. Sie bekannte zwar nichts, woraus man einen regelrechten Beweis hätte ableiten können, aber ihre Antworten waren untereinander so verschieden und selbst einander oft so widersprechend, so schwankend und unbestimmt, daß sich hinreichende Verdachtsgründe gegen sie ergaben. Obschon sie also noch nicht überführt war, so glaubte der Graf doch dadurch genug Indizien zu haben, um sie den Händen der Gerechtigkeit übergeben zu können.

Es war dabei aber äußerste Klugheit erforderlich. Ließ man sie auf dem Schloß selbst gefangennehmen, so machte man sich dadurch einer Gewalttat schuldig, die auf die ganze Untersuchung ein nachteiliges Licht werfen mußte. Ließ man sie aber laufen und sie hatte nur den mindesten Argwohn, daß man sie schuldig gefunden habe, so mußte man befürchten, daß sie die Flucht ergriff und dadurch auf einmal den Faden zerriß, der allein in dem Labyrinth sicher leiten konnte, das man jetzt betreten wollte. Man hielt schließlich doch das letztere für ratsamer und wagte es, sie wieder unbehelligt abreisen zu lassen. Glücklicherweise waren alle Fragen, die man ihr vorgelegt hatte, so vorsichtig gestellt worden, daß sie deren wahre Absicht gar nicht ahnte. Sie ging also mit der größten Sorglosigkeit wieder nach Hause. Sobald sie aber weggegangen war, übergab der Graf dem Vizelandrichter zu Moulins eine Klage, auf die hin sie sogleich verhaftet und verhört wurde.

Schon im ersten Verhör gestand die Hebamme, daß die Gräfin wirklich entbunden worden sei, aber »nur von einer totgeborenen Tochter«, setzte sie hinzu, »die ich gleich darauf unter der Treppe, nahe an der Scheune im Hühnerhof unter einem Stein verscharrt habe«. Die Gerichte begaben sich sogleich, begleitet von einem Arzt und einem Wundarzt, an den bezeichneten Ort, fanden aber weder den bezeichneten Stein noch ein anderes Anzeichen dafür, daß die Erde dort jemals aufgescharrt gewesen wäre. Sie ließen an mehreren Orten in der Nähe nachgraben, doch es war nirgends etwas zu finden.

Im zweiten Verhör leugnete sie die Entbindung der Gräfin ganz. Im dritten sagte sie, es sei bloß ein Gewächs gewesen, von dem die Gräfin entbunden worden sei. Im vierten gestand sie aber, die Gräfin sei mit einem Sohn niedergekommen, den Beaulieu in einem Korb weggetragen habe. Sogleich nach diesem Verhör bestätigte sie ihre Aussage in einem Brief, den sie von einer gewissen Duverdier an die Gräfin schreiben ließ. Den Brief, den sie mit einem Kreuz unterzeichnet hatte, erkannte sie selbst vor Gericht als echt an. Dennoch leugnete sie im fünften Verhör wieder alles und widerrief alle ihre früheren Aussagen.

Bei all diesen Widersprüchen entschlüpfte ihr aber nicht ein einziges Wort, das einen Verdacht auf Mitschuldige hätte werfen können, obwohl alle Umstände darauf hinwiesen. So sagte man zum Beispiel, unmittelbar nach ihrer Verhaftung habe die Hebamme ihren Sohn an die Marquise von Bouillé abgeschickt, die – so setzte man hinzu – die Zeichen größter Bestürzung bei dieser Nachricht nicht verbergen konnte. Ferner bemerkte man, daß der Generalleutnant in Moulins sich mit allen Merkmalen einer absichtlichen Behutsamkeit von der ganzen Untersuchung ferngehalten habe. Er wäre ein Todfeind des Grafen von Saint-Geran und hätte im Sinn, sagt man, der Marquise von Bouillé gegen ihn beizustehen. Die Marquise schickte auch auf der Stelle – so erzählt man – ihren Stallmeister, Herrn de la Forestière, an diesen Richter, um von ihm einen Rat zu erbitten, wie sie der Hebamme zu Hife kommen könne, ohne sich selbst dabei bloßzustellen. Auf seinen Rat hin schrieb Madame von Bouillé an ihren Anwalt in Paris und ließ durch diesen im Namen des Sohns der Hebamme einen Befehl beim Parlement erwirken, der den Richtern von Moulins alles weitere Verfahren untersagte. Der Brief an den Anwalt wurde mit aller Vorsicht abgefaßt, um ihn die wahre Absicht nicht ahnen zu lassen. Die Marquise stellte die Sache als eine ganz fremde Angelegenheit dar, in die sie sich nur in der Absicht gemischt habe, ihn zum Anwalt dabei vorzuschlagen, um ihm dadurch einen Beweis ihrer Zufriedenheit zu geben. Um dem Eifer ihres Beauftragten neuen Ansporn zu geben, versah sie ihn unter der Hand im voraus mit dem nötigen Geld. Der Parlementsbefehl erschien wirklich kurz darauf. Er hatte aber nur den Erfolg, die Untersuchung einige Tage aufzuhalten. Sobald dem Parlement die wahre Sachlage berichtet wurde, hob es sein Verbot sogleich wieder auf.

Der Prozeß ging nun ungehindert weiter. Eine Menge Zeugen wurden verhört, über ihre Aussage noch einmal vernommen und der Hebamme gegenübergestellt, die endlich, der Beiseiteschaffung des Kindes, das die Gräfin zur Welt gebracht hatte, überführt, für schuldig erklärt und vom Richter wegen dieses Verbrechens zum Strang verurteilt wurde.

Die Untersuchungen gegen die Hebamme hatten den Grafen und seine Gemahlin auf eine sehr wichtigen Entdeckung gebracht: das Kind, das sie bisher als Pagen bei sich gehabt hatten, war nach allen Anzeichen ihr Sohn. Von der Zeit an behandelten sie ihn als ihr Kind und nannten ihn Graf von Palisse.

Inzwischen legte die Hebamme beim Parlement gegen das angeführte Urteil Berufung ein und wurde also nach Paris in das Parlementsgefängnis gebracht. Kaum war sie von Moulins abgeführt, als die Gräfin von Saint-Geran durch einen gewissen Sequeville davon unterrichtet wurde, daß im Jahre 1642 in Paris ein Kind auf sehr geheimnisvolle Art zur Taufe gebracht worden sei, wobei sich besonders Marie Pigoreau betätigt habe.

Da der Graf von Palisse durch diese Pigoreau nach Saint-Geran gebracht worden war, so lenkte diese Nachricht um so stärker die Aufmerksamkeit auf diese Frau und ihre Handlungsweise und zeigte einen neuen Weg zu wichtigen Entdeckungen. Man erfuhr, daß die Taufe in der Kirche Saint-Jean-En-Grève erfolgt und das Kind einer Amme in Torcy übergeben worden sei. Auf diese Anzeige hin verschaffte man sich einen Taufschein, der folgendermaßen lautete: ›Den siebenten März 1642 ist getauft worden Bernard, der Sohn von ... und von ... Paten waren Maur Marmion, Tagelöhner und Aufwärter bei dieser Kirche, und Jeanne Chevalier, die Witwe von Pierre Thibous.‹ Die letztere war eine Bettlerin.

Dieser Taufschein paßte nun zwar ebensogut auf jedes andere Kind und traf nicht einmal mit der Zeit der Niederkunft der Gräfin überein, die am 17. August des vergangenen Jahres erfolgt war. Dennoch erhielt der Graf durch Parlementsbefehl die Erlaubnis, vor dem Gericht zu Torcy eine Untersuchung anstellen und eine Zeugnisaufforderung von den Kanzeln verkünden zu lassen. Die Indizien, die durch diese Untersuchung herausgefunden wurden, waren zwar nicht stark genug, um die Pigoreau des Vergehens, dessen sie verdächtig war, zu überführen, sie schienen aber dem Parlement ausreichend, um auf gerichtliche Verhaftung gegen sie zu erkennen.

Während sich der Graf von Saint-Geran unablässig mit seinen Nachforschungen beschäftigte und jede Spur, die ihm nur einen kleinen Strahl von Hoffnung zeigte, mit unermüdlichem Eifer verfolgte, schien die Natur selbst sich gegen seine Bemühungen zu wenden.

Je anhaltender er strebte, sich der Enthüllung des wichtigen Geheimnisses zu nähern, desto mehr sah er die Wege abgeschnitten, die ihn dahin führen konnten. Die Marquise von Bouillé starb, und der Marquis von Saint-Maixant überlebte sie nicht lange. Nach allem, was wir oben erzählt haben, würden diese beiden Personen eine sehr bedeutende Rolle bei diesem Prozeß gespielt haben, und ihr Tod war jetzt um so mehr zu bedauern, da ihre zärtlichen Bande längst zerrissen waren und sie kein gemeinschaftliches Interesse mehr vereinigte, der Entdeckung des Geheimnisses entgegenzuarbeiten. Man erfuhr sogar nachher, daß der Marquis nicht weit davon entfernt gewesen war, die Wahrheit aufzudecken, und verschiedene Schritte getan hatte, um die Spuren, die dahin führten, bloßzulegen.

Auch die Hebamme starb im Gefängnis. Es war also, die beiden Quinets, die ehemaligen Kammerfrauen der Marquise von Bouillé, ausgenommen, keine einzige Person mehr übrig, die von den Begebenheiten, die während jener wichtigen Nacht im Zimmer der Gräfin vorgefallen waren, als Augenzeuge sprechen konnte, und der ganze Prozeß selbst hätte nicht weiter fortgeführt werden können, wenn nicht der Haftbefehl zum gerichtlichen Verhör gegen Marie Pigoreau schon ausgesprochen gewesen wäre.

Ohne Geld und ohne Kredit würde Marie dem Angriff des Grafen, den er mit dem vereinten Gewicht seines Geldes und seines Ansehens unterstützte, nicht lange Widerstand geleistet haben. Doch auf einmal erschienen zwei neue Streiter auf dem Kampfplatz, die all ihre Kräfte aufboten, Marie bei dem peinlichen Prozeß, den der Graf gegen sie führte, in Schutz zu nehmen. Die Herzogin von Ventadour, die Schwester des Grafen, vereinigte sich mit der Gräfin von Lude, der Tochter der Marquise von Bouillé, um die Rechte, die der Graf dem angenommenen Grafen von Palisse zuerteilen wollte, selbst in Anspruch zu nehmen und die Beweise für die Echtheit seiner Abstammung unmöglich zu machen, die ihnen die Hoffnung einer reichen Erbschaft entriß.

Eigentlich hatten sie damals noch gar kein Recht, sich in den Prozeß einzumischen. Bekanntlich darf nach den Grundsätzen des Rechts nur der Vater oder die Mutter die Echtheit eines Kindes, das sie nicht für das ihrige anerkennen wollen, anfechten und einen Prozeß deswegen anstrengen. – Blutsverwandte haben nur dann ein Recht der Klage, wenn ihre Interessen sofort und unmittelbar darunter leiden, wenn sie zum Beispiel durch ein untergeschobenes Kind von einer schon wirklich offenen Erbschaft ausgeschlossen werden sollten. Doch von jenen beiden Damen, die hier die Rechtmäßigkeit des angeblich untergeschobenen Grafen von Palisse anfochten, war die eine nur Geschwisterkind, die andere nur Tante des Kindes. Der Graf von Saint-Geran, der den jungen Grafen öffentlich als seinen Sohn anerkannte, war ja noch am Leben, die Erbfolge war also noch nicht offen: mithin hatten sie gar kein Recht, den Grafen und seine Gemahlin wegen Unterschiebung eines Kindes zu belangen, das diese beiden für das ihre erklärten. Aber dieser Einwand wurde später durch den Tod des Grafen von Saint-Geran aufgehoben, durch den die Erbschaft nun wirklich offen war und das Recht seiner nächsten Seitenverwandten geltend gemacht wurde, sich allem zu widersetzen, was ihre vollen Ansprüche auf ihr Erbe beeinträchtigen konnte.

Wie dem auch sei: die beiden vermeintlichen Erbinnen des Grafen von Saint-Geran beschlossen, in den Prozeß gegen Marie Pigoreau selbst einzugreifen, um sowohl dieser Frau zu helfen als auch der Gräfin zugleich einen furchtbareren Gegner entgegenzustellen. In dieser Absicht wurde vor allen Dingen gegen die Fortführung des peinlichen Verfahrens Berufung eingelegt und gegen das ganze Verfahren protestiert, das vom Parlement gegen die Pigoreau eröffnet worden war.

Der Hauptzweck dieser Maßnahmen war, den Gang des Prozesses zunächst aufzuhalten und Zeit zu gewinnen, in der Hoffnung, daß inzwischen irgendein Umstand eintreten würde, der die ganze Sachlage ändern könnte. Um inzwischen dem Grafen und seiner Gemahlin eine andere Schwierigkeit in den Weg zu legen und dem Eifer, mit dem er seinen Zweck verfolgte, eine andere Richtung zu geben, mußte Marie Pigoreau ihre Ansprüche an das Kind, das ihr die Gräfin entrissen hatte, durch eine gerichtliche Klage geltend zu machen suchen. So wurde für beide Parteien wenigstens Gleichheit erzielt. Alle Gründe, die man aus den Empfindungen der Natur und einer gekränkten mütterlichen Zärtlichkeit herleiten konnte, sprachen nun ebenso laut für Marie als für die Gräfin. Jene hatte nun sogar vielleicht noch mehr Gründe für sich als diese. Sie traf kein Vorwurf der Unfruchtbarkeit, und ihre Entbindungen hatten bisher nie Veranlassung zu einem Zweifel, noch weniger zu einem Rechtsstreit gegeben.

Während Marie durch ihre Ansprüche den Streit nach dieser Seite hinlenkte, traten auf der anderen Seite die Herzogin von Ventadour und die Gräfin von Lude mit neuen Einwürfen gegen die Entbindung der

Gräfin von Saint-Geran auf den Plan und setzten alles in Bewegung, um einen Betrug aufzudecken, der nur erfunden worden sei, um sie aus ihren rechtmäßigen Ansprüchen zu verdrängen.

Dies waren also die furchtbaren Gegner, die mit vereinter Macht gegen den Grafen von Saint-Geran und seine Gemahlin auftraten und ihre Ansprüche gegen sie geltend zu machen suchten. Der Streit ist merkwürdig genug, um das Interesse unserer Leser zu gewinnen. Wir werden uns hier aber nicht in seine Einzelheiten einlassen, sondern nur die hauptsächlichsten Tatsachen und die einleuchtendsten Gründe anführen, die beide Parteien den Kampf mit gleichem Glück führen ließen und der Wahrheit ihren Sieg viele Jahre erschwerten.

Marie Pigoreau hatte für ihre Sache zwei Umstände zu beweisen. Erstens, daß die Gräfin von Saint-Geran niemals niedergekommen sei, und zweitens, daß sie selbst das Kind zur Welt gebracht habe, das die Gräfin jetzt für das ihrige ausgab. Folgendes waren ihre Gründe:

Wenn man der Gräfin glauben will, so müßte sie ganz ohne Schmerzen entbunden worden sein; denn ihren Angaben nach wäre die Niederkunft erfolgt, während sie in einem tiefen Schlaf gelegen habe. Aber eine solche Entbindung ist schon nach den einfachsten Gesetzen der Natur unmöglich; und ohne uns zum Beweis dieser Behauptung auf anatomische Untersuchungen einzulassen, brauchen wir uns nur auf das Zeugnis des Hippokrates und seines gelehrten Kommentators Duret zu berufen. –

Eine Entbindung ohne Schmerzen muß schon deswegen in der Natur unmöglich sein, weil der Schöpfer der Natur selbst das Gesetz gegeben hat, als er zu dem gefallenen Weibe sprach: ›Du sollst deine Kinder mit Schmerzen gebären.‹ Solange also die Welt steht, kann nie ein Weib ohne Schmerzen Mutter, nie ein Kind ohne Geburtswehen geboren werden; denn Gott selbst hat das Gesetz in seinem gerechten Zorn über die ungehorsamen Menschen unwiderruflich eingesetzt. –

Der Gräfin selbst schien eine solche Niederkunft dem natürlichen Lauf der Dinge nicht zu entsprechen. Um das Wunder begreiflich zu machen, beschuldigt sie die Hebamme, ihr einen Zaubertrank eingeflößt zu haben, durch den alle ihre Sinne so betäubt worden seien, daß sie die Empfindung für alle natürlichen körperlichen Vorgänge, selbst für die allerschmerzhaftesten, ganz verloren habe. –

Doch warum soll man hier überhaupt Zauberei zu Hilfe nehmen, um eine Erscheinung zu erklären, die sich niemals zugetragen hat? Ehe eine Frau niederkommen kann, muß sie erst schwanger gewesen sein. Alle Umstände beweisen aber, daß die Gräfin von Saint-Geran sich nie in diesem Zustand befunden hat. Nach ihren Angaben soll ihre Schwangerschaft zu Anfang des November 1640 eingetreten sein, sie hätte also Ende Juni oder Anfang Juli entbunden werden müssen. Sie gibt aber als Tag ihrer angeblichen Niederkunft den 17. August an, sie muß also zehn Monate schwanger gewesen sein. So übel ist der Roman dieser angeblichen Schwangerschaft erdacht, so sehr ist dabei überall gegen die Gesetze der Natur verstoßen.

Untersucht man nun die Erscheinungen selbst, die sich während dieser zehn Monate eingestellt haben, so finden sich darin Anzeichen genug, aus denen man ersehen kann, daß die Gräfin zwar jedermann einreden wollte, daß sie schwanger sei, aber auch Beweise genug, daß sie es wirklich nicht war.

Auf die ersten Anzeichen ihrer Schwangerschaft verläßt sie sogleich Paris, den Ort, den alle Frauen in diesen Umständen aufsuchen. Sie eilt aufs Land, zieht sich in ein einsames Schloß zurück und überläßt sich unbedachtsamerweise den Händen einer Dorfhebamme. In Paris war sie freilich zu vielen Beobachtern ausgesetzt, sie scheute die offenen Blicke ihrer ganzen Familie, ihrer Freunde und des ganzen Publikums. Außerdem trug sie sich mit einem Anschlag auf eine Bäuerin in Saint-Geran, die schwanger war und deren Kind sie als Frucht ihrer vorgespiegelten Schwangerschaft unterschieben wollte. Doch die Marschallin, die diesen Vorsatz entdeckte, ließ sie so genau beobachten, daß die Ausführung dieses Plans nicht gelingen konnte. Unter dem Vorwand mütterlicher Sorgfalt für die Gesundheit ihrer Tochter zu einem so wichtigen Zeitpunkt trug sie ihren Töchtern und ihren Kammerfrauen auf, ständig um die Gräfin zu sein und auf alles, was ihr begegnen könnte, genau achtzugeben. Diese Aufsicht wurde auch bis zum Ende des Jahres 1641 fortgesetzt.

Es ist zwar nicht zu leugnen, daß Dessessard, der Leibarzt der Gräfin, die Gefälligkeit besaß, ihr nach dem Munde zu reden und ihre Schwangerschaft zu bestätigen. Doch sein Zeugnis wurde durch mehrere andere widerlegt. Chaurin, Lorme und die berühmtesten Ärzte von Bourbonnois erhielten nebst Dupré, dem Arzt von Cusset, den Auftrag, die Anzeichen der angeblichen Schwangerschaft zu untersuchen. Sie hielten darüber einen gemeinschaftlichen Rat ab ohne einen fremden Zeugen und entschieden, daß die Gräfin nicht schwanger sei. Sie wurde über diesen Ausspruch so ungehalten, daß sie Dupré, auf den sie am meisten gerechnet hatte, sogar mit Stockschlägen bedrohte. Die Marschallin zog die erfahrenste Hebamme in Moulins und in Saint-Purni zu Rate, und auch diese bestätigten das Urteil der Ärzte.

Was aber die Niederkunft selbst betrifft: wer wird glauben, daß man die Mutter aus dem Zimmer ihrer Tochter gehen heißt, eben wenn diese in Kindesnöten liegt? – Eine Mutter, die aus eigener Erfahrung bekannt ist mit der Behandlungsart einer Frau in solchen Umständen und den besten Rat geben konnte; deren zärtliches Herz es gewiß nicht zugelassen hätte, ihre Tochter zu einem so qualvollen und gefährlichen Zeitpunkt zu verlassen; die ausdrücklich deswegen von Paris nach Saint-Geran gereist war, um ihrer Tochter bei ihrer Niederkunft beizustehen? Wer begreift es, wie der Graf von Saint-Geran zugeben konnte, daß man alle weiblichen Bedienten seiner Gemahlin zu einer Zeit entfernte, wo Hilfe kaum schnell und oft genug geleistet werden kann? Warum sollte die Marquise von Bouillé, die einzige Dame, die der Erzählung nach im Zimmer geblieben ist, ein größeres Recht dazu gehabt haben als die Mutter der Gräfin? Kann man es glauben, daß diese Mutter, daß die Schwestern, daß die übrigen anwesenden Verwandten der Gräfin sich mit den Antworten begnügt haben, die man ihnen an der Tür gab, und daß sie nicht ein einziges Mal versucht hätten, selbst nach ihr zu sehen? Eine Vorsicht, die ihnen selbst hier um so nötiger scheinen mußte, da die Marschallin ihre Besorgnisse wegen der Schwangerschaft ihrer Tochter nicht verhehlt hatte. Wie kann man die Gleichgültigkeit aller dabei interessierten Personen begreifen bei Umständen, die ihnen allen höchst wichtig sein mußten und von denen sie sich so leicht durch den Augenschein überzeugen konnten, daß sie sich mit Nachrichten vom bloßen Hörensagen zufriedengaben?

Wie konnte man sich einfallen lassen, der Gräfin, die von ihrer wirklichen Entbindung überzeugt war, Hoffnung auf eine zweite Entbindung zu machen? Die Marschallin soll einmal sechs Wochen später, als sie vermutet hatte, entbunden worden sein. Sollte sie aber so schwach gewesen sein, sich deswegen einzubilden, es werde ihrer Tochter ebenso ergehen? Man sieht zwar oft, daß eine schwangere Frau sich in ihrer Rechnung irrt, und daran können vielerlei natürliche Ursachen schuld sein. Aber es ist unmöglich, daß die Gräfin nach so anhaltenden und heftigen Wehen, wie sie sie gehabt zu haben vorgibt, noch glauben konnte, erst in sechs Wochen entbunden zu werden.

Überdies, wenn sie wirklich entbunden worden war, durch was für eine Zauberei müßte sie so verblendet gewesen sein, sich vom Gegenteil überzeugen zu lassen? Die Natur ist so reich an äußerlichen unzweideutigen Zeichen, die eine erfolgte Entbindung beweisen, daß eine wirklich entbundene Frau unmöglich glauben kann, es nicht zu sein.

Doch wir wollen annehmen, durch eine gewisse Übereinkunft sei möglich gewesen, die Augen der Gräfin so zu verblenden; konnte man auch die Marschallin und alle übrigen Frauen, die um die Kindbetterin waren und keinen Anteil an dem Komplott hatten, so leicht betrügen? Der Leib ist eingesunken, die Spuren des gewöhnlichen natürlichen Abflusses sind vorhanden, und doch kann die Gräfin ihrer Mutter die Augen nicht öffnen und sie von ihrer Entbindung überzeugen? Gerade, als wenn man sagen wollte, ein Blinder, dessen Sehkraft wiederhergestellt worden sei, habe niemand überreden können, daß er sehe! Doch das ist noch nicht alles. Die Gräfin fühlt die Bürde ihres Leibes nicht mehr, sie untersucht und erkennt an sich alle Merkmale der Entbindung, und doch beredet man sie nicht nur, daß sie nicht entbunden worden sei, sondern sogar, daß sie sich zur Beförderung der Geburt in einer Kutsche mit sechs Pferden im vollen Galopp über geackerte Felder und schlechte Wege schleppen läßt. Um sich zu einer solchen Probe zu entschließen – wenn sie wirklich vorgefallen ist –, mußte sie schlechterdings selbst glauben, daß sie nicht niedergekommen sei. Wie hätte sie sonst ihr Leben so mutwillig der Gefahr aussetzen können?

Schließlich ist die Milch eine notwendige Folge der Entbindung. Die Natur selbst hat diese Einrichtung getroffen, um dem neugeborenen Kinde sogleich eine Nahrung anzuweisen, die ihm zuträglich ist. Ohne diese weise Einrichtung würde sie ihr eigenes Werk der Gefahr des Verderbens in dem Augenblick aussetzen, in dem sie ihm einen Platz unter den lebenden Wesen eingeräumt hat. Die Gräfin von Saint-Geran hingegen wird im Monat August entbunden und ihrem eigenen Geständnis nach fängt die Milch erst im darauffolgenden November an einzutreten.

Um nun dieser so schlecht zusammenhängenden Fabel wenigstens einen Schein von Glaubwürdigkeit zu geben, muß sich die Natur selbst mit den Räubern des Kindes verbunden und zur Beförderung ihres Verbrechens eine ganze Reihe von Wundern getan haben. Man sieht hier eine Frau, die mitten unter den heftigsten Geburtsschmerzen ruhig einschlummert und, in sanftem Schlaf versunken, ein Kind gebiert, das im Augenblick verschwindet, dessen Dasein den verzauberten Augen einer zahlreichen im Hause versammelten Familie verborgen bleibt. Sie erwacht endlich wieder ebenso ruhig, wie sie eingeschlafen war, und fragt nach dem Kinde, das sie im Schlaf geboren haben will. Man versichert ihr, sie sei nicht niedergekommen, und dieser bloßen Versicherung glaubt sie mehr als den sichtbarsten Kennzeichen ihrer Entbindung, die sich ihr von allen Seiten aufdrängen und mit Gewalt der Täuschung widersprachen, mit der man sie hintergehen wollte und die ihr um so auffallender sein mußten, da sie sich das erstemal in ihrem Leben in diesem Zustand befand. Man geht aber noch weiter. Die Verschworenen reden ihr sogar ein, daß das Kind sich in der Mutter verwickelt habe. Sie hat ihr ganzes Leben lang gehört und gesehen, daß eine gewaltsame Bewegung einer schwangeren Frau tödlich ist. Dennoch macht sie zur Ablösung ihres Kindes einen Versuch, den nicht einmal eine vollkommen gesunde Frau wagen würde. Der Versuch schadet ihr aber gar nicht; denn gegen alle die Zufälle, die bei einer kaum entbundenen Frau auf eine so fürchterliche Erschütterung unausbleiblich folgen müssen, hat die Gräfin von Saint-Geran ja einen Freibrief.

Aber sie ist nicht die einzige, bei der so auffallende Umstände keine Bedenken erregen. Selbst die Klugheit und die zärtliche Sorgfalt ihrer Mutter ist eingeschläfert, sie nimmt alle Erfindungen der Verschworenen ganz treuherzig für Wahrheit an. Sie schreibt selbst ausdrücklich in zwei Briefen, vom 15. Oktober und vom 17. November 1642, daß ihre Tochter nicht niedergekommen sei. Auch den hellsehenden Blicken ihres Gemahls entgeht der ganze Betrug, ihm, der schon seit zwanzig Jahren die Geburt eines Erben voller Sehnsucht erwartete! Aber auch angenommen, der Körper der Gräfin habe Festigkeit genug gehabt, jene fürchterliche Spazierfahrt auszuhalten, die sie nach dem gewöhnlichen Lauf der Natur leicht das Leben kosten konnte: warum blieb denn ihr Herz bei allen diesen Vorgängen, die sie doch so nahe angingen, so ganz unerschüttert? Sie ist überzeugt, daß sie ein Kind zur Welt gebracht hat. Sie glaubt, daß es ihr entführt worden ist. Dennoch ist sie so ruhig, als ob gar nichts geschehen wäre. Alle mütterlichen Gefühle: die Freude, einem Kinde das Dasein gegeben; der Stolz, einen lang erwünschten Erben ihres berühmten Hauses geboren zu haben; der Schmerz, sich dieses Kindes beraubt zu sehen; die Verzweiflung über die hoffnungslose Zerstörung ihres Glückes, in dem Augenblick, da sie es empfing: alle diese Empfindungen, die abwechselnd das Herz einer zärtlichen Mutter in ihren Umständen beleben und empören mußten, scheinen bei ihr in tiefem Schlaf versunken zu sein. Keine Klage hört man aus ihrem Munde, keine Frage mehr nach ihrem Kinde. Sie fordert es nicht von der Hebamme, die es empfangen haben mußte; weder die Marquise von Bouillé noch eine der anderen Frauen, die bei der Geburt dabeigewesen waren und die allein etwas davon wissen konnten, stellt sie darüber zur Rede. Ihr Gemahl hat die höchste Gewalt in der Provinz, alles untersteht seinen Befehlen, kein Umstand, den er wissen will, kann seinen Untersuchungen entgehen; doch weit entfernt, von seinem Einfluß zur Entdeckung der Kindesräuber Gebrauch zu machen, redet sie nicht einmal mit ihm über die Sache. Der Lärm, den sie im ersten Anfall gemacht hat, verwandelte sich in tiefstes Stillschweigen, die ganze Geschichte wird in Vergessenheit begraben, und man hört weder von der Niederkunft noch von dem Kinde, noch von der Entführung weiter ein Wort sprechen. Die Gräfin fürchtet sich sogar, etwas davon erwähnen zu hören. Sie bittet ihre Mutter und die Damen, die ihr bei der Geburt hatten beistehen wollen, nicht davon zu sprechen, damit sie nicht zum Gespött würde, falls bekannt würde, daß sie sich zehn Monate lang für schwanger gehalten habe, ohne es zu sein.

Doch verliert sie ihren Anschlag darum nicht aus den Augen. Das Triebwerk, das sie angelegt hatte, war zwar verunglückt, aber sie sucht dessen Trümmer wieder zusammen, um durch einen neuen Plan mit aller Gewalt ihrem Gemahl einen Erben zu geben. Zum Glück ist sie nicht erfahren genug in der Kunst, Geschichten zu erfinden. Auf einmal erwacht sie wieder aus ihrer unnatürlichen Gleichgültigkeit und erneuert die Nachfrage um ihr Kind. Aber bei wem erkundigt sie sich danach? Nicht bei der Hebamme, die sie entbunden hatte; nicht bei den Frauen, die der Geburt beigewohnt hatten, sondern bei Hebammen und Ärzten in Paris, die nichts davon gesehen hatten und denen alle vorgefallenen Begebenheiten unbekannt waren. Von diesen Leuten erhielt sie immerhin doch ein Gutachten, das ihren Wünschen entsprach. Aber auch als sie schon dieses Zeugnis von so vielen Sachverständigen in den Händen hatte, tat sie doch weiter keinen Schritt, der sie zur Auffindung ihres Kindes hätte führen können.

Im Grunde: wo sind diese Gutachten der Pariser Ärzte und Hebammen? Sind sie wirklich vorhanden, und warum verwendet man sie jetzt nicht? Warum legt man sie nicht vor? Doch wer sich eine Niederkunft eingebildet hat, kann wohl auch von einem ärztlichen Gutachten träumen.

Wer sollen nun aber die Urheber dieses Verbrechens sein? Und was für ein Vorteil hätte sie gereizt, es zu begehen? Die Marquise von Bouillé und der Marquis von Saint-Maixant sind es, die die Gräfin beschuldigt. Sie hatten die Absicht, sagt sie, sich zu heiraten und sich so in die Beute zu teilen, die der Marquise als Erbschaft zugefallen wäre, wenn es ihr gelungen wäre, den rechtmäßigen Erben beiseite zu schaffen.

Aber auch angenommen, die Marquise wäre ledig gewesen und hätte ihre Hand vergeben können, hätte sie wohl den Marquis gewählt, einen Menschen, der schon, als sie ihn kennenlernte, wegen begangener Verbrechen flüchtig war? Der in einem für jede Frau fürchterlichen Ruf stand, sein ganzes Vermögen verschwendet zu haben und noch dazu in ungeheuren Schulden steckte?

Wollte man auch diesen Einwurf übersehen und annehmen, ihre Leidenschaft habe sie blind gemacht für die Fehler und für die Lage ihres Liebhabers, so war sie doch noch durch die Bande der Ehe gefesselt. War es für sie denn schon so sicher, dieser Bindung so bald ledig zu werden? Und konnte denn bloße Hoffnung auf einen zu ungewissen Erfolg den Entschluß zu einem so ungeheuren Verbrechen erzeugen? Müßte man nicht wenigstens so weit gehen, ihr auch den Plan zu einem zweiten Verbrechen zuzuschreiben, das noch schrecklicher ist als das, weswegen sie angeklagt wird?

Wenn man aber auch alle diese Voraussetzungen zugeben will, was geschieht anderes, als daß man noch eine ganze Reihe ähnlicher Voraussetzungen annehmen muß, die ebenso empörend sind. Denn nur durch eine fortlaufende Reihe von Ungereimtheiten kann man den Roman entwickeln, den die Gräfin erfunden hat.

Aber auch angenommen, der abscheuliche Plan

hätte wirklich in den Köpfen der beiden Beschuldigten entstehen können: mußte ihn nicht schon das leichteste Nachdenken als unausführbar zeigen? Sie konnten doch das Verbrechen nicht allein ausführen, brauchten also Gehilfen, und diese Gehilfen mußten sie im Hause des Grafen selbst anwerben. Ihrem ganzen Plan entsprechend, konnten sie dazu nur solche von seinen Leuten wählen, die, durch das Vertrauen ihrer Herrschaft gesichert, für ihre Handlungen selbst einen einleuchtenden Vorwand hatten, überall im Schloß frei umherzugehen und zu tun, was sie wollten, ohne daß ihr Beginnen auffiel oder den Verdacht einer unlauteren Absicht erwecken konnte.

Je mehr solche Leute aber das Vertrauen ihrer Herrschaft besitzen, desto schwerer sind sie zu bestechen, desto gefährlicher ist es, ihnen auch nur einen solchen Vorschlag zu machen. Nur ein glänzender Vorteil, den man für die Errichtung seines Zweckes bietet, kann dazu ermutigen, einen solchen Antrag zu wagen, und hoffen lassen, ihn erfüllt zu sehen. Was sonst als reicher Gewinn könnte einen Menschen reizen, die Hand zu einem Verbrechen zu bieten, bei dem er alles wagt? Nur durch ansehnliche Geschenke geblendet, kann er sich einer solchen Gefahr aussetzen. Außerdem war es nicht genug, einen Bedienten auf seine Seite gebracht zu haben, auch die Hebamme mußte gewonnen werden. Diese mußte ein zweifacher Grund abhalten, die Treue ihres Amtes zu verletzen; denn einmal war es die alleinige Quelle ihres Unterhalts, und fürs andere würde sie durch Verletzung ihrer Pflicht sich eine doppelt schwere Strafe zugezogen haben. Um sie zu bestechen, konnte der Preis nicht gering sein, denn sie setzte ihr Leben, ihre Ehre, ihr Glück, das Wohl ihrer ganzen Familie dabei aufs Spiel. Sie mußte mehr als dies alles zusammen gewinnen können, andernfalls war es Torheit, den Vorschlag anzunehmen.

Woher hätten aber die beiden Verschworenen solche Summen nehmen sollen? Weder die von ihrem Gemahl getrennte Marquise von Bouillé noch der gänzlich verschuldete Marquis von Saint-Maixant konnten in der Lage sein, so viel Geld herbeizuschaffen, wie zur Bestechung ihrer Mitschuldigen nötig war. Außerdem: wie hätten sie selbst ihre Ehre und ihr Leben in die Hände solcher Leute legen sollen, die sich einmal hatten kaufen lassen und sich also ebensoleicht gegen sie selbst wieder verkaufen konnten? War dies nicht um so leichter zu befürchten, als auf der einen Seite die ganze Qual eines unruhigen Gewissens stand, auf der anderen die Hoffnung, durch freiwilliges Geständnis ihres Verbrechens der Strafe dafür zu entgehen, die Bestochenen antrieb, die ganze Verschwörung aufzudekken? Mit einem Wort: Wie konnten sie sich so käuflichen Seelen anvertrauen?

Ferner: hätten wohl der Marquis von Saint-Maixant und die Marquise von Bouillé so große Kosten für einen abscheulichen Plan aufgewendet, der sehr leicht alle ihre Erwartungen täuschen konnte? Welchen Vorteil konnten sie denn von ihrem Verbrechen erwarten, wenn die Gräfin noch einmal niedergekommen wäre oder wenn ihr Tod den Grafen in den Stand gesetzt hätte, durch eine zweite Gemahlin Kinder zu erhalten?

Lassen Sie uns diese Betrachtungen noch weiter verfolgen, um zu zeigen, welche Ungereimtheiten sich aus den Angaben unserer Gegenpartei ergeben. Der Marquis und die Marquise, die man eines so schweren Verbrechens für fähig hält, sollten ihren Plan nur halb ausgeführt haben, während ihr ganzes Interesse doch erforderte, den Schritt nicht nur halb zu tun? Sie mußten doch ihr Werk völlig zu Ende führen, wenn sie nicht Gefahr laufen wollten, die Früchte davon zu verlieren und nur Schande und Strafe dafür zu ernten. Solange das Kind lebte, waren sie keinen Augenblick vor der Entdeckung ihres Geheimnisses sicher, nie ruhig im Besitz ihres Raubes. Und dieser Gefahr sollten sie sich ausgesetzt haben, zumal ihnen sogar leichter gewesen wäre, den Zeugen ihres Frevels ganz zu beseitigen, als ihn zu verbergen? Wie leicht konnte Beaulieu das Kind erwürgen, es in einen Fluß werfen oder nachts auf dem Felde einscharren? Oder wenn man ihm nicht Grausamkeit genug zutrauen will, ein unschuldiges Opfer kaltblütig für die eigennützigen Zwecke eines anderen zu schlachten: wäre es ihm nicht ein leichtes gewesen, das Kind in einer Stadt auszusetzen, wo er doch hoffen konnte, das ausgesetzte Findelkind werde Versorgung finden? Aber weit davon entfernt, die Spuren ihres Verbrechens durch irgendeine Maßnahme zu verdecken, die man von der gewöhnlichsten Vorsicht erwarten konnte, scheinen die angeblichen Verbrecher der Erzählung der Gräfin gemäß, vielmehr große Sorgfalt darauf verwendet zu haben, diese Spuren zu erhalten.

Die Hebamme, erzählt man, wollte dem Kind sogleich bei der Geburt den Kopf eindrücken, aber die Marquise von Bouillé gab es nicht zu. Kann man wohl glauben, jenes Weib hätte eine so abscheuliche Tat aus eigenem Antrieb begangen, wenn sie nicht im Rate der Verschworenen beschlossen gewesen wäre? Hätte sie aber wirklich genug Unmenschlichkeit besessen, eine Freveltat zu begehen, die diese ihr nicht einmal vorzuschlagen gewagt hatten, wie blind hätten diese, für deren Vorteil sie arbeitete, sein müssen, selbst einen

Schritt zu verhindern, durch den sie allein die Vorteile ihres Planes erreichen, den Nachteilen aber entgehen konnten?

Beaulieu war es, fährt die Erzählung fort, dem das Kind übergeben wurde und der es geradewegs in den inneren Teil der Auvergne brachte, in das Dorf Descoutoux in den Bergen bei Thiers und Lavoine, wo die Marquise von Bouillé ein Schloß hatte, auf dem sie sich bisweilen aufhielt. Ist das aber glaubhaft? Verletzt es nicht vielmehr alle Regeln der Wahrscheinlichkeit und selbst der Möglichkeit? Wir haben schon gesehen, wie wenig wahrscheinlich es ist, daß Beaulieu auch nur für die Rolle ausersehen werden konnte, die man ihn spielen läßt. Aber noch weit weniger kann man begreifen, wie er, von so vielen Menschen umgeben, das Kind aus dem Schloß bringen konnte, wie er ein Pferd nehmen und geraume Zeit ausbleiben konnte, ohne daß man die Abwesenheit eines so notwendigen Bedienten, eines Haushofmeisters, bemerkt hätte, der bei den damaligen Vorgängen im Schloß unentbehrlich war. Hatte man sie aber bemerkt, womit konnte er sich entschuldigen? Womit wollte er eine unerlaubte Entfernung rechtfertigen, die doppelt strafbar war zu einer Zeit, wo eine Menge Fremder im Schloß war, wo man die Niederkunft der Gräfin erwartete und wo ein Bedienter im Hause so wenig entbehrt werden konnte, daß man selbst fremde Personen zur Bedienung zu Hilfe nehmen mußte?

Das Kind soll ferner von dem Dorf Descoutoux nach Paris gebracht worden sein. Wie kann man sich einreden lassen, zu glauben, die Marquise von Bouillé habe ihren Raub aus einem sicheren Verwahrungsort, wo sie durch eigene Vorsicht über sein Versteck wachen konnte, entweichen und an einen Ort bringen lassen, wo sie in ständiger Gefahr schwebte, daß er entdeckt werde?

Aber noch mehr! Bei wem wird das Kind in Paris untergebracht? Bei Marie Pigoreau, einer Frau, die so oft nach Saint-Geran kam, um ihren Schwager Beaulieu zu besuchen, und die mit allen Bedienten im Briefwechsel stand. Was bürgt für ihre Verschwiegenheit? Wie konnte man sich auf ihre Treue verlassen? Wie konnte man soviel Klugheit von ihr erwarten, sich nie ein Wort entschlüpfen zu lassen, das Verdacht erregen mußte? Sie erhielt 2000 Livres, sagt man, für die Erziehung des Kindes. Aber entkräftet das jenen Einwurf, oder veranlaßt es nicht vielmehr einen neuen? Beweist dieses Geschenk nicht gerade, daß Marie arm und ihre Verschwiegenheit also dem Meistbietenden feil war? Mit einer Summe, die jene überstieg, konnte man ihr das Geheimnis leicht abkaufen.

Doch noch ungereimter als alles bisher Angeführte ist die Erfindung, daß man das Kind nach Saint-Geran bringen und es durch Beaulieu selbst seiner Mutter in die Arme liefern läßt. Kann man denn begreifen, daß der Entführer selbst das Kind seinen Eltern wieder zugeführt haben sollte? Kann man glauben, daß der Marquis von Saint-Maixant und die Marquise von Bouillé einen Schritt zugelassen hätten, der so geeignet war, den Weg zur Entdeckung zu ebnen? Und von welchen Empfindungen mußte nicht Beaulieu durch den Anblick dieses Kindes in den Armen seiner Eltern gepeinigt worden sein? Mußte ihm nicht jede Liebkosung der Mutter ein quälender Vorwurf des grausamen Unrechts sein, das er an dem Kinde begangen hatte? Mußte ihn nicht unaufhörlich der Gedanke beunruhigen, seinen Herrn zum Bedienten in seinem eigenen Hause herabgesetzt zu haben? Mußte nicht jeder Blick auf das unglückliche Opfer seiner schändlichen Habsucht für ihn ein Dolchstich sein, der sein Gewissen durchbohrte und ihn zum Bekenntnis seines Verbrechens aufforderte? Es sollen ihm auch wirklich, sagt man, zuweilen unwillkürliche Äußerungen entschlüpft sein, die ganz deutlich erraten ließen, daß er ein Geheimnis von höchster Wichtigkeit auf dem Herzen haben müsse, das seine Herrschaft nahe anging. Doch diese verräterischen Winke bleiben ohne Folgen, man spürt seinem Geheimnis nicht nach. Endlich wird er vergiftet, und in den Armen des Todes legt er das Bekenntnis ab, daß er dem Grafen und der Gräfin einen großen Schaden zugefügt habe. Alles dies weiß man, und doch wird nicht das geringste getan, um dieses Geheimnis zu enthüllen oder die Urheber von Beaulieus Tod aufzufinden.

Wer muß eine so unempfindliche Gleichgültigkeit nicht unglaubhaft finden, besonders bei einer Mutter, die noch jetzt soviel Eifer zeigt, ein Kind wiederzufinden, das sie vergessen hatte und das sie mit ungestümem Verlangen solchen Personen abfordert, die davon keine Nachricht haben können, während sie diejenigen, die sie seiner Entführung wirklich beschuldigt, ruhig sterben läßt, ohne nur mit einem Wort danach gefragt zu haben. Solange die Marquise von Bouillé lebte, wagte man nicht, auch nur den leisesten Verdacht eines Verbrechens zu äußern, mit dem man jetzt ihr Andenken beschimpft. Und doch war sie die einzige, die den Schlüssel zu dem sonderbaren Geheimnis besaß. Sie mußte man beschuldigen, sie mußte man der obrigkeitlichen Untersuchung übergeben, um Aufschluß zu erhalten. Doch man wagte es nicht, mit dem Roman hervorzutreten, solange ein so furchtbarer Zeuge vorhanden war, der ihn mit einem einzigen

Wort in seiner ganzen Fadenscheinigkeit anprangern und alle darauf gebauten Pläne von Grund auf zerstören konnte.

Zwei Hauptbegebenheiten sind es, worauf dieser ganze Roman beruht: erstens, daß die Gräfin von einem Sohn entbunden worden ist, und zweitens, daß Marie Pigoreau nie mehr als zwei Kinder gehabt hat, wovon das jüngere gestorben ist, an dessen Stelle das Kind der Gräfin untergeschoben wurde.

Die erste dieser Tatsachen hat die Gräfin auf folgende Art beweisen wollen: Durch die unumschränkte Gewalt, die sie über ihren Gemahl hat, wußte sie diesen dahin zu bringen, daß er die Hebamme durch die Gouvernementswache festnehmen, sie in ein finsteres Loch in seinem Schloß werfen und so lange mißhandeln ließ, bis er ihr das Bekenntnis abpreßte, sie habe das Kind der Gräfin heimlich entbunden mit Hilfe eines Zaubertranks, der die Geburtsschmerzen auf eine der Kammerfrauen übertragen habe. Man wandte alles an, um ihr solche Aussagen abzunötigen, die man für seinen Zweck brauchte. Daher entstanden dann die Abweichungen und Widersprüche in ihren Antworten bei den Verhören. Ihre Aussagen sind wahr, solange sie frei sprechen konnte. Sobald man aber Zwangsmittel anwandte, mußte sie zu Erdichtungen ihre Zuflucht nehmen.

Dies wäre also eine Entbindung in der Einbildung, zu deren Beweis ein einziger Zeuge aufgestellt wird, dessen Aussagen sich durchkreuzen und widersprechen. Doch sogar diese Zeugin hat noch in den letzten Augenblicken ihres Lebens Beweise davon gegeben, daß ihr alle die Antworten, die den ränkevollen Plänen der Gräfin zu entsprechen scheinen, mit Gewalt und Zwang abgepreßt worden sind. Die alte drei- bis vierundachtzigjährige Frau wurde im Parlementsgefängnis von einer tödlichen Krankheit befallen, gerade als das Urteil gegen sie gesprochen werden sollte. Die Herzogin von Ventadour und die Gräfin von Lude baten den Gerichtshof, sie durch zwei Räte noch einmal verhören zu lassen. Aber das Stadium, worin sich der Prozeß damals schon befand, erlaubte kein Verhör weiter. Die Hebamme wurde inzwischen immer schwächer und war schon ihrem Ende nahe. Sie empfing also die Sakramente und erklärte noch bei dieser feierlichen Handlung in Gegenwart mehrerer Personen ganz freimütig, die Gräfin sei nicht entbunden worden und alle ihre Aussagen, die das Gegenteil zu bekräftigen scheinen, seien ihr mit Qualen und Drohungen abgezwungen worden. Die beiden Damen baten daher noch einmal, man möchte wenigstens den Priester, der die Hebamme mit den Sakramenten versehen und diese Erklärung von ihr empfangen hatte, durch zwei Parlementsräte verhören lassen. Aber aus dem gleichen Grund wie das erstere wurde auch dieses Gesuch abgelehnt.

Ein so bestimmtes Zeugnis, in der letzten Todesstunde gegeben, in der die Wahrheit über alle anderen Betrachtungen siegt, macht dennoch die Gräfin gar nicht bedenklich. Sie behauptet immer noch, ihre Niederkunft sei eine ganz sichere Tatsache. Aber mit der bloßen Behauptung ist es hier nicht getan – auch das Kind muß dasein, dem diese Niederkunft das Leben gegeben hat.

Die Gräfin gibt sich also alle Mühe, eine Mutter zu finden, die sich gern ihres Kindes entledigen und es *ihr* für ihre Zwecke überlassen wollte. Doch die Wachsamkeit der Marschallin vereitelte diesen Anschlag. Man richtete also seine Absichten auf Marie Pigoreau.

Man hielt es nicht für schwer, eine arme Frau mit Geld zu kaufen, und hoffte, sie noch leichter durch den Einfluß ihres Schwagers Beaulieu, eines treuen Hausbedienten, zu gewinnen. Sie widersteht standhaft jeder Verführung, man nimmt ihr also mit Gewalt, was sie nicht gutwillig geben will, und um das Verbrechen zu rechtfertigen, will man nun das Gericht selbst zum Mitschuldigen machen.

Es ist also hier nötig, die wahre Geschichte von Maries Familie zu erzählen. Sie hatte zwei Kinder von ihrem Mann; das eine war schon am Leben, als dieser starb, mit dem anderen ging sie schwanger und brachte es zwei Monate nach ihres Mannes Tode, am 9. August 1639, zur Welt und ließ ihm in der Taufe den Namen Henri geben. Sie hatte aber nachher noch ein drittes Kind, die Frucht eines unerlaubten Umgangs mit einem Tanzmeister namens Bernard von Mantes, der mit ihr in einem Hause wohnte. Dieses Kind übergab sie einer Amme in Torcy, und von diesem ist die Rede in dem nach den Kirchenbüchern zu Saint-Jean-En-Grève ausgefertigten Taufschein, den die Gräfin beigebracht hat. Es wurde am 7. März 1642, also beinahe drei Jahre nach Henris Geburt getauft und erhielt den Namen Bernard, den sein Vater führte. Daß die Namen des Vaters und der Mutter im Kirchenbuch nicht enthalten sind, hat den natürlichen Grund, daß beide nicht gern ein solches Zeugnis ihrer Unenthaltsamkeit errichten lassen wollten. Jeanne Chevalier, eine einfache Wärterin, die auch Marie in ihren Wochen beistand, ließ das Kind taufen und brachte es hernach zu einer Amme im Dorfe Torcy. Als es entwöhnt war, übergab man es einer Krämerin, namens Magdalene Tripier, die ihre Bude in einer Ecke bei Saint-Paul hatte. Frei und öffentlich wurde der Knabe bis ins Jahr 1648 von dieser Frau erzogen und, sobald er alt genug war, um Dienste zu nehmen, unter die Soldaten gesteckt, so daß er sich während dieses Prozesses bei der Armee befand.

Dies ist also eigentlich das Kind, auf das die Gräfin Ansprüche erheben müßte. Aber um ihr Recht auf dasjenige zu behaupten, das sie einmal beansprucht hat, verdreht sie nach Belieben Maries Familiengeschichte. Nach ihrer Behauptung ist Marie nur zweimal in ihrem Leben Mutter geworden. Beide Kinder wären Früchte ihrer rechtmäßigen Ehe. Doch das zweite Kind, so sagt die Gräfin, das Marie nach dem Tode ihres Mannes zur Welt brachte, starb bald nach der Geburt, und an seiner Stelle wurde das Kind untergeschoben, das die Gräfin selbst auf eine so wunderbare Art geboren haben will. Und dieser Wechsel wurde so fein ausgeführt, daß niemand das Verschwinden des einen und die Ankunft des anderen Kindes bemerkte.

Aber was ist diese Geschichte anderes als eine nur willkürliche Behauptung, ohne jeden Beweis und sogar ohne alle Wahrscheinlichkeit? Man kann nie als rechtliche Vermutung voraussetzen, daß jemand ein Verbrechen aus bloßem Mutwillen begangen habe, ohne den geringsten Nutzen davon zu haben. Welchen Nutzen konnte aber Marie davon erwarten, den bürgerlichen Fortbestand eines Kindes zu erhalten, das ihr der Tod geraubt hatte? Was für einen Gewinn konnte ihr die Entführung eines Kindes aus dem vornehmsten und reichsten Hause des Königreiches verheißen, das sie an die Stelle des ihrigen setzte und bei sich in Niedrigkeit und Elend vergrub? Der Wunsch, einen Erben zu haben, konnte sie dazu nicht reizen, denn sie hatte noch einen lebenden Sohn; und es läßt sich überhaupt schwer begreifen, wie einer Frau ihres

Standes so viel daran hätte liegen können, ihren unbekannten Namen auf die Nachwelt zu bringen und einen Erben ihrer Armut zu hinterlassen.

Diese Gründe würden an sich schon hinreichen, um die Erdichtungen zu widerlegen, die die einzigen Beweismittel sind, auf die die Gräfin von Saint-Geran das Werk ihrer Phantasie und ihrer eigennützigen Ränkesucht stützt. Aber sie werden noch durch den wichtigen Umstand unterstützt, daß sich das Kind, über das der Streit geführt wird, von Geburt an in der mütterlichen Obhut von Marie Pigoreau befunden hat. Dieses Kind, das die Gräfin von Saint-Geran zum Enkel eines Marschalls von Frankreich erheben will, ist nichts mehr und nichts weniger als Henri Beaulieu, der Sohn eines einfachen Fechtmeisters. Unter diesem Namen und dieser Eigenschaft hat er immer gelebt. Als solcher hat er seiner Mutter Pigoreau und seinem älteren Bruder, Antoine Beaulieu, mehrere Briefe geschrieben, die man auch bei Gericht vorgelegt hat; als solcher wurde er zwei Jahre lang an den Brüsten seiner Mutter gesäugt; als solcher von der Obrigkeit selbst der Vormundschaft seiner Mutter übergeben; als solcher endlich sogar im Hause des Grafen und der Gräfin von Saint-Geran anerkannt bis zu dem Augenblick, als es der Gräfin einfiel, ihn zum Erben des Namens und der Güter ihres Gemahls zu machen.

Dieser Henri war demnach öffentlich als Sohn des Fechtmeisters Beaulieu anerkannt, und in diesen Stand haben ihn also Natur und Gesetz gewiesen.

Man hat zwar ein Testament des Grafen von Saint-Geran vorgelegt, in dem er dieses Kind förmlich als seinen Sohn anerkennt. Doch dieser Zeuge, den seine Gemahlin mit ihrer Einbildung angesteckt und den sie durch Schmeicheleien und mißbrauchtes Vertrauen für ihre Erdichtungen eingenommen hat, der in dem Prozeß, der allein unter seinem Namen angefangen und fortgesetzt wurde, selbst Partei ist, verdient nicht mehr Glauben als seine Gemahlin, mit welcher er in dieser Hinsicht gleichsam nur eine Person bildet.

Außerdem wird dieses Zeugnis durch ein anderes entkräftet, das von den angesehensten Personen seiner Familie ausgestellt wurde. Die Grafen von Saligni, von Sévignon, von Aubepin, von Bousseuil, die Frau d'Angoulême, die Frau von Schomberg, die Herren von Gonneville, von Sobbeville, von Saint-Pierre und Bellefonds – alle diese Standespersonen weigerten sich, die Gräfin zum Vormund ihres vorgeblichen Sohnes vorzuschlagen. Sie wollten durch ihre Unterschrift die Unterschiebung eines Kindes nicht unterstützen, durch die der Sohn eines Fechtmeisters zum Erben des Hauses von Guiche erhoben werden sollte. Es ist also in der Familie selbst nichts geschehen, wodurch die Verwandlung Henri Beaulieus in einen Grafen von Guiche nur einige Wahrscheinlichkeit erhalten hätte.

In der Tatkraft, mit der die Gräfin ihren Vorsatz verfolgte, zur Mutter dieses Kindes erklärt zu werden, ließ sie sich durch diese Weigerung der ganzen Familie ihres Gemahls nicht beirren. Sie nahm ihre Zuflucht zu den Gerichten in Moulins und ließ sich durch diese als Vormund ihres vorgeblichen Sohnes bestätigen. Doch abgesehen davon, daß diese Verhandlung, als erbettelt und durch den Einfluß des Ansehens der Gräfin den Gerichten abgezwungen, an sich ungültig ist, wird sie auch noch durch zwei andere gerichtliche Verhandlungen entkräftet. Die Herzogin von Ventadour und die Gräfin von Lude haben nämlich eine Bestätigung ihrer Ansprüche auf die Erbschaft erhalten, indem man ihnen ein Vermögensverzeichnis übergeben hat. Sie haben diese ihnen zuerkannten Ansprüche auch vor dem Châtelet zu Paris geltend gemacht und gegen die Bestätigung der Gräfin als Vormund Berufung eingelegt. Noch einmal also! Nichts hat dieses Kind aus dem Besitzstand seiner Herkunft gebracht; es war und ist also und kann nichts anderes sein als Henri Beaulieu.

Außer diesen Gründen, die bloß aus der angegebenen Tatsache hervorgingen und sich nur auf die Verteidigung Maries und der Hebamme gegen die Strafrechts-Anklage der Gräfin bezogen, hatten die Damen von Ventadour und von Lude noch einige besondere Rechtsgründe, die sie für sich anführen konnten und die vor allem ihre Angelegenheit von der Sache der vorgeblichen Verbrecher unterschied. Sie beriefen sich besonders auf zwei Sätze. Erstens: Durch den Strafprozeß, der gegen Marie und die Hebamme geführt wird, kann gegen die Damen von Ventadour und von Lude nicht bewiesen werden, daß das Kind, das die Gräfin unter dem Namen Bernard von Guiche für ihren mit dem Grafen von Saint-Geran erzeugten Sohn ausgibt, berechtigt sei, sich die Erbschaft anzumaßen, welche sie beanspruchen, und mithin muß gegen diese beiden Damen im Wege des Zivilrechts verfahren werden. Zweitens: die Gräfin kann durch keinen einzigen zivilrechtlichen Beweis dartun, daß sie die Mutter des angeblichen Kindes sei; dieses ist also untergeschoben, und folglich muß das Recht der Erbfolge, das durch die Bewilligung eines Vermögensverzeichnisses den beiden Damen gerichtlich zuerkannt worden ist, bestätigt werden.

Der ganze Beweis, auf den sich die Ansprüche der Gräfin stützen, ist aus dem Strafprozeß gegen Marie Pigoreau und die Hebamme genommen. Doch Beweise dieser Art können nur gegen den Angeklagten gelten. Das Ergebnis einer Strafrechts-Untersuchung kann kein anderes sein als die Verurteilung oder der Freispruch des Beschuldigten. Die Damen von Ventadour und von Lude haben der Gräfin weder ein Kind entführt noch eins entführen lassen; sie kann also der ganze Prozeß wegen der Entführung nicht betreffen. Man hat freilich die Marquise von Bouillé als Mitschuldige bei der Beiseiteschaffung des Kindes genannt und hat behauptet, daß die Gräfin von Lude, ihre Tochter und Erbin, an ihre Stelle bei dem Prozeß trete. Doch die Gräfin von Saint-Geran hat nicht den Mut gehabt, die Marquise anzuklagen, die noch zwei Jahre während des Prozesses lebte; mithin hatte weder diese noch ihre Tochter den mindesten Anteil an der Strafrechts-Untersuchung. Noch mehr: selbst als die Damen von Ventadour und von Lude an dem Prozeß teilnehmen wollten, hat die Gräfin von Saint-Geran alles aufgeboten, sie davon auszuschließen, und hat selbst am 10. August 1657 einen richterlichen Bescheid erwirkt, der den Einspruch der Damen in dem Prozeß für unzulässig erklärt. Wäre es nun gerecht, den Prozeß auch gegen sie geltend zu machen, nachdem man ihren Einspruch dabei für ungültig erklärt hat?

Mit einem Wort: gegen die Damen von Ventadour und von Lude kann der ganze Strafprozeß nicht gelten. Sie haben keinerlei Anteil an der angeblichen Entführung des Kindes. Sie sind hier nicht Beklagte, die sich verteidigen müssen, sondern sie klagen selbst, daß man ihnen eine Erbschaft entziehen will, und fordern Gerechtigkeit vor dem bürgerlichen Richter. Hier muß es ihnen also ebensogut freistehen, Gegenbeweise zu führen, wie es der Gegenpartei erlaubt ist, Beweise beizubringen. Wenn man die Aussagen der Hebamme als

Beweise für die Gräfin annehmen will, so muß man diesen auch zugestehen, zu beweisen, daß der Hebamme ihr Bekenntnis mit Gewalt abgezwungen worden sei und daß sie in den letzten Stunden ihres Lebens alles widerrufen habe. Wenn man von den übrigen Zeugenaussagen für die Gräfin Gebrauch machen will, so muß man dagegen auch den beiden Damen erlauben, zu beweisen, daß die Zeugen bestochen worden waren.

Die Gräfin muß vor dem Zivilrichter beweisen, daß das Kind, für dessen Mutter sie sich ausgibt, wirklich ihr Sohn ist. Diesen Beweis wird sie aber nie führen können.

Das erste dieser Beweismittel sind die Taufbücher, in die der Name und Zuname des Kindes und seiner Eltern, die Zeit und die Zeugen der Taufhandlung eingetragen werden. Doch wenn man diesen Beweis recht genau untersuchen will, so ist er nichts weniger als zuverlässig.

Das zweite Beweismittel für die rechtmäßige Abstammung, das die bürgerlichen Gesetze als gültig anerkennen, ist der Besitz des Standes, den ein Kind von seiner Geburt an unangefochten genossen hat.

Die Behandlung eines Kindes (tractatus, wie es in der Rechtssprache heißt), das ist, wenn es von seinen Eltern und von allen Verwandten als rechtmäßiges, eheliches Kind angenommen, erhalten und erzogen worden ist, muß also als der einzige Beweis für die Echtheit seiner Abstammung gelten, wenn kein Taufzeugnis vorhanden ist.

Aber keinen von diesen Beweisen hat Bernard für sich, den die Gräfin als ihr Kind widerrechtlich beansprucht. Kein Kirchenbuch, keine öffentliche Urkunde beglaubigt seine Abkunft; und volle acht Jahre lang, von seiner Geburt an, wurde er weder für einen Sohn des Grafen und der Gräfin gehalten noch als ein solcher behandelt. Erst nach dieser Zeit fiel es der Gräfin ein, ihren Pagen in den Sohn und Erben ihres Gemahls umzuwandeln.

Alle anderen Beweise – wendet man ein – werden dadurch ersetzt, wenn beide Eltern ein Kind als das ihrige anerkennen. Doch die bloßen Erklärungen der Eltern können nicht die Stelle der Beweise für die Echtheit ihres Kindes vertreten. Ohne gesetzliche Beweise seiner rechtmäßigen Geburt gelten diese einfachen Behauptungen gar nichts. Dies sagt das Gesetz mit ganz unzweideutigen Worten. Was würde auch am Ende werden, wenn das Schicksal eines Kindes von der Willkür der Eltern abhinge, wenn es nur einer solchen Erklärung bedürfte, um ein Kind anzunehmen oder zu verstoßen?

Aus all dem ergibt sich also, daß das Kind, über das dieser Streit geführt wird, kein anderes Mittel hat, seinen angeblichen Stand zu behaupten, als den Strafprozeß. Es wurde aber auch schon dargelegt, daß dieser gegen die beiden Damen von Ventadour und von Lude gar nicht geführt werden kann.

Doch wir wollen uns einen Augenblick auf diesen Strafprozeß einlassen. Eine kurze Wiederholung der wichtigsten Umstände, die die Gräfin zur Behauptung ihres so unglücklich erfundenen Romans angeführt hat, wird uns deutlich genug zeigen, daß daraus auch nicht ein einziger Beweis vorliegt, den die Gräfin für ihr System benutzen könnte.

1. Alles beruht darauf, daß die Gräfin zur Zeit ihrer vermeintlichen Niederkunft einen Tag und eine ganze Nacht mit der Marquise von Bouillé, der Hebamme und dem Haushofmeister allein in einem Zimmer ein-

geschlossen gewesen sei. Dieser Umstand, auf den sich die ganze Fabel gründet, ist mit nichts bewiesen; und kein einziger Zeuge ist vorhanden, der den Haushofmeister mit einem Kind aus dem Zimmer der Gräfin hat kommen sehen.

2. Man hat behauptet, Henri Beaulieu, Maries zweiter Sohn, sei gestorben, um desto wahrscheinlicher behaupten zu können, daß Marie nicht die Mutter des Kindes sei, das man gern zu einem Grafen von Saint-Geran erheben wollte. Aber man hat keinen Totenschein vorgelegt, und nicht ein einziger Zeuge bestätigt auch nur eine Krankheit, viel weniger den Tod des angeblich Verstorbenen. Statt jedes Beweises führt man nur an: Marie habe selbst gesagt, daß ihr Sohn gestorben sei. Doch wenn jemand die Erbschaft eines Kindes beanspruchen würde, für dessen Tod er keinen anderen Beweis anführen könnte als: er habe die Mutter sagen gehört, es sei gestorben – würde man deshalb seine Ansprüche sogleich für gültig anerkennen?

3. Von den Gesetzen wird kein Beweismittel anerkannt, das sich nur auf Wunder gründet, auf Vorfälle, die dem gewöhnlichen Lauf der Natur widersprechen. Es ist aber ganz gegen alle Regeln der Natur, daß eine Frau im tiefen Schlaf ohne alle Schmerzen entbunden werden könnte. Geburtsschmerzen können durch keinen Schlaf überwunden werden, und selbst die stärkste Zauberei, wenn sie möglich wäre, würde doch ein Gesetz, das durch den Ausspruch des allmächtigen und unwandelbaren Gottes festgesetzt ist, nicht aufheben können; das Weib muß seine Kinder mit Schmerzen gebären.

4. Einige bei dem Prozeß vorgelegte Briefe der Marschallin von Saint-Geran sind sogar schriftliche, sehr bestimmte und bündige Beweise dafür, daß die Gräfin

nicht entbunden worden ist. Außerdem hatte sich diese Dame schon im Juli 1641 ausdrücklich deswegen nach Saint-Geran begeben, um ihrer Tochter bei der Niederkunft beizustehen, und blieb bis zum Januar des folgenden Jahres. Auch war die Tante der Gräfin, Frau von Saligni, bis Ende Oktober auf dem Schloß. Welche magische Kunst wäre denn imstande gewesen, den Augen dieser Damen eine Begebenheit unbemerkt zu entziehen, auf die ihre ganze Aufmerksamkeit gerichtet war, bei der jeder kleine Umstand ihrer zärtlichen Sorgfalt wichtig erscheinen mußte? Alle äußerlichen Kennzeichen der Schwangerschaft verschwinden bei der Gräfin: ihr Leib tritt in seine natürliche Gestalt zurück, das Eintreten der Milch, die Mittel, die man zu deren Vertreibung anwenden muß, die Bettücher, die bei der Geburt gebraucht worden waren, mit einem Wort: alles bleibt unsichtbar vor den Augen einer sorgsamen Mutter und einer zärtlichen Tante? Wären ihnen aber alle diese Umstände nicht verborgen geblieben (und wie hätten sie ihnen verborgen bleiben können, wenn die Entbindung wirklich geschehen wäre?), warum haben sie nicht angesichts der ganzen Welt behauptet, die Gräfin sei entbunden worden? Warum schreibt denn die Marschallin ausdrücklich das Gegenteil in ihren Briefen? Man hat sie also wohl bezaubert, um ihnen die Entdeckung dieser untrüglichen Kennzeichen der Entbindung unmöglich zu machen?

5. Man behauptet, Beaulieu und die Hebamme seien von dem Marquis von Saint-Maixant und der Marquise von Bouillé bestochen worden. Aber man erbringt keinen einzigen Beweis für diese Behauptung; die Hebamme hat nie ein Wort davon verlauten lassen; man weiß sogar, daß die Umstände selbst die Beste-

chung unmöglich machten: und doch ist dieser Umstand ein Grundpfeiler des ganzen Luftgebäudes!

6. Die Gräfin behauptet, von allen Wegen, die man bei der Entführung Bernards, ihres angeblichen Sohnes, eingeschlagen hat, genau unterrichtet zu sein. Dennoch verliert sich schon am Anfang der Reise die Spur. Als er vom Dorfe Descoutoux weggebracht wird, entschwindet er den Blicken der Kundschafter, die die Gräfin anführt, und nichts füllt die Lücke aus zwischen dem Verschwinden des Kindes in Descoutoux und dessen Auftauchen bei Marie Pigoreau in Paris. Worauf gründet man denn die Behauptung, das Kind, das dort den Augen der Spione entgeht, sei dasselbe, das um diese Zeit bei Marie erscheint? Dieser Sprung allein schon muß der romanhaften Erzählung der Gräfin von Saint-Geran alles gerichtliche Ansehen entziehen.

7. Im Gegensatz dazu haben die Damen von Ventadour und von Lude vor Gericht behauptet, sie könnten beweisen, daß Bernard, der zu Saint-Jean-En-Grève getauft und in Torcy gestillt wurde, der Sohn des Tanzmeisters Bernard sei. Sie haben sich sogar erboten, den Vater und den Sohn dem Richter vorzustellen. Sowohl der Zeitpunkt der Taufe als des Stillens wie auch die übrigen Umstände im Leben dieses Sohnes des Tanzmeisters Bernard stimmen vollkommen mit dem überein, was die Gräfin angibt, und bei diesen Bernard will man also beweisen, daß er von seiner Taufe an bis auf den gegenwärtigen Augenblick der gleiche ist, der sich noch jetzt bei seinem Vater Bernard von Mantes aufhält.

8. Die Damen haben sich auch erboten, ganz unverdächtige Zeugen zum Verhör zu bringen, die zu der Zeit, als die Gräfin ihre Entbindungsrolle spielte, auf

dem Schloß zu Saint-Geran gewesen sind, die mit Beaulieu gegessen, getrunken und gesprochen haben und also wissen, daß er damals nicht einen einzigen Tag abwesend war, und die die Marschallin vom Juli 1641 bis zum folgenden Januar auf dem Schloß gesehen haben; andere, die das Kind, das Marie nach dem Tode ihres Mannes geboren hat, zu Saint-Jean-En-Grève taufen und in Torcy erziehen sahen und die es immer überall, wo es nachher hingekommen ist, vor Augen gehabt haben.

Den Vorteil, den die Gräfin dadurch zu haben glaubte, daß Marie auf die Nachricht von einer gegen sie beschlossenen Verhaftung die Flucht ergriff, kann ihr mindestens gegen die Damen von Ventadour und von Lude nichts helfen, auf die das Betragen dieser Frau keinen Einfluß haben kann, da der Strafprozeß nicht gegen sie gerichtet ist und sie daran nicht den geringsten Anteil nehmen.

Sollte aber schließlich auch entschieden werden, daß das Kind, über das der Streit geführt wird, nicht Henri Beaulieu sei, so wäre darum der Hauptpunkt, nämlich die bestrittene Kindschaft, noch keineswegs entschieden; denn daraus, daß Henri nicht Maries Kind ist, folgt noch lange nicht, daß er das Kind der Gräfin sein müsse. Eine solche Folgerung wäre hier um so weniger am Platze, als man sich erbietet, durch einen vollständigen Zeugenbeweis die ganze Grundlosigkeit dieser eingebildeten Kindschaft zu beweisen.

Dies waren also die Gründe, womit die Gegner die Klage der Gräfin wegen Beiseiteschaffung ihres Kindes als unbegründet darzustellen suchten. In der Tat, hätte die Gräfin zur Verteidigung ihrer Sache keine anderen Waffen gehabt als die, womit ihre Gegner sie hier auftreten ließen, der Richter hätte sogleich beim ersten Anblick ihre Klage als eine ganz ungereimte, auf bloße Verleumdung gestützte Erdichtung verwerfen müssen. Doch diese scheinbare Ungereimtheit verschwindet ganz, sobald man die Tatsachen, die die Gräfin von Saint-Geran vorgebracht und bewiesen hat, vollständig hört.

Die Hauptpunkte, die sie zu erweisen hatte, sind 1. ihre Schwangerschaft, 2. ihre Niederkunft, 3. die Entführung ihres Kindes und 4. daß das Kind, das sie beanspruchte, wirklich dasselbe sei, das sie geboren hatte und das ihr entführt worden war.

Daß die Gräfin wirklich schwanger war, beweisen die unverwerflichsten Zeugnisse nicht nur der Ärzte und Wundärzte, die nach dem Eintritt ihrer Schwangerschaft hinzugezogen wurden, sondern auch die Zeugnisse aller der Damen aus der Provinz, die bei dem Besuch, den sie der Gräfin nach ihrer Ankunft auf dem Schloß machten, sämtlich die üblichen Zeichen einer nahen Entbindung: das Anschwellen der Brüste und der Hüften, an ihr bemerkt, ihren Leib selbst angefühlt und die Bewegungen des Kindes wahrgenommen haben. Ebenso urteilte auch Frau von Saligni, die bei ihrer Ankunft die gleichen Kennzeichen bemerkte, dieselben Symptome erkannte und ihre Meinung darüber ganz unzweideutig äußerte. Auch die Marschallin, eine Dame, die aus eigener Erfahrung sprechen konnte, erklärte diese Merkmale der Schwangerschaft bei ihrer Tochter als unfehlbare Vorboten einer herannahenden Niederkunft und traf dieser Überzeugung entsprechend ihre Maßnahmen. Es ist also nie eine Schwangerschaft allgemeiner anerkannt und unverwerflicher erwiesen worden als diese. Wie hätte auch die Gräfin neun Monate lang die Augen ihrer ganzen Familie und aller Personen, die sie sowohl in Paris als nachher während ihres Aufenthaltes in der Provinz umgaben, so sehr täuschen können?

Aber was ist denn aus dieser Schwangerschaft geworden? Die angebliche Entbindung, sagen die Gegner, ist eine bloße Erdichtung. Die Gräfin widerlege sich durch ihre Aussage selbst, indem sie ohne Schmerzen niedergekommen sein will: eine Behauptung, die der Einrichtung, die der ewige Gesetzgeber der Natur in seinem gerechten Zorn über die ungehorsamen Menschen mit eigenem Munde festgesetzt hat, geradezu widerspricht. Jedoch diese Behauptung ist unrichtig angeführt. Die Gräfin hat nie gesagt, daß sie ohne Schmerzen geboren habe, vielmehr hat sie immer versichert, daß sie neun ganze Stunden lang die allergrößten Schmerzen ausgestanden habe. Sie hat nur behauptet, das Kind sei während einer so heftigen Betäubung aller ihrer Sinne zur Welt gekommen, daß selbst diese schmerzhafte Erschütterung sie nicht habe aufwecken können. Man braucht aber seine Zuflucht nicht zur Zauberei zu nehmen, um zu erklären, wie die Gräfin entbunden werden konnte, ohne es zu fühlen, oder – wenn sie auch die Schmerzen, die gewöhnlich diesen Vorgang begleiten, empfand, ohne zu wissen, was ihre Wirkung gewesen sei. Ein starker Schlaftrunk oder eine Ohnmacht, verbunden mit der Vorsicht schlauer Verbündeter und einer geschickten Behandlung der Hebamme sind zur Erklärung vollkommen hinreichend.

Vielleicht ist die Geburt aber auch während der letzten Schmerzen, die die Gräfin noch gefühlt hat, geschehen, und man hat das Kind mit taschenspielerischer Geschwindigkeit weggeschafft. Dieser Betrug war um so leichter möglich, als man unter dem Vorwand, für ihre Gesundheit zu sorgen, Anstalten genug getroffen hatte, alles, was um sie vorging, ihrem Blick zu entziehen. Ein Bote stand schon bereit, den Raub wegzubringen, man unterdrückte das Schreien des Kindes und übergab es schnell seinen Händen. Die Mutter beredet man, sie sei noch nicht entbunden worden. Unerfahren in Vorfällen dieser Art und ohne Mißtrauen gegen die Versicherungen von Menschen, denen sie nicht einmal den Schein einer solchen Schandtat zutrauen konnte, glaubt sie gutmütig deren treuloser Behauptung. Jedoch als sie wirklich entbunden ist, lassen die Schmerzen nach. Plötzlich fällt sie, ermüdet von einer qualvollen Anstrengung, die über neun Stunden angehalten hatte, in tiefen Schlaf, und erst nachdem sie daraus wieder erwacht ist und ihre Besonnenheit wiedererlangt hat, erkundigt sie sich nach ihrer Entbindung, der sie sich noch bewußt ist. Man sieht ja täglich Frauen, die, überwältigt von der Heftigkeit der Geburtsschmerzen und erschöpft durch den damit natürlich verbundenen Verlust körperlicher Kräfte, in so tiefe Ohnmachten fallen, daß sie alle Empfindungen und alle Besonnenheit verlieren und selbst ihre Entbindung nicht eher gewahr werden als nach dem Erwachen aus der Ohnmacht, die oft eine ganze Stunde anhält.

Übrigens gibt es bekanntlich Schlafmittel, die nicht nur einen tiefen Schlaf, sondern einen todesähnlichen Zustand hervorrufen. Ihr Gebrauch ist gefährlich, da sie durch das kleinste Versehen in der Dosierung zum wirklichen Gift werden; und deshalb bedient man sich ihrer nicht ohne weiteres, wenn es nicht, wie hier der Fall war, darauf ankommt, alles für einen gewissen Zweck zu wagen.

Außerdem ist eine Entbindung ohne Geburtsschmerzen zwar ein seltener Fall, aber ohne Beispiel ist sie doch nicht.

Es ist also möglich, daß die Gräfin von Saint-Geran entweder noch wachend während ihrer heftigen Schmerzen entbunden worden ist, ohne es zu merken, oder daß sie durch eine tiefe Ohnmacht fühllos gemacht oder durch ein heftiges Schlafmittel betäubt geboren hat, ohne das geringste davon zu empfinden. Aber ist sie auch wirklich entbunden worden? Und was ist mit ihrem Kind vorgegangen?

Wenn sie wirklich schwanger war, so muß sie auch wirklich entbunden worden sein. Ihre Schwangerschaft ist aber außer allem Zweifel. Alle Welt hat deren Anfang und Fortgang bemerkt, und alle Welt hat auch gesehen, daß sie nach der von der Natur vorgeschriebenen Zeit endigte: eine Veränderung, die nur durch eine wirkliche Niederkunft geschehen konnte.

Aber auch die Niederkunft selbst ist durch die unverwerflichsten Zeugnisse erwiesen. Mehrere Personen, besonders die beiden Quinets, die mit im Zimmer der Gräfin eingeschlossen waren, haben die Geburt mit angesehen. Die Hebamme hat das Kind empfangen. Die Gräfin selbst fand sich bei ihrem Erwachen in Blut gebadet, ihre Kräfte erschöpft, sie fühlte in ihrem Schoß die Bürde nicht mehr, die ihr soviel Leiden verursacht hatte; ängstlich fragt sie nach ihrem Kind, und mit Tränen und Wehklagen jammert sie unaufhörlich über ihren Verlust.

Es sind ferner Zeugen vorhanden, die die Hebamme Bettücher auswaschen sahen, an denen sie nicht nur sichtbare Merkmale ihres Gebrauches bei einer Entbindung wahrgenommen haben, sondern auch deutliche Spuren eines ungewöhnlich starken Milchverlustes, der ihrer Angabe nach nur die Wirkung eines sehr gewaltsamen Mittels sein konnte. Dieses Zeugnis bestätigen folgende Umstände, die ein anderes Mädchen auf dem Schloß beim Verhör ausgesagt hat. Frühmorgens nämlich, nach der Nacht, die die Gräfin unter Geburtsschmerzen zugebracht hatte, begegnete dieses Mädchen der Hebamme, die eben mit einem Bündel Wäsche nach dem Schloßgraben zuging, und fragte sie, was sie denn trage? »Es ist nichts«, gab ihr die Hebamme zur Antwort. Das Mädchen gab sich aber mit dieser Ausflucht nicht zufrieden, sondern drang in sie, ihr zu zeigen, was es sei. Beim ersten Anblick der Tücher erkannte sie sogleich die Merkmale ihres Gebrauches und sagte deswegen zu der Hebamme: »Die gnädige Frau ist also entbunden worden?« – »Nein«, antwortete diese ganz hastig, »sie ist es nicht.« – »Wie?« erwiderte das Mädchen, mit dieser Antwort unzufrieden, »sie wäre nicht niedergekommen, und doch hat's die Marquise von Bouillé gesagt, die bei der Niederkunft zugegen war.« – »Wenn sie das gesagt hat«, antwortete die Hebamme bestürzt, »so hat sie wahrlich eine lange Zunge.«

Ferner ist eine Aussage von anderen Zeugen vorhanden, die den Haushofmeister Beaulieu aus dem Zimmer der Gräfin kommen und ein Kind in einem kleinen Korbe wegtragen sahen. Ein Umstand, der ganz genau mit der Aussage der Hebamme übereinstimmt, die in ihrem vierten Verhör gestand, daß die Gräfin wirklich von einem Sohn entbunden worden sei, den Beaulieu in einem Korbe weggetragen habe. Ebenso gestand auch Guillemin, der Sohn der Hebamme: seine Mutter habe oft gesagt, die Gräfin sei wirklich mit einem Sohn niedergekommen, den Beaulieu auf die Seite geschafft, nachher aber wieder zu sich in das Schloß von Saint-Geran aufgenommen habe. Außerdem bekannte er, daß die Damen von Ventadour und von Lude seine Mutter mit Geld und mit Vorschlägen unterstützt hätten. Diese Umstände, setzte Guillemin hinzu, teile er der Obrigkeit mit, weil er es für seine Pflicht halte und weil seiner Mutter jetzt nach ihrem Tode die Mitteilung nicht mehr schade. Hierzu kommt noch die Aussage anderer Zeugen, denen Beaulieu und die Hebamme selbst die Geschichte von der Niederkunft der Gräfin anvertraut hatten.

Sollte es nun noch nötig sein, diese Zeugenbeweise durch Vermutungen zu unterstützen, so finden sich Betrachtungen genug, die den stärksten Beweisen für diesen Gegenstand gleichgesetzt zu werden verdienen. Wenn die Schwangerschaft der Gräfin nicht eine allgemein ausgemachte Tatsache, ihre nahe Entbindung nicht eine einstimmig angenommene Wahrheit gewesen wäre, würde wohl alles so hastig in das Zimmer der Gräfin geeilt sein, als die Nachricht von den Vorboten der Niederkunft im Schloß verlautete? Hätte sich die Hebamme wohl durch vorgespiegelte Wehen täuschen lassen, würde sie nicht sogleich die angebliche Schwangerschaft für eine Einbildung und folglich die erwartete Niederkunft für eine Unmöglichkeit, die ganze Begebenheit für eine Erdichtung oder für einen Irrtum erklärt haben? Und wenn sie so viele Mittel hatte, ganz augenscheinlich zu beweisen, daß die Gräfin nicht entbunden worden sei, hätte sie nicht alles anwenden müssen, um sich von dem Verdacht zu reinigen, das Kind des Gouverneurs der Provinz beiseite geschafft zu haben? Doch sie macht auch nicht den geringsten Versuch, sich dagegen zu rechtfertigen. Sie erkennt selbst die Schwangerschaft der Gräfin als eine so allgemein ausgemachte Tatsache an, daß sie sich nicht getraut, die Entbindung zu leugnen. Und nach der Entbindung selbst, bei allen Klagen und Behauptungen der Gräfin, wagt sie nicht, zu ihrer Rechtfertigung eine Untersuchung vorzuschlagen, durch die sogleich festgestellt werden konnte, ob Spuren einer Niederkunft vorhanden seien oder nicht. Sie überläßt es der Zeit, das Andenken an eine Tatsache auszulöschen, die alle Welt als ausgemacht angenommen hat. Um aber eine Untersuchung abzuwenden, bei der die Entbindung durch ihre deutlichsten Merkmale festgestellt, sie selbst ihres Betruges durch den Augenschein überführt werden mußte, sucht sie durch allerlei Ausflüchte die Erwartung aller in Spannung zu erhalten. In dieser Absicht sagt sie bald: alle Wege zur Entbindung seien geöffnet, nur der Neumond halte das Erscheinen des Kindes noch auf; bald: alle Versuche, die das Kind zum Durchbruch gemacht habe, seien ohne Erfolg, weil es zu fest an der Mutter anliege. Um diesem letzteren Vorwand mehr Wahrscheinlichkeit zu geben, ist sie sogar grausam genug, jene fürchterliche Spazierfahrt vorzuschlagen, die das unglückliche Opfer ihrer boshaften Ränke der augenscheinlichsten Todesgefahr aussetzte. Ist denn nun dieses Betragen nicht gerade das Gegenteil von dem, was die Hebamme getan hätte, wenn die Gräfin wirklich nicht entbunden worden wäre oder sie nicht die Absicht gehabt hätte, die Entbindung zu verheimlichen? Nichts konnte sie leichter, nichts einleuchtender von allem Verdacht befreien, als wenn sie jedermann durch den Augenschein überzeugte, daß keine Merkmale einer Entbindung vorhanden seien.

Wer soll aber ein Interesse daran gehabt haben, dieses Kind beiseite zu schaffen? Wer hat es wirklich beiseite geschafft? Und was ist mit dem Kind vorgenommen worden? Um diese Frage befriedigend zu beantworten, müssen wir unsere Leser mit dem Charakter und den Verhältnissen des Marquis von Saint-Maixant und der Marquise von Bouillé bekannt machen, die man als die Haupturheber dieses Verbrechens angeklagt hat.

Der Marquis war in Auvergne wegen Falschmünzerei, Zauberei und Blutschande angeklagt und zugleich beschuldigt worden, er habe seine Gemahlin erwürgt, um eine andere zu heiraten, deren Mann er erstechen wollte. Er entrann aber den Händen der Justiz und flüchtete sich auf das Schloß des Grafen von Saint-Geran, mit dem er verwandt war und der ihn als Gouverneur der Provinz in Schutz nahm und seinen ganzen Einfluß zu seiner Rettung verwendete. Übrigens war er hübsch gewachsen, einnehmend durch sein Betragen, in Schmeicheleien geübt und in der Kunst zu verführen – der gewöhnlichen Tochter verderbter Herzen – besonders erfahren.

Mit solchen Vorzügen konnte es ihm nicht schwerfallen, sich in die Zuneigung einer jungen Frau einzuschleichen, die, überdrüssig der mürrischen Laune und Kränklichkeit ihres betagten Mannes, ihr Haus verlassen hatte. Hatten die Vorzüge des Geistes und die hübsche Figur des Marquis das Herz der Marquise gewonnen, so war es seiner Verführungskunst um so leichter, auch ihren Verstand einzunehmen und sich eines entschiedenen Übergewichts über sie zu bemächtigen, das der geliebten Person so leicht wird, über ein zärtliches Herz zu erlangen, besonders bei einiger Überlegenheit der Talente.

Der erste Schritt zu seinem Zweck war, dieser Dame, die er zum Opfer seiner unreinen Begierden und seiner ehrgeizigen Absichten ausersehen hatte, das Versprechen abzudrängen, daß sie ihn nach dem

Tode ihres Gemahls heiraten wolle. Bei einem Manne, den Alter und Krankheit schon lange schwer bedrückt hatten, konnte dieser Zeitpunkt nicht mehr fern sein, und im Notfall wußte der Marquis der Natur zu Hilfe zu kommen, wenn sie ihm für seine Zwecke zu langsam verfuhr.

Es ist wahr, der Marquis stand in einem äußerst ungünstigen Ruf, er war mit Beschuldigungen überhäuft, die ihn jeder Frau fürchterlich machen mußten. Doch wo ist ein Verbrecher, der sich nicht zu entschuldigen wüßte, wo ihm nicht widersprochen wird und wo er die Anklage als Verfolgungen und verleumderische Angriffe boshafter Feinde darstellen kann? Wenn aber eine derartige Rechtfertigung, vorgebracht mit aller Feinheit der Verstellung, die der Marquis so ganz beherrschte, zuweilen sogar Menschen täuschen kann, die an den Beschuldigten nur ganz allgemein interessiert sind: um wieviel stärker muß sie auf ein Herz wirken, bei dem die Liebe selbst schon die erste Fürsprache übernommen hat?

Das Vermögen des Marquis war allerdings in sehr zerrütteten Umständen; doch man weiß längst, daß diese Schwierigkeit die Verbindung zweier Personen nicht hindert, deren Herzen sich lieben und die beide unabhängig sind. Außerdem bot sich hier ein sehr leichtes Mittel, diese Glücksumstände zu verbessern. Die Marquise war die einzige Erbin ihres Bruders, des Grafen von Saint-Geran, und dieser besaß ein sehr großes Vermögen. Ein Kind war freilich eben jetzt auf dem Wege, ihr die Hoffnung auf diese Erbschaft zu entreißen, was sie durch eine zwanzigjährige Unfruchtbarkeit ihrer Schwägerin schon gleichsam als verjährt angesehen hatte. Doch was könnte Schlimmes daran sein, dieses Kind auf die Seite zu schaffen? Es wird nie seinen Verlust fühlen, weil es ihn nie erfahren wird; und es wird so wenig unglücklich gemacht, da man ihm vielmehr ein sehr glückliches Schicksal bereitet. Wenn man das Kind einfachen und armseligen Menschen übergibt und es gleichsam auf der niedrigsten Stufe des menschlichen Glücks geboren werden läßt, schenkt man ihm einen doppelten Genuß seines besseren Daseins, indem man es nachher zu besseren Verhältnissen erhebt, auf die es seinem vermeinten Stande nach nie hätte hoffen können.

Durch solche Scheingründe gelang es der arglistigen Überredungskunst des Marquis, die Marquise von Bouillé in seine Pläne zu verstricken und sie zur Mithilfe an der Ausführung seines schändlichen Vorhabens zu bereden. Ohne Zweifel war bis auf diesen Augenblick ihr Leben ganz schuldlos gewesen. Aber zu welchen Abwegen hat nicht schon oft die Liebe verleitet, zumal wenn sie aus dem Munde eines Menschen spricht, der ebenso geübt ist in Schmeicheleien wie erfahren in der Kunst, Verbrechen zu beschönigen?

Es trifft zwar zu: der Zweck des Verbrechens konnte auch leicht verfehlt werden. Aber die Gegner behaupten mit Unrecht, die Marquise hätte diese Überlegung anstellen müssen; sie hat in der Tat diesen nur möglichen Fall nicht vorausgesehen. Es war nicht zu vermuten, daß eine Frau, die schon zwanzig Jahre ohne Kinder in der Ehe gelebt hat und folglich dem Alter ziemlich nahe sein mußte, wo das Kindergebären aufhört, zum zweitenmal niederkommen würde. Freilich konnte sie auch sterben und der Graf alsdann Erben von einer zweiten Gemahlin erhalten. Doch auf so weit entlegene Bedenken achtet man selten bei einem Plan, der noch dringender in der Ausführung als ungewiß im Erfolg ist und bei dem alles darauf ankommt, daß alle

Mittel für den Augenblick bereit sind. Auch war im Gegenteil eine zweite Vermählung des Grafen, die die Marquise hätte befürchten sollen, noch weit ungewisser und unmöglicher; und man konnte überhaupt darauf rechnen, daß Zeit und Umstände auch dagegen Hindernisse an die Hand geben würden.

War einmal der Entschluß gefaßt und der Bund geschlossen, so mußten nun Mithelfer angeworben werden. Am unentbehrlichsten war die Hebamme. Ihr erster Plan richtete sich also nun auf Louise Goillard aus Vichy, die entweder die Marquise vorgeschlagen oder die Gräfin selbst gewählt hatte. Was vom Charakter dieses schändlichen Weibes zu erwarten war, mußte freilich der Marquis von Saint-Maixant am besten wissen, der sich ihrer vorher schon bei einigen niederträchtigen Vorhaben bedient hatte, wie man aus dem Zeugenverhör ersehen kann.

Daß auch der Haushofmeister Beaulieu der Verführungskunst des Marquis unterlag, wird weniger auffallend erscheinen, wenn man bedenkt, wie viele Blößen die Verführung überhaupt bei sklavischen Seelen findet. Es ist wahr: er konnte vom Grafen große Belohnungen erwarten; aber man ließ ihn von seiten der Verbündeten noch größere erhoffen; je größer die Dienste waren, die er leisten sollte, desto größer waren auch die Versprechungen, die man ihm machte; und wirklich hatte er nichts Geringeres zu hoffen als einen – seinem Stand nach – sehr beträchtlichen Anteil an der Erbschaft, die durch seine Hilfe in die Hände der Marquise von Bouillé fallen sollte. Die Erfüllung der versprochenen Belohnung verbürgte ihm das Verbrechen selbst, das die Bedingung des Preises war. Das Interesse der Urheber des Komplotts, die ihn gedungen hatten, war aufs engste mit dem seinigen verknüpft; sie mußten ihm den Vertrag erfüllen, da es ja immer in seiner Macht stand, durch Aufdeckung des begangenen Verbrechens sie aller Vorteile auf einmal zu berauben und mit unübersehbarer Schande zu überhäufen.

Dieselben Gründe gewannen auch die Hebamme und die beiden Quinets. Diesen feilen Seelen genügten Versprechungen, deren Erfüllung ihnen die Natur des Verbrechens selbst verbürgte. Man brauchte also keine großen Geldsummen, um Gehilfen zu erkaufen, und folglich waren die dürftigen Umstände des Marquis und die damals eingeschränkte Lage der Marquise kein Hindernis in der Ausführung ihres Planes. Nichts ist also leichter zu begreifen als die Entstehung dieser Verschwörung und die Anwerbung seiner Mitschuldigen. Wir führen hier die Beweise aus den Zeugenverhören an.

Ein gewisser Jadelon, Herr von Barbe Sange, hat ausgesagt: der Marquis von Saint-Maixant habe ihm einst, als sie zusammen von Paris auf sein Landgut gefahren seien, anvertraut, die Gräfin von Saint-Geran sei wirklich entbunden worden, und er habe das Kind in seiner Gewalt.

Ein Page des Marquis mit Namen Prudent Berger, ein junger Edelmann, der viel bei ihm galt, bekannte nach dem Tode seines Herrn: der Marquis habe ihm damals, als er seiner übrigen schweren Verbrechen wegen im Parlementsgefängnis saß, die ganze Geschichte des Kindes mit den kleinsten Einzelheiten erzählt. ›Ich wundere mich, gnädiger Herr‹, habe er darauf gesagt, ›daß Sie sich nicht von dieser Sache frei machen, da Sie ohnehin schon mit so schweren Beschuldigungen verfolgt werden.‹ – ›Ich habe auch vor‹, habe ihm der Marquis geantwortet, ›das Kind seinem Vater wieder übergeben zu lassen; es ist mir auch von meinem

Beichtvater auferlegt worden, das Kind zurückzuschaffen.‹ Dieser junge Edelmann erzählte auch: der Marquis habe eines Tages die Erlaubnis, einen Spaziergang aus dem Gefängnis zu machen, dazu benutzt, ihn zu einem Kind zu führen, das ungefähr sieben Jahre alt, blond und sehr schön gewesen sei. ›Page‹, habe er zu ihm dabei gesagt, ›sieh dir dieses Kind genau an, damit du es wiedererkennst, wenn ich dich schicke, es zu besuchen und mir Nachricht von seinem Befinden zu bringen.‹ Nachher habe ihm der Marquis noch gestanden, dies sei das Kind des Grafen von Saint-Geran gewesen. Der Page erkannte das Kind, das die Gräfin beanspruchte, bei der Gegenüberstellung vor dem Richter auch sogleich als dasjenige wieder, das ihm der Marquis gezeigt hatte.

Hierzu kommt nun noch die Aussage mehrerer Zeugen, der Marquis habe in den letzten Augenblicken seines Lebens zu dem Priester, der ihn mit den Sakramenten versah, gesagt, er müsse noch dem Grafen und der Gräfin von Saint-Geran ein Geheimnis verraten. Die letzten Zuckungen, die ihn in diesem Augenblick befielen, hinderten ihn zwar, sein Bekenntnis zu vollenden; doch nach dem, was bereits angeführt worden ist, läßt sich leicht einsehen, was er noch zu bekennen hatte.

Ebenso sicher ist auch erwiesen, daß die Marquise von Bouillé an diesem schändlichen Verbrechen ihres Liebhabers teilhatte. Ihre plötzliche Abreise von Vichy nach der Unterredung mit der Hebamme, bei der sie von der Gräfin überrascht worden war; der Eifer, womit sie sich dieses Weibes gegen ihren Bruder und seine Gemahlin annahm; die Mühe, die sie sich gab, und das Geld, das sie anwandte, um den Fortgang eines Prozesses aufzuhalten, der ihr unter anderen Umständen mindestens ganz gleichgültig gewesen wäre: alles dies sind Tatsachen genug, um einen Verdacht zu erregen, den andere Tatsachen, die wir jetzt anführen wollen, nur zu sehr bestätigt haben.

Unmittelbar nachdem sie die Vorkehrungen zur Hemmung des Prozesses gegen die Hebamme getroffen hatte, schickte die Marquise ihren Stallmeister, La Forestière, zu den beiden Quinets, die sie vor einiger Zeit aus ihrem Dienst entlassen hatte, nach Riom und ließ ihnen Geld bringen. Beide waren über ihre Entlassung äußerst aufgebracht gewesen, so daß die ältere in ihrer Vermessenheit so weit ging, der Marquise mit geballter Faust unter die Augen zu treten und ihr im Ton der höchsten Erbitterung zu sagen: sie bereue jede Teilnahme an dem schändlichen Geheimnis, sie wolle alles aufdecken, und sollte sie auch dafür gehängt werden. La Forestière machte ihnen jetzt von seiten der Marquise das Anerbieten, unter den vorteilhaftesten Bedingungen wieder in ihre Dienste zu treten. Die Mädchen erzählten dem Stallmeister nun sogleich: der Kapuzinerguardian habe ihnen durch große Belohnungen, die er ihnen von der Gräfin von Saint-Geran versprochen habe, ihr Geheimnis ablocken wollen, aber ihre Verpflichtung gegenüber der Marquise erlaube ihnen nicht, Dinge zu verraten, die ihr Ärger zuziehen könnten. Zugleich übergaben sie ihm einen Aufsatz von fünfundzwanzig Artikeln, auf die der Guardian Antwort von ihnen verlangt habe. Sie hätten diese Fragen nicht sogleich beantworten wollen, sagten sie, und sich deswegen diesen Aufsatz von dem Guardian geben lassen, um bei der Marquise vorher Verhaltensmaßregeln einzuholen.

Forestière verließ einige Zeit nach diesem Vorfall die Dienste der Marquise. Beim Abschiede warnte sie ihn, von seinen Wahrnehmungen bei den Quinets etwas verlauten zu lassen; hundert Dolchstiche, die sie ihm durch ihren Haushofmeister Lisle versetzen lassen wollte, fügte sie hinzu, wären der Lohn für eine solche Unbesonnenheit. Alle diese Umstände bekannte La Forestière erst nach dem Tode der Marquise bei dem Zeugenverhör vor dem Parlement.

Die Marquise nahm indes die beiden Mädchen wieder in ihre Dienste, verheiratete die ältere an ihren Haushofmeister Lisle mit einem Brautgeschenk von zwölftausend Livres und behielt die jüngere bei sich. Aber alle ihre Geschenke konnten doch die Verschwiegenheit der Mädchen nicht erkaufen. Als eine Zeugenaufforderung in dieser Angelegenheit von der Kanzel bekanntgemacht worden war, sagte die ältere Quinet zu dem Marquis von Canillac: »Der Graf sucht sehr weit, was er ganz nah bei sich hat.«

Bei so ganz klaren Indizien, die auf eine sichere Spur zur Entdeckung der Wahrheit führen konnten, hätte gewiß schon der erste Richter gegen die Marquise erkannt und über sie die Untersuchung verhängt. Doch der Graf von Saint-Geran selbst wendete es ab, weil er glaubte, der Schimpf eines gegen seine Schwester verhängten Strafprozesses würde auch ihn treffen.

Ebenso beweisen auch viele Zeugenaussagen daß Beaulieu an dem Verbrechen beteiligt war.

Schon die sichtbare Unruhe von der er lange umhergetrieben wurde, mußte Verdacht gegen ihn erregen. Bisweilen ließ er Äußerungen fallen, die deutliche Hinweise auf das Geheimnis gaben, das ihn so schwer bedrückte. Öfters, wenn er Zeuge war von der Zärtlichkeit, mit der der Graf und seine Gemahlin das angenommene Kind behandelten, äußerte er, sie hätten mehr Ursache, das Kind zu lieben, als sie selbst glaubten. Ein andermal sagte er, Ehre und Leben der Marquise von Bouillé seien in seiner Hand, sie müsse zittern bei seinem Anblick. Einem Steuerrat in Moulins, der ihn einst beglückwünschte wegen des Vorzuges, den sein Neffe beim Grafen und der Gräfin genoß, antwortete er: »Sie können ihn wohl liebhaben, er geht sie sehr nahe an.« Einst legte er auch einem Mönch die Gewissensfrage vor, ob das Gewissen eines Menschen, der an der Beiseiteschaffung eines Kindes teilgenommen habe, schon als entlastet gelten könne, wenn er das Kind seinen Eltern wieder in die Hände geliefert habe, ohne ihnen jedoch zu sagen, daß es ihr Kind sei? Die Entscheidung des Mönchs, die unbekannt geblieben ist, scheint ihn aber nicht befriedigt zu haben; denn alle diese unbedachten Äußerungen, sichtbare Folgen seines beunruhigten Gewissens, sind erst nachher gefallen.

Ohne Zweifel hielt er diese zufälligen Äußerungen für ganz unverfänglich, vermutlich, weil er dachte, die Zeit habe sein Verbrechen längst mit einem dichten Schleier umhüllt. Aber die Hauptanführer der Verschwörung dachten anders. Ihnen schien es gefährlich, ihr Geheimnis in den Händen eines Mannes zu wissen, der so unvorsichtig damit umging; sie wollten sich lieber eines Menschen entledigen, dessen drükkende Gewissensangst sie jeden Augenblick die Entdeckung ihres Verbrechens fürchten ließ. Er wurde vergiftet. Schon mit dem Tode ringend, verlangte er noch den Grafen und die Gräfin zu sprechen, um seiner gnädigen Herrschaft, sagte er, noch Abbitte zu tun wegen eines großen Schadens, den er ihnen zugefügt habe. Man hinterbrachte diesen seine Äußerung; doch sie hatten damals noch keinen Verdacht auf ein wirkliches Verbrechen und vermuteteten also etwas ganz anderes. Sie glaubten, er habe sich etwa einer Untreue im Amte schuldig gemacht, und wollten dem Unglücklichen ein beschämendes Bekenntnis ersparen, das ihn leicht zu sehr erschüttern und seinen Tod beschleunigen konnte. Wie sehr bedauerten sie aber bald darauf, daß sie sein Bekenntnis nicht angehört hatten, das ihnen soviel Licht in den dunklen Vermutungen hätte geben können, die sich ihnen kurz nachher aufdrängten.

So wäre es also vollständig bewiesen, daß der Marquis von Saint-Maixant und die Marquise von Bouillé den Plan zur Entführung des Kindes, von dem die Gräfin entbunden werden sollte, entworfen, Beaulieu den Anschlag ausgeführt und die beiden Quinets alles mit angesehen haben.

Nun fragt sich also nur: was ist aus dem Kinde geworden? War es dasselbe, das die Gräfin jetzt beansprucht? Und durch welche Kettung der Umstände kam es wieder in ihre Hände? Die Antwort auf diese Fragen ist in einer Reihe von Zeugenaussagen enthalten, die das Kind gleichsam von Hand zu Hand geben und durch alle Abwege bis in sein väterliches Haus zurückbegleiten.

Die Hebamme empfing das Kind aus dem Schoße seiner Mutter, und aus Vorsicht für seine Erhaltung oder aus Gewohnheit band sie ihm die Nabelschnur ab. Einen Augenblick darauf aber beschloß sie doch, es umzubringen; schon hatte sie ihre mörderischen Klauen angelegt, um ihm die Schädeldecke einzudrükken, als es die Herzueilenden ihren blutgierigen Händen entrissen. Noch jetzt sieht man an seinem Kopfe die Spuren von diesem entsetzlichen Beginnen des abscheulichen Weibes.

Die Damen von Ventadour und von Lude finden es sehr unwahrscheinlich, daß man sich bemüht haben sollte, das Leben eines Kindes zu erhalten, dessen Beseitigung man beschlossen hatte. Es erscheint ihnen unglaubhaft, daß die Verbündeten die ständige Gefahr der Aufdeckung selbst in den Plan eines so großen Verbrechens mit aufgenommen haben könnten. Doch falls rechtschaffene Menschen die Beweggründe erraten können, die die Verbrecher öfters von ihrer geraden Bahn ablenken, so kann man wohl vermuten, daß entweder die Marquise von Bouillé nicht grausam genug war, um eine Erbschaft durch den Mord ihres Neffen zu erkaufen, oder daß Beaulieu nicht Mitschuldiger eines Kindesmordes sein wollte. Der Marquis sogar konnte diesmal besondere Ursachen haben, sein Verbrechen nicht ganz zu vollenden. Das natürliche Mißtrauen jedes Bösewichts mußte ihn antreiben, ein Mittel zu ergreifen, das ihm seinen Anteil an dem Raube sicherte. Die Marquise mußte die Erbschaft mit ihm teilen, sobald es in seiner Macht stand, ihr die ganze Erbschaft dadurch zu entziehen, daß er den rechtmäßigen Erben aufdeckte.

Was aber auch für Gründe die Ermordung des Kindes verhindert haben mögen – genug, es ist erwiesen, daß es nicht umgebracht wurde. Eingewickelt, in einen kleinen Korb gelegt, nahm es Beaulieu unter seinen Mantel und trug es aus dem Zimmer. Er ging durch die Pforte am Schloßgraben über eine Terrasse auf die Brücke, die zum Park führte. Vor dem Park, zu dessen Ausgängen Beaulieu alle Schlüssel besaß, stand schon eines der besten Pferde bereit, das er dahin beordert hatte. Eilends ritt er nach Echerolles, einem Dorf, das eine Meile von Saint-Geran liegt. Hier stieg er bei der Frau eines gewissen Claude Gautier ab, die dem Kinde ihre Brust zur ersten Nahrung reichte.

Zu furchtsam, um in einem dem Schlosse noch so nahe liegenden Ort sich lange aufzuhalten, ritt er durch den Fluß Allier nach Port de la Chaise, kehrte hier bei einem gewissen Bouchaud ein, ließ dem Kinde von der Wirtin zu trinken geben und verfolgte sodann seinen Weg an der Seite von Auvergne. Die Hitze war außerordentlich drückend, das Pferd ermüdet und das Kind sehr unruhig. Es begegnete ihm ein Fuhrmann namens Paul Boition aus der Stadt Aigueperce, der eben nach Riom fuhr. Er setzte sich also, mit dem Kinde im Arm, auf den Wagen und ließ sein Pferd hinterherlaufen. Unterwegs erzählte er dem Fuhrmann: er würde nicht so viele Sorge auf dieses Kind verwenden, wenn es nicht aus einem der vornehmsten Häuser in Bourbonnois stamme. Gegen Mittag kamen sie nach dem Dorf Ché. Er kehrte wieder bei einer Wirtin ein, die dem Kinde ihre Brust reichte und Wasser wärmen ließ, um es von den blutigen Spuren seines Eintritts in die Welt zu reinigen, die es noch am ganzen Leibe an sich trug. Der Fuhrmann brachte sie darauf bis nahe bei Riom. Hier verließ Beaulieu seinen Begleiter, und um ihn irrezuführen, nannte er ihm einen falschen Ort, wo sie sich wieder treffen wollten. Er setzte aber seinen Weg an der Seite der Abtei von Lavoine fort und langte endlich in Descoutoux, einem Dorfe in den Bergen bei Thiers und Lavoine, glücklich an. Hier übergab er das Kind einer Frau namens Gabrielle Moiniot, die es stillen sollte, und zahlte ihr einen monatlichen Lohn im voraus. Sie behielt aber das Kind nur sieben oder acht Tage, weil man ihr weder den Namen der Eltern sagen noch einen Ort nennen wollte, wohin sie vom Befinden ihres Säuglings

Nachricht geben könnte. Dieser sonderbare Vorfall verbreitete sich in der ganzen Gegend und machte einen so allgemeinen Eindruck, daß keine Amme weiter das Kind annehmen wollte; man mußte es also von dem Dorfe wegbringen. Die es wegbrachten, nahmen ihren Weg zuerst auf der Landstraße von Bourgogne und von da quer durch einen großen Wald. Aber hier verliert sich ihre Spur.

Alle diese einzelnen Umstände sind erwiesen durch das Zeugnis der Frauen, die das Kind gestillt haben, des Fuhrmanns und einer großen Anzahl anderer Leute.

Was von da an mit dem Kinde weiter vorgegangen ist, weiß man freilich nicht. Aber der Faden der Geschichte findet sich wieder bei seiner Ankunft in Paris, wo es Marie Pigoreau, der Schwägerin Beaulieus, übergeben wurde. Sehr bereitwillig nahm sie den kleinen Säugling auf, da man ihr gleichzeitig für seine Erziehung zweitausend Livres bei einem Gewürzhändler, namens Raguenet, in Paris anwies.

Die Furcht, den wahren Ursprung des Kindes und seine Entführung zu verraten, hatte bisher die Anstalten zur Taufe verzögert. Marie fand aber nun Gelegenheit, das Kind in der Kirche zu Saint-Jean-En-Grève heimlich taufen zu lassen, ohne den Namen der Eltern angeben zu müssen. Sie veranstaltete also jetzt die Taufhandlung, von der schon oben die Rede war.

Durch Zeugen ist erwiesen, daß Marie dieser Taufe in Person beigewohnt hat, daß sie während der Handlung im Beichtstuhl verborgen war und daß sie dem Paten zehn Sous für seine Mühe gab. Sie kann also die Mutter des getauften Kindes nicht sein. Schon das Datum des Taufscheins beweist, daß sie damals schon zu lange Witwe war, um noch ein Kind von ihrem Manne zu gebären. Bei ihrer bis dahin noch unverdächtigen Sittsamkeit läßt sich aber nicht voraussetzen, daß sie mit einem Kinde entbunden worden sei zu einer Zeit, wo dies nur auf Kosten ihrer Tugend hätte geschehen können. Ferner aber ist es ganz gegen alle Gewohnheit, daß eine Mutter unmittelbar nach ihrer Niederkunft in die Kirche geht und der Taufe ihres Kindes selbst beiwohnt – eine Unvorsichtigkeit, die außerdem unter Umständen die fürchterlichsten Folgen haben könnte. Wenn aber die Gesetze der Gewohnheit und der Natur diese Anwesenheit bei der Taufe selbst bei einem ehelichen Kinde verbieten – wie kann man glauben, daß sie sich ohne alle Notwendigkeit öffentlich bei der Taufe eines Kindes gezeigt habe, dessen Dasein ein Beweis für ihre Unenthaltsamkeit war?

Es ist also erwiesen, daß Marie nicht die Mutter des Kindes ist, das am 7. März 1642 zu Saint-Jean-En-Grève getauft wurde. Dennoch ist ganz unverkennbar, daß sie sehr lebhaft daran interessiert war. Worin muß nun dies Interesse bestanden haben?

Der Gewürzkrämer Raguenet bekannte beim Zeugenverhör: er habe Marie 2000 Livres eingehändigt, mit dem Versprechen, ihr künftig noch mehr zu geben, wenn sie dies Kind aufzöge; sie habe aber nichts weiter durch ihn erhalten, weil das Kind nicht mehr bei ihr gewesen sei. Außerdem ist erwiesen, daß diese Frau, die bis zu diesem Zeitpunkt immer in Dürftigkeit gelebt hatte, sich auf einmal, ohne erklärbaren Übergang, im Überfluß befand.

Noch deutlicher entwickelt sich Maries Interesse an dieser Sache, wenn man ihren Schritten weiter folgt und zugleich einige Äußerungen in Erwägung zieht, die ihr seit jenem 7. März 1642 entfallen sind. Die Wäsche, womit sie das Kind versah, war so fein und reich, daß sein Stand ihm nicht einmal erlaubte, sie zu tragen, wenn es auch das Vermögen seiner Mutter zugelassen hätte, solchen Aufwand zu machen. Als sie es in Torcy einer Amme übergab, die Paillard hieß und ihre Gevatterin war, sagte sie zu ihr: das Kind, das sie ihr anvertraue, sei von vornehmen Eltern und sein Leben sei ihr so teuer wie ihr eigenes. Der Gesundheitszustand dieser Amme erlaubte ihr nicht, den Säugling lange zu behalten; Marie mußte ihn also wieder abholen. Sie sagte dabei ihrer Gevatterin: sie bedauere für sie, daß sie das Stillen des Kindes nicht habe vollenden können, die Belohnung würde sie vermutlich von allen Nahrungssorgen auf immer befreit haben. Marie übergab nun das Kind einer anderen Amme in demselben Dorfe, der Witwe eines gewissen Séguin, der sie auch zu verstehen gab: der Vater des Kindes sei ein vornehmer Herr, der gewiß ihr Glück machen werde, wenn sie das Kind wohl in acht nehme. Überhaupt wurde der Säugling auch wie ein Kind von Stande behandelt und der Lohn der Amme jeden Monat pünktlich bezahlt.

Sobald er achtzehn Monate alt war, ließ ihn Marie entwöhnen und nahm ihn zu sich. Nun gab sie ihn auf einmal für ihren zweiten Sohn Henri aus, der jedoch gestorben war. Weil sie aber einsah, daß sie ihren Betrug vor den Augen ihrer Nachbarn nicht würde verbergen können, so verließ sie ihre Wohnung und bezog eine andere in einem sehr entfernten Teil der Stadt, wo sie niemand kannte. Dies war der letzte entscheidende Schritt, um den Erben des Grafen von Saint-Geran beiseite zu schaffen.

Als der Knabe zweieinhalb Jahre alt war, suchte sich Marie seiner zu entledigen, weil die Urheber des

Verbrechens, des großen Aufwands müde, nicht mehr dafür sorgten, die Kosten seines Unterhalts zu entrichten. Sie brachte ihn also unter dem Namen ihres Sohnes Henri zu Beaulieu, mit dem Vorwand, er als Pate und Oheim des Kindes, das sie nicht mehr erhalten könne, sei verpflichtet, für seine Erziehung zu sorgen. Eine abschlägige Antwort durfte dieser nicht wagen, weil er sonst fürchten mußte, seine Schwägerin werde ein Geheimnis verraten, an dessen tiefer Verheimlichung ihm so viel gelegen war.

Durch solche Umwege führte das Schicksal den jungen Grafen von Saint-Geran wieder in die Arme seiner Eltern.

So wäre also erwiesen: Marie hat ein Kind taufen und durch eine Amme stillen lassen, dessen Mutter sie nicht war; dasselbe Kind ist auf das Schloß zu Saint-Geran gebracht worden und ist das gleiche, das die Gräfin jetzt als ihren Sohn zurückfordert. Aber ist es denn auch dasselbe, das die Gräfin geboren hat und das bei seiner Abreise aus Descoutoux ganz aus den Augen seiner Beobachter verschwunden ist?

Wenn man die unbedachten Äußerungen, die Marie entfielen, zusammenhält mit dem übermäßigen Aufwand, den sie für das Kind trieb, läßt dies wohl darauf schließen, daß es der Sohn eines vornehmen und reichen Herrn sei. Aber wer ist dieser Herr? Wenn man sich nur etwas der sichtbaren Gewissensangst erinnert, die sich an Beaulieu äußerte; der bedenklichen Reden, die ihm entfuhren; der Gewissensfrage, die er an den Mönch richtete; wenn man dabei bedenkt, wie oft er dieses Kind in Torcy besuchte, das wie der Erbe eines großen Hauses erzogen wurde, das er gleichwohl seinen Neffen nannte und unter dieser Eigenschaft in das Schloß zu Saint-Geran einführte; wenn man damit das rätselhafte Geständnis vergleicht, das die ältere Quinet bei der öffentlichen Zeugenaufforderung in dieser Angelegenheit des Grafen von Saint-Geran ablegte, so ergeben alle diese Umstände zusammen einen so hohen Grad von wahrscheinlichen Indizien, die bei jedem Vernünftigen wohl als voller Beweis gelten müssen.

Am stärksten wird das Gewicht dieser Indizien vermehrt durch das Betragen Maries bei dem Prozeß selbst. Durch einen Befehl vom 18. August 1657 wurde ihr verboten, sich aus der Stadt und den Vorstädten von Paris zu entfernen, mit der Androhung, man werde sie sonst als überführt ansehen. Die Herzogin von Ventadour und die Gräfin von Lude rieten ihr hierauf, beim Parlement um Gegenüberstellung mit den Zeugen zu bitten, die wegen der Schwangerschaft und Entbindung der Gräfin vernommen und mit der Hebamme schon konfrontiert worden waren. Vermutlich versprachen sich die Damen von Maries Gewandtheit in Winkelzügen und von ihrer Dreistigkeit, daß es ihr gelingen werde, die Zeugen aus der Fassung zu bringen. Durch einen Befehl vom 28. August 1658 wurde die Gegenüberstellung bewilligt, zugleich aber Marie auferlegt, sie solle sich, um zugelassen zu werden, auf drei Tage in das Parlementsgefängnis begeben. Trotz ihrer Frechheit wagte sie es aber doch nicht, sich der Gefahr auszusetzen, die sie dadurch zu bedrohen schien, daß sie sich gefangen gab. Die Gegenüberstellung, die sie mit so großer Zuversichtlichkeit verlangt hatte, fand also nicht statt, und Marie, ohne darauf zu achten, daß sie der Androhung des Befehls gemäß für überführt erklärt werden würde, flüchtete aus Paris und kam nicht wieder zum Vorschein.

Aber wir wollen nicht nur zu Vermutungen unsere

Zuflucht nehmen; wir können Tatsachen genug anführen, die einen einwandfreien Beweis ergeben.

Es ist schon dargelegt worden: der Marquis von Saint-Maixant hatte den Sohn eines vornehmen Herrn in seiner Gewalt; er gestand schließlich offen, das Kind, das er in seiner Gewalt habe, sei der Sohn des Grafen von Saint-Geran. Aber noch mehr! Marie war die Person, zu der er seinen Pagen führte, um ihm das Kind zu zeigen, das er dessen Aufmerksamkeit so nachdrücklich empfahl; und dasselbe Kind ist es, das durch Beaulieu später in das Schloß des Grafen von Saint-Geran eingeführt wurde und das von Zeit zu Zeit Besuche bei Marie, als seiner vermeintlichen Mutter, machte. Der Marquis von Saint-Maixant ist zwar niemals darüber gerichtlich vernommen worden. Doch alle diese Erklärungen und Tatsachen sind durch Zeugenaussagen gerichtlich bestätigt. Sollten sie also zusammen nicht einen ebenso nachdrücklichen und überzeugenden Beweis ergeben, wie wenn sie der Marquis selbst in Person vor Gericht gestanden hätte? Knüpfen diese Tatsachen nun nicht den Faden wieder an, der sich bei der Abreise des Kindes von Descautoux verloren hatte?

Doch wir wollen noch Marie selbst hören; ihre Erklärungen werden uns ebensoviel Aufschluß geben wie die des Marquis von Saint-Maixant.

Fürs erste steht außer allem Zweifel, und sie selbst hat es nie geleugnet, daß sie von ihrem Mann nur zwei Kinder hatte, deren jüngeres erst nach seines Vaters Tode geboren wurde. Aber das hat sie nie zugeben wollen, daß dieser jüngere Knabe gestorben sei, vielmehr hat sie dagegen immer behauptet, dieser zweite Sohn sei ebendas Kind, das die Gräfin von Saint-Geran für sich in Anspruch nehme.

Einer der stärksten Gründe, worauf sie die Behauptung stützt, daß ihr Kind noch lebe, ist die Einwendung: diejenigen, denen daran liege, seinen Tod zu beweisen, müßten einen Totenschein beibringen, da ja nach der Prozeßordnung die Beweispflicht dem auferlegt sei, der eine Tatsache behaupte: Actori probandi onus incumbit. Doch es läßt sich – wie auch der Generalprokurator Bignon bemerkt hat – leicht vermuten, daß diese ebenso schlaue wie verwegene Person, sobald sie einmal den Vorsatz hatte, den jungen Grafen von Palisse als ihren zweiten Sohn zu unterschieben, auch alle mögliche Vorsicht angewendet haben wird, um den Tod des letzteren zu verheimlichen und jeden schriftlichen Beweis für dieses zweite Verbrechen zu unterdrücken. Diese Bemerkung führt jedoch nicht weiter, als daß sie die Einwendung widerlegt, die Marie vorgebracht hat. Aber Zeugnisse aus Maries eigenem Munde beweisen, was sie leugnen will.

Margot, eine Tochter der Hebamme, die Marie bei ihrer zweiten Niederkunft beigestanden hat, bezeugte beim Verhör: sie sei nicht nur Zeugin gewesen, als Marie ihrer verstorbenen Mutter anvertraut habe, daß dieses Kind wieder gestorben sei; sondern Marie selbst habe auch ihr dieses Bekenntnis mitgeteilt. Eine Frau von Morangis versicherte, aus Maries eigenem Munde die Erklärung gehört zu haben, sie habe nur noch ein Kind.

Dies wären also zwei Zeugen, die den Tod des Kindes bestätigen, an dessen Stelle Marie den Grafen von Palisse unterschieben wollte. Wir fügen ihnen zwei andere hinzu, die klar bezeugen, daß dasselbe Kind, für dessen Mutter sie sich ausgibt, wirklich dieser Graf von Palisse ist. Jadelon, Herr von Barbe Sange, setzte seiner obenerwähnten Aussage noch hinzu: er habe aus Maries eigenem Munde gehört, das Kind, das sie zu ihrem Schwager gebracht habe, sei nicht ihr Sohn, sondern der Sohn des Grafen und der Gräfin von Saint-Geran, und zu gegebener Zeit wolle sie das schon beweisen. Maries Mutter selbst hat die ganze Geschichte mit ihren kleinsten Umständen, von der Entführung des Kindes bis zu seiner Rückkehr auf das Schloß zu Saint-Geran, der Gräfin von Montabilan erzählt. Diese ganze Erzählung wurde von der Gräfin beim Zeugenverhör wieder ausgesagt und stimmte mit den übrigen Aussagen ebenso wie mit den Mutmaßungen, auf die man schon während des Prozesses gekommen war, vollkommen überein.

Aber noch mehr! Das Kind, das Marie jetzt beansprucht, konnte unmöglich mit dem verwechselt werden, das sie wirklich geboren hatte. Es ist nämlich durch die Akten bewiesen, daß Henri Beaulieu von dunkler Gesichtsfarbe war und braune Augen hatte, während dagegen das Kind, über das der Streit geführt wird, blond ist und große blaue Augen hat.

Ebensowenig kann es aber Bernard von Mantes' unehelich erzeugtes Kind sein, da dieses schwarzes Haar und eine ganz schwarzbraune Gesichtsfarbe hatte und demnach zwischen diesen beiden Kindern ein Unterschied ist wie zwischen weiß und schwarz. Außerdem ist Bernard von Mantes' Sohn zu Croix-Fouxbain von Magdalene Tripier gestillt und bei seinem Vater auferzogen worden.

Aber Marie, sagt man, will doch die Mutter dieses unehelichen Kindes sein und behauptet, der Taufschein, den man auf den Sohn der Gräfin von Saint-Geran deuten will, rede von diesem Kinde.

Mag sie ihr Verbrechen mit der Schande eines unzüchtigen Lebenswandels zu beflecken suchen, immer wird doch das System, das sie auf Kosten ihrer eigenen Ehre errichten will, durch die Tatsachen widerlegt, die durch die Akten erwiesen sind. Es steht fest, daß das Kind, das zu Saint-Jean-En-Grève getauft wurde, in Torcy gestillt, von Marie darauf geradezu in ihr Haus aufgenommen wurde, von da in das Schloß zu Saint-Geran gebracht worden ist. Doch an keinem einzigen dieser Orte ist der Sohn Bernard von Mantes' gewesen; denn wo dieser sich aufgehalten hat, ist oben, den Akten gemäß, angeführt worden. Der Ort ihres Aufenthaltes stimmt also ebensowenig überein wie ihre Gestalt. Wie konnte sich denn Marie einbilden, durch die Verwirrung, durch die sie die ganze Sache zu verhüllen suchte, die Obrigkeit und das Publikum zu täuschen?

Folgender Hauptumstand vollendet den Beweis. Ein Parlementsrat erhielt den Auftrag, das Kind den Ammen und den übrigen Zeugen in Torcy vorzuführen. Alle diese Personen erkannten in ihm dasselbe Kind, das in ihrem Dorfe gestillt worden war und das Marie dorthin gebracht hatte; in dessen Namen sie denen, die seine Versorgung übernommen hatten, so vielerlei versprochen und das sie so oft mit einem Mann von Stande besucht hatte; sie erkannten es an seiner weißen Haut, an seinem blonden Haar und an seinen blauen Augen, und besonders an den Spuren von der mörderischen Hand der Hebamme, die noch an seinem Kopf zu sehen sind, jenen unvertilgbaren Merkmalen von dem abscheulichen Vorhaben der Hebamme, wodurch der junge Graf immer sogleich zu erkennen ist. Die Vermutungen, die den ganzen Beweis der Herzogin von Ventadour und der Gräfin von Lude bilden, sind also durch Tatsachen zerstreut.

Daß das Zeugnis der Eltern über das Herkommen

ihrer Kinder in keinem Fall rechtsgültig sein soll, ist ein Grundsatz, der der Menschlichkeit, den guten Sitten und den Gesetzen geradezu widersprechen würde und den also niemand ohne weiteres annehmen kann. Man muß dabei folgenden Unterschied machen: Wenn die Aussage der Eltern ihrem Kinde die eheliche Abstammung abspricht, so kann man diese Aussage nicht als unumstößlich wahr gelten lassen, sondern das Kind darf sie bestreiten und sich dagegen verteidigen, weil es möglich ist, daß das Herz eines Vaters oder einer Mutter mit so bitterm Haß gegen ein Kind erfüllt wird, der sie sogar verleiten kann, es zu verleugnen. Aber im Gegensatz dazu läßt sich nicht behaupten, daß jemand für ein fremdes Kind eine so blinde Liebe fassen könne, um es als sein eigenes anzuerkennen und anzunehmen. Wenn sich also Vater und Mutter zugunsten eines Kindes erklären, das sich für das ihrige ausgibt, so sind sie hierin nicht nur unverwerfliche Zeugen, sondern sogar auch die einzigen und höchsten Richter. Das Gesetz gestattet in solchen Fällen nur den Eltern ein Widerspruchsrecht. Wenn also dieser einzige, der ein Widerspruchsrecht hat, ein Kind gerichtlich als das seinige anerkannt hat, so ist darüber kein Streit mehr möglich; denn dieser hat durch die Anerkennung gleichsam selbst einen rechtlichen Vertrag mit dem Kinde abgeschlossen, den Punkt nie wieder zu berühren, und niemand anders ist befugt, den Rechtsstreit wieder aufzunehmen.

Diesen Grundsätzen gemäß hat das Gesetz bestimmt, solche öffentlich vor Gericht abgegebenen Erklärungen der Eltern sollen als unumstößliche Beweise für die Rechtmäßigkeit der Geburt eines Kindes gelten.

Würde die Klage der Damen von Ventadour und

von Lude für begründet angesehen werden, welchem Bürger könnte man dann nicht ebensogut seinen Stand streitig machen?

Noch sonderbarer erscheint aber das Unternehmen dieser Damen dadurch, daß sie – wir müssen es wiederholen – gar nichts anführen, das zu einem solchen Verdacht gegen den Grafen und seine Gemahlin berechtigen könnte.

Angenommen aber auch, sie hätten sich über alle Rücksichten hinwegsetzen können und weder die Ehre ihrer Familie noch die Sorge für die Reinheit ihres Stammes hätte sie zurückgehalten: hätte dann der Graf sogar in den Armen des Todes diesen Betrug noch bestätigt, hätte seine Gemahlin nach seinem Tode noch einen Streit fortgeführt, der ihre ganze Ruhe störte?

Alle diese Umstände rechtfertigen die Ansprüche des Grafen und seiner Gemahlin so vollkommen, daß gegen sie weder Vermutungen noch Gründe weiter in Betracht kommen. Noch viel überzeugender aber erscheinen sie durch die Anzahl von Zeugen, durch die Reihe von Beweisen, die alle Erdichtungen mit entschiedenem Übergewicht widerlegen, durch die Kette von Tatsachen, die so genau ineinandergreifen und ein Ganzes bilden, aus dem die Wahrheit in vollem Glanze hervorbricht.

Die Rechtsgelehrten haben vier Punkte festgesetzt, durch die der Richter bei Fragen dieser Art die Wahrheit entdecken könnte, nämlich: wenn das Kind von Vater und Mutter anerkannt worden ist; wenn man keine Ursache und keinen vernünftigen Vorwand der Unterschiebung angeben kann; wenn die Eltern den Leumund einer vollkommenen Rechtschaffenheit besitzen; und endlich, wenn die Schwangerschaft erwiesen ist.

Diese vier Umstände treffen aber bei der Gräfin von Saint-Geran vollkommen zu. Man findet hier kein einziges von den Anzeichen, die gewöhnlich den Verdacht der Unterschiebung eines fremden Kindes erwecken: wenn nämlich entweder die Frau, die sich als Mutter ausgibt, schon sehr alt ist oder wenn man verdächtige Äußerungen von ihr gehört hat, die auf ein solches Verbrechen schließen lassen; wenn sie ohne Beistand einer Hebamme entbunden worden ist; wenn sie ihre Schwangerschaft vor den Verwandten verheimlicht und sich an einen abgelegenen, für ihr Vorhaben geeigneten Ort begeben hat. Von allen diesen Verdachtsgründen trifft bei der Gräfin kein einziger zu; vielmehr beweisen hier alle Vermutungen das gerade Gegenteil. Das Alter der Gräfin ist noch jetzt nicht in die Jahre der Unfruchtbarkeit vorgerückt und war also bei der Geburt ihres Sohnes noch viel weiter davon entfernt. Keine einzige Äußerung konnten ihre Feinde, bei aller Aufmerksamkeit, mit der sie alle ihre Reden und Schritte beobachteten, zur Bestätigung ihrer Behauptungen anführen; niemals ist ihr ein Wort entfallen, das auch nur den Schatten eines Verdachts hätte erwecken können. Bei ihrer Niederkunft war eine Hebamme zugegen, und ihre Schwangerschaft machte sie länger als sechs Monate vorher bekannt. In der Mitte ihrer ganzen Familie und vor den Augen ihres Gemahls ist die Entbindung erfolgt, die man ihr abstreiten will, weil man das Kind entführt hat. Ihr Leben ist makellos und unbescholten, selbst die Verleumdung hat an ihr keinen Tadel gefunden und ihre Unschuld durch tiefes ehrfurchtsvolles Stillschweigen anerkannt.

Diese aus bloßen Vermutungen entspringende Wahrscheinlichkeit, verbunden mit der überzeugenden Gewißheit, die die unwidersprechlich erwiesenen Tatsachen hervorbringen, zeigen nun die Wahrheit in ihrem höchsten Triumph.

Auch die Damen von Ventadour und von Lude fühlen dieses Gewicht der Wahrheit und der unumstößlichen Beweise. Aber um noch einmal dem Schlag auszuweichen, der sie jetzt gerade trifft, gebrauchen sie eine Wendung, die ebenso sonderbar scheint, als sie scharfsinnig ausgeführt ist. Die Beweise für die Abstammung des jungen Grafen, sagen sie, die man durch den Strafprozeß erhielt, können nicht gegen uns verwendet werden, um den Streit über seinen Stand zu entscheiden; denn das Zivilverfahren ist vom Strafverfahren ganz verschieden; und da uns, schließen sie weiter, der ganze Strafprozeß über die Entführung des Kindes gar nichts angeht, muß uns erlaubt sein, die Unterschiebung des Kindes vor dem Zivilrichter zu beweisen.

Wie reimt sich, so zu reden, aber mit ihrem Betragen beim Prozeß selbst zusammen? Wenn der Strafprozeß sie nichts angeht, warum verlangten sie dann so dringend, als Zwischenkläger angesehen zu werden? Führen sie nicht selbst zur Begründung ihrer Zwischenklage an, daß sie ein sehr beachtliches Interesse an der Sache haben, weil man ihnen einen Blutsverwandten, einen künftigen Erben, aufdrängen wolle? Sie mußten also doch glauben, daß die Frage nach dem Stand des Kindes auch in bezug auf sie durch den Strafprozeß entschieden werden könne; sie mußten also doch wirklich vollkommen überzeugt sein, daß die Verurteilung Maries und der Hebamme zugleich auch den Streit über den Stand des Kindes entscheide, warum hätten sie sonst ihren ganzen Einfluß aufgeboten, diese Verbrecher zu retten?

Worauf fußt denn der ganze Strafprozeß, der bisher geführt wurde? Ist es nicht die Beiseiteschaffung des Kindes durch die Hebamme auf der einen und der Streit über die echte Mutterschaft Maries auf der anderen Seite, worauf dabei alles ankommt? Ist nun aber durch das Endurteil entschieden, daß jene das Kind wirklich beiseite geschafft haben und diese sich fälschlich für dessen Mutter ausgegeben hat, die Gräfin dagegen die richtige Mutter ist: wie könnte man eine vollständigere und klarere Entscheidung über den Stand des Kindes fällen? Nachdem durch den Generalprokurator die Verurteilung der unechten Mutter gemäß Parlementsbeschluß öffentlich bekanntgemacht und dadurch der Stand des Kindes feierlich bestätigt worden ist, kann man da den Damen von Ventadour und von Lude noch Gehör leihen, wenn sie vorgeben, es sei nur über das Verbrechen ein Urteil gesprochen, aber in bezug auf sie müsse die Sache durch einen Zivilprozeß entschieden werden?

Es ist bekannt, daß diese Art von Anklagen wegen Beiseiteschaffung eines Kindes gemischt, teils strafrechtlich, teils zivilrechtlich sind, daß aber die Entscheidung des strafrechtlichen, die Person betreffenden Teils zugleich auch den damit verbundenen zivilrechtlichen Teil des Streites entscheidet. Welche unabsehbare Verwirrung würde entstehen, wenn man die einmal getroffene Entscheidung über den Stand eines Menschen den ständigen Angriffen aller, die daran interessiert sind, aussetzen wollte?

Der andere Einwand: daß die Beweise eines Strafprozesses nur gegen den Angeklagten verwendet werden können, ist eine bloße Spitzfindigkeit. Zwar können sie bei der Überführung eines Verbrechens und bei der Verhängung der Strafe über den Verbrecher nur den Angeklagten betreffen. Doch wenn bei einem solchen Prozeß auch zivile Fragen vorkommen, so gelten die gegen den Angeklagten geführten Beweise auch gegen alle Personen ohne Unterschied, die wegen ziviler Ansprüche in die Sache verwickelt sind.

Ist Marie als schuldig verurteilt worden, so geschah dies, weil es dem Richter so klar wie der Tag bewiesen war, daß sie nicht die wahre Mutter des Kindes sei, worüber der Streit geführt wird, und daß sie es der Gräfin von Saint-Geran habe entreißen wollen, deren rechtmäßiger Sohn es ist. Ist aber diese Familienzugehörigkeit erwiesen, so ist das Kind auch der Erbe des Grafen von Saint-Geran, seines Vaters, und schließt also darum seine Tante und seine Cousine als bloße Seitenverwandte von der Erbfolge aus. Was könnten also diese Damen bei einer weiteren Untersuchung, worauf sie bestehen, nun noch beweisen wollen?

Kraft des Rechtsspruchs vom 18. August 1657 ist Marie überführt, das Kind der Gräfin von Saint-Geran beiseite geschafft zu haben; denn dieser Rechtsspruch besagte ausdrücklich, als er ihr die Aufenthaltsbeschränkung für die Stadt und die Vorstädte von Paris ankündigte: wenn sie diese Grenzen überschreite, solle sie des Kindesraubes, dessen man sie beschuldigte, für überführt erklärt sein. Sie hat aber nicht nur Paris verlassen, sie hat sich sogar in fremde Länder geflüchtet, um sich ganz der Gerichtsbarkeit des Parlements zu entziehen. – Dieser Schritt bedeutet also nicht etwa eine bloße Vermutung, sie sei schuldig, sondern sie ist dadurch des Verbrechens vollständig überführt, und der Parlementsspruch vom 18. August 1657 kann nicht mehr als ein bloßer vorläufiger Rechtsspruch angesehen werden, sondern ist durch diesen Schritt in ein vollständiges unwiderrufliches

Endurteil verwandelt. Alle weiteren Verfahren gegen sie, alle weiteren Formalitäten sind also überflüssig; sie ist verurteilt, und das Parlement braucht nur noch Befehle zur Vollstreckung des Urteils zu erteilen, sobald man ihrer Person habhaft werden kann. Ist aber durch ein Endurteil entschieden, daß Marie das Verbrechen begangen hat, sich fälschlich für die Mutter des Kindes ausgegeben zu haben, worüber dieser Streit geht, so ist dieses Kind der Sohn der Gräfin von Saint-Geran und der Erbe des Grafen, seines Vaters.

Doch wir brechen hier ab, um unsere Leser sogleich an das Ende des Rechtsstreites zu führen.

Nach einem Prozeß, der länger als sechzehn Jahre gedauert hatte, worin mehr als fünfzehn Beschlüsse vom Parlement erlassen worden waren, wurde endlich am 5. Juni 1666 das Endurteil gesprochen. Nach dessen Inhalt wurde Bernard von Guiche für einen leiblichen und rechtmäßigen Sohn Claude von Guiches und Susanne von Longaunays erklärt und deswegen in den Besitz des Namens und Wappens des Hauses Guiche und des ganzen von seinem Vater hinterlassenen Vermögens eingesetzt, mit dem Versprechen, ihn in diesen Rechten zu schützen. Marie von Guiche hingegen, Herzogin von Ventadour, und Eleonore von Bouillé, Gräfin von Lude, wurde es aufs strengste untersagt, ihn auf irgendeine Art in dessen Besitz zu stören, und ihnen zugleich auferlegt, sämtliche Kosten des Prozesses zu bezahlen. Marie Pigoreau, die Witwe des Fechtmeisters Beaulieu, wurde, überführt des Verbrechens, dessen sie angeklagt worden war, verurteilt, sobald man ihrer habhaft werden könnte, auf der Place de Grève in Paris gehängt zu werden; falls sie aber nicht zu erreichen wäre, so solle ihr Bild auf demselben Platz an einen Galgen angeschlagen werden.

Martin Guerre

Martin Guerre stammte aus einer Familie des nordspanischen Landstrichs Biskaya, die sich etwas über den Bauernstand erhob.

Im Januar 1539 heiratete er elfjährig Bertrande von Rols aus Artigues im Sprengel Rieux, ein etwa gleichaltriges Mädchen, das mit den Reizen einer seltenen Schönheit den Vorzug eines Verhaltens verband, das sie über alle Angriffe der Verleumdung erhob.

Acht oder neun Jahre lang wurde die Ehe dieses fast noch im Kindesalter stehenden Paares nicht vollzogen. Alle Verwandten glaubten schon, wie es damals Mode war, es sei Zauberei im Spiele. Die Familie der Frau wünschte die Ehe wieder zu trennen; doch die Frau, die ihren Mann sehr zärtlich liebte, war durchaus nicht dazu zu bewegen. Da sie diesen Plan nicht durchsetzen konnten, wandten sie wenigstens alle erdenklichen Mittel an, um die Verzauberung zu beheben. Die jungen Eheleute mußten geweihte Kuchen und Hostien essen, und man ließ vier Messen von vier verschiedenen Priestern für sie lesen.

Die Natur übernahm endlich selbst die Entzauberung, als das reifere Alter eintrat. Um ihr zwanzigstes Jahr herum machten die beiden Eheleute mit zwei ihrer Bekannten, einem Bruder und einer Schwester, eine Reise. Unterwegs mußten alle vier in einem Zimmer schlafen, wo nicht mehr als zwei Betten waren. Das eine davon nahmen die beiden Frauen ein, in dem andern schliefen die Männer. In der Nacht schlich sich Martin Guerre von der Seite seines Freundes zu seiner Frau, und – von dem Augenblick an wurde er Vater eines Sohnes, den er bei seiner Geburt Sanxi nennen ließ.

Nicht lange nach der Geburt dieses Knaben erdreistete sich Guerre, seinem Vater etwas Getreide zu stehlen, und wurde entdeckt. Er fürchtete den Zorn seines Vaters und ergriff die Flucht, um dessen Folgen zu entgehen. Volle acht Jahre lang hörte man nicht das geringste von ihm. Inzwischen starb sein Vater, und ein Bruder des Vaters, namens Pierre Guerre, übernahm für den Abwesenden die Verwaltung des ihm zugefallenen väterlichen Erbteils.

Nach acht Jahren erschien auf einmal ein Mann, der nicht nur den Namen, sondern auch völlig das Aussehen des Geflohenen hatte. Bertrande von Rols, die sich während der langen Zeit ihrer Witwenschaft einen unbescholtnen Ruf erhalten hatte, erkannte ihn sogleich als ihren Mann und räumte ihm ohne Bedenken Wohnung, Tisch und Bett wieder ein.

Vier Schwestern von Martin Guerre erkannten sämtlich diesen Ankömmling als ihren Bruder. Pierre Guerre nahm ihn als seinen Neffen auf. Mit einem Wort, die ganze Familie empfing ihn als ihren Verwandten, und es fiel niemandem unter ihnen ein, zu bezweifeln, daß er wirklich derjenige sei, für den er gehalten wurde.

Seine alten Freunde und seine ehemaligen Gespielen erkannten ihn wieder. Er erinnerte sie an allerlei Umstände ihres Lebens; er spielte in seinen Gesprächen auf bekannte Geschichten an; kurz, er benahm sich unter ihnen mit der Unbefangenheit und Vertraulichkeit, die sich nur im Umgange der engsten Freundschaft findet.

So lebte er einige Jahre mit größter Sicherheit im Besitze seines Glücks. Zwei Kinder, von denen das eine bald nach der Geburt wieder starb, waren die Frucht dieser Verbindung.

Diese Ruhe wurde eines Tages für einige Zeit durch einen Soldaten aus Rochefort gestört, der bei seiner Durchreise in Artigues zufällig erzählte: Martin Guerre halte sich in Flandern auf und trage jetzt ein hölzernes Bein, weil er das eigene bei Saint-Laurent durch eine Kanonenkugel verloren habe. Bei Bertrande von Rols erregte diese Nachricht etwas Verdacht. Sie ließ sogar über die Aussage des Soldaten durch Notare ein Protokoll aufnehmen. Doch – war es nun Scham über die Folgen, die ihr Irrtum schon gehabt hatte, oder wirkliche Täuschung durch die Ähnlichkeit der Züge oder irgendeine andre Ursache, wodurch sie von der weiteren Untersuchung absah: sie fuhr jedenfalls fort, den Mann, mit dem sie lebte, öffentlich als ihren Ehemann zu behandeln.

Drei Jahre waren unter diesen Umständen schon verflossen. Pierre Guerre hatte in dieser Zeit seinem Neffen sämtliche Güter übergeben, die er bisher für ihn verwaltet hatte. Dieser verlangte nun aber auch Abrechnung über die Einkünfte, die er daraus gezogen habe; und da der Ohcim diese Abrechnung unter allerhand nichtigen Vorwänden immer wieder hinausschob, so belangte er ihn schließlich deshalb bei der Obrigkeit.

Dies Verfahren, das an sich schon große Erbitterung erregte, bestimmte, zusammen mit der Härte, mit der der Kläger dann die Bezahlung des Rückstandes eintrieb, Pierre Guerre zur Rache. Man beschuldigte ihn tatsächlich, mehrere Anschläge auf das Leben seines Neffen gemacht zu haben. Schließlich aber ergriff er eine Gelegenheit, die ihm sicherer schien.

Der vermeintliche Martin Guerre bekam Streit mit einem gewissen Jean von Escarbœuf. Die Sache kam zur Strafuntersuchung vor den Landrichter zu Toulouse, und Guerre kam in Untersuchungshaft. Während er nun im Arrest saß, wandte Pierre Guerre gemeinsam mit seinen vier Schwiegersöhnen alles an, Bertrande von Rols zu überzeugen, dieser Mensch, den sie für ihren Mann halte, sei nur ein Betrüger. Sie verlangten, sie solle sich öffentlich von ihm lossagen, und drohten endlich, sie aus ihrem eignen Hause zu verjagen, wenn sie nicht einwilligen würde. Doch Bertrande wies ihre Zumutungen standhaft zurück und erklärte schließlich ganz aufgebracht: sie müsse ihn besser kennen als irgendein Mensch, und sie könnte den ums Leben bringen, der das Gegenteil behaupten wolle.

Der Verhaftete wurde endlich kraft eines richterlichen Beschlusses auf Beweis und Gegenbeweis vorläufig wieder in Freiheit gesetzt. Sobald er freigelassen war, eilte er wieder zu seiner Gattin, die ihn mit all der Freude aufnahm, die eine tugendhafte Frau beim Wiedersehn ihres Mannes empfinden muß, der sich aus einer Gefahr, die seiner Ehre oder sogar seinem Leben drohte, glücklich gerettet hat. Sie überhäufte ihn mit Liebkosungen, sie reichte ihm weiße Wäsche, sie half ihm, sich wieder in einen sauberen Menschen zu verwandeln, und gestattete ihm den völligen Gebrauch aller Rechte eines Ehemannes.

Am andern Morgen ganz früh aber erschienen Pierre Guerre und dessen Schwiegersöhne, alle bewaffnet, und brachten den Ehemann unter dem Vorwand, sie seien von Bertrande von Rols dazu bevollmächtigt worden, ins Gefängnis zu Rieux.

Pierre Guerre hat nachher selbst zugegeben, damals sei von einer solchen Vollmacht noch nicht die Rede gewesen, sondern ein solches Schriftstück sei erst am späten Abend desselben Tages von Bertrande unterschrieben worden. Inzwischen hatte Bertrande jedoch ihrem Ehemann auch Kleidungsstücke, Wäsche und Geld ins Gefängnis geschickt. Ein so widersprüchliches Verhalten läßt sich nur dadurch erklären, daß man annimmt, Bertrande war, wenn auch durch eigene Umstände mißtrauisch gemacht, doch eher bereit, den Verhafteten für ihren wahren Ehemann als für einen Betrüger zu halten, und habe diese Vollmacht also nur unter dem Druck tyrannischer Drohungen Pierre Guerres unterschrieben. Der spätere Prozeß wird diese Mutmaßung bestätigen.

Der Angeklagte stützte seine Verteidigung zuerst nur darauf, daß er bei seiner Ankunft allgemein von allen Einwohnern des Ortes, von all denen, die vorher im vertrautesten Umgang mit ihm gelebt hatten, von seinen Verwandten und endlich selbst von seiner Frau anerkannt worden sei.

Diese allgemeine Anerkennung konnte er um so mehr als einen Verteidigungsgrund für sich anführen, weil sie ohne alle vorhergegangene Untersuchung geschehen war. Sobald er sich nur unter dem Namen Martin Guerre gezeigt hatte, waren Frau, Verwandte und Freunde seiner Umarmung entgegengeeilt; man hatte ihn auf den ersten Blick erkannt, obgleich das Milchhaar, das er noch bei seiner Flucht am Kinn trug, sich inzwischen in einen männlichen Bart verwandelt hatte – ein Umstand, der damals um so mehr auffallen mußte, weil es Mode war, lange Bärte zu tragen.

In seinem Verhör gab er über jede Einzelheit, über die er befragt wurde, genaue Auskunft; er kam sogar den Fragen zuvor. Er machte vollkommen zutreffende

Angaben über seine Geburt, über seine Eltern, über seine Verheiratung, über den Priester, der ihn mit Bertrande getraut habe, über die Hochzeitsgäste und sogar darüber, wie sie gekleidet gewesen seien. Er nannte die Personen, die ihm und seiner Frau aus Scherz in der Hochzeitsnacht einen Besuch in der Brautkammer gemacht hatten. Er erzählte die Geschichte, der sein Sohn Sanxi das Leben zu verdanken habe, und gab den Geburtstag dieses Kindes an. Er enthüllte das Motiv seiner Flucht, sprach von Personen, die er auf dem Wege getroffen, wußte noch anzugeben, was er mit ihnen gesprochen hatte, und nannte alle Städte in Frankreich, durch die er gekommen war. Er berichtete, daß er dem König sieben bis acht Jahre gedient habe, nachher nach Spanien gegangen und dort einige Monate Soldat gewesen sei. Er nannte alle Personen, die er in den beiden Königreichen kennengelernt hatte; und er gab selbst alle Hinweise, damit man sich über die Wahrheit seiner Aussagen unterrichten könne. Die Gerichte gingen den angeführten Spuren nach und fanden alle seine Angaben bestätigt.

Man verhörte auch Bertrande von Rols und einige andre Personen, auf die sich der Beklagte in seinem Verhör berufen hatte. Die Antworten Bertrandes über alle Einzelheiten, die ihr bekannt sein konnten, stimmten mit seinen Aussagen genau überein. Nur *ein* Umstand, von dem er nichts erwähnt hatte: die Geschichte der vermeintlichen Verzauberung, wurde von ihr ausführlich berichtet. Als man ihn aber darüber befragte, gab er auch über diesen Punkt eine ganz genau mit Bertrandes Erzählung übereinstimmende Auskunft.

Er gab dem Gericht zu bedenken, seine Frau sei zu der Verfolgung, die man gegen ihn angezettelt habe, gewiß nur durch List überredet worden, und er bitte deshalb, man möchte sie in ein sicheres Haus unter die Aufsicht rechtschaffener Leute bringen, wo sie nicht mehr den Einflüsterungen und Zudringlichkeiten Pierre Guerres ausgesetzt sei.

Diese Bitte wurde ihm gewährt. Zugleich erhielt er die Erlaubnis, Zeugenaufforderungen erlassen zu dürfen, um dadurch etwa herauszubekommen, auf welche Art Bertrande von Rols zu diesem Schritt gegen ihn verleitet worden sei, und um seine Einwände gegen die Zeugen zu rechtfertigen, die man gegen ihn verhören wollte. Außerdem wurde auch noch angeordnet, daß in Pin, Sagias und Artigues über alle Umstände, die sich auf Martin Guerre, den Beklagten, auf Bertrande von Rols und auf die Ehrlichkeit und den guten Ruf der Zeugen beziehen könnten, von Gerichts wegen Untersuchung angestellt werden solle.

Die Feststellungen, die durch diese Anordnungen gemacht wurden, verbürgten alle Bertrandes Tugend; und diese Tugend selbst diente als ein neuer Beweis für die Rechtfertigung des Angeklagten. Man schloß daraus nämlich, Bertrande habe ihn gewiß aus wahrer Überzeugung als ihren Mann anerkannt, nicht etwa aus der Begierde, die Stelle eines Ehemanns zu ersetzen, auf dessen Rückkehr sie nicht mehr rechnen konnte.

Es waren hundertundfünfzig Zeugen vernommen worden. Dreißig bis vierzig von ihnen versicherten einstimmig, der Beklagte sei wirklich Martin Guerre, sie hätten von Kindheit an viel Umgang mit ihm gehabt und erkennten ihn an gewissen Merkmalen und Narben seines Körpers, die noch deutlich zu sehn seien. Ungefähr fünfzig andere von ihnen behaupteten dagegen, er sei nicht Martin Guerre, sondern Arnauld du

Tilh, mit dem Beinamen Pansette, aus Sagias gebürtig, mit dem sie von der frühsten Jugend an Bekanntschaft und Umgang gehabt hätten. Die übrigen, ungefähr sechzig an der Zahl, gestanden: die Ähnlichkeit zwischen diesen zwei Menschen sei so auffallend groß, daß sie sich nicht getrauten zu bestimmen, ob der Angeklagte Martin Guerre oder Arnauld du Tilh sei.

Endlich wurde auch noch angeordnet, den Beklagten mit Sanxi und mit den Schwestern Martin Guerres zu vergleichen. Bei dieser Vergleichung fand man, daß Sanxi dem Beklagten nicht im mindesten ähnlich sehe, hingegen die Schwestern Guerres ihm so vollkommen glichen wie ein Ei dem andern.

So war die Sachlage, als der Richter von Rieux das Urteil zu fällen wagte: daß der Beklagte, als schuldig und überwiesen des Betrugs, enthauptet und sein Körper gevierteilt werden solle.

Wegen dieses so wenig überlegten und so leichtsinnig gefällten Urteils appellierte der Angeklagte an das Parlement zu Toulouse. Dieser Gerichtshof hielt die Verhandlungen der ersten Instanz noch lange nicht für hinreichend, um in einer solchen höchst schwierigen Sache schon zum Endurteil schreiten zu können. Er gab also vor allen Dingen Befehl, den Angeklagten vor der ganzen Parlementsversammlung mit Pierre Guerre und mit Bertrande von Rols einzeln gegenüberzustellen.

Bei diesen beiden Konfrontationen zeigte sich der Angeklagte so ruhig und so unbefangen, Pierre Guerre und Bertrande von Rols hingegen schienen so außer aller Fassung zu sein, daß die Richter es in dem Gesicht der Parteien lesen zu können glaubten, daß der eine unschuldig verfolgt, die beiden andern aber Verleumder seien. Der Angeklagte forderte Bertrande auf, eidlich zu erklären, ob sie ihn für ihren Mann halte. Er verlange keinen andern Richter, sagte er, als sie und unterwerfe sich der Todesstrafe, wenn sie beschwören könne, daß er nicht Martin Guerre sei. Sie antwortete aber nur: sie wolle dies weder beschwören noch glauben. Lag in dieser Antwort nicht eine Art von Geständnis, daß sie sich nur nicht getraue, wieder zurückzutreten, nachdem sie einmal den Schritt getan hatte?

Doch die Richter wollten ihr Urteil nicht auf bloße Vermutungen stützen; sie verfügten also eine erneute Untersuchung. Es wurden noch dreißig Zeugen verhört. Der Erfolg dieses zweiten Verhörs war aber ebensowenig befriedigend wie der des ersten. Neun oder zehn von diesen Zeugen versicherten, der Angeklagte sei Martin Guerre; sieben oder acht andre erklärten, es sei Arnauld du Tilh; und die übrigen getrauten sich nicht, etwas zu entscheiden. Weit entfernt also, daß diese weiteren Verhandlungen für die Richter mehr Licht in die Sache gebracht hätten, vermehrten sie nur ihre Verlegenheit. Wenn man alle Zeugenaussagen und alle in den Akten angegebenen Umstände zusammennahm, so fand man einerseits hinreichende Gründe, den Angeklagten für einen Betrüger zu halten; aber man fand andererseits ebenso starke Gründe, ihn wirklich für Martin Guerre zu halten. Diese gegenseitigen Gründe wollen wir etwas ausführlicher betrachten, um uns zu überzeugen, wie schwer es den Richtern fallen mußte, etwas in der Sache zu entscheiden.

Die Zeugen, deren Aussagen *gegen* den Angeklagten waren, behaupteten, sowohl Martin Guerre als Arnauld du Tilh genau zu kennen und von Jugend an häufigen und engen Umgang mit ihnen gehabt zu haben. Unter diesen Zeugen befanden sich einige von großem Gewicht. Der vornehmste war ein Mutterbruder Arnauld du Tilhs, namens Carbon Barreau, der den Angeklagten bei der Konfrontation auf den ersten Anblick als seinen Neffen erkannte und bis zu Tränen gerührt war, als er einen Menschen, der ihm so nahestand, in Ketten sah. Hätten hier nicht natürliche Gefühle jede Überlegung verdrängt und die Wahrheit unwillkürlich verraten, hätte der Oheim wohl ein Geständnis gemacht, das seinen Neffen unvermeidlich an den Galgen bringen mußte? Unter den übrigen Zeugen dieser Klasse waren einige, die teils selbst mit Arnauld du Tilh Verträge abgeschlossen, teils verschiedene von ihm ausgestellte, in ihrer Gegenwart angefertigte Schriftstücke als Zeugen unterschrieben hatten. Sie zeigten diese Dokumente bei der Gerichtsstelle vor.

Überhaupt bemerkten alle, die Martin Guerre und Arnauld du Tilh gekannt hatten, wesentliche Verschiedenheiten zwischen beiden, sowohl in der Größe als im Körperbau. Martin Guerre, sagten sie, sei größer und schwärzer, habe einen hageren Körper und dünne Beine, gehe etwas gebückt und ziehe den Kopf zwischen die Schultern ein; er habe ein gespaltenes, unten etwas vorstehendes Kinn, eine hängende Unterlippe, eine breite stumpfe Nase, sehr kleine Zähne und im Gesicht das Mal von einem Geschwür und eine Narbe über der rechten Augenbraue. Arnauld du Tilh dagegen war nach ihrer Beschreibung klein, untersetzt und hatte dicke Beine; er hatte keine Stumpfnase und ging nicht gebückt; aber in seinem Gesicht fanden sich die gleichen Narben. Dies letztere Bild paßte genau auf den Angeklagten, den die Richter selbst vor Augen hatten.

Der Schuster, der Martin Guerre ehedem seine

Schuhe verfertigt hatte, sagte: dieser habe immer Schuhe von zwölf Stichen getragen, der Gefangene aber trage nur neun Stiche lange Schuhe. Ein anderer Zeuge gab an: Martin Guerre sei ein guter Fechter und Ringer gewesen. Der Angeklagte verstand von beiden Künsten nichts. Jean Espagnol, ein Gastwirt zu Touges, bezeugte: der Angeklagte habe ihm im Vertrauen entdeckt, Martin Guerre sei gestorben und habe ihn zum Erben seines ganzen Vermögens eingesetzt. Ein anderer erzählte: als er einst zufällig mit dem Angeklagten zusammengetroffen sei und ihn gerade bei seinem Namen du Tilh anreden wollte, habe er ihm ein Zeichen mit dem Finger gemacht, daß er schweigen solle. Ein dritter behauptete, ihm habe er dasselbe Zeichen auch gemacht und ihm außerdem, um sich seines Schweigens zu versichern, zwei Schnupftücher gegeben, mit dem Auftrag, das eine davon du Tilhs Bruder zu übergeben. Mehrere Zeugen berichteten schließlich: Arnauld du Tilh habe von Jugend an die schändlichsten Laster besessen; er sei ein Spieler und Gottesleugner gewesen, habe beständig geflucht und gestohlen; woraus man den Schluß ziehn könne, daß er wohl fähig sei, die Rolle eines solchen Betrügers zu übernehmen, und genug Unverschämtheit besitze, sie durchzuführen.

Er konnte nichts dagegen einwenden, daß alle diese Zeugen, die gegen ihn waren, deshalb keine Beachtung verdienten, weil ihre Aussage verneinend sei, indem sie behaupteten, er sei nicht Martin Guerre. Es stimmt: im allgemeinen schenkt man zwei bejahenden Zeugen mehr Glauben als hundert verneinenden. Aber diese Regel gilt nicht, wenn die verneinende Aussage auf der andern Seite zugleich etwas bejaht. Dies ist aber hier der Fall. Diese Zeugen sagen nicht nur, der Angeklagte sei nicht Martin Guerre, sondern sie behaupten zugleich, er sei Arnauld du Tilh.

Unter den Malen und Narben im Gesicht des Angeklagten, die man ebenso bei Martin Guerre bemerkt haben wollte, war nicht ein einziges, dessen Ähnlichkeit und gleiche Lage von mehreren Zeugen übereinstimmend beschrieben worden wäre; für jedes gab es einen besonderen Zeugen.

Für die Ähnlichkeit in den Gesichtszügen beider finden sich tausend ähnliche und noch auffallendere Beispiele in der Geschichte. Wir führen nur ein einziges an, das Plinius und Valerius Maximus erzählen. Sura fand nämlich in Sizilien, als er dort Prokonsul war, einen armen Fischer, der ihm vollkommen ähnlich war. Beide hatten genau dieselben Gesichtszüge, einerlei Größe und Dicke, die gleiche Art, sich zu bewegen, Stellung und Gang. Beim Sprechen und Lachen öffneten beide den Mund auf dieselbe sonderbare Art; selbst der Ton ihrer Stimme war gleich, und beide stotterten. Sura staunte um so mehr über diese auffallende Ähnlichkeit, da er wußte, daß sein Vater nie nach Sizilien gekommen war; doch der Fischer versicherte ihm, der seinige sei oft in Rom gewesen. Es ließen sich leicht noch viele alte und neue Beispiele einer so auffallenden Ähnlichkeit zwischen zwei Menschen anführen.

Daß der Angeklagte genaue Auskunft über Tatsachen gab, die aller Wahrscheinlichkeit nach nur Martin Guerre wissen konnte; daß er sich durch keinen Umstand, so neu und unerwartet er ihm auch sein mußte, aus der Fassung bringen ließ; mit einem Wort, daß er sich in keinem Punkte verriet: dies alles läßt sich auch erklären, wenn man die Sache als einen fein angesponnenen Betrug betrachtet, dessen Anstifter klug und listig genug war, sich gehörig zu unterrichten und sich in alle Geheimnisse einzuschleichen, die seinem Zwecke dienten, und der zugleich unverschämt genug war, seine mitunter vorgekommenen Fehlgriffe zu wenden, ohne verlegen zu werden. Man braucht bei dieser Erklärung also seine Zuflucht nicht zur Zauberei zu nehmen, die die Ankläger unter ihren Begründungen anführten, die nach dem Geist des damaligen Zeitalters sogar bei den Richtern Eingang fanden. Sogar Herr Coras, der Referent dieses Prozesses, aus dessen Schriften der Stoff dieser Erzählung genommen ist, hält es nicht für ganz unwahrscheinlich, daß der Angeklagte auf diesem Wege zu den Kenntnissen gelangt sein könnte, die so sehr zu seinem Vorteil sprachen.

Der Irrtum, in dem Bertrande von Rols drei Jahre lang gelebt hat, kann ebensowenig etwas beweisen wie der anscheinende Widerwille gegen die Anzeige und Fortführung dieser Anklage, den man bei ihr bemerkt haben will, und wie ihr Betragen und ihre Reden überhaupt, in denen man eine Art Widerrufung der Anklage zu entdecken glaubt. Ihr Betragen ist das Betragen einer furchtsamen Person, die unfähig ist, einen festen Entschluß zu fassen, unfähig, das Unglück eines Menschen, am allerwenigsten das Unglück dessen zu beschließen, mit dem sie in innigster Vertraulichkeit gelebt hatte. Außerdem, erlaubte ihr denn ihre Ehre, ihr Urteil umzustoßen und sich öffentlich als die Beischläferin eines Menschen anzuzeigen, den sie als ihren Ehemann behandelt hatte? Dazu kommt schließlich noch der Umstand, daß Martin Guerre aus Biskaya stammte, der Angeklagte aber die dortige Landessprache gar nicht verstand, ein paar Worte ausgenommen, die er absichtlich von Zeit zu Zeit anwandte.

Dies waren die Gründe, aus denen sich schließen ließe, daß der Verhaftete ein Betrüger sei. Ihnen standen andre Gründe gegenüber, die diesen an Stärke und Wahrscheinlichkeit gleichkamen.

Dreißig oder vierzig Zeugen bejahten einstimmig, daß der Angeklagte Martin Guerre sei; und ihre Aussage hatte um so mehr Gewicht, als sie von Kindheit auf mit ihm umgegangen waren. Unter diesen befanden sich acht, deren Zeugnis wichtig genug war, um eine Aussage von tausend Zeugen, die das Gegenteil behaupteten, zu entkräften.

Fürs erste: die vier Schwestern Martin Guerres hatten den Angeklagten vom Augenblick seiner Ankunft an als ihren Bruder erkannt und bestanden darauf, daß er es wirklich sei. Kann man wohl annehmen, daß sich alle vier in den Gesichtszügen eines Bruders, mit dem sie erzogen worden waren, geirrt haben? Und hätte auch die Ähnlichkeit sie anfangs irregeführt, wären sie nicht wenigstens jetzt von diesem Irrtum abgekommen, seit sie durch den Prozeß gezwungen waren, diese Ähnlichkeit aufmerksamer zu untersuchen? Eigennützige Absicht kann sie auch nicht verleitet haben, hier einen Betrug begehen zu wollen; ihr Interesse war vielmehr auf der andern Seite. Wenn ihr Bruder zurückkam und die Zahl seiner Kinder vermehrte, so verminderte sich in ebendem Maße ihre Hoffnung, ihn dereinst noch zu beerben. Außerdem waren sie allgemein als Personen ehrlicher Denkungsart bekannt.

Zwei von diesen Schwestern waren verheiratet. Ihre Ehemänner hatten ebenfalls den Angeklagten als ihren Schwager erkannt und blieben noch immer bei dieser Meinung. Dieses Zeugnis hatte im Grunde noch mehr Gewicht als die Aussage der Schwestern, bei denen die Stimme des – hier freilich vielleicht getäuschten – schwesterlichen Herzens den Gedanken an den Vorteil einer Erbschaft unterdrückt haben konnte, während sich bei den Männern, bei denen dieses Interesse des Herzens nicht bestand, die Stimme der Wahrheit um so leichter erheben konnte.

Ferner gehörte zu diesen *für* den Angeklagten sprechenden Zeugen sogar Pierre Guerre, der ihn nicht nur am Anfang anerkannt, sondern lange Zeit als Neffen behandelt hatte. Aus den verschiedenen aktenmäßig erwiesenen Anschlägen, die er nachher auf dessen Leben gemacht hat, sieht man deutlich genug, daß auch diese Anklage, die er angeblich im Namen Bertrande von Rols betreibt, nur einer von den vielen Plänen ist, die seine gereizte Rachsucht zum Untergang seines Neffen entworfen hat.

Das Zeugnis und das Betragen Bertrande von Rols vollendet schließlich diese Beweise. Wenigstens zehn Jahre hatte sie mit ihrem Ehemann gelebt, ehe er sie verließ; dennoch, sobald der Angeklagte unter dem Namen dieses Ehemannes bei ihr erschien, war sie keinen Augenblick im Zweifel, ihn als solchen zu erkennen. Ihre Tugend ist allgemein bekannt und gerichtlich erwiesen; trotzdem hat sie ihm alle Rechte des Ehemannes eingeräumt. In vollen drei Jahren, die sie seit seiner Rückkehr mit ihm verlebte, hat sie ständig an ihm denselben Charakter, dieselbe Gemütsstimmung bemerkt, die Martin Guerre hatte; mit einem Wort: sie fand so viele innere und äußere Ähnlichkeit, daß sie sich, um ihn nicht für ihren Ehemann zu halten, durchaus hätte einreden müssen, es gebe in der Natur zwei vollkommen gleiche Körper, von *einer Seele* und von *einem* Geiste belebt. Und war nicht ihr Betragen gegen den Angeklagten unmittelbar, als er in Haft genommen war, und auch nachher bei der Konfrontation der deutlichste Beweis dafür, daß sie – nur gezwungen durch Drohungen oder durch Zureden überlistet– ihre Einwilligung zu der Anklage gegen einen Menschen gegeben hat, den sie im Herzen noch immer für ihren Mann hielt?

Mit allen diesen Beweisen, die zur rechtlichen Gewißheit schon ausreichten, verbinde man noch die Aussagen der übrigen Zeugen. Die einen erkannten ihn für den, dessen Hochzeit sie mitgefeiert hatten, andre für ihren ehemaligen Gespielen. Bei einigen, die sich seiner nicht mehr recht entsinnen konnten, frischte er die Erinnerung an sich dadurch auf, daß er ihnen besondre Begebenheiten ins Gedächtnis zurückrief, die nur ihnen und Martin Guerre bekannt sein konnten; er begrüßte sogleich in den ersten Tagen seiner Ankunft alle Menschen mit ihrem Namen; und diejenigen, die mit Martin Guerre näher verbunden gewesen waren, behandelte er zuvorkommender und freundlicher als andre.

Um ihn für einen Betrüger zu halten, müßte man also unbedingt annehmen, daß derjenige, dessen Rolle er spielte, vollkommen mit ihm einverstanden gewesen sei und ihm die erforderlichen Kenntnisse selbst beigebracht habe. Diese Annahme ist aber nicht nur unsinnig, sondern sie erklärt die Sache nicht einmal. Wie hätte ein Betrüger es zu der Fertigkeit bringen können, sich unter den aufmerksam spähenden Blicken so vieler Menschen, die in jeder Minute des Tages auf ihn gerichtet waren, nie, auch in den allerunvermutetsten Fällen nicht, eine Blöße zu geben, nie den kleinsten Gedächtnisfehler zu begehen? Wie konnte er seinem Gedächtnis so unzählige Umstände aller Art einprägen? Wie hätte ihm Martin Guerre alles so erklären, alles mit so großer Genauigkeit ausführen können, daß er imstande war, auch beim geringsten Umstand der Wahrheit treu zu bleiben? Wir wollen aber sogar auch dies als möglich annehmen. – Konnte denn Guerre ebenso auch seinen Geschmack, seine Neigungen und Manieren auf ihn übertragen? Alles dies hätte aber der Fall sein müssen, wenn es ihm gelingen sollte, nicht nur die Verwandten, Nachbarn und Freunde dessen, für den er sich ausgab, sondern selbst die Frau, unter deren Augen er sein ganzes Leben zuzubringen hatte, so zu betrügen, daß diese, die doch seinen Geschmack und seine Launen fortgesetzt studieren mußte, dennoch auch nicht die kleinste Schattierung bemerkte, durch die er von Martin Guerre verschieden gewesen wäre.

Sollten wohl diese bestimmten und deutlichen Zeugnisse, diese so sprechenden Tatsachen – dazu der Umstand, daß die Aussagen von Carbon Barreau und anderen Zeugen, die Aufsehen erregt hatten, von dem Angeklagten zwingend widerlegt waren – nicht den Zeugnissen und Tatsachen, die man *gegen* ihn angeführt hatte, das Gleichgewicht halten?

Man mußte ferner zugeben, daß sich an dem Körper des Angeklagten alle die Zeichen fanden, die man Martin Guerre zugeschrieben hatte. Der einzige Unterschied, den man bemerkte, bestand nur in der Stärke und Größe des Wuchses. Aber es war doch nichts Außergewöhnliches, daß Martin Guerre, der zur Zeit seiner Flucht noch sehr jung war, während einer Abwesenheit von acht Jahren körperlich mehr ausgebildet und stärker geworden war; und nun wirkte er natürlich kleiner als damals, da er noch schlank und hager war.

Wenn Sanxi dem Verhafteten nicht ähnlich sah, so darf man sich eigentlich nicht wundern, daß ein Kind, dessen Züge noch nicht entwickelt sind, einem vollkommen erwachsenen Mann nicht ähnlich sieht. Ferner, was würde werden, wenn die Ähnlichkeit ein notwendiger Beweis wäre, um einen Mann für den Vater seines Kindes zu halten? Um so auffallender und merkwürdiger war die Ähnlichkeit zwischen Guerres Schwestern und dem Verhafteten; zwischen Personen also, die alle fast eines Alters waren und schon ganz entwickelte und feste Gesichtszüge hatten. Außerdem war es für den Verhafteten günstig, daß er dem Sanxi nicht glich; denn das wäre ja nur eine einzige Person aus der Familie gewesen, während es jetzt vier waren, denen er ähnlich sah.

Im übrigen war die Gleichheit der Gesichtszüge Martin Guerres und des Angeklagten durch den ansehnlichsten Teil der Zeugnisse erwiesen. Martin Guerre hatte im Oberkiefer zwei Doppelzähne, an der Stirn eine Narbe, einen eingedrückten Nagel am ersten Finger der rechten Hand, drei Warzen an derselben Hand und noch eine am kleinen Finger und einen Tropfen geronnenen Blutes am linken Auge. Alle diese besonderen Merkmale fanden sich auch bei dem Verhafteten.

Daß der Angeklagte seine Muttersprache, das Biskayische, nicht sprechen konnte, war nicht zu verwundern. Es ist aus den Akten erwiesen, daß Martin Guerre schon in seinem zweiten Lebensjahr aus seinem Vaterland weggebracht worden war; und kein einziger Zeuge konnte behaupten, daß er vor seiner Flucht jemals biskayisch gesprochen habe.

Daß Arnauld du Tilh ein ausschweifender, liederlicher Charakter zugeschrieben wird, trifft den Angeklagten nicht, der nachgewiesen hat, daß er Martin Guerre sei und sich während der drei Jahre seiner Verbindung mit Bertrande von Rols keinen Beweis von Ausschweifung oder Liederlichkeit hat zuschulden kommen lassen.

Daß Pierre Guerre mit den Seinigen den Versuch gemacht hatte, den Angeklagten aus dem Wege zu räumen, dies ist in den Akten nach allen Erfordernissen des Rechts festgestellt. Mehrere Zeugen sagten sogar aus, es gehe in Artigues das Gerücht, Bertrande von Rols werde gegen ihren Willen zu diesem Prozeß gezwungen, und man habe sie, als die Sache schon anhängig gemacht worden war, zu Pierre Guerre sagen hören, der Angeklagte sei doch sein Neffe.

Endlich, da die Beweise und Gründe auf beiden Seiten gleich gewichtig waren und jede Entscheidung Zweifel übriglassen mußte: hätte nicht die Rücksicht auf die Ehe und die rechtliche Stellung des Kindes, das Bertrande mit dem Angeklagten gezeugt hatte, zugunsten des letztern entscheiden sollen, zumal Menschlichkeit und Gesetze verlangen, daß man in zweifelhaften Fällen lieber einen Schuldigen ungestraft lassen als einen Unschuldigen bestrafen solle?

Durch solche Betrachtungen in unauflösliche Schwierigkeiten verwickelt, waren die Richter in großer Verlegenheit, als auf einmal ein neuer Martin Guerre mit einem hölzernen Bein erschien, wie ihn der obenerwähnte Soldat beschrieben hatte.

Dieser neue Ankömmling reichte sogleich eine Bittschrift ein, worin er seinen Namen und Stand als Martin Guerre zurückforderte und verhört zu werden verlangte. Man ließ ihn in Arrest bringen und stellte ein Verhör mit ihm an. Er wurde über alle die Punkte befragt, über die sein Nebenbuhler vernommen worden war. Er führte Einzelheiten über seinen Stand an, die in jedem andern Fall mehr als hinreichend gewesen wären, um ihn vollkommen zu legitimieren. Mit den Aussagen verglichen, die der andere gemacht hatte, fand man sie ebenso treffend, ausführlich und vollständig. Man konfrontierte die beiden. Der erstere behauptete, der Neuangekommene sei ein von Pierre Guerre erkaufter Betrüger. Er erklärte mit einem Ton der Zuversicht, den man nur der Wahrheit eigen glaubt, daß er sich der Todesstrafe unterwerfen wolle, wenn er diesen gegen ihn angezettelten hinterlistigen Anschlag nicht aufdecken würde. Er befragte sodann seinen Nebenbuhler über mehrere Umstände, die niemand als Bertrandes Ehemann wissen konnte. Der Neuangekommene beantwortete diese Fragen richtig, zeigte dabei aber nicht die ruhige Fassung, die den andern nie verlassen hatte. Man befragte beide einzeln über zehn oder elf besondere Punkte, von denen man bisher weder mit dem einen noch mit dem andern gesprochen hatte. Der eine antwortete so richtig wie der andere.

Nun blieb nur noch ein einziges Mittel übrig, um die Wahrheit zu entdecken: nämlich die Gegenüberstellung der beiden Gefangenen mit ihren Familien. Man wollte den Versuch zuerst mit Arnauld du Tilhs Brüdern machen. Man wollte ihnen beide Männer vorführen, und sie sollten sagen, welchen von beiden sie für ihren Bruder hielten. Aber weder Befehl noch Drohung konnte sie bewegen, vor Gericht zu erscheinen. Man ließ es dabei bewenden, weil man glaubte, daß es gegen die Menschlichkeit verstieße, sie zu zwingen, ein Zeugnis gegen ihren Bruder abzulegen, das ihn den Kopf kosten konnte.

Man schritt also zur Konfrontation der Verhafteten mit der Guerreschen Familie. Die älteste von Guerres

Schwestern wurde zuerst vorgeladen. Sie stand einige Zeit da, den Blick unverwandt auf den Neuangekommenen geheftet, stürzte aber plötzlich in seine Arme und bat mit Tränen um Verzeihung wegen des Irrtums, in dem der Betrüger sie und ganz Artigues so lange behalten habe. Auch Martin Guerre war zu Tränen gerührt; er umarmte seine Schwester und erklärte, er finde einen Irrtum sehr verzeihlich, dem man nur so schwer habe entgehen können.

Die übrigen drei Schwestern erkannten gleichfalls den Neuangekommenen als ihren Bruder. Dasselbe geschah auch bei den andern Zeugen, die vorher am hartnäckigsten darauf bestanden hatten, daß Arnauld du Tilh der wahre Martin Guerre sei.

Endlich kam die Reihe auch an Bertrande von Rols. Kaum hatte sie einen Blick auf den Neuangekommenen geworfen, als ihr die Tränen aus den Augen stürzten und sie sich ihm zu Füßen warf. Um sich wegen ihres Irrtums bei ihm zu verteidigen, wies sie ihn darauf hin, daß sie nur durch seine Schwestern dazu verleitet worden sei. Die Zuversichtlichkeit, sagte sie, mit der diese darauf beharrt hätten, den Betrüger für ihren Bruder zu halten, verbunden mit ihrer eignen Sehnsucht, ihren geliebten Gatten wiederzufinden, habe sie verblendet und in diesen Abgrund von Schande gestürzt; irregeführt durch die listige Verstellung des Bösewichts, durch dessen Reden, durch seine Kenntnis von Umständen, die nur ihrem Ehemann hätten bekannt sein können, und getäuscht durch eine so ungemeine Ähnlichkeit auch im Äußern, sei sie eine Zeitlang in dem Irrtum befangen geblieben; sobald ihr aber die Augen aufgegangen seien, habe sie alles angewendet, um sich zu rächen; sie habe es beim Unterrichter schon dahin gebracht, daß er den Betrüger zur Enthauptung verurteilt habe, und sie habe sich auch durch den Einspruch gegen dieses Urteil nicht abhalten lassen, ihre Sache mit Eifer fortzusetzen.

Der Ton, in dem sie sprach, ihre Schönheit, ihre Tränen, der Ausdruck inniger Betrübnis in ihrem Gesicht und in ihren Bewegungen rührte selbst die Richter. Nur Martin Guerre, der bei den Zeichen der Zärtlichkeit und Reue, die seine Schwestern ihm gegeben hatten, so sehr gerührt gewesen war, blieb unempfindlich für die Tränen seiner Frau. Er hörte sie an, ohne sie zu unterbrechen, aber mit finsterm Blick und mit dem Ausdruck der Verachtung. »Ich kann dir«, sagte er endlich, »weder glauben noch verzeihen. Das Beispiel meines Oheims und meiner Schwestern ist für dich keine Entschuldigung. Es gibt so viele untrügliche Merkmale, an denen eine Frau ihren Ehemann erkennen kann, daß sie unmöglich einen Fremden dafür halten kann, wenn sie nicht selbst an dem Irrtum Vergnügen findet. Du allein bist also an dem Unglück schuld, das unser Haus erlitten hat.« Die Frau stand ganz betroffen. Sogar die Richter bemühten sich, ihren Mann von ihrer Unschuld zu überzeugen. Er blieb unbeweglich.

Pasquier, der diesen Prozeß in seinen rechtswissenschaftlichen Untersuchungen auch erzählt, ist sehr verwundert über dieses harte Betragen Martin Guerres gegen seine Frau. Seiner Meinung nach hatte dieser eine ebenso scharfe Strafe verdient wie Arnauld du Tilh, weil er durch seine lange Abwesenheit den Irrtum seiner Frau veranlaßt habe. Aber wo kann Herr Pasquier wohl den Grundsatz gefunden haben, daß es einem Mann nicht erlaubt sei, einige Zeit abwesend zu sein, und daß seine Frau berechtigt sei, ihn für seine Abwesenheit zu bestrafen und seine Stelle einem Fremden einzuräumen, der ihm etwas ähnlich sieht? So unbescholten auch die Tugend Bertrande von Rols' war, so ist doch schwer zu glauben, daß sie an dem Irrtum nicht Gefallen gefunden habe. Daß der erste Anblick des Betrügers sie so gut wie andre getäuscht habe, wird man ganz begreiflich finden. Aber auch bei auffallendster Ähnlichkeit zweier Menschen gibt es doch gewiß bei jedem bestimmte Eigentümlichkeiten, die zwar den Augen der Menge entgehen, aber der Ehefrau nicht verborgen bleiben können. Es ist unwahrscheinlich, daß Bertrande bei dreijährigem Umgang mit dem Betrüger nicht eine solche Verschiedenheit an ihm bemerkt haben sollte, auch dann nicht, als sie schon die Aussage des Soldaten durch einen Notar hatte aufnehmen lassen und als sie durch Pierre Guerre und dessen Söhne aufgefordert worden war, mit ihnen gemeinschaftlich den Betrug zu untersuchen. Gegen eine Person, mit der man so eng verbunden ist, gebraucht man keine solche Vorsicht, und man willigt noch weniger ein, ihrer gerichtlichen Verfolgung beizutreten, wenn man nicht schon einen heimlichen Verdacht hegt. Zu ihrer Entschuldigung läßt sich nur sagen, daß es ihr, nachdem sie den Betrug eingesehen hatte, ratsamer erschien, in dem Irrtum zu beharren, als ihre eigne Schande bekannt werden zu lassen.

Wie dem auch sei, der Betrüger war nunmehr entlarvt, und die Wahrheit stand in ihrem vollen Licht. Ehe aber die Richter zum Endurteil schreiten konnten, hielten sie es für nötig, noch die Frage zu untersuchen, ob nicht auch Martin Guerre und seine Frau eine Strafe verdient hätten.

Das Verbrechen des Mannes bestand nicht so sehr darin, daß er in der Schlacht bei Saint-Laurent, in der ihm das Bein abgeschossen worden war, die Waffen gegen sein Vaterland gerichtet hatte. Zum ersten Umstand erwog man, daß seine Abwesenheit, wenn sie als Ursache des Ehebruchs seiner Frau angesehen werden konnte, doch nur eine sehr entfernte Ursache gewesen sei. Einem Ehemann kann man die Ausschweifungen seiner Frau nicht zur Last legen, wenigstens nicht, wenn sie nicht vor seinen Augen begangen werden und er nicht selbst durch sein Betragen den Verdacht erregt, stillschweigend seine Einwilligung dazu zu geben. Wenn er sich aber entfernt und seine Frau diese Abwesenheit benutzt, sich den Ausschweifungen zu überlassen, so kann man ihn darüber nicht zur Strafe ziehen. Was das zweite Verbrechen betrifft, so urteilten die Richter, daß er eigentlich nicht den Vorsatz gehabt habe, gegen sein Vaterland zu kämpfen. Er hatte zuerst bei dem Kardinal von Burgos und dann bei dessen Bruder in Spanien Dienste genommen und war mit dem Gefolge des letztern nach Flandern geschickt worden. Dort war er gezwungen worden, seinem Herrn in die Schlacht zu folgen und gegen seinen Willen zu fechten. Außerdem setzten sie hinzu, sei er durch den Verlust seines Beins und eines Teils seiner Güter, die Tilh durchgebracht hatte, und durch die unglückliche, für ihn so erniedrigende Zerrüttung, in der er seine Familie angetroffen habe, für dieses Verbrechen mehr als zuviel bestraft.

Über die Frau waren ohnehin bloße Vermutungen vorhanden. Wie sollte man ihr gerichtlich beweisen, daß sie den Irrtum wirklich so bald entdeckt habe, wie man annehmen zu dürfen glaubte? Wie sollte man gerichtlich nachweisen, daß die Ähnlichkeit des Betrügers, die jedermann getäuscht hatte, sich wirklich nicht über alle einzelnen Teile erstreckt habe? Für sie galt also die zu Recht bestehende Regel: daß man in zweifelhaften Fällen stets die Unschuld annehmen solle; und das Parlement zu Toulouse sprach sie von aller Strafe frei.

Nun erfolgte endlich das Urteil. In einem Rechtsspruch vom 12. September 1560 wurde zunächst der Beschluß des Richters zu Rieux für null und nichtig erklärt, weil dieser ihm die Enthauptung zuerkannt hatte, eine Bestrafung, die ein Vorrecht des Adels war, das man nicht an einen so niedrigen Verbrecher verschwenden konnte. Demnach wurde Arnauld du Tilh, als überwiesen, Namen, Stand und Person Martin Guerres sich angemaßt, dessen Frau zum Ehebruch verleitet, dessen Güter verschwendet, das Sakrament der Ehe entweiht und die Frau eines andern als die seine gehalten zu haben, dahin verurteilt, daß er vor der Kirche zu Artigues auf den Knien, im Hemd, mit bloßem Kopf und Füßen, einen Strick um den Hals und eine brennende Wachskerze in der Hand, Gott, den König, die Obrigkeit, Martin Guerre und Bertrande von Rols um Verzeihung bitten, von da durch die Straßen und Gassen der Stadt Artigues geführt und endlich vor dem Hause Martin Guerres aufgehängt, sein Körper aber danach verbrannt werden solle. Nach französischem Brauch und Gesetz fallen die Güter eines zum Tode verurteilten Missetäters dem König zu oder dem Obergerichtsherrn, zu dessen Gebiet sie gehören. Im gegenwärtigen Falle aber hielt sich das Parlement zu Toulouse für berechtigt, zugunsten des Kindes, das der Verurteilte mit Bertrande von Rols gezeugt hatte, eine Ausnahme von dieser Regel zu machen. Das Vermögen du Tilhs wurde seiner Tochter zugesprochen. Die Vollstreckung des Urteils wurde dem Richter zu Rieux aufgetragen. Martin Guerre und seine Frau wurden wieder auf freien Fuß gesetzt.

Vor der Vollstreckung des Urteils hielt der Richter am 16. September 1560 mit dem Verurteilten noch einmal ein Verhör ab, in dem dieser näheren Aufschluß über den Gang seiner Betrügerei gab. Er habe, erzählte er, Martin Guerre zuerst als Soldat kennengelernt und nähere Bekanntschaft mit ihm geschlossen. In ihren Unterhaltungen habe ihm Guerre manchmal sehr vieles von seinem Herkommen, von seinem Vermögen, von seinen Verwandten und von seiner Frau erzählt und ihn so nach und nach eingeweiht; und in der Trunkenheit habe er ihn sogar einst mit Geheimnissen bekannt gemacht, die sonst nur Hymens Eingeweihten offenbar würden. Später habe er das Soldatenleben aufgegeben. Bei seiner Rückkehr sei es ihm begegnet, daß ihn mehrere von Martin Guerres vertrautesten Freunden für diesen gehalten hätten. Dieser Irrtum habe in ihm den ersten Gedanken zu seinem Unternehmen erweckt; von diesen Leuten habe er noch weitere besondre Umstände zu erfahren gesucht, von denen ihm Guerre nichts erzählt habe oder die ihm wieder entfallen waren, weil er damals an der Erzählung zuwenig Interesse gehabt habe. Endlich sei er dreist genug gewesen, seine Rolle zu beginnen, und nun habe er die geheimsten Dinge von Bertrande selbst erfahren, die ihm in der Meinung, ihn an gewisse, ihm längst bekannte Umstände nur wieder zu erinnern, eine Menge von Geheimnissen verraten habe, und er habe sich dabei so zu benehmen gewußt, daß sie wirklich geglaubt habe, er besinne sich noch auf alles ganz genau. Er beendete sein Verhör mit dem Bekenntnis noch verschiedener andrer Verbrechen. Dem Urteil zufolge wurde er an dem Galgen, der vor der Haustür Martin Guerres errichtet worden war, aufgehängt, sein Körper aber dann wieder abgenommen und verbrannt.

Herr d'Anglade

Der Graf von Montgomery bewohnte mit seiner Gemahlin die zwei ersten Stockwerke eines Hauses in der Rue Royale, nicht weit von der Bastille in Paris. Das unterste Stockwerk bestand aus drei Abteilungen, deren jede einen besondern Eingang auf einer Galerie hatte, die zum Hoftor führte. Die eine dieser Abteilungen hatten Gagnard, der Almosenier des Grafen, der Page und der Kammerdiener zu ihrem Quartier; die beiden anderen dienten zu verschiedenem häuslichem Gebrauch. Diesen drei Eingängen gegenüber, auf der linken Seite der Galerie, war eine Treppe, die zu den Zimmern des Grafen und der Gräfin führte. Hier kam man zuerst in ein Vorzimmer, auf dieses folgte ein Wohnzimmer, an das ein Kabinett stieß, worin Geld und Kostbarkeiten aufbewahrt wurden.

In diesem Kabinett lagen eben damals verschiedene Säcke mit Geld, das der Graf kurz vor dem Anfang dieser Geschichte eingenommen hatte, nämlich dreizehn Säcke zu 1000 Livres in Silbergeld, ein Sack mit 11500 Livres in spanischem Gelde und ein Sack mit 100 ausgesuchten schönen Rand-Louisdors, in den Jahren 1686 und 1687 geprägt. Alles dies war nebst einem Perlenhalsband in einem Reisekoffer verschlossen.

Im dritten und vierten Stockwerk desselben Hauses wohnte ein Privatmann, der sich Laurent Guillemot d'Anglade nannte, mit seiner Gattin, Françoise von Saint-Martin. In einem Nebengebäude auf der andern Seite des Hofes waren noch einige Zimmer, in denen die Schwester des Herrn d'Anglade, eine Schwägerin der Gräfin, einige Stickerinnen, die für den Grafen arbeiteten, und die Kammerfrau der Gräfin wohnten.

Die Familie des Grafen von Montgomery ist zu bekannt, als daß wir weiteres von ihm sagen müßten. Aber mit seinem Mitmieter müssen wir unsere Leser näher bekannt machen.

Laurent Guillemot d'Anglade war von einfacher Herkunft, lebte aber ganz im Stile eines Mannes, den vornehme Geburt zugleich zum Erben eines großen Vermögens gemacht hat. Von seiner wahren Abstammung hat er nie etwas verlauten lassen; und selbst in seinem Prozeß hat er immer nur angegeben: er wisse nicht, was sein Vater für ein Gewerbe getrieben habe, ihm sei nur bekannt, daß er kein Militär gewesen sei. Sein ganzes Vermögen bestand in einer jährlichen Rente von 1650 Livres, die er aus Bayonne bezog, und aus den Zinsen eines Kapitals von 6000 Livres, das ihm der Herzog von Grammont schuldete. Dennoch spielte er ganz den vornehmen Edelmann, bewohnte eine ansehnliche Wohnung, hatte viele Bediente, hielt Wagen und Pferde, spielte hoch und war in vertrautester Verbindung mit Personen von erstem Range. Er besaß dabei die Schwäche, viel von seiner vornehmen Geburt zu sprechen und von seinem Schloß Anglade, das im Grunde nichts weiter war als eine alte baufällige Hütte, von der er gar keine Einkünfte bezog. Im übrigen schien er ein sehr stilles Leben und Bequemlichkeit zu lieben und allem sorgfältig auszuweichen, was ihn in seiner Ruhe stören könnte.

Seine Großsprecherei hatte indes seinem Ansehen nicht geschadet. Man hielt ihn durchgängig für einen rechtschaffenen Mann, und sein guter Name war so wenig zweifelhaft, daß man bei einer Gelegenheit, wo er sehr leicht hätte verdächtig sein können, nicht einmal den Gedanken eines Verdachtes gegen ihn faßte. Ehe der Graf von Montgomery in das Haus zog, hatte Herr d'Anglade es ganz gemietet und das erste Stockwerk Herrn Grimaudet, als seinem Untermieter, überlassen. Dem letzteren wurde einst sein Tafelsilber gestohlen, und der Dieb nahm einen Schlüssel zur Haupttür der Wohnung mit, vermutlich in der Absicht, noch öfter zu kommen, wenn es nicht bemerkt worden wäre; aber es fiel niemandem ein, auch nur den entferntesten Verdacht dabei auf Herrn d'Anglade zu werfen.

Auch Frau d'Anglade stand allgemein in dem Ruf einer tugendhaften Frau, einer treuen Gattin, einer zärtlichen Mutter und guten Wirtin. Mit dem Grafen und der Gräfin von Montgomery lebten sie beide in einem sehr freundschaftlichen, aber nicht vertrauten Umgang, mit aller Feinheit, mit der guterzogene Nachbarn einander behandeln, ohne Anteil des Herzens.

Der Graf ließ einst Herrn d'Anglade mit seiner Frau einladen, einige Tage mit ihm auf seinem Rittergut Villebousin bei Monthery zuzubringen. Die Einladung wurde auch angenommen, bald darauf aber unter geringfügigem Vorwand wieder abgelehnt. Indes reiste der Graf mit seiner Gemahlin Montag, den 22. September 1687, dennoch nach Villebousin ab, in der Absicht, bis zum Donnerstag dort zu bleiben. Sie nahmen ihren Almosenier und alle Bedienten mit sich und ließen nur die Kammerjungfer Forménie, einen kleinen Lakaien und vier Stickerinnen im Hause zurück. Der Schlüssel zum Haupteingang in die Zimmer des Grafen wurde der Kammerjungfer anvertraut, den Hausschlüssel aber ließ sich Herr d'Anglade während der Abwesenheit des Grafen ausbitten, weil er jeden

Abend außer Hause, in der Stadt speise. Er nahm aber am folgenden Abend gegen seine Gewohnheit seine Abendmahlzeit zu Hause ein.

Der Graf wurde indes, wie er nachher erzählte, durch einen besonderen Vorfall bewogen, früher zurückzureisen. Er hatte Blutflecken auf dem Tischtuch und in einer Serviette wahrgenommen und war durch diese vermeintlich böse Vorbedeutung so unruhig geworden, daß er nicht länger bleiben wollte. Er kam also mit seiner Gemahlin schon Mittwoch zurück. Der Almosenier, der mit dem Pagen und dem Kammerdiener zu Pferde war und also vor der Herrschaft ankam, fand die Tür ihres gemeinschaftlichen Zimmers nur angelehnt. Dabei hatte er bei ihrer Abreise das Zimmer doppelt verschlossen und den Schlüssel zu sich gesteckt; auch hatte niemand während der Abwesenheit der Herrschaft bemerkt, daß die Tür nicht verschlossen sei. Der Umstand wurde im Hause bekannt, man achtete aber weiter nicht darauf.

Herr d'Anglade kam um elf Uhr von einem Souper zurück, das er bei dem Präsidenten Robert eingenommen hatte. Der Graf und die Gräfin saßen noch bei Tische; er ging also mit den beiden Abbés, von Villars und von Fleury, die ihn begleitet hatten, noch in den Speisesaal, um ihnen wegen ihrer Ankunft sein Kompliment zu machen. Auch Frau d'Anglade kam noch herunter zu ihnen; die Unterhaltung wurde noch lange fortgesetzt, und die Gesellschaft ging erst spät auseinander.

Am folgenden Nachmittag erstattete der Graf bei Herrn Deffita, dem Kriminalrichter des Châtelets, die Anzeige, daß in seinem Kabinett während seiner dreitägigen Abwesenheit ein Reisekoffer mit Gewalt erbrochen und daraus 13000 Livres in Silbergeld,

11500 Livres in Doppelpistolen und 100 neue geränderte Louisdors nebst einem Perlenhalsband, 4000 Livres wert, entwendet worden seien.

Der Kriminalrichter, der königliche Oberstaatsanwalt und ein Kommissar begaben sich sogleich in die Wohnung des Grafen, um eine Untersuchung anzustellen. An dem Kabinett war keine Spur eines gewaltsamen Einbruchs zu entdecken; daraus schlossen sie, der Diebstahl könne nur durch einen Hausdieb mit Hilfe eines Nachschlüssels ausgeführt sein, und hielten es also für nötig, sogleich das ganze Haus zu durchsuchen.

Herr d'Anglade und seine Frau baten beide, den Anfang der Haussuchung in ihrer Wohung zu machen. Er selbst führte die Beamten in alle Zimmer seiner Wohnung. Man öffnete alle Kabinette, Koffer und Schränke, man durchstöberte und durchwühlte alle Betten, Matratzen und Strohsäcke; nirgends war das geringste zu finden. Endlich stieg man auch auf den oberen Boden. Frau d'Anglade schützte vor, sie sei zu müde, und ging nicht mit. Hier fand man in einem alten Koffer, der voll von zerissenem Leinenzeug war, eine Rolle von 70 geränderten Louisdors, in ein bedrucktes Papier eingewickelt, worauf noch etwas von einem Stammbaum zu sehen war, den der Graf als den seinigen erkannte. Auch die Louisdors selbst, behauptete er, seien ein Teil der ihm gestohlenen, er erkenne sie an der Prägung von 1686 und 1687, die auch die seinigen gehabt; und er habe es nur vergessen, diesen Umstand in seiner gerichtlichen Anzeige zu bemerken. Man fragte Herrn d'Anglade, woher diese Louisdors kämen. Er wußte es aber nicht zu sagen und antwortete nur: er werde Rechenschaft darüber ablegen. Der Kriminalrichter nahm die Louisdors als Teil des

Diebesguts an sich, da er sie bei der Untersuchung zu brauchen glaubte. Ehe er sie einsteckte, zählte sie Herr d'Anglade selbst. Er fühlte, daß seine Hand während des Zählens bebte, und sagte: »Ich zittere.« Die Bedienten, die bei diesem Auftritt zugegen waren, fügten nun auch noch die Bemerkung hinzu, Herr d'Anglade sei ihnen über die unvermutete Rückkehr des Grafen sehr betroffen vorgekommen, und seine Frau sei bei der ersten Nachricht davon vor Bestürzung wie versteinert gewesen.

Als die Beamten vom Boden zurückkamen, machte Frau d'Anglade Herrn Deffita auf den Umstand aufmerksam, daß der Almosenier die Tür des Zimmers, in dem er mit dem Pagen und dem Kammerdiener wohnte, nicht verschlossen, sondern nur angelehnt gefunden habe; »man muß sich also an den Kammerdiener halten«, setzte sie hinzu, »vielleicht kann man da etwas finden, er könnte wohl selbst der Dieb sein.« Eine so übereilte Beschuldigung, zu einer Zeit, wo der Graf selbst es noch nicht wagte, einen bestimmten Verdacht zu äußern, befremdete den Kriminalrichter. Noch befremdender aber erschien sie ihm, als der Graf versicherte, daß ihn sein Kammerdiener auf das Gut begleitet habe und erst mit ihm zurückgekommen sei. Frau d'Anglade machte dagegen die Bemerkung: er hätte ja wohl jemand mit dieser Absicht in seiner Stube verbergen können. Aber wie hätte ein solch verborgner Dieb das Geld aus dem Hause bringen können, da sich der Hausschlüssel in den Händen Herrn d'Anglades befand? Derselbe Umstand wurde auch zur Rechtfertigung der Kammerjungfer Forménie angeführt, die den Schlüssel zum Haupteingang in die Zimmer des Grafen während der Abwesenheit der Herrschaft in ihren Händen gehabt hatte.

Man durchsuchte hierauf dieses Zimmer des Kammerdieners und fand wirklich in einem Winkel fünf Säcke mit vollen 1000 Livres und einen sechsten, aus dem schon 219 Livres 19 Sols genommen waren.

Jedoch die Verdachtsgründe gegen Herrn d'Anglade und seine Frau waren zu stark, als daß diese Entdeckung sie hätte freisprechen können. Anglade hatte vormals das ganze Haus gemietet; wie leicht konnte er sich mit Nachschlüsseln zu allen Zimmern versehen haben? Sollte nicht schon der Diebstahl bei Herrn Grimaudet daraus zu erklären sein, der ganz ohne gewaltsamen Einbruch geschehen war? Und sollte dieser Verdacht nicht noch weit mehr bei diesem letzteren Diebstahl gegeben sein, bei dem auch nicht ein einziges Schloß erbrochen wurde, außer dem Kofferschloß, zu dem freilich der Mieter keinen Nachschlüssel machen lassen konnte? Zudem wußten Herr d'Anglade und seine Frau, daß der Graf eine große Summe Geldes erhalten hatte; sie wußten, wieviel es war; sie hatten sich selbst erboten, das Kapital unterzubringen. Ferner, was konnten sie für einen Grund haben, die Einladung auf das Landgut des Grafen, die sie schon angenommen hatten, unter einem ganz unwichtigen Vorwand wieder abzulehnen, wenn es nicht die Hoffnung war, während dieser Zeit ihren Plan um so ungehinderter auszuführen? Wahrscheinlich hatte sich Herr d'Anglade aus demselben Grunde den Hausschlüssel geben lassen, den sonst immer einer von den Leuten des Grafen in Verwahrung hatte und der während dieser Abwesenheit der andern Bedienten sonst dem kleinen Lakaien eingehändigt worden wäre, durch den sich Herr d'Anglade zu jeder Stunde die Türe hätte öffnen lassen können. Aber sie brauchten diesen Schlüssel, entweder damit niemand ins Haus gelassen würde, der sie in ihrem Vorhaben stören könnte, oder um das Geld desto unbemerkter aus dem Hause wegzuschaffen.

Herr d'Anglade, der sonst alle Abende außer Haus speiste, war gerade an diesem Tag zu Hause geblieben. Während er also mit seiner ganzen Familie zu Hause war, während seine Bedienten immer auf und ab gingen, hätte ein Dieb unmittelbar unter ihm nicht nur die Zimmer des Grafen öffnen, sondern mehrmals hin und her gehen, das Geld wegtragen und die Tür wieder verschließen können, ohne daß weder er noch seine Leute von allen diesen Vorgängen, die doch auch bei höchster Behutsamkeit nicht ganz ohne Geräusch geschehen konnten, auch nur das allergeringste gesehen oder gehört hätten? Überdies fand man bei ihm Louisdors von ebender ausgesuchten Sorte wie diejenigen, die man dem Grafen gestohlen, und Herr d'Anglade konnte nicht sagen, woher er sie erhalten hatte. Und schließlich: wo fand man diese Louisdors? Auf dem obersten Boden des Hauses, in einem alten Koffer, unter abgelegten Kleidern und Hemden; an einem Ort, wo man einen so kostbaren Schatz gar nicht erwarten konnte. Frau d'Anglade hatte sich also wohl nur deswegen geweigert, bei der Durchsuchung des Bodens dabeizusein, weil sie die Entdeckung des gestohlenen Geldes befürchtete.

Weiter wurden diese Verdachtsgründe verstärkt durch ihre Bestürzung über die unvermutete Rückkehr des Grafen. Herr d'Anglade hatte wohl darauf gerechnet, daß er bis zum Donnerstag Zeit haben würde, seinen Raub in Sicherheit zu bringen; er war also noch nicht ganz fertig mit seiner Arbeit. Daher der Schrekken über die plötzliche Überraschung, der sich sowohl bei ihm wie bei seiner Frau zeigte. Sie ahnten schon, daß die im Hause gebliebenen Geldsäcke nicht nur ihrer Raubgier entgehen, sondern ihre Verräter werden würden. Die Frau war zwar listig genug, den Umstand, daß sie im Zimmer des Kammerdieners versteckt waren, zu ihrem Vorteil zu benutzen, um den Verdacht auf einen Unschuldigen zu wälzen. Aber der Einfall war doch nicht genug überlegt. Die drei Hausbedienten, die in diesem Zimmer wohnten, waren während der ganzen Reise nicht aus den Augen der Herrschaft gekommen; sie konnten also unmöglich zu der Zeit, als sie in Villebousin waren, in Paris die Tür ihres gemeinsamen Zimmers geöffnet haben, die der eine bei der Abreise doppelt verschlossen hatte. War aber die Tür nicht von den Besitzern des Schlüssels aufgeschlossen worden, mußte sie mit einem Nachschlüssel aufgeschlossen worden sein, und derjenige, der sie aufgeschlossen hatte, mußte zugleich auch einen Nachschlüssel zu den Zimmern der Herrschaft haben; denn er konnte keine andere Absicht haben, das Zimmer der Bedienten zu öffnen, als die, das Geld aus dem Zimmer der Herrschaft dahin zu transportieren. Dieser Verdacht wegen der Nachschlüssel zur ganzen Wohnung fällt aber, wie wir schon gezeigt haben, auf niemanden wahrscheinlicher als auf Herrn d'Anglade und seine Frau. Weit entfernt also, daß die Geldsäcke, die man im Zimmer der Hausbedienten fand, auf diese einen Verdacht hätten lenken sollen, mußte man sie vielmehr als Beweise gegen Herrn d'Anglade und seine Frau betrachten; und gerade der Umstand, daß die letztere auf eine Durchsuchung dieses Zimmers so sehr drang, beweist um so mehr, wie sicher sie gewußt haben müsse, daß man dort Spuren des Diebstahls finden werde, die den Verdacht von ihr und ihrem Mann ablenken könnten.

Alle diese Betrachtungen zusammengenommen wirkten so lebhaft auf den Kriminalrichter, daß er sich nicht enthalten konnte, Herrn d'Anglade geradezu ins Gesicht zu sagen: »Einer von uns, entweder Sie oder ich, muß den Diebstahl begangen haben.« Sein Augenmerk war nun auch schon so fest auf Herrn d'Anglade und seine Frau gerichtet, daß er es für überflüssig hielt, die übrigen Teile des Hauses durchsuchen zu lassen, zumal ihm der Graf die Versicherung gab, er stehe für seine Leute ein. Er erließ also auf Ersuchen des Grafen und mit Bewilligung des königlichen Prokurators die Verordnung, daß gegen die beiden Eheleute Untersuchung und Zeugenverhör angestellt und sie in Haft genommen werden sollten.

Ehe sie ins Gefängnis abgeführt wurden, ließ man sie aufs genaueste durchsuchen und fand bei Herrn d'Anglade 17 Louisdors und eine spanische Doppelpistole. Dies wurde als ein neuer belastender Umstand angesehen, da ein großer Teil des gestohlenen Geldes aus solchen Pistolen bestanden hatte.

Hierauf brachte man beide ins Gefängnis, Herrn d'Anglade ins Châtelet und seine Gattin nach Fort l'Évêque. Sie wurden in die Gefangenenregister eingetragen und in unterirdische Löcher geworfen, mit dem ausdrücklichen Verbot an den Kerkermeister, bei schwerer Strafe niemanden, wer es auch sei, mit ihnen sprechen zu lassen. Das Châtelet stellte nun sogleich eine strafrechtliche Untersuchung wegen Diebstahls mit Einbruch gegen sie an und ließ die Schwester des Grafen, die Schwägerin der Gräfin und ihre Bedienten als Zeugen vernehmen.

Die von uns bereits aufgezählten Verdachtsgründe wurden durch diese Zeugenaussagen noch um vieles vermehrt. Zwei Zeugen behaupteten, Herrn d'Anglade vor und nach der Ankunft des Grafen in der Galerie, nicht weit von der Tür zum Zimmer des Kammerdieners, gesehen zu haben; und doch hatte er sich damals, als er abends um elf Uhr aus der Stadt nach Hause kam, gestellt, als hätte er erst in diesem Augenblick etwas von der Rückkehr des Grafen gehört. Was hatte er aber an dieser Tür zu tun, und warum wandte er diese Verstellung an?

Doch außer solchen Verdachtsgründen, die auf die Hauptsache unmittelbaren Bezug hatten, ergaben sich aus dieser Untersuchung auch noch andere Umstände, das Vorleben der Angeklagten betreffend, die jenen Verdacht verstärkten, indem sie Herrn d'Anglade und seine Gattin als Abenteurer verdächtig machten, auf welche die Polizei nicht scharf genug achthaben kann und gegen die schon ein bloßer Verdacht soviel wie eine völlige Überführung gilt. Einer von den Zeugen behauptete: der Angeklagte sei ein berufsmäßiger Spieler, und der Abbé Bouin habe ihn einen Trödler genannt. Das letztere bezog sich vermutlich darauf, daß er Geld auf Pfänder lieh. Ein anderer Zeuge erzählte den bei Herrn Grimaudet, dem früheren Untermieter d'Anglades, geschehenen Diebstahl. Andere gaben an: d'Anglade habe einst ein Stück Band gestohlen. – Wir verschonen unsere Leser mit der Aufzählung einer Menge solcher Beschuldigungen, die von diesen Zeugen vorgebracht wurden und alle dazu beitrugen, den Verdacht wegen des Hauptverbrechens zu vermehren.

Durch diese Zeugenverhöre hatte man jedoch weder über die Abstammung noch über die Einkünfte Herrn d'Anglades Bestimmtes erfahren können. Er hatte sich so geschickt verhalten, daß beides dem Publikum ein Geheimnis geblieben war und keiner von den Zeugen etwas darüber auszusagen wußte. Selbst in seinen eignen Verhören hatte der Richter alle Klugheit nötig, um ihm in sämtlichen Ausflüchten und Wendungen zu folgen, durch die er den Fragen über diese beiden Punkte auszuweichen suchte. Doch ließ sich durch Vergleichen seiner verwickelten und zweideutigen Antworten endlich so viel erraten, daß er von sehr niedriger Herkunft und also nichts weniger als ein Edelmann war und daß sein jährliches Einkommen nicht über 1950 Livres betrug, eine Summe, die zu dem Aufwand, den er trieb, bei weitem nicht hinreichte. Dennoch hatte er immer alles bar bezahlt und war niemandem das geringste schuldig. Woher hätte er aber denn das Geld, wenn er nicht geheime Hilfsquellen besaß? Allen diesen Umständen nach gehörte er also in die Klasse der Herren, die man Glücksritter nennt, die unter der Maske eines vornehmen Herkommens großen Aufwand treiben, den sie nicht anders bestreiten können als auf Kosten schwachsinniger Menschen, die sich von ihnen hintergehen lassen, oder mit Hilfe diebischer Tricks und Betrügereien.

Endlich kamen zu allen diesen Verdachtsgründen und Zeugenaussagen auch noch die auffallendsten Widersprüche in den Antworten der beiden Beklagten selbst hinzu. Man fragte den Mann, woher er die Louisdors habe? Seine Antwort war: er habe sie nach und nach gesammelt. Auf die Frage, ob seine Frau etwas von diesem Geld gewußt habe, antwortete er, er erinnere sich nicht, ihr etwas davon gesagt zu haben; die Frau hingegen: sie habe etwas davon gewußt und es mehrmals mit ihrem Manne gezählt; sie erinnere sich noch, daß ihr Mann dabei einst zu ihr gesagt habe: »Sieh, liebe Frau, was das für schönes Geld ist!« Der Mann behauptete: er habe diese Goldstücke seit drei oder vier Wochen nicht angerührt; die Frau hingegen sagte: er habe sie noch vor etwa vier Tagen in den Händen gehabt. Viele andere Widersprüche über ihren Stand, ihre Einkünfte und besonders die Hilfsquellen zu ihrem großen Aufwand können wir hier übergehen; es genügt, unsre Aufmerksamkeit auf die Widersprüche wegen der Louisdors selbst zu richten, die ein Hauptstück und ein Hauptanzeichen des Diebstahls waren.

Nach den Grundsätzen des Strafrechts steht fest, daß ein offenbarer Widerspruch in einer wichtigen Tatsache ein weit sicherer Beweis gegen den Angeklagten ist als selbst ein einfaches natürliches Geständnis einer solchen Tatsache. Ein Geständnis des Angeklagten, auch wenn er es zu seinem Vorteil zu wenden sucht, darf zu seinem Besten angenommen werden, und der Richter selbst ist sogar verpflichtet, ihm die Punkte anzudeuten, die dabei zu seiner Verteidigung dienen können. Widersprüche aber zeugen zugleich vom bösen Gewissen des Verbrechers und von mangelnder Begründung seiner Verteidigung und erweisen die Tatsache, die er dadurch zu verbergen sucht. Die bewährtesten Rechtslehrer haben deswegen auch solche Widersprüche so wenig für unbedeutende Anzeichen der Schuld gehalten, daß sie sie vielmehr für ausreichend erklären, darauf die Verurteilung zur Folter zu gründen, wenn sie das Verbrechen selbst oder einen dabei vorgefallenen Hauptumstand betreffen.

Aus diesem richtigen Grundsatz folgte ein andrer, den der Richter hier notwendig in Betracht ziehen mußte. Sobald außer Zweifel steht, daß ein Verbrechen wirklich geschehen sei, so kann derjenige, der deshalb angeklagt ist, auf bloße Vermutungen und Verdachtsgründe hin verurteilt werden; denn wenn ein Verbrechen geschehen ist, so muß jemand dasein, der es verübt hat; wenn also kein unmittelbarer Beweis vorhanden ist, durch den man den Verbrecher erkennen könnte, weil er alle Beweismittel zu beseitigen wußte, so wird der dafür gehalten, gegen den sich die stärksten Vermutungen häufen. Im vorliegenden Fall war das Verbrechen wirklich geschehen; ein unmittelbarer Beweis, der den Dieb kenntlich machte, war zwar nicht vorhanden, aber es fanden sich so viele genau verkettete Vermutungen gegen Herrn d'Anglade und seine Frau, daß ein Richter, der Mensch und nicht allwissend war, sie geradezu für die wirklichen Täter halten mußte.

Man vermutete nun, daß d'Anglade den Diebstahl nicht ohne Beihilfe seiner Bedienten habe begehen können, und erließ, da man auch beim Zeugenverhör eine Bestätigung dieser Vermutung gefunden zu haben glaubte, einen Haftbefehl gegen die Kammerjungfer seiner Frau, gegen seinen Lakaien und seinen Kutscher und ließ sie auch, den letztern ausgenommen, sogleich ins Gefängnis bringen.

Inzwischen wandten sich Herr d'Anglade und seine Gattin an den Conseil und baten um Aufhebung des Urteils, das dem Kriminalrichter die letzte Entscheidung in dieser Sache übergeben hatte. Sie fürchteten sich vor dem Verfahren eines Richters, der schon so viel Vorurteil gegen sie hatte durchblicken lassen. Darauf wurde durch Beschluß vom 20. Oktober 1687 verfügt, daß eine Berufung gegen das Endurteil an das Parlement eingelegt werden solle. – Herr d'Anglade war aber damit noch nicht zufrieden, er wollte die Sache ganz den Händen des Kriminalrichters entziehen. Er verklagte also diesen Richter selbst und tat dar, daß er einen Mann, der bereits so deutlich gezeigt habe, daß er gegen ihn eingenommen sei, nicht als seinen Richter anerkennen könne.

»Ehe noch das ganze Haus durchsucht war« – sagte Herr d'Anglade, zum Beweise seiner Beschuldigung des Kriminalrichters – »erlaubte sich dieser Beamte schon, mir gerade ins Gesicht zu sagen: ›Einer von uns, entweder Sie oder ich, muß den Diebstahl begangen haben‹; und er überließ sich mit größter Übereilung dieser vorgefaßten Meinung so sehr, daß er gar nicht weiter in den Stuben der übrigen Bedienten nachsuchen ließ, obgleich er vernünftigerweise noch stärkern Verdacht auf die Kammerjungfer Forménie hätte werfen müssen, die während der Abwesenheit des Grafen zurückgeblieben war und den Hauptschlüssel zu den Zimmern der Herrschaft in Verwahrung hatte. Und mit welcher Härte hat er uns, die doch kaum ein Schein von Verdacht treffen konnte, behandelt! Aus einer gesunden und bequemen Wohnung plötzlich herausgerissen, wurde ich in ein dumpfes unterirdisches Loch geworfen, wo faule, schädliche Dünste immer vorhanden sind, wo auch nicht der kleinste Ritz der frischen Luft einen Zugang öffnet, wo ich, mit Feuchtigkeit und Moder überall umgeben, entblößt von all den Bequemlichkeiten des Lebens, die mir lange Gewohnheit und notwendige Vorsicht für die Erhaltung eines schwächlichen Körpers zum unentbehrlichen Bedürfnis gemacht hatte, kein anderes Lager fand als ein bißchen halbverfaultes Stroh, keine andere Nahrung als hartes Brot, das mein Magen kaum verdauen konnte und von dem ich doch zu wenig bekam, um meinen Hunger zu stillen, und wo ich, ausgeschlossen von aller Gemeinschaft mit Menschen, auch nicht einmal der Hilfe mitleidiger Herzen mich zu erfreuen hatte. Ebenso grausam hat man auch meine Gattin mißhandelt. Sie war einige Monate schwanger, als man sie verhaftete. Man warf sie, ohne auf ihre Umstände zu achten, in ein ebenso abscheuliches Loch. Angst und Schrecken verursachten ihr eine unzeitige Niederkunft; sie mußte deren Folgen auf dem Fußboden ihres Kerkers aushalten. Der einzige Trost, den man ihr noch in diesem traurigen Zustand gestattete, war die Gesellschaft ihrer kleinen Tochter, eines Kindes von fünf Jahren. Es muß ein erschütternder Anblick gewesen sein, dieses Kind neben der kranken Mutter zu sehen, die aus einer Ohnmacht in die andere fiel, als es ihr die Bissen von dem elenden Brote, in sauren Wein getaucht, an den Mund hielt und sie dadurch wieder ins Leben brachte. Sie erwartete jeden Augenblick ihr Ende; man ließ trotz dringendsten Bittens nicht einmal einen Beichtvater zu ihr. Sie entging endlich dem Tode, aber kaum hatte sie sich erholt, so fiel ihr Kind in eine schwere Krankheit. Doppelt fühlte sie nun die Qualen ihres Zustandes, in dem sie, selbst hilflos, ihren Liebling ohne Linderung schmachten sehen mußte. Alles, was sie von ihren grausamen Hütern erbitten konnte, waren ein paar schon halb ausgebrannte Kohlen in einem irdenen Gefäß, um ihr krankes Kind zu erwärmen. Mit Tränen und fußfälligem Flehen mußte sie um den Beistand eines Arztes anhalten. Nach zwei schrecklichen Monaten brachte man sie endlich in ein anderes Gefängnis; aber sie gewann nichts dabei. Etwas frische Luft, die durch ein kleines Fenster in diesen Kerker drang, war der einzige Vorteil dieses Wechsels, und auch den sollte sie nicht einmal genießen; das Fensterchen wurde so dicht verstopft, daß Mutter und Tochter jeden Augenblick in Gefahr waren, vom Kohlengas erstickt zu werden. Eine so unmenschliche Behandlung, die doch nur auf

Befehl, wenigstens gewiß nicht ohne Einwilligung des Kriminalrichters geschehen konnte, beweist hinreichend, daß dieser Beamte von dem Vorurteil, das er schon bei der Haussuchung verraten hatte, ganz eingenommen sei und mithin nicht diejenige Unparteilichkeit besitze, die man von einem Richter fordern muß.«

Trotz dieser Gründe wurde Herr d'Anglade mit seiner Berufung abgewiesen, und der Kriminalrichter, der erklärte, er sei unrechtmäßig zur Verantwortung gezogen worden, wurde durch einen Beschluß vom 13. Dezember 1687 aufs neue als Richter bestätigt. – Er setzte nun auch die Untersuchung fort und verurteilte endlich am 19. Januar 1688 Herrn d'Anglade zur ordentlichen und außerordentlichen Folter.

Ein Beschluß des Parlements, der auf Berufung Herrn d'Anglades hin erfolgte, bestätigte dieses Urteil mit dem Zusatz: daß die vorhandenen Beweise, ohne Rücksicht auf die Wirkung der Folter, ihre Gültigkeit behalten sollten (manentibus indiciis).

Auf Folter wird nämlich gegen einen Verbrecher erkannt, entweder wenn er schon überführt ist, um eine Anzeige seiner Mitgehilfen von ihm zu erzwingen, oder wenn man zwar beträchtliche, aber zur Verurteilung doch nicht ausreichende Beweise des Verbrechens hat, um ein Geständnis von ihm zu erhalten, das entweder den rechtlichen Beweis vollenden oder doch dem Richter einen neuen Weg zur Wahrheit eröffnen könne. Wenn im letzteren Fall die Folter ohne allen Zusatz verfügt wird, so hängt das Schicksal des Angeklagten von dem Mut ab, den er den Schmerzen der Folter entgegenstellen kann. Läßt er sich dadurch nicht zu einem Geständnis zwingen, so muß er freigesprochen werden, und dies wäre auch im vorliegenden

Falle geschehen, wenn das Parlement nicht diesen Zusatz angehängt hätte, den man immer dann macht, wenn die Beweise zu stark sind, als daß man das Schicksal des Verbrechers von seiner Standhaftigkeit auf der Folter abhängig machen könnte. Durch diesen Zusatz wird der Richter berechtigt, den Angeklagten, auch wenn er auf der Folter nichts gesteht, zu jeder Strafe, die er für gerecht hält, nur die Todesstrafe ausgenommen (ad omnia citra mortem), zu verurteilen.

Diese Wirkung hatte nun auch hier der Beschluß des Parlements. Herr d'Anglade hielt die Folter aus, ohne etwas einzugestehen. Dennoch erfolgte am 16. Februar 1688 das Endurteil, nach dem er auf neun Jahre zu den Galeeren verurteilt, seine Frau ebensolange aus dem Gebiet der Hauptstadt verwiesen, beiden eine Geldbuße von 20 Livres an den König auferlegt und in bezug auf den Grafen von Montgomery verordnet wurde: daß die Verbrecher, wenn dieser zuvor mit seiner Gemahlin die Richtigkeit der Forderung eidlich bekräftigt haben würde, ihm 3000 Livres zur Schadloshaltung und 25673 Livres zum Ersatz zu zahlen und das Perlenhalsband wieder herbeizuschaffen oder dafür die Summe von 4000 Livres zu erstatten sei, die 5780 Livres 5 Sols aber, die bei der Nachsuchung wiedergefunden worden waren, nebst den 70 Louisdors, die noch bei den Gerichten in Verwahrung lagen, und den 17 Louisdors mit der spanischen Doppelpistole, die dem Herrn d'Anglade vor seiner Gefangennahme abgenommen wurden, von obiger Summe abgezogen werden sollten. Außerdem wurden d'Anglade und seine Gattin zugleich verurteilt, alle Unkosten zu zahlen, selbst diejenigen, die durch die Verhaftung ihrer Bedienten verursacht worden waren.

Die Überzeugung, daß d'Anglade das Verbrechen

wirklich begangen habe und daß er es nur aus Hartnäckigkeit leugne, erbitterte seine Richter gegen ihn. Da sie nun die Strafe, die ein solcher Diebstahl eigentlich verdiente, über ihn nicht verhängen konnten, so ließen sie ihn diejenigen, die die Gesetze erlaubten, desto empfindlicher fühlen. Anstatt ihm, als er von der Folter genommen wurde, etwas zur Erquickung zu geben – eine Wohltat, die man sonst dem größten Missetäter nicht versagt –, warf man ihn sogleich in ein finstres Loch im Turm von Montgomery, der eigentlich nur für die allerschwersten Verbrecher bestimmt war, und ließ ihn hier ohne Hilfe, ohne einen Menschen zu ihm zu lassen, so lange liegen, bis er endlich, zerrissen, verrenkt und zerschmettert, wie er war, ins Schloß von Tournelle gebracht wurde, wo man die verurteilten Galeerensträflinge verwahrte, bis man sie an ihren Bestimmungsort schickte.

Durch die Last so schwerer Leiden niedergedrückt, fiel er in eine gefährliche Krankheit und mußte mit den Sakramenten versehen werden. Bei dieser feierlichen Gelegenheit erklärte er noch einmal mündlich und schriftlich, daß er ganz unschuldig sei, er vergebe aber seinen Feinden, wie der gekreuzigte Erlöser den seinigen auch vergeben habe. Er erholte sich von dieser Krankheit wieder und wurde am 1. Mai mit dem Zug der zur Galeere Verurteilten auch abgeführt. Alle seine Glieder waren aber durch die Folter so zerschmettert, daß er nicht imstande war, die geringste Bewegung zu machen. Er mußte also von zwei Menschen auf einen Karren gelegt und während der ganzen Reise jeden Abend heruntergehoben werden. Bei seiner Ankunft in Marseille wurde er in das Hospital der Ruderknechte gebracht. Schmerzlicher noch als seine eignen Leiden war ihm die Vorstellung vom Elend seiner unglücklichen Frau und seines unschuldigen Kindes; sein Herz blutete beim Andenken an sie, er hatte Mühe, sich darüber zu beruhigen. Endlich half ihm seine Religion, auch dieses Bild seines unübersehbaren Jammers im Vertrauen an die göttliche Vorsehung gelassener zu ertragen. In diesen frommen Gesinnungen starb er, unter wiederholten Versicherungen seiner Unschuld, am 4. März 1689.

Kurze Zeit nach seinem Tode las man in einer holländischen Zeitung folgende Mitteilung: Zu Orléans sind zwei Verbrecher hingerichtet worden, von denen der eine noch unter dem Galgen bekannt hat, er habe den Diebstahl bei dem Grafen von Montgomery verübt, wegen dessen der Marquis d'Anglade zu den Galeeren verurteilt worden ist.

Einige anonyme Briefe, die bald darauf auftauchten, erhöhten das Aufsehen, das diese Mitteilung unter dem Publikum erregt hatte. Der Verfasser dieser Briefe schrieb, er sei im Begriff, in ein Kloster zu gehen, und halte sich zur Entlastung seines Gewissens für verpflichtet, vorher noch mitzuteilen, daß Herr d'Anglade ganz unschuldig an dem Diebstahl sei, wegen dessen er verurteilt wurde; die wirklichen Täter seien Vincent mit dem Beinamen Belestre, der Sohn eines Lohgerbers zu Mans, und ein Priester namens Gagnard, der Almosenier des Grafen von Montgomery; eine Frau Lacomble könne über die ganze Sache sichere Auskunft geben. Einen dieser Briefe erhielt die Gräfin von Montgomery. Sie suchte ihn zwar zu verheimlichen, doch wurde die Sache unter den Bedienten verraten, die nun Gagnard sein Verbrechen vorwarfen und die Herrschaft schließlich nötigten, den Geistlichen fortzujagen.

Ein anderer Brief desselben Inhalts wurde einem

Privatmann namens Loysillon zugesandt, und von diesem wurde später im Prozeß Gebrauch gemacht.

Einen dritten erhielt der Kriminalrichter selbst. Ihn ergriff Schrecken und Bestürzung bei dem Gedanken, daß er einen Unschuldigen verurteilt haben könnte. Er beeilte sich also, über eine ihm so äußerst wichtige Sache mehr Aufschluß zu erlangen. Er übergab den Brief dem Gefreiten Desgrais, der seine Geschicklichkeit in Aufträgen dieser Art schon öfters bewiesen hatte, und befahl ihm, von Gagnard und Belestre nähere Nachrichten einzuziehen.

In kurzer Zeit hatte Desgrais die Hauptumstände aus dem Leben dieser beiden ausgekundschaftet.

Belestre war schon in seiner Jugend wegen einer Mordtat, in die er verwickelt gewesen war, aus seiner Heimat entflohen und unter die Soldaten gegangen; hatte nachher einen Sergeanten erstochen und war deshalb desertiert. Seitdem führte er ein unstetes Leben und hielt sich bald in Mans, bald in Paris auf. Trotz seines lumpigen Aussehens und seiner bettelhaften Lebensart lebte er immer in enger Verbindung mit dem Abbé Gagnard. Ganz plötzlich war er in gute Verhältnisse gekommen, hatte große Summen von Gold und Silber bei sich blicken lassen, sich mit reicher Kleidung austaffiert und sogar einen Bauernhof für 9000 oder 10000 Livres in der Gegend von Mans gekauft.

Gagnard aber war der Sohn eines Häschers in Mans, hatte sich eine Zeitlang in Paris mit Messelesen ernährt und war darauf in die Dienste des Grafen gekommen. Sein ganzes väterliches Erbe lag unter Beschlagnahme, und bei dem Grafen konnte er sich eben nicht bereichert haben; dennoch war er kaum aus dem Hause des Grafen fortgeschickt worden, als er auf einmal Geld in Überfluß zeigte, sich eine Pfründe kaufen konnte, seine geistliche Kleidung mit ungewöhnlicher Pracht ausstattete, ein Mädchen unterhielt und ungeheuren Aufwand trieb.

Noch genauer wurden diese Feststellungen von Desgrais durch die Nachforschungen Frau d'Anglades selbst bestätigt, durch die folgende Umstände über die beiden Abenteurer entdeckt wurden. Pierre Vincent war der Sohn eines armen Gerbers in Mans. Er diente als Soldat unter dem Namen Belestre im Regiment der Normandie und wurde später Sergeant bei der Kompagnie Boisguget. Als solcher wurde er 1676 durch einen Spruch des Militärrichters von Mans zu den Galeeren verurteilt, weil er sich aus Gefälligkeit gegen eine liederliche Weibsperson bei der Ermordung eines armen Müllers, die von drei Bösewichtern verübt wurde, zur Mithilfe hatte brauchen lassen. Nach diesem Probestück wählte er Paris und Versailles zum Schauplatz, auf dem er seine Diebstalente zu üben suchte; er bestahl Häuser und plünderte auf Landstraßen, verfiel dabei übrigens im höchsten Grade allen Arten von Ausschweifungen und war immer mit der verworfensten Klasse von Weibern in engster Verbindung. In diesen Rollen führte er bald seinen eigentlichen Namen Vincent, bald den Namen, den er beim Regiment angenommen hatte, Belestre; bald nannte er sich Beaulieu, bald Lagrange, dann wieder Destouches oder Belair. Ein einziger Zug aus seinem Leben wird hinreichen, um ihn als einen Bösewicht kennenzulernen, bei dem natürliche Anlagen und lange Übung zusammengewirkt hatten, um ihm die vorzügliche Fertigkeit zu geben, die er bei so vielen Unternehmungen dieser Art gezeigt hat. Er fuhr am 16. Juni 1686 mit der Landkutsche nach Dijon und suchte sich unterwegs mit den andern Reisenden bekannt zu machen. Sein besonderes Augenmerk war auf einen gewissen Olivier gerichtet, Gouverneur von Blin in der Franche-Comté. Um recht bald zu einer gewissen Vertraulichkeit gegenüber dem Gouverneur berechtigt zu sein, gab er sich als Offizier aus. Da er lange genug unter den Truppen gedient hatte, um eine solche Rolle mit Anstand zu spielen, fiel es ihm sehr leicht, Herrn Olivier zu hintergehen; und um allen Verdacht abzuwenden, gab er sich noch überdies den Anschein eines Frommen. Bei der ersten Übernachtung in Guigne wußte es der angebliche Offizier, der sich ganz seiner angenommenen Rolle entsprechend zu benehmen wußte, so einzurichten, daß er und Herr Olivier in *einem* Zimmer schliefen. Vor dem Schlafengehen verrichtete er kniend ein sehr andächtiges Abendgebet. Bei Herrn Olivier erwachte etwas Verdacht gegen den allzu andächtigen Offizier, er suchte sich also zu sichern, soviel er mit Anstand konnte. Er hatte zwei mit Gold gefüllte Börsen in seiner Hose; diese legte er unter sein Kopfkissen, hieß seinen Bedienten, die Tür gut zu verschließen, und schlief nun ohne weitere Besorgnis ein. Der andächtige Offizier wartete nur den Augenblick ab, bis er im ersten Schlafe lag, zog dann mit der größten Geschicklichkeit die Hose unter dem Kopfkissen hervor, leerte einen Beutel in den andern aus, ließ den leeren Beutel auf dem Tisch und die Hose auf der Erde liegen, knüpfte nun seine Bettücher aneinander, befestigte sie am Fenster, glitt daran hinab und eilte mit seiner Beute davon. Mit großem Schrecken entdeckte Herr Olivier beim Erwachen seinen Verlust. Er ließ den Richter von Guigne kommen und ein Protokoll über den Vorfall aufnehmen, kehrte dann nach Paris zurück, ließ sich auf der Expedition der Landkutsche das Buch vorlegen und fand darin: ›Herr Belair hat 25 Livres für seinen Platz bezahlt.‹ Darauf wurden in ganz Paris Anzeigezettel ausgegeben, diesen angeblichen Belair aufzustöbern. Doch alles Nachforschen war vergebens; Herrn Olivier blieb kein anderer Trost als der, daß er den Dieb durch Erwachen zur unrechten Zeit nicht noch gezwungen hatte, ihn zu erdrosseln.

Solche Verbrechen waren freilich von dem Abbé Gagnard nicht bekannt. Aber schon sein vertrauter Umgang mit Belestre mußte ihn verdächtig machen. Außerdem war er ein Mann von Geist und hatte ganz den Anstand eines frommen Geistlichen. Durch diese beiden Vorzüge hatte er auch das Vertrauen des Grafen von Montgomery so sehr gewonnen, daß er zu allen Geschäften verwendet und bei allen Angelegenheiten zu Rate gezogen wurde, daß er das ganze Hauswesen leitete und sogar alle Schlüssel in seiner Verwahrung hatte.

Alle diese Entdeckungen, in Verbindung mit den erwähnten Briefen, konnten nun dazu helfen, der Wahrheit auf die Spur zu kommen. Doch man mußte vor allen Dingen die beiden Bösewichter festnehmen. Dazu fand sich von selbst Gelegenheit. Gagnard war gerade in einer Schenke in der Rue-Saint-André-des-Arcs, als daselbst eine Mordtat geschah, und wurde auch mit in Haft genommen und ins Châtelet gebracht. Kurz darauf wurde auch Belestre wegen eines Verbrechens, das er schon vor drei Jahren begangen hatte, in Versailles verhaftet. Er hatte nämlich mit Hilfe eines Genossen einen Kaufmann im Spiel betrogen und ihm außerdem für mehr als 500 Livres Leinwand gestohlen, war aber damals der Vollstreckung des Haftbefehls, der deshalb gegen ihn erlassen wurde, glücklich entgangen.

Bei seiner Verhaftung fand man in seiner Tasche ein Exemplar der holländischen Zeitung, das die oben angeführte Aussage eines zu Orléans hingerichteten Räubers über den Diebstahl bei dem Grafen von Montgomery enthielt. Diese Vorsicht, eine Zeitung bei sich zu tragen, die schon mehrere Monate alt war, schien ein besonderes Motiv vorauszusetzen, das Untersuchung verdiente. Außerdem fand man auch einen Zettel in Gagnards Handschrift bei ihm, auf dem dieser ihm riet, sich ja in acht zu nehmen und sich den Abbé Fontpeire vom Halse zu halten. Man wird bald sehn, wie sehr die beiden Komplizen diesen Abbé zu fürchten hatten.

Neuen Aufschluß gab dem Richter der schon erwähnte anonyme Brief, den sein Empfänger, der Privatmann Loysillon, sobald er von der Verhaftung Belestres gehört hatte, dem Generalleutnant des Militärgerichts übersandte. Er ließ die Lacomble, die in dem Briefe genannt war, sogleich aufsuchen und sie zur Ablegung ihres Zeugnisses vorladen. Diese Lacomble, die sonst auch Cartaut hieß, hatte wohl früher mit Belestre in besonderer Vertraulichkeit gelebt und Herrn Gagnard als Kupplerin gedient, war aber von beiden nur zu diesem Zweck gebraucht und nicht zur Vertrauten ihrer übrigen Verbrechen gemacht worden. Folgendes war ihre Aussage:

Als Belestre noch in der Rue du Colombier wohnte, sagte er mir eines Tages, und zwar, soviel ich mich erinnere, zu derselben Zeit, als der Diebstahl bei dem Grafen von Montgomery geschah: »Heute abend haben wir mit dem Abbé Gagnard eine wichtige Sache vor; geh jetzt in meine Wohnung und trag alle meine Sachen von meiner Wirtin weg.« Ich ging sofort und schaffte alles weg, was Verdacht erregen oder eine Anzeige hätte geben können: Beutel, Papiere usw. Unmittelbar nach dem Diebstahl, dessen Herr d'Anglade beschuldigt wurde, zeigte mir Belestre eine Menge Gold- und Silbergeld nebst einem Halsband von feinen Perlen und sagte dabei mit einem sehr heitern Gesicht: »Sieh, das ist für uns alle.« Erstaunt erwiderte ich: »Mein Gott, woher haben Sie das viele Geld und ein so kostbares Halsband?« Er antwortete darauf: er habe alles im Spiel gewonnen. An demselben Tage mußte ich ihm hundert geänderte Louisdors in einen Ledergürtel einnähen. Ich konnte mich dabei nicht enthalten, ihm zu sagen: er habe doch wirklich diejenigen, denen er all dies Geld abgenommen habe, sehr unglücklich gemacht; er erwiderte aber: »Diese Leute sind nicht zu beklagen, sie haben noch Geld genug, überhaupt gehört eigentlich aller Besitz allen, und es kommt nur darauf an, ihn mit guter Art an sich zu bringen.« Eines Tages, als ich mit Belestre im Jardin du Luxembourg spazierenging, schickte er mich plötzlich weg, indem er sagte: »Geh jetzt, es werden Herren kommen, mit denen ich eine Teilung vorzunehmen habe.« Im Weggehen sah ich den Abbé Gagnard kommen, der aber sehr verstört schien und mich nicht bemerkte.

Sie setzte verschiedenes hinzu von einem Mädchen, das Gagnard aushielt und das vor sechs Wochen von einem Knaben entbunden worden sei, dessen Vater dieser Geistliche sein sollte.

Durch diese Aussage glaubte der Richter sich hinreichend berechtigt, Gagnard und Belestre wegen dieses Diebstahls verhaften zu lassen. Gagnard, der an dem in seiner Gegenwart vorgefallenen Mord für unschuldig befunden worden war, wurde also aus dem Châtelet auch in das Gefängnis zu Versailles abgeführt, und der Prozeß gegen diese beiden Verbrecher begann damit, daß man sie über die von der Lacomble angegebenen Tatsachen verhörte. Bei diesem Verhör gerieten sie in einen sehr auffallenden Widerspruch. Als man Belestre über die Teilung im Jardin du Luxembourg befragte, gab er zur Antwort: sie hätten gemeinsam in einer Gesellschaft gespielt und wären da zusammengekommen, um ihren Gewinn zu teilen; Gagnard aber, den man über diesen Umstand gesondert befragte, versicherte, er hätte nie eine solche Spielgemeinschaft mit Belestre gehabt. Wir haben schon oben bemerkt, wie bedeutend ein solcher Widerspruch bei einer gerichtlichen Untersuchung sei, und es läßt sich daraus leicht erkennen, wie stark durch ihn der Verdacht gegen die beiden Beschuldigten vermehrt werden mußte. Außerdem aber ergaben sich bei dieser Untersuchung auch noch allerhand andere Verdachtsmomente gegen sie.

Aber sie waren dadurch noch lange nicht überführt, es sprach sogar noch manches zu ihren Gunsten. Besonders beriefen sie sich auf das förmliche Urteil gegen Herrn d'Anglade, das auf die sorgfältigste Untersuchung der Sache hin erfolgt und nach Beobachtung aller Erfordernisse des Prozesses vom Parlement selbst noch mehr verschärft worden war, und gründeten darauf folgenden Schluß zu ihrer Verteidigung: D'Anglade und seine Gattin sind durch einen förmlichen, nach allen Rechtserfordernissen ausgefertigten Beschluß desjenigen Verbrechens für schuldig erklärt worden, das man *uns* jetzt aufbürden will. Ebendeshalb aber können wir es nicht getan haben, oder man müßte uns beweisen, daß wir ihre Mithelfer gewesen sind. Allerdings konnte man diesen Schluß nicht umstoßen, ohne zugleich das Ansehn dieses Urteils zu verwerfen, gegen das dennoch bis jetzt noch keine begründete Einwendung gemacht werden konnte. Überdies konnte Gagnard mit Grund sagen: »Ich war auf dem Lande, als der Diebstahl geschah«; und Belestre versicherte: er habe das viele Geld, das man bei ihm gesehen habe, zum Teil in Courtrai mit Marketenderhandel verdient, außerdem habe er 2000 Livres einem Abenteurer im Spiele abgewonnen. Zwar fand man bei genauerer Erkundigung, daß dies Lügen waren, aber man konnte doch daraus noch nicht schließen, daß er das in Rede stehende Verbrechen begangen habe und daß also die Verurteilung Herrn d'Anglades ungerecht sei.

So bewirkten also die Lichtstrahlen, die mitten durch die Finsternis brachen, in die sich die beiden Angeklagten zu hüllen wußten, doch nur ein falsches Licht, das den Richter in die äußerste Verlegenheit setzte. Die von Desgrais eingezogenen Nachrichten zeigten wohl, daß Belestre ein Bösewicht und Gagnard ein Wollüstling sei, aber sie waren nicht einmal gesetzmäßig erwiesen und gaben über die Hauptsache, um die es hier ging, gar keinen Aufschluß. Aus der Aussage der Lacomble wurde zwar bekannt, daß die beiden Angeklagten in einen beträchtlichen Diebstahl verwickelt sein mußten; man fand in ihrer Erzählung sogar verschiedene Züge, welche auf die dem Grafen von Montgomery gestohlenen Sachen gedeutet werden konnten; aber dies waren doch nur Verdachtsmomente; und bloße Verdachtsmomente, die noch überdies zweideutig sind, können nie eine rechtliche Entscheidung begründen. Kein einziger von allen Zeugen aber machte eine Aussage, die den erforderlichen Beweis liefern konnte.

In dieser Verlegenheit erhielt der Richter durch

einen besonderen Zufall einen unerwarteten Aufschluß. Belestre beging die Unvorsichtigkeit, bei seiner Gegenüberstellung mit einem Zeugen – der nur nach dem Hörensagen aussagte und außerdem noch zugab, daß er die Leute nicht einmal kenne, von denen er seine Nachricht über den Diebstahl gehört habe – selbst die Bemerkung zu machen: er habe diesen Zeugen in der Gesellschaft von Giraut, La Rocque, La Fonds und des Abbés von Fontpeire gesehen. Diesen Wink benutzte der königliche Prokurator und ließ diese Leute sogleich vor Gericht fordern.

Der Abbé von Fontpeire bekannte, er sei der Verfasser der oben erwähnten anonymen Briefe. Er wiederholte jetzt, was er in ihnen schon mitgeteilt hatte, und setzte noch hinzu: die beiden Gefangenen hätten ihn vertraulich von ihren Schätzen unterrichtet und ihm ihre Pläne enthüllt, und Belestre habe ihm unter anderm auch einmal hundert geränderte Louisdors gezeigt. »Eines Tages wollte ich«, fuhr er fort, »Gagnard besuchen. Belestre war aber eben bei ihm; sie hatten zusammen gespeist. Ich blieb an der Tür stehn und hörte den letzteren gerade noch zu Gagnard sagen: ›Lustig, mein Freund! wir wollen uns gute Tage machen, während der Marquis auf den Galeeren rudert.‹ Gagnard antwortete mit einem schweren Seufzer: ›Ich bedauere ihn, er war ein rechtschaffener Mann und erwies mir viel Freundlichkeit.‹ – ›Laß das gut sein‹, erwiderte Belestre, ›warum wolln wir um einen Menschen winseln, dessen Unglück unser Glück ist?‹ Darauf äußerte Gagnard seine Furcht vor dem Abbé Fontpeire; er fürchte, sagte er, sie hätten ihn schon zu tief in die Karten sehn lassen, und er scheine eben nicht sehr geeignet, Geheimnisse dieser Art für sich zu behalten. ›Wenn ich das wüßte‹, erwiderte Belestre, ›so wollte ich ihn bald in die andre Welt befördern.‹ Da trat die Lacomble durch eine andre Tür ins Zimmer und brachte ihnen Wein. Sie schienen nachher sehr unruhig, aus Furcht, von ihr behorcht worden zu sein.« – Bei der Gegenüberstellung sagte Fontpeire Belestre ins Gesicht: er habe ihm selbst gestanden, daß er den Diebstahl bei dem Grafen von Montgomery begangen habe und ihm dabei hundert geränderte Louisdors, viele andere Geldstücke und einige Nachschlüssel gezeigt. Belestre fiel ihm aber sogleich ins Wort und behauptete, daran sei nichts weiter wahr, als daß er zu ihm einst in spöttischem Ton gesagt habe: »Glauben Sie denn, daß ein Marquis, der Marquis d'Anglade heißen soll, dem Grafen von Montgomery 10000 bis 12000 Écus gestohlen hat?«

Außer dieser wichtigen Aussage ergaben sich durch die Zeugenverhöre nun auch noch andere bedeutende Umstände. So erfuhr man zum Beispiel, daß Belestre Nachschlüssel verfertigt und solche selbst heimlich in Paris verkauft habe. Einem Zeugen hatte er sogar die Kunst, sie zu verfertigen, erklärt. Er hatte ihm zuerst eine Menge Gold und Silber, danach aber einen Schlüssel gezeigt und dabei gesagt: »Das ist ein goldner Schlüssel, der hat mir zu all diesem Gelde verholfen.« Da dieser nun neugierig war zu wissen, wie das zugegangen sei, sagte ihm Belestre: er habe den Schlüssel, den er hätte nachmachen wollen, in Wachs abgedrückt und nach diesem Muster sodann einen andern zurechtgefeilt. Dieselbe Kunst, durch falsche Schlüssel reich zu werden, hatte er in einer schwachen Stunde auch einigen andern erklärt, die nun als Zeugen gegen ihn auftraten, und ihnen zugleich einen solchen Schlüssel gezeigt.

So weit war die Untersuchung gediehen, als auch

Frau d'Anglade im Namen ihrer Tochter, Constance Guillemot, durch deren Vormund sich zum Prozeß meldete. Die Sache wurde hierauf vor den Conseil gebracht, weil es sich hier um die Abänderung eines Parlementsbeschlusses handelte; denn Fräulein Guillemot beantragte in ihrem Gesuch, daß die beiden Angeklagten zu Tätern des beim Grafen von Montgomery verübten Diebstahls erklärt, das Andenken ihres Vaters gerechtfertigt und seine Ehre wiederhergestellt werde. Dieses Gesuch gründete sie auf zwei Sätze. Erstens: Es sind gegen Gagnard und Belestre überzeugende Beweise vorhanden. Zweitens: Sie können den Beschluß, der Herrn d'Anglade und seine Gattin verurteilt hat, nicht zu ihrer Rechtfertigung vorschützen.

Es ist wahr – heißt es in dieser Verteidigungsschrift – es waren nur anonyme Briefe, auf die sich der erste Verdacht gegen die beiden Verbrecher gründete, und man hätte die Beschuldigung in diesen Briefen, wenn sie einen Menschen von unbescholtener Ehre und unzweideutigem Ruf betroffen hätte, sogleich beim ersten Anblick mit vollem Recht für bloße Verleumdung und für einen übel ausgesonnenen Versuch erklärt, das Andenken Herrn d'Anglades zu rechtfertigen. Aber die Anzeige betrifft zwei Bösewichter, die als solche durch die Akten des Prozesses bereits kenntlich genug gemacht sind. Es spricht also keine Annahme ihrer Redlichkeit für sie; vielmehr zeigt ihr früheres Leben, daß ein solches Verbrechen ihrer Denkungsart angemessen sei und daß sie gewiß keinen Augenblick versäumt haben, es zu begehen, wenn sich ihnen Gelegenheit dazu bot.

Alle Umstände zeigen sogar, daß sie es wirklich begangen haben. Ehe dieser Diebstahl verübt wurde, sah man beide äußerst dürftig, *nach* diesem Vorfall aber auf einmal beide ebenso reich. Der eine kauft sich Güter, der andre eine Pfründe, und trotz dieser beträchtlichen Ausgaben haben sie noch Gold und Silber genug. Man befragt sie über die Quellen ihres Reichtums, und sie werden auf der Stelle überführt, daß sie ganz falsche Angaben zur Erklärung gemacht haben. Eine zwischen ihnen erfolgte Teilung zeigt, daß sie ein gemeinschaftliches Interesse hatten; man befragt sie über den Zweck dieser Verbindung, und sie widersprechen sich in ihren Antworten. Die Quelle ihres Reichtums ist also strafbar, ihre Verbindung aus einer unerlaubten Absicht entstanden. Noch mehr! Aus Furcht, durch das gestohlene Gut selbst verraten zu werden, läßt Belestre seine Louisdors einnähen und mietet drei Stuben, um seine Schätze darin zu verbergen; und man hört noch überdies, daß er bald hier, bald dort Geld vergraben habe.

Alle diese Umstände passen nun zwar auf den einen Diebstahl so gut wie auf einen andern. Doch wir brauchen, um auf den wahren Sachverhalt zu kommen, nur die Spur zu verfolgen, welche die Lacomble angedeutet hat. Die Aussage dieser Frau ist um so glaubwürdiger, da sie bis zum Augenblick ihrer Verhaftung die Vertraute und Gehilfin der beiden Verbrecher geblieben war und also offenbar nur durch die Macht der Wahrheit gezwungen werden konnte, ein Zeugnis zu ihrem Nachteil abzulegen. Lassen Sie uns dieser Aussage Schritt für Schritt folgen! Belestre trägt dieser Frau auf, alle seine Sachen, durch die man ihm etwa auf die Spur kommen könnte, so rasch wie möglich aus seiner Stube wegzuschaffen; und was gibt er als Grund dieses sonderbaren Auftrages an? Er habe diesen Abend einen wichtigen Streich mit dem Abbé Gagnard auszuführen. Die Lacomble erstaunt beim Anblick der großen Summen, die ihr Belestre zeigt; beweist das nicht, daß vorher bei ihm wenig Geld zu sehn gewesen sein müsse? Und sieht man nicht ebenso deutlich aus der Art, wie sie ihn nach der Quelle dieses plötzlichen Reichtums fragt, daß sie überzeugt gewesen sei, er könne ihn nur durch unerlaubte Mittel erworben haben? Er schreibt zwar anfänglich sein Glück dem Spiel zu, aber gleich darauf, als die Lacomble Mitleid mit den Leuten zeigt, denen er dies Geld abgenommen habe, äußert er: ›Solche Leute sind nicht zu beklagen, sie haben noch Geld genug, aller Besitz gehört eigentlich allen, und es kommt nur darauf an, ihn mit guter Art an sich zu bringen.‹ Ist das nicht offensichtlich das Bekenntnis eines Diebstahls? Es fragt sich also nur, wo er ihn begangen hat? Der Zeitpunkt, den die Zeugin angibt, und die Sachen, die sie bei Belestre gesehen hat, weisen geradezu auf den Diebstahl hin, dessen Herr d'Anglade beschuldigt worden ist. ›Soviel ich mich erinnere‹, sagt sie, ›war es zu ebender Zeit, da der Graf von Montgomery bestohlen worden war.‹ Und die gestohlenen Sachen, die ihr Belestre zeigte, waren ein Perlenhalsband, hundert geränderte Louisdors, eine große Menge spanischer Piaster und viele französische Écus. Sind dies aber nicht dieselben Stücke, die dem Grafen von Montgomery entwendet worden sind? Hierzu kommt aber noch ein andrer Umstand, der sehr bemerkenswert ist. Der Graf hatte in seinem Verzeichnis der entwendeten Sachen ein Halstuch mit Spitzen nicht erwähnt, weil er dessen Verlust erst während des Prozesses bemerkte. Dieses Halstuch hat man bei Belestre gefunden, als er verhaftet wurde. Gagnard aber hat den Raub mit Belestre geteilt, er muß also Anteil an dem Verbrechen gehabt haben.

Niemand konnte auch leichter dazu behilflich sein als er, der des Grafen ganzes Zutrauen besaß und dem das ganze Hauswesen anvertraut war.

Zeigen nun nicht diese Umstände ganz deutlich, daß der Diebstahl, dessen Gagnard und Belestre sich verdächtig gemacht haben, kein andrer sei als derjenige, dessen Opfer Herr d'Anglade werden mußte? Noch einleuchtender wird dies durch folgende Entdeckung, die durch ein Zeugenverhör bestätigt ist. Ungefähr im Dezember 1689 kam Belestre zu einem gewissen Lacomble, der ehemals in der gleichen Kompagnie, in der er selbst Sergeant gewesen war, als Soldat gedient hatte und nun Parlementsbote war, und erkundigte sich, an wen man sich wenden müsse, um eine Mitteilung in die holländische Zeitung setzen zu lassen. Lacomble führte ihn zu einem gewissen Ribou, der in der Gegend des Augustinerklosters wohnte. Belestre gab diesem die oben erwähnte Mitteilung und bezahlte ihm einen Écu für deren Einrücken. Woher diese Sorgfalt, das Andenken Herrn d'Anglades von einem Verbrechen zu reinigen, für das er von den Richtern verurteilt worden war; und wozu die Vorsicht, das Zeitungsblatt mit dieser Nachricht immer bei sich zu tragen, wenn es nicht die Absicht war, das Publikum auf eine ganz andere Spur zu führen und alle Schuld auf einen angeblich aufgehängten Missetäter zu wälzen? Zeigt dieses Bestreben nicht selbst, daß dieses Verbrechen ihn sehr nahe angehn müsse? – Überdies ist Belestre durch seine eignen Gehilfen verraten worden, weil er ihnen den versprochenen Anteil an der Beute nicht ausgehändigt hatte. Es war unter allen Dieben zu Paris allgemein bekannt, daß nicht Herr d'Anglade, sondern Gagnard und Belestre den Grafen von Montgomery bestohlen hatten. Endlich hat man ja sogar das Geständnis aus ihrem eigenen Munde in der Aussage des Abbé Fontpeire.

Das Verbrechen steht also fest, die Verbrecher sind bekannt, sind überführt; was bedarf es mehr, die Ehre des Unschuldigen zu retten und alle Strafe und Schande auf die Köpfe dieser Bösewichter fallen zu lassen?

Aber man kann noch weitergehen; es läßt sich aus der Ausführung des Diebstahls selbst ableiten, daß ihn niemand als Gagnard und Belestre begangen haben können. Der Graf fand bei seiner Rückkehr die Fenster und Türen des Zimmers, in dem der Diebstahl ausgeführt wurde, verschlossen und in demselben Zustand, wie er sie verlassen hatte: die Tür muß also unbedingt mit Hilfe eines Nachschlüssels geöffnet worden sein. Auf wen könnte dieser Verdacht eher fallen als auf Belestre, von dem es durch die Akten so unleugbar bewiesen ist, daß er solche Schlüssel nach Wachsabdrücken angefertigt und von dieser Kunst schon öfters Gebrauch gemacht hat? Wer aber könnte ihn mit einem solchen Abdruck eher versorgt haben als Gagnard, der die Schlüssel zum Vorzimmer, zum Zimmer und zum Kabinett des Grafen oft ganze Monate in seiner Verwahrung hatte? Je genauer man die Umstände betrachtet, desto mehr werden die Diebe kenntlich, desto mehr sieht man, wie übereinstimmend alle ihre Maßregeln getroffen waren, um den Diebstahl sicher auszuführen. Die Summe war zu groß, um auf einmal aus dem Hause weggeschafft zu werden; mehrmals hin und her zu gehn war aber zu gefährlich; sie mußten also im Hause selbst eine Niederlage haben, die von allen Zimmern, sowohl denen der übrigen Mieter als der zu Haus gebliebenen Bedienten, weit genug entfernt und doch nahe am Tore war. Alle diese Vorzüge hatte Gagnards Zimmer. Aber der Dieb mußte in den Stand gesetzt werden, dieses Zimmer ungestört zu benutzen; und dies war der Grund, warum Gagnard sich wohl hütete, den Schlüssel zu dieser Stube, wie sonst gewöhnlich, der daheimgebliebenen Kammerjungfer mit den übrigen Schlüsseln auszuhändigen, sondern ihn sehr weislich zu sich steckte. So konnte nun außer dem Dieb, dem der Zugang durch einen Nachschlüssel offenstand, niemand diese Stube betreten, um ihn in seinen Maßnahmen zu hindern. Daß Gagnard bei seiner Rückkehr die Tür nicht verschlossen, sondern nur angelehnt fand, liegt daran, daß das Schloß nicht mit Federn eingerichtet war, also nur mit dem Schlüssel selbst geschlossen werden konnte. Der Dieb, der die Ankunft des Grafen erst für den folgenden Tag erwartete, war in dem Zimmer eben beschäftigt, den Überrest des entwendeten Geldes wegzuschaffen, als der Graf unversehens ankam. Überrascht durch die plötzliche Gefahr, ließ er alles übrige im Stich, um für seine Sicherheit zu sorgen. Er benutzte einen Augenblick, in dem er unbemerkt entwischen konnte, und eilte davon, ohne sich Zeit zu nehmen, die Tür abzuschließen.

Kann etwas einleuchtender sein als dieser Beweis, daß niemand anders als Belestre in Verbindung mit Gagnard den Diebstahl bei dem Grafen von Montgomery begangen hat und daß folglich Herr d'Anglade und seine Gattin völlig unschuldig sind?

Vergebens berufen sich die beiden Verbrecher auf den Rechtsspruch des Parlements, der Herrn d'Anglade wegen dieses Diebstahls verurteilt hat. Erstens sagte dieser Spruch nicht, daß Herr d'Anglade und seine Gattin des Verbrechens überführt seien, dann wäre ihm der Strang zuerkannt worden; vielmehr wird darin ausdrücklich erklärt, daß die Richter, die freilich Menschen sind und irren können, zwar Gründe zum stärksten Verdacht, aber doch keine gesetzlichen Beweise gegen sie gefunden haben, um sie zu der bestimmten Strafe verurteilen zu können. Zweitens aber vergleiche man nur die Beschuldigungsgründe in beiden Prozessen; und man wird sogleich sehen, daß, wenn der erstere Verdachtsgründe enthält, stark genug, um den Richter in Ungewißheit zu setzen, bei dem zweiten Beweise vorliegen, die alles Erforderliche enthalten, um eine vollkommene Überzeugung zu begründen.

Diese Gründe, die im Namen der Guillemot d'Anglade gegen die Angeklagten vorgebracht wurden, waren zugleich die Widerlegung einer Schrift, in der Gagnard und Belestre ihre Verteidigung öffentlich dem Publikum vorgelegt hatten.

Die Angeklagten wurden schließlich zur Folter verurteilt. Belestre hielt sie aus, ohne etwas zu gestehen. Doch gestand er nachher noch vor seiner Hinrichtung alles von selbst. »Nur um sein Gewissen zu erleichtern«, setzte er hinzu; denn außer ihm und Gagnard habe nur Gott, der ihn gesehen, etwas von dem wahren Vorgang der Sache gewußt. Gagnard aber hielt die Schmerzen der Folter nicht aus. Er leistete ein umständliches Bekenntnis sowohl vom Verbrechen selbst als von seinem mit Belestre dazu entworfenen Plan. Er versicherte zugleich, er sei bei der Untersuchung seines Zimmers damals so bestürzt gewesen, daß er alles gestanden haben würde, wenn der Kriminalrichter nur eine Frage an ihn gerichtet hätte. Der Strang beendete das Schicksal der beiden Verbrecher.

Die Unschuld Herrn d'Anglades und seiner Gattin war nun keinem Zweifel mehr unterworfen. Frau d'Anglade bat also beim Parlement um förmliche Wiederherstellung ihrer Ehre und der Ehre ihres verstorbenen Gatten und ersuchte diesen Gerichtshof zugleich, den Grafen von Montgomery zur Wiedererstattung allen Verlustes und aller Kosten anzuhalten, die er ihnen durch seine ungerechte Anklage verursacht habe.

Der Graf weigerte sich aber, dieses Gesuch zu erfüllen; und folgendes sind die Gründe, die er zu seiner Verteidigung durch seinen Anwalt vorlegen ließ:

Das Schicksal Herrn d'Anglades und seiner Gattin hat allgemeines Mitleid erregt; der Graf von Montgomery nimmt selbst den aufrichtigsten Anteil daran und ist vom lebhaftesten Schmerz durchdrungen, daß er, verleitet durch einen Irrtum, der aber doch verzeihlich ist, an ihrer Verurteilung schuldig werden mußte. Doch weit gefehlt, daß man ihm dies zum Verbrechen anrechnen könnte, ist die Verurteilung der beiden Unschuldigen vielmehr für ihn selbst eine Quelle von Unglück; freilich eines Unglücks von ganz anderer Art als dasjenige, das die unglücklichen Eheleute betroffen hat, das aber doch zu empfindlich ist, als daß nicht jeder alle seine Kräfte anwenden sollte, um sich dagegen zu verwahren. Wäre der Verdacht des Grafen gleich zu Anfang auf die wahren Täter gefallen, so hätte er von den beträchtlichen Summen, die ihm entwendet worden waren, nichts verloren; denn Belestre und Gagnard versicherten beide, daß damals das gestohlene Geld noch vollständig beisammen gewesen sei. Statt dessen verfolgte er einen Unschuldigen und setzte sich dem ungewissen Ausgang eines gefährlichen Prozesses aus, um inzwischen die leichte Wiedererlangung seines Geldes zu versäumen. Zudem sieht man aus der Anklage des Grafen selbst, daß er nicht einmal den

Vorsatz gehabt hat, Herrn d'Anglade des Diebstahls zu beschuldigen; seine Anzeige rechtfertigt ihn. Er klagt darin wegen des ihm zugefügten Diebstahls, er argwöhnt, daß er durch Personen im Hause geschehen sei, aber er beschuldigt niemand. Und wäre nicht selbst eine übereilte Beschuldigung im Augenblick höchsten Affekts beim Verlust eines solchen Betrages verzeihlich? Wie kann man verlangen, daß jemand, dem 30000 Livres gestohlen worden sind und der den Urheber des Diebstahls zu entdecken bestrebt ist, mehr Kaltblütigkeit zeigt als der Richter selbst? Herr d'Anglade und seine Gattin waren ihre eignen Ankläger. Ihre gespielte Sicherheit, und darauf ihre Schwäche und ihr Zittern, ihre Änderungen in den Antworten, ihre Widersprüche und die übrigen Verdachtsmomente, die teils sie selbst, teils die Umstände aufdeckten – diese waren ihre Ankläger, ehe noch der Graf an ihre Beschuldigung gedacht hatte.

Der Verteidiger des Grafen zählt hier alle die Vermutungen, die wir schon oben untersucht haben, einzeln auf und fährt dann fort: Kann man es dem Grafen zum Vorwurf machen, daß sein Verdacht bei solchen Gründen zu Vermutungen nicht auf Gagnard, sondern auf die Unschuldigen fiel? Konnte er denn ein Geheimnis durchschauen, das damals für jedes menschliche Auge undurchdringlich war, da Belestre selbst sagt, außer ihm und Gagnard habe nur Gott allein etwas von dem wahren Vorgang gewußt? Muß nicht Frau d'Anglade selbst zugeben, daß die wahren Diebe nur durch eine Art von Wunder entdeckt worden sind? Wie hätte aber der Graf zu einer Zeit, als alle Umstände so erstaunlich zusammentrafen, die beiden Eheleute zu verdächtigen, einen Verdacht gegen Belestre fassen sollen, dessen Existenz ihm nicht einmal bekannt war? Wie konnte er auch nur eine Vermutung gegen Gagnard hegen, der mit ihm auf dem Lande gewesen war und gegen den auch Frau d'Anglade nicht einmal einen Verdacht geäußert hatte? Natürlich hielt der Graf diejenigen seiner Leute, die er mit sich auf sein Landgut genommen hatte, für in jeder Hinsicht unverdächtig. Sie waren an einem andern Orte gewesen und hatten dadurch ein so starkes Moment zu ihren Gunsten, daß sie sich nur auf ihre Abwesenheit zu berufen brauchten, um eine unwiderlegliche Verteidigung für sich zu führen. Die übrigen, die er im Hause zurückgelassen hatte, waren ebenfalls frei von allem Verdacht durch die Verdachtsmomente gegen Herrn d'Anglade und seine Gattin, die so stark waren, daß selbst der Kriminalrichter es für ratsam hielt, nicht sämtliche Bediente des Grafen in die Untersuchung zu verwickeln, um sie für den Prozeß als Zeugen zu behalten, und daß das Parlement nachher, als Herr d'Anglade in seinem Einspruch gegen den Kriminalrichter unter andern Gründen auch dessen Nachsicht gegen sämtliche Bediente des Grafen anführte, keine Rücksicht auf diese Beschwerde nahm und sie für ungültig erklärte.

Es ist wahr: alle diese Verdachtsmomente, die den Grafen von Montgomery irregeführt haben, sind in der Tat keine Beweise; es sind nur Folgerungen, die man aus gewissen Tatsachen gezogen hat, um zur Aufhellung einer noch verborgenen ungeklärten Tat zu gelangen, die man beweisen will. Aber solche Folgerungen sind nicht immer unfehlbar; denn es genügt nicht, daß die Tatsachen feststehen, auf die sich dergleichen Vermutungen gründen; solche Folgerungen haben nur insoweit Beweiskraft, als die Tatsachen, die man erweisen will, mit ihnen wirklich in engerer oder entfernterer Verbindung stehen. Daher teilen die Rechtslehrer die Verdachtsmomente oder Indizien nach ihrer Gültigkeit ein in zweifelhafte und unbezweifelte; in entfernte und nahe; in solche, die das Gesetz bestimmt, und in solche, die der Beurteilung des Richters überlassen sind; in leichte und in schwere und zwingende; und es ist zu bemerken, daß sie dabei einstimmig zwei Grundsätze aufstellen; erstens: nahe und unbezweifelte Indizien gelten als Beweis; zweitens: viele, wenn schon nur entfernte Indizien gelten als ein gewisses unbezweifeltes und zwingendes Indiz.

Wenn man also auch zugibt, daß alle die Tatsachen: die Kenntnis von den großen Geldsummen, die der Graf von Montgomery eingenommen hatte; der unbedeutende Vorwand, unter dem die Einladung nach Villebousin abgelehnt wurde; das Abfordern des Hausschlüssels während der Abwesenheit des Grafen; die von Frau d'Anglade gemachte Angabe des Orts, wo sich wirklich ein Teil des gestohlenen Geldes befand; die Schwäche, die sie vorschützte, um nicht mit auf den obern Boden zu gehen; die Entdeckung der siebzig geränderten Louisdors; das Zittern Herrn d'Anglades; die Zweideutigkeit in seinen Antworten; die unzähligen Widersprüche, mit denen ihre Aussagen durchsetzt sind, daß alle diese Tatsachen, samt allen übrigen Indizien, auf die man die Verdachtsmomente gegen Herrn d'Anglade und seine Frau gegründet hat, einzeln genommen, keinen vollkommenen Beweis abgeben, einige davon sogar für ganz unschuldig angesehen werden können –, so muß man doch den eben angeführten Grundsätzen gemäß gestehen, daß die Vereinigung so vieler Tatsachen ein so nahes und unbezweifeltes Indiz bildete, die des Richters ganze Aufmerksamkeit so sehr auf *einen* Punkt zusammendrängte, daß er an das Gegenteil gar nicht weiter denken konnte, daß sein Urteil schon gefällt war und jede neue Untersuchung ihm überflüssig erscheinen mußte.

Diese Überzeugung des Richters war also nicht aus einem einzigen Indiz entsprungen, sondern aus einer ganzen Menge zusammentreffender Verdachtsmomente und aus deren Beziehung zum Hauptfaktum: dem hier zu verhandelnden Diebstahl; in welchem Falle sich Indizien in Beweise verwandeln. In diesem Sinne sagt auch das Gesetz, es sei schwer zu bestimmen, welches die Indizien seien, die als Beweise für eine Tatsache angesehen werden können; es müsse dem Urteil des Richters überlassen werden, die Stärke und die Gültigkeit solcher Verdachtsmomente zu bestimmen. Ein anderes Gesetz fügt hinzu, eine Tatsache könne ebenso sicher durch richtige Indizien wie durch schriftliche Beweise dargetan werden. Ebenso lehren auch andre Gesetze, man könne auch ohne Zeugen und Urkunden Beweise führen, wenn nämlich starke und zahlreiche Momente vorhanden sind, aus denen, als aus gewissen und bekannten Tatsachen, der Umstand, der bewiesen werden soll, durch sichere Folgerungen abgeleitet werden kann.

Freilich sind diese Arten von Beweisen nicht immer unfehlbar; dies zeigt das Beispiel Herrn d'Anglades. Aber die gerichtlichen Beweise können überhaupt nicht wie die mathematischen geführt werden; bei den sichersten kann man also irren. So gilt eine übereinstimmende Aussage von zwei unbestrittenen Zeugen über dieselbe Tatsache nach göttlichen und menschlichen Gesetzen als unzweifelhafter Beweis; und dennoch hat man sehr viele Fälle, wo sich zwei solche Zeugen geirrt haben oder wo sie hintergangen worden sind. Und so ist sogar das Geständnis eines Verbrechens, das doch den Richter und den Ankläger in den Augen der ganzen Welt zu rechtfertigen scheint, nicht immer ein sicherer Beweis; wie oft hat nicht der Ausgang gelehrt, daß ein solches Geständnis die Wirkung einer Gewalttätigkeit, einer Übereilung, einer Bestürzung oder der Verzweiflung gewesen ist?

Wenn also auch eine Fügung der göttlichen Vorsehung die Ehre Herrn d'Anglades gerettet hat, so kann daraus doch nicht gefolgert werden, daß die Anklage gegen ihn, die sich auf eine solche Menge von Indizien gründet, wider besseres Wissen erhoben worden sei und daß der Ankläger also hinterher noch wegen seiner Anklage, die er auf so wichtige Verdachtsmomente aufgebaut hatte, verantwortlich gemacht werden könne.

Vergebens würde man einwenden, die Standhaftigkeit Herrn d'Anglades auf der Folter hätte für einen sicheren Beweis seiner Unschuld gelten sollen. Nichts ist ungewisser, nichts zweideutiger als eine solche Folgerung. Ohne Beweise davon in der Ferne zu suchen, finden wir in dem gegenwärtigen Prozeß selbst das auffallendste Beispiel von der Trüglichkeit desselben: Belestre hält auch die Folter aus und beweist gerade dadurch, daß die Folter ein sehr unzuverlässiges Mittel ist, die Wahrheit zu erforschen.

Dic Anklage des Grafen entsprang also nur einem Irrtum; ein solcher Irrtum aber kann kein Recht begründen, Schadloshaltung und Ersatz von ihm zu fordern. Die Gesetze selbst sprechen hier zum Vorteil des Grafen. Sie unterscheiden zwischen einer Anklage aus Verleumdung und einer Anklage aus Irrtum; und wenn sie den verleumderischen Ankläger mit der höchsten Strenge behandeln, so sind sie dagegen ebenso milde gegen den, der eine irrige Anklage ohne böse Absicht vorgebracht hat.

Überdies hat der Graf die Richter selbst, die Herrn d'Anglade verurteilt haben, zu seiner Verteidigung. Sie haben durch den Irrtum des Anklägers sich auch verleiten lassen, und ebendadurch den letztern gerechtfertigt. Kann man wohl verlangen, daß der Graf erleuchteter hätte sein sollen als diese Richter? Wenn die Erfahrung, die ein so bedeutender Gerichtshof wie das Parlement sich durch tägliche Übung in solchen verwickelten Fragen erworben haben muß, wenn der unparteiische Eifer für die Wahrheit, der seine Untersuchungen beleben soll, wenn selbst die genaue Kenntnis und tägliche Anwendung der Gesetze nicht hingereicht hat, die Unschuld dieser bedauernswürdigen Opfer einer unglücklichen Verkettung von Umständen ans Licht zu bringen, wie sollte es ohne eine übernatürliche Eingebung dem Grafen möglich gewesen sein, ihre Unschuld auch nur zu mutmaßen?

Die Anklage Frau d'Anglades trifft also im Grunde das Parlement selbst. Dieser Gerichtshof ist es eigentlich, über den sie Klage führt und dem sie eine Verurteilung als Verbrechen auslegt, die nach allen Gesetzen und Vorschriften der Rechtsklugheit vorgenommen wurde. Die Verdachtsmomente, die teils die Angeklagten selbst veranlaßt, teils zufällige Umstände herbeigeführt hatten, waren so auffallend, daß, auch wenn der Graf nicht als Kläger aufgetreten wäre, der Staatsanwalt selbst gegen Personen, die so viele eindeutig scheinende Verdachtsmomente gegen sich hatten, den Prozeß hätte anhängig machen müssen. Herr d'Anglade und seine Gattin hätten also in keinem Falle dem unglücklichen Schicksal, das sie betroffen hat, entgehen können. Der Graf von Montgomery ist also nicht an ihrem Unglück schuld, folglich auch nicht schuldig, sie zu entschädigen.

Frau d'Anglade beantwortete diese Verteidigung des Grafen in einer besonderen Schrift. Wir teilen unsern Lesern das Wesentlichste derselben mit.

Diese Verteidigung des Grafen – heißt es in dieser Schrift – ist in der Tat noch sonderbarer als selbst die traurigen Geschehnisse, die dazu Veranlassung gegeben haben. Mit Schaudern sah man zwei Unschuldige als Verbrecher behandelt, ihrer Ehre, ihres Lebens, ihrer Güter durch einen erregten Ankläger beraubt, der kein Bedenken trägt, sich mit den Resten ihres Vermögens zu bereichern. Es ist möglich, daß ein Irrtum die Veranlassung seiner Wut war, freilich ein Irrtum, vor dem ihn das leichteste Nachdenken hätte bewahren können; doch nehmen wir an, er habe sich geirrt. Inzwischen wird er vollkommen überzeugt, daß die Unglücklichen, die er seinem grausamen Eifer aufgeopfert hatte, ganz unschuldig sind; er gesteht selbst ihre Unschuld ein. Dennoch will er nicht, daß diese Unschuld sie berechtige, zurückzufordern, was eine verleumderische Anklage ihnen entrissen hat; er will vielmehr, daß ein Beschluß seine gefühllose Ungerechtigkeit in aller Form bestätige; er will, daß man ihn freispreche vom Ersatz eines Schadens, der allein durch seine ungerechte Anklage und durch die noch ungerechteren Mittel, wodurch er sie unterstützt hat, verursacht worden ist, um diesen Schaden von denen allen tragen zu lassen, deren Unschuld er nicht anerkennen kann, ohne zugleich zu gestehen, daß er es sei, der sie aus einem angesehenen, glücklichen Zustande in Schande und tiefes Elend gestürzt hat. Dies ist die ungereimte und, man muß hinzusetzen, die unmenschliche Forderung, die der Graf von Montgomery rechtlich durchzusetzen strebt.

Um aber die ganze Nichtigkeit seiner Verteidigung recht deutlich sichtbar zu machen, braucht man nur die Gründe aufzudecken, worauf die Verurteilung der Unschuldigen beruht; man braucht nur zu zeigen, daß die leichtesten und unbedeutendsten Indizien, die zweifelhaftesten, zweideutigsten und ungereimtesten Verdachtsmomente die einzige Veranlassung zu diesem Urteil gegeben haben.

Umsonst wendet man ein, daß dieser Vorwurf die Richter treffe: der Ankläger allein ist schuld an all dem Unglück, das seine Anklage nach sich gezogen hat; die Richter, die er überrumpelt hat, sind nur den Pflichten ihres Berufes nachgekommen.

Um die Rechtmäßigkeit ihrer Forderungen zu erweisen, hat Frau d'Anglade zwei Punkte darzutun: erstens, daß die Verdachtsmomente, worauf der Graf den Prozeß gründete, mehr als ungereimt sind, und zweitens, daß der Graf, auch wenn er mit völliger Überzeugung und ohne böse Absicht dabei verfahren ist, dennoch schuldig ist, die auf seine Veranlassung verurteilten Personen schadlos zu halten.

Lassen Sie uns hier alle die Verdachtsmomente, durch die zwei unschuldige Opfer der Rachsucht und des Irrtums ins Verderben gestürzt wurden, unter *einen* Gesichtspunkt zusammenstellen, um sie in ihrer ganzen Stärke zu zeigen. Erstens: Herr d'Anglade und seine Gattin haben die Einladung nach Villebousin wieder abgelehnt, nachdem sie sie schon angenommen hatten. Zweitens: Bei der Abreise des Grafen läßt sich Frau d'Anglade den Schlüssel zur Haustür einhändigen. Drittens: Man findet siebzig geänderte Louisdors in einem Koffer Herrn d'Anglades. Viertens: Das

Papier, in das diese Louisdors gewickelt waren, ist ein Stück von einem Stammbaum des Grafen. Fünftens: Frau d'Anglade wird von einer Schwäche befallen, als man ihr Zimmer durchsucht, und die Hand Herrn d'Anglades zittert, als er die Louisdors zählt. Sechstens: Man entdeckt Widersprüche in den Antworten der beiden Beklagten. Siebentens: Frau d'Anglade benachrichtigt den Kriminalrichter, sie habe gehört, daß das Zimmer des Kammerdieners unverschlossen gefunden worden sei, und behauptet, man müsse da nachsuchen, vielleicht werde sich etwas finden; man sucht wirklich nach und findet sechs Säcke, jeden mit 1 000 Livres. Achtens: Herr d'Anglade, der sonst alle Abende außer Haus soupiert, speist an dem Abend, als der Diebstahl geschieht, zu Hause. Neuntens: Man erfährt, daß in derselben Wohnung, die jetzt der Graf in Besitz hat, Herr Grimaudet, der sie von Herrn d'Anglade gemietet hatte, bestohlen worden sei. Zehntens: Herr d'Anglade wußte, daß der Graf kürzlich so große Summen eingenommen hatte. Elftens: Herr d'Anglade, der mit dem Grafen in einem Hause wohnte, konnte weit leichter als ein anderer den Diebstahl ausführen.

Dies ist also die furchtbare Schar der Indizien, die dem Grafen von Montgomery mehr als ausreichend schienen, um zwei Unschuldige mit äußerstem Eifer zu verfolgen und mit unglaublicher Grausamkeit ihre Hinrichtung vom Richter zu fordern. Lassen Sie uns doch diese angeblichen Indizien einzeln untersuchen, um uns zu überzeugen, daß der falsche Schein bei unparteiischer Prüfung sogleich verschwindet und nur Beweise von der Unschuld der Verurteilten zurückläßt.

Zuerst also, was die abgelehnte Einladung nach Villebousin betrifft, gaben Mann und Frau übereinstimmend folgendes als den wahren Grund davon an: Am Tage vor der verabredeten Reise, Sonnabend, den 2. September, legte eine Schwester des Grafen in der Abtei von Panthemont ihr Gelübde ab. Auch Herr d'Anglade und seine Frau waren eingeladen worden, dieser Zeremonie beizuwohnen und mit zu speisen. Doch dann suchte man auf eine gezwungene Art nur die Frau bei der Mahlzeit zu behalten, ihn aber ließ man aus. Er sah diesen Unterschied, den man hier gemacht hatte, als Schimpf an, den man ihm persönlich habe zufügen wollen; er glaubte, seine Empfindlichkeit darüber zeigen zu müssen, und trug deswegen seiner Frau auf, die Reise nach Villebousin wieder abzusagen. Dieses angebliche Indiz hat also eine ganz natürliche Ursache und kann darum nicht für einen verdachtserregenden Umstand gelten; es hätte folglich beim Prozeß gar nicht in Betracht kommen sollen.

Ebenso verhält es sich auch mit dem Umstande, daß Frau d'Anglade den Hausschlüssel zurückbehielt. Auch hier findet man nichts, das eine sträfliche Absicht andeutet, wenn man nur die Sache von ihrem natürlichen, wahren Gesichtspunkt aus betrachtet. Herr d'Anglade speiste des Abends sehr oft in der Stadt und kam gewöhnlich sehr spät heim; es gab keinen eigenen Türhüter, sondern einer von des Grafen Bedienten versah dieses Amt. In der Abwesenheit des Grafen war es aber ganz natürlich, daß einer von den Bedienten Herrn d'Anglades auf seinen Herrn wartete, um nicht den daheimgebliebenen Leuten des Grafen einen Dienst zu überlassen, den sie als fremde, ihnen aufgebürdete Last vermutlich sehr nachlässig behandelt hätten.

Man fand siebzig geränderte Louisdors in einem

Koffer des Herrn d'Anglade. War denn diese Münzsorte nur für den Grafen von Montgomery geprägt worden? Waren nicht mehrere solche Louisdors im Umlauf? Es ist wahr, man traf sie nicht häufig an, aber sie waren auch nicht so selten, daß man sie nicht bei vielen Privatleuten dennoch angetroffen hätte. Aber noch mehr! Die vollkommenste Rechtfertigung Herrn d'Anglades über diesen Punkt findet sich bei den Akten. Er konnte alle Personen angeben, von denen er diese Louisdors bekommen hatte; sie wurden darüber verhört und bestätigten durchgängig seine Aussage. Die Anklage des Grafen von Montgomery hat diesen also einer bösen Absicht verdächtigt, indem er sich dieser Louisdors bemächtigte, die unstreitig Herrn d'Anglade gehörten.

Das Papier, in das diese Goldstücke gewickelt waren, war ein Stück von einem Stammbaum. Doch was berechtigte den Grafen von Montgomery, es für ein Stück des Stammbaums seiner Familie zu erklären? Es war ein zerrissenes Stück Papier, auf dem man kein ganzes Wort mehr erkennen konnte und das also mindestens ebensogut vom Stammbaum jeder andern Familie sein konnte. Außerdem aber wußten die Angeklagten anzugeben, wie dieses Papier in ihre Hände gekommen war. Es war ein Umschlag gewesen, in dem eine Krämerin Frau d'Anglade verschiedene Waren zugeschickt hatte. Die Krämerin konnte sich zwar bei ihrem Verhör eines so belanglosen Umstandes nicht sogleich entsinnen; man erhob schon einen Jubel darüber: doch bei der Wiederholung des Zeugenverhörs wußte sie genauere Rechenschaft von diesem Papier zu geben. Der Graf scheint sich selbst geschämt zu haben, einen so lächerlichen Umstand als Indiz genommen zu haben; denn er erwähnt ihn nicht mehr.

Frau d'Anglade wurde von einer Schwäche befallen, und Herr d'Anglade zitterte, während er die Louisdors zählte. Aber man versetze sich nur in ihre Lage! Wird nicht der unschuldigste Mensch erschrekken und von allen Zeichen der Bestürzung ergriffen sein, wenn er sich in der unumschränkten Gewalt eines Richters sieht, der beim ersten Anblick gleich so heftig gegen ihn eingenommen ist, daß er sein Vorurteil nicht einmal verbergen kann, der sogleich alle Schrecken seiner obrigkeitlichen Gewalt gegen ihn in Bewegung setzt und dabei auf alles, was zur Rechtfertigung des Angeklagten dienen könnte, keine Rücksicht nimmt? Wird nicht der Unschuldigste außer Fassung geraten, wenn er sich plötzlich eines schweren Verbrechens beschuldigt sieht, wenn er in demselben Augenblick, in dem er noch allgemeine Achtung genoß, auf einmal mit Schimpf und Schande bedeckt wird? Das Unglück, das Herrn d'Anglade und seine Gattin in der Folge traf, hat diese Furcht und dieses Zittern nur zu sehr gerechtfertigt.

Die Widersprüche der beiden Ehegatten in bezug auf die siebzig Louisdors beweisen ebensowenig. Frau d'Anglade hat gesagt: sie wisse, daß ihr Mann geänderte Louisdors gesammelt habe, sie hätten sie mehrmals miteinander gezählt, und bei einer solchen Gelegenheit habe er einst zu ihr gesagt: ›Sieh, liebe Frau, was das für schönes Geld ist!‹ Herr d'Anglade hingegen sagte: er könne nicht behaupten, ob seine Frau etwas von dem gesammelten Gelde gewußt habe; er erinnere sich nicht, ihr solches gezeigt zu haben, es könne sehr wohl sein, daß er sie in ihrer Gegenwart gezählt habe, aber er entsinne sich dessen nicht mehr. Sind dies aber Widersprüche? Wenn der eine Teil bejaht, der andre aber im Ungewissen ist, so kann kein Widerspruch entstehen, weil Ungewißheit keineswegs ein Verneinen ist, sondern weder bejaht noch verneint. War dieses Indiz ein Grund zur Verurteilung Herrn d'Anglades, so muß jeder Angeklagte gehangen oder wenigstens auf die Galeeren geschickt werden, dessen Gedächtnis nicht treu genug war, alle kleinen gleichgültigen Umstände, die er niemals seiner Aufmerksamkeit für wert hielt, sorgfältig zu behalten.

Die Widersprüche der beiden Eheleute in den Aussagen über ihr Herkommen muß man ihrer Eitelkeit verzeihen, einer Schwachheit, die in der menschlichen Gesellschaft überhaupt, besonders aber, wie man nicht leugnen kann, unter der französischen Nation sehr allgemein ist. Das Glück hatte Herrn d'Anglade in den Stand gesetzt, seine wahre Herkunft zu verbergen. Er glaubte keinem Menschen ein Unrecht zuzufügen, wenn er sich für einen Edelmann ausgab. Wie viele Abenteurer von niedrigster Herkunft gibt es, die unter dem Vorwand entfernter Verwandtschaft oft Namen der berühmtesten Häuser mißbrauchen und sich sogar falsche Titel zu verschaffen wissen, um sich in die ältesten und vornehmsten Familien einzuschleichen? Herr d'Anglade hat wenigstens nicht den Namen einer Familie mißbraucht; man hielt ihn für einen Edelmann, er widersprach nicht; und infolge einer Eitelkeit, die so gewöhnlich ist, daß sie aufhört, lächerlich zu sein, nahm er zuletzt selbst teil an der Täuschung; aber sein angenommener Adel war keiner andern Familie entwendet. Die Widersprüche, in die sich die beiden Eheleute über ihren Stand verwickelten, kamen also nur daher, daß sie nie daran gedacht hatten, sich wegen eines Stammbaumes miteinander zu besprechen, und sich die Demütigung ersparen wollten, öffentlich überführt zu werden, daß sie das ganze Publikum mit einer Anmaßung hintergangen hätten. Es war also ganz natürlich, daß sie sich in solchen kleinen, an sich gleichgültigen Umständen widersprechen mußten, über die sie sich vorher nie besprochen hatten.

Dem Kriminalrichter erschien die Entdeckung der sechs Säcke, die man im Zimmer des Kammerdieners fand, in Verbindung mit der Andeutung, die ihm Frau d'Anglade von diesem verborgnen Gelde gemacht hatte, als ein so überzeugender Beweis, daß er es für überflüssig hielt, mit der Durchsuchung der übrigen Behältnisse des Grafen weiter fortzufahren. Er glaubte nunmehr geradezu, daß niemand als Herr d'Anglade und seine Gattin den Diebstahl begangen haben können; und diese Idee hatte ihn so völlig eingenommen, daß er sogar die Personen, die das Zimmer bewohnten, nicht einmal wegen der darin gefundenen Geldsäcke befragte. Hätte er nur diese einzige Vorsicht angewandt, die ihm schon die natürliche Klugheit anraten mußte, so hätte er auf der Stelle alles entdeckt, das Leben und die Ehre zweier Unschuldiger gerettet; denn Gagnard hat auf der Folter versichert: er hätte sogleich alles gestanden, wenn der Kriminalrichter damals nur eine einzige Frage an ihn gerichtet hätte. Der Hinweis, den Frau d'Anglade diesem Beamten gab, war ebenfalls ganz natürlich. Es ist durch die Akten erwiesen, daß sie von der Kammerjungfer Forménie gehört hatte, das untere Zimmer sei offen gefunden worden: und daraus hatte sie, und zwar mit Grund, die Mutmaßung gezogen, der Dieb müsse darin versteckt gewesen sein; sie äußerte also, vielleicht habe der Kammerdiener jemand hineingelassen. Wenn es nun auch nicht der Kammerdiener war, so war es doch Gagnard, der Belestre dies Zimmer als Schlupfwinkel eingeräumt hatte. Die Vermutung Frau d'Anglades war also zwar unrichtig in bezug auf die Person, im Grunde aber doch völlig zutreffend. Wie konnte denn eine so richtige Vermutung gegen sie selbst als Indiz gebraucht werden?

Herr d'Anglade, der gewöhnlich außer dem Hause soupiert, speist gerade an dem Tage des Diebstahls bei seiner Familie. Aber ist es denn eine zweideutige Handlung, einmal zu Hause zu soupieren, wenn man auch sonst gewohnt ist, die Abende meistens außer dem Hause zuzubringen? Kann man wohl einer so unschuldigen und willkürlichen Handlung einen strafbaren Beweggrund unterschieben?

Es war schon früher in demselben Hause ein Diebstahl vorgekommen, dessen Urheber nicht entdeckt werden konnte. Aber gegen Herrn d'Anglade und seine Frau war in diesem Falle nie die geringste Anzeige, selbst nicht einmal der Gedanke eines Verdachtes geäußert worden; weil aber nun ein zweiter Diebstahl im Hause geschah, sollen sie auch den erstern begangen haben?

Die beiden Eheleute wußten, daß große Summen im Hause des Grafen von Montgomery lagen. Aber kann man wohl behaupten, niemand außer ihnen habe davon Kenntnis gehabt? Konnte der Graf nicht ebenso leicht auch andern etwas von seinem Gelde mitgeteilt haben? Hatte nicht der Auszahler Kenntnis von dem Gelde? Wußten nicht die Träger, die das Geld gebracht hatten, etwas davon? Und redet nicht überhaupt ein Mann, der ein Kapital unterbringen will, bald mit diesem, bald mit jenem von seinem Gelde?

Ebenso sind alle Vermutungen, die man aus den Vermögensumständen und aus dem Charakter Herrn d'Anglades abgeleitet hat, falsch und unbegründet. Er hat bewiesen, daß er durch anständige Art des Erwerbs und eine gut geordnete Wirtschaft durchaus imstande war, den Aufwand zu bestreiten, den seine angenommene Rolle erforderte; daß sein Verleihen auf Pfänder nicht aus Wucher, sondern aus bloßer Gefälligkeit ohne Zinsen geschieht; und bei genauester Prüfung seines Lebenswandels und seiner Sitten fand man nicht das geringste, das seine Rechtschaffenheit verdächtig machen konnte. Bei seiner Gattin hat es die Verleumdung nie gewagt, ihren Charakter auch nur mit der leichtesten Beschuldigung anzuschwärzen.

Daß Herr d'Anglade in demselben Hause wohnte und also Gelegenheit hatte, den Diebstahl leichter auszuführen, ist ein Indiz, das auf jeden paßt, der in einem Hause wohnt, wo ein Diebstahl vorgekommen ist, und das also schon dieser Allgemeingeltung wegen gegen einen einzelnen nicht als Beweis gebraucht werden kann; um so weniger aber, weil es doch immer ebenso möglich bleibt und auch wirklich oft eintrifft, daß der Dieb ein Fremder ist.

Dies sind also die Gründe, worauf der Graf von Montgomery seine Anklage aufgebaut hat und wodurch er sich zu einer so übereilten Verfolgung hinreißen ließ. Sie haben alle ganz natürliche Erklärungen, und dadurch sind die Angeklagten vollkommen gerechtfertigt. Hätte aber auch nur eins dieser Indizien auf den ersten Anblick hin irreführen können, so hätte dieser Schein doch bei einer schärfern Prüfung sogleich verschwinden müssen, und ein aufmerksamer Vergleich mit den Erklärungen, die die Beklagten darüber zu geben wußten, hätte sie in einen Beweis ihrer Unschuld verwandelt.

Der Graf gesteht selbst, daß keins dieser Indizien, einzeln genommen, die Angeklagten belaste, und doch glaubt er durch ihre Verbindung einen Beweis zu führen. Aber wie soll ein Haufen von Indizien, von denen keins sicher ist, einen sicheren Beweis ergeben? Wie kann eins vom andern Beweiskraft erhalten, da diese in keinem anzutreffen ist? Wenn keins dieser Indizien, für sich allein betrachtet, gegen den Angeklagten etwas beweist, so folgt daraus notwendig, daß keins von ihnen in die Klasse der schweren und gefährlichen Indizien gehört und folglich auch ihre Verbindung keinen überzeugenden Beweis ergeben kann.

Damit soll der Rechtsgrundsatz nicht geleugnet werden, daß in strafrechtlichen Fällen eine starke Anzahl von Verdachtsmomenten großes Gewicht hat. Aber dieser Grundsatz umfaßt nur solche Verdachtsmomente, die nicht nur an sich selbst schon einen gewissen Grad von Stärke haben, sondern auch noch überdies unter sich und mit dem Hauptfaktum, das durch sie bewiesen werden soll, in einer unzweideutigen Verbindung stehen. Doch ist unter allen Indizien, aus denen man einen Beweis gegen Herrn d'Anglade zusammengesetzt hat, nicht ein einziges, das mit dem andern in Verbindung stünde; und man sieht nirgends eine Beziehung zwischen den Tatsachen, auf die man den Beweis des Diebstahls gründen will, und dem Diebstahl selbst. Wir wollen hier einen einzigen Blick auf *eine* dieser Tatsachen werfen, die vielleicht den stärksten Eindruck hätte machen sollen. Man findet siebzig Louisdors in einem Koffer Herrn d'Anglades: kann man darauf schließen, daß sie ein Teil von den hundert waren, die man dem Grafen gestohlen hatte? Besteht hier zwischen der bekannten und der noch unentdeckten Tatsache eine notwendige Verbindung? Kann man sagen, daß die siebzig Louisdors, die man bei Herrn d'Anglade gefunden hat, *notwendig* von denjenigen stammen müssen, die dem Grafen entwendet worden sind? Wie viele tausend natürliche Wege sind nicht denkbar, auf denen Herr d'Anglade diese Goldstücke erhalten haben kann? Wie ungerecht und zugleich wie ungereimt wäre es also, zu behaupten, er müsse sie durchaus, und zwar niemand anderm als dem Grafen von Montgomery, gestohlen haben? Man prüfe auf dieselbe Art alle übrigen Indizien, und man wird sie noch leichter, noch unbegründeter finden.

Da nun aber ein Angeklagter nach dem wahren Sinn des Gesetzes und nach den ersten Grundsätzen der Gerechtigkeit nur auf sonnenklare Beweise hin verurteilt werden darf: wie konnten so ungewisse, so dunkle Indizien eine Verurteilung zur Ausweisung und zu den Galeeren bewirken? Solche Indizien hätten allerhöchstens die Unschuld des Angeklagten zweifelhaft machen können: aber wenn die Gründe gegen einen Angeklagten nur zweifelhaft sind, so muß er freigesprochen werden. Die Menschlichkeit hat es zu einer festen Regel erhoben, daß es besser ist, tausend Schuldige entkommen zu lassen, als einen einzigen Unschuldigen aufzuopfern. Wären aber solche Gründe, um derentwillen Herr d'Anglade und seine Gattin verurteilt wurden, für ein Verdammungsurteil ausreichend, so wäre die reinste Unschuld nicht einen Augenblick sicher, eingebildeten Indizien und den unbegründetsten Beschuldigungen aufgeopfert zu werden.

Wem anders soll man aber die traurige Wirkung der gegen Herrn d'Anglade zusammengebrachten unbegründeten Indizien zuschreiben als dem, der sich so viele Mühe gab, sie den Richtern so künstlich vor Augen zu stellen, und dem es endlich gelang, ihre Gewissenhaftigkeit zu täuschen und sie in die Schlinge zu ziehen, die er ihrer Unparteilichkeit gelegt hatte?

Umsonst sucht der Graf die Schuld auf die Richter zu schieben. Des Richters Pflicht ist, zu entscheiden; und sein Amt nötigt ihn, diese Pflicht zu erfüllen. Aber was kann der Richter eigentlich dabei tun? Er nimmt die Beweise an: aber er mag sie prüfen, wie er will, er kann sie doch nicht anders sehen, als sie ihm der Ankläger vorlegt. Wenn also der Ankläger die Tatsachen schief, verstellt und unvollständig angibt; wenn er bestochene und abgerichtete Zeugen vorführt, die im Einverständnis mit ihm listig und kühn genug sind, ihre Ränke zu verbergen, und sich sogar dabei den Anschein zu geben wissen, als würden sie nur durch ihre Pflicht veranlaßt, etwas zu offenbaren, was ihnen ihr Gefühl der Menschlichkeit zu verschweigen geboten hätte: so muß der Richter hintergangen werden, und er bleibt in einer Unwissenheit über die wahre Sachlage, die nur durch eine Art von Wunder aufgeklärt werden kann. Es ist also offenbar, daß beinahe immer dem Ankläger die Schuld beizumessen ist, wenn der Richter irrt.

War es nicht der Graf, der durch sein Gesuch um Verhaftung Herrn d'Anglades und seiner Gattin den Verdacht des Richters auf diese beiden hinlenkte? War er es nicht, der durch die voreilige Erklärung: er stehe für seine Leute ein, verhinderte, daß diese befragt und die übrigen Zimmer durchsucht wurden? Gagnard hat selbst später versichert, er hätte sogleich alles bekannt, wenn er sofort zur Rede gestellt worden wäre: wer anders als der Ankläger war also schuld, daß die Wahrheit nicht entdeckt wurde? Ihm allein muß man also den unglücklichen Irrtum zuschreiben, wodurch zwei Unschuldige ins Verderben gestürzt worden sind.

Man sagt zwar dagegen: es war keine Bosheit von seiten des Grafen bei dieser Anklage, er glaubte, bei seinem Verfahren gegen die beiden Eheleute nach seiner besten Überzeugung zu handeln; ein Ausgang, den man aber keineswegs voraussehen konnte, hat freilich nun gezeigt, daß er sich geirrt hat; aber dieser Irrtum war ganz unabsichtlich.

Man will und kann auch wahrscheinlich nicht den Verdacht gegen den Grafen von Montgomery hegen, er habe Herrn d'Anglade und seine Gattin aus bloßem Mutwillen in Strafe bringen wollen. Aber er kann es doch selbst nicht leugnen, daß sein Verfahren das deutlichste Gepräge der Unklugheit und Unbedachtsamkeit an sich trägt. Nun ist es aber ein Rechtsgrundsatz, daß alle aus Unerfahrenheit oder Unbedachtsamkeit begangenen Handlungen als Fehler angesehn werden; und wer sich eines solchen Fehlers schuldig gemacht hat, ist gehalten, allen dadurch verursachten Schaden zu ersetzen. Dieser schon in der natürlichen Billigung begründete Satz ist bei Zivilprozessen unwidersprochen; warum sollte er daher nicht auch in Straffällen gelten? Das Gesetz sagt ausdrücklich: Jeder, der eine Anklage erhebt, muß sich vorher in ein öffentliches Buch einschreiben. Durch diese Formalität will man leichtsinnige Ankläger im Zaume halten, indem man sie dadurch erinnert, daß eine solche Anklage nicht ungeahndet bleiben wird. Man sieht aber deutlich, daß dieses Sich-Einschreiben nur deshalb angeordnet war, um den falschen Ankläger, selbst wenn er auch nicht aus boshafter Absicht gehandelt hätte, zum Ersatz des Schadens und Verlustes anzuhalten; denn die Strafe für Verleumdung war ohnehin schon, unabhängig von dem Sich-Einschreiben durch das Gesetz bestimmt, und der Zusatz: er soll wissen, daß eine falsche Anklage nicht ungeahndet bleiben wird, kann also keinen andern Sinn haben.

Der Graf von Montgomery hat sich als Ankläger in das öffentliche Buch des Gerichts eingeschrieben, der Prozeß ist also auf seine Gefahr betrieben worden, der Ausgang fällt also auch ihm allein zur Last.

Gegen den staatlichen Ankläger finden aber diese Regeln keine Anwendung; der Oberstaatsanwalt ist also nie zu irgendeiner Schadloshaltung verpflichtet, auch wenn eine durch ihn anhängig gemachte und durchgeführte Anklage sich am Ende als bloße Verleumdung herausstellt. Er kann die Bestrafung jedes Verbrechens, das ihm bekannt wird, betreiben; sein Amt verpflichtet ihn dazu, selbst dann, wenn niemand vorhanden ist, der Anzeige erstattet. Irrt er sich über den Urheber des Verbrechens, so ist dies ein Unglück für den, der durch diesen Irrtum betroffen wird; aber es ist ein Unglück, das die öffentliche Sicherheit erfordert. Wenn der Oberstaatsanwalt oder seine Stellvertreter über den Ausgang einer Anklage ständig in Furcht sein müßten, so würden alle Verbrechen ungesühnt bleiben, die nicht in aller Form bei ihnen angezeigt würden. Diese Beamten sind also bei der Ausübung ihrer Amtspflichten dem Angeklagten in keinem andern Falle zur Schadloshaltung verpflichtet, als wenn erwiesen werden kann, daß sie die gerichtliche Verfolgung aus persönlichem Haß unternommen haben. Aber dieses Vorrecht genießt derjenige nicht, der das Verbrechen oder den Verbrecher angezeigt hat.

Über dies alles hinaus aber befindet sich der Graf von Montgomery noch in einem ganz besondern Fall: Er hat die Verhaftung Herrn d'Anglades und seiner Gattin auf seine Gefahr verlangt; und ebenso hat er erklärt: er stehe für seine Leute ein. Durch diese Erklärungen ist er einen Kontrakt eingegangen, der ihn jetzt unauflöslich bindet; sie waren die Bedingungen seiner Anklage, Bedingungen, ohne die man sie nicht einmal angenommen hätte und die er jetzt zu erfüllen verpflichtet ist.

Endlich entscheidet auch schon die natürliche Gerechtigkeit, daß ein Mensch nicht Opfer des Irrtums eines andern werden darf.

Es ist und bleibt eine ganz unstreitige Wahrheit, daß der Ankläger, so frei er auch von aller Bosheit sein mag, dennoch dem unschuldigen Angeklagten auf keine Art Schaden zufügen darf und daß der Angeklagte für den Schimpf, die Drangsale und den Verlust, in die ihn die Anklage gestürzt hat, vollkommene Entschädigung erlangen muß.

Dies waren die hauptsächlichsten Gründe, die von beiden Seiten vorgebracht wurden. Wir übergehen die übrigen, die mehr geistreiche Spitzfindigkeiten als rechtsgültige und gründliche Wahrheiten enthielten und unsere Leser weder unterhalten noch unterrichten würden.

Am 17. Juni 1693 wurde endlich folgendes Urteil vom Parlement erlassen:

Wir erklären Herrn d'Anglade für unschuldig an dem Diebstahl, dessen er vor seinem Tode beschuldigt worden war, und sprechen zugleich seine Ehegattin von der gegen sie früher erhobenen Anklage völlig frei. Die gegen beide Eheleute verfügte Verhaftung sowie die Verminderung, Pfändung und Veräußerung ihrer Habseligkeiten erklären wir für ehrenrührig und widerrechtlich und befehlen zugleich, daß ihre in die Register der Gefängnisse des Châtelets, des Fort l'Évêque und des Parlements eingetragenen Namen ausgestrichen und unleserlich gemacht werden sollen. Frau d'Anglade soll sogleich in den freien Genuß alles bisher beschlagnahmten, ihr und ihrem verstorbenen Ehegatten gehörigen beweglichen oder unbeweglichen Vermögens wiedereingesetzt, die verfügte gerichtliche Beschlagnahme aufgehoben und ihr der vollkommene Besitz ihrer sämtlichen Güter ohne weitere Verfügungskraft dieses Beschlusses eingeräumt werden.

Den Grafen von Montgomery verurteilen wir, der Witwe Herrn d'Anglades 11775 Livres 10 Sols für ihre verkauften Mobilien, 8250 Livres für die eingezogene fünfjährige Rente von Bayonne, aufs Jahr 1650 Livres gerechnet, und 770 Livres als den Wert der im Protokoll des Kommissars Regnaut vom 25. September 1687 erwähnten 70 Louisdors zu ersetzen. Außerdem ist der Graf verpflichtet, die Zinsen sowohl von den 11775 Livres von dem Tage an zu erstatten, an dem er sie erhalten hat, als auch von den 8250 Livres, so, wie sie Jahr für Jahr an ihn ausgezahlt wurden. Doch sollen vorher 2143 Livres 12 Sols 6 Deniers, die der Graf von Montgomery mit Einwilligung Herrn d'Anglades und seiner Gattin an deren Bediente und an andere Gläubiger ausgezahlt hat, und 2000 Livres, die Frau d'Anglade als Unterhaltsgelder, einem Beschluß vom 25. Juni 1692 gemäß, von der Beschlagnahmekommission ausgehändigt worden sind, von der oben angegebenen Summe abgezogen werden. Auch wird der Graf von Montgomery und seine Gemahlin ferner verurteilt, die Summe von 6000 Livres, die der Herzog von Grammont dem Herrn d'Anglade auf Grund einer Forderung schuldig war, samt den Zinsen davon von dem Tage an, an dem der Graf dieses Geld eingezogen hat, der Frau d'Anglade zu entrichten.

Zur Bezahlung aller dieser Summen, an Kapital und Zinsen, wird also der Graf von Montgomery bei

Vermeidung persönlicher Haft hierdurch angewiesen. Es wird ihm aber zu deren Abzahlung eine zweijährige Frist zugestanden, so daß er die eine Hälfte mit Zinsen nach Verlauf des ersten, die zweite Hälfte, auch mit Zinsen, am Ende des zweiten Jahres abtragen kann. Während dieser Frist soll sich Frau d'Anglade aller Klagen gegen den Grafen enthalten, falls er die Bezahlung ordnungsgemäß leistet. Sollte aber der Graf nach Ablauf des ersten Jahres die gebührende Zahlung nicht leisten, so ist sie berechtigt, sogleich seine persönliche Haft zu beantragen und sich auch gegen seine Gemahlin aller Rechtsmittel zu bedienen.

Jedoch soll der Graf von Montgomery und seine Gemahlin gehalten sein, Frau d'Anglade binnen einem Monat, von der Verkündung dieses Urteils an gerechnet, 3000 Livres zu ihrem Unterhalt zu bezahlen. Doch soll diese Summe bei der Hauptzahlung des ersten Termins wieder abgezogen werden. Frau d'Anglade behält aber das Recht, falls diese Unterhaltsgelder nach Ablauf eines Monats nicht ausbezahlt sein sollten, den Grafen und seine Gemahlin durch gehörige Rechtsmittel dazu anhalten zu lassen.

Dem übrigen diesbezüglichen Gesuch der Parteien wird gemäß der Beschaffenheit der Umstände nicht stattgegeben.

Außerdem ist der Graf von Montgomery verpflichtet, alle sowohl durch den Kriminalprozeß beim Châtelet als auch in der Berufungsinstanz verursachten Kosten zu zahlen und zu erstatten.

Endlich verordnen wir auch: dieser Beschluß soll überall, wo es üblich und erforderlich ist, verlesen, bekanntgemacht und öffentlich angeschlagen werden und sein Inhalt in die Register der Gefängnisse, wo die Namen Herrn d'Anglades und seiner Gattin aufgeschrieben sind, eingetragen werden.

Alle durch diesen Beschluß dem Grafen auferlegten Entschädigungskosten entsprechen, wie man leicht sieht, ganz der Gerechtigkeit. Doch man könnte vielleicht noch fragen: warum er nicht auch verurteilt worden sei, Frau d'Anglade und ihrer Tochter *allen* Schaden und Verlust zu ersetzen? Denn er war es ja, der durch seine Anzeige, durch sein Gesuch um Verhaftung der d'Angladeschen Familie, durch die Indizien, die er den Richtern vorlegte, durch die Erklärung, daß er für seine Leute einstehe, die Richter irregeführt, den Tod Herrn d'Anglades verursacht und dessen Gattin und Tochter in Schande und äußerstes Elend gestürzt hatte. All dies ist zwar nicht zu leugnen; doch die Richter hatten selbst zuviel teil an der Schuld; sie hatten sich von einem durch sein Interesse geblendeten Ankläger täuschen lassen, hatten auf bloße Indizien hin, ohne einen einzigen Augenschein-Beweis, den Irrtum geteilt und ihn als Wahrheit zur Richtschnur genommen: sie konnten also nun nicht den Grafen *allein* diesen Irrtum büßen lassen und ihn zugunsten der Angeklagten mit Geldstrafe belegen. Um so weniger, als alle von Frau d'Anglade angeführten Rechtslehrer den Ankläger nur in *dem* Falle zum Ersatz des Schadens und Verlustes verurteilen, wenn die Unschuld des Angeklagten durch den *Richter* ans Licht gebracht und er durch die Untersuchung selbst freigesprochen wird; an einen Fall wie den hier gegebenen haben sie gar nicht gedacht, wo der Richter, ohne auf Unparteilichkeit zu achten, die von Rechts wegen alle seine Untersuchungen und Aussprüche leiten sollte, an einem Irrtum mitschuldig wurde, zu dem ihn der Ankläger, verblendet durch Leidenschaften, mit fortriß.

Im übrigen erhielt der Graf von Montgomery den größten Teil des ihm gestohlenen Geldes, der durch diese Untersuchung wieder zum Vorschein kam, zurück. Er hatte die sechs Säcke, jeden mit 1000 Livres, die in Gagnards Zimmer entdeckt worden waren, wiederbekommen; das Perlenhalsband, das man noch bei Belestre gefunden hatte, wurde ihm wieder ausgehändigt, und außerdem wurde ihm das Gut, das sich Belestre im Herzogtum La Maine gekauft hatte, zuerkannt, so daß sich der ganze Verlust des Grafen nur auf etwa 12000 Livres belief.

Die Tochter Herrn und Frau d'Anglades soll außer dem, was ihr der Graf von Montgomery bezahlen und ersetzen mußte, durch eine am königlichen Hofe für sie veranstaltete Sammlung noch mehr als 100000 Livres erhalten haben. Später wurde sie mit Herrn Des Essards, einem Parlementsrat, vermählt.

Die Marquise von Gange

Die Marquise von Gange, das einzige Kind Herrn von Roussans, der in Avignon als Privatmann lebte, kam nach dem frühen Tod ihres Vaters in das Haus und unter die Aufsicht des Herrn von Nochères, ihres mütterlichen Großvaters, der ein Vermögen von fast 500000 Livres besaß. Seine Enkelin war die einzige Erbin dieses Vermögens und hieß nach einem seiner Landgüter bis zu ihrer Heirat Fräulein von Châteaublanc. Ihre täglich zunehmenden Reize, ihr sanfter Charakter und ihre gewinnenden Manieren erwarben ihr bald die ganze Zärtlichkeit des ehrwürdigen Alten. Er kannte keine süßere Hoffnung, als seine schöne Enkelin einst im Besitz seines Vermögens an der Hand eines würdigen Gatten glücklich zu wissen. In der Absicht, seine Wünsche bald erfüllt zu sehen, vermählte er sie schon in ihrem dreizehnten Jahre mit dem Marquis von Castellane, einem Mann, der mit den äußeren Vorzügen einer alten und vornehmen Abkunft und einer schönen Gestalt die schätzbarsten Eigenschaften des Geistes und Herzens verband.

Die Marquise war eine der ersten Schönheiten ihrer Zeit. Ihr Bildnis, von dem berühmten Maler Mignard gemalt, wird unter die vorzüglichsten Meisterstücke dieses großen Künstlers gerechnet; und alle Zeugnisse ihrer Zeitgenossen stimmen in Lobeserhebungen ihrer außerordentlichen Schönheit überein. In einem zu Rouen 1667 erschienenen Buch, das den Titel trägt: ›Die wahrhaften und merkwürdigen Umstände des beklagenswerten Todes der Marquise von Gange‹, wird sie als eine vollkommene Schönheit geschildert. Selbst Ludwig XIV. wurde von ihren Reizen bezaubert und machte ihr die schmeichelhaftesten Komplimente. Zweimal tanzte er mit ihr bei öffentlichen Hoffesten, in deren Anordnung Galanterie mit höchster Pracht verbunden war, und jedesmal erhielt ihre Schönheit und ihre Anmut den Preis der allgemeinen Bewunderung. Die berühmte Königin Christine von Schweden, die sich damals am französischen Hofe aufhielt, gestand, sie habe in allen Reichen, die sie durchreist, nichts gesehen, das der schönen Provençalin (so nannte man Frau von Castellane) gleichkomme, die ihr Herz erobern würde, wenn sie vom andern Geschlecht wäre.

Diese allgemeine Bewunderung ihrer Schönheit erregte natürlich Neid und Eifersucht und reizte die Verleumdungssucht aller, die sich durch sie verdunkelt fühlten. Die Lästerchronik sprengte allerlei nachteilige Gerüchte von verliebten Abenteuern über sie aus, die aber nicht einmal mit dem Schein eines Verdachts begründet werden konnten. Die Güte ihres Charakters entsprach der Schönheit ihres Körpers. Sie war gesellig und nahm Anteil am Unglück anderer. Ihr Verstand war mehr gründlich als lebhaft, ihr Urteil weniger glänzend als treffend.

Mitten im Genuß des Glücks, das Schönheit, mit Reichtum und Überfluß gepaart, zu gewähren vermag, erhielt sie die traurige Nachricht, daß ihr Gemahl, der als Befehlshaber der französischen Galeeren unter Segel gegangen war, bei Sizilien Schiffbruch erlitten und sein Grab in den Wellen gefunden habe. Einige Spötter, die der Marquise längst, um sich für ihre Nichtbeachtung zu rächen, den Verstand abgesprochen und sie nur die schöne Bildsäule genannt hatten, verbreiteten bei dieser Gelegenheit die Anekdote: sie habe bei der Nachricht von ihres Gemahls Tod gesagt: ›Ach, er wird nicht ertrunken sein; junge Leute kommen von den weitesten Reisen wieder.‹

Ihre Geschäfte riefen sie bald darauf nach Avignon zurück. Reichtum und Schönheit waren zwei zu reizende Vorzüge, um nicht bald eine Menge Anbeter herbeizulocken, die sich ihr zu Füßen warfen. Die Liebe entschied für Herrn von Lenide, Marquis von Gange, einen jungen Mann von zwanzig Jahren, aus einem der ersten Häuser der Provinz, mit allen Vorzügen eines vorteilhaften Wuchses, männlicher Schönheit und einer sanften Gesichtsbildung ausgestattet. Nie schien eine Verbindung zweier Personen besser gewählt worden zu sein als diese, welche zwei der schönsten und reichsten Leute des Landes von gleichem Alter, von gleichem Adel des Geschlechts und gleichen Eigenschaften vereinigte. Er war ein Baron aus dem Languedoc und Gouverneur von Saint-André im Niederlanguedoc. Die Hochzeit wurde 1658 vollzogen, als die Marquise eben das zweiundzwanzigste Jahr erreicht hatte.

Anfangs war diese Ehe sehr glücklich; der Marquis, von seiner Gemahlin bezaubert, verließ sie nie; und mehr bedurfte es nicht zum Glück einer Frau, die außer der Wonne, das Herz eines liebenswürdigen Gemahls zu besitzen, kein anderes Glück kannte. Zwei Kinder, ein Knabe und ein Mädchen, waren die Pfänder ihrer Zärtlichkeit.

Nach einiger Zeit begann der Marquis, häufiger auszugehen. Seine Frau hielt sich nicht für verpflichtet, in der Einsamkeit zu leben, während ihr Mann Zerstreuung suchte, sie machte Besuche und nahm andere entgegen. Doch suchte sie nur Gesellschaft, um der Langenweile zu entgehen, und dachte nie daran, mit den Männern, die sie bei sich sah, in eine Bekanntschaft zu treten, die über die Grenzen des gesellschaftlichen Vergnügens hinausging, und ihrer Tugend wurde es leicht, sie in diesen Gesinnungen zu erhalten. Bemerkte sie, daß ihre Reize einen ihrer Gesellschafter zu einer gefährlicheren Neigung hinrissen, so zog sie sich zurück und wandte sich anderen zu, die durch keine Leidenschaft versucht waren, die Schranken des nur gesellschaftlichen Umgangs zu überschreiten. Aber die Ordnung und Zurückhaltung, mit der sie lebte, konnte sie doch nicht vor der Eifersucht ihres Gemahls schützen.

Anfangs zwar schämte er sich einer Leidenschaft, die den, der sich von ihr beherrschen läßt, immer lächerlich macht; und da er sich selbst gestehn mußte, daß das Betragen seiner Gemahlin ihm keinen begründeten Anlaß zum Argwohn gab, unterdrückte er, soviel er konnte, die Gemütsbewegung, die ihm ein Verdacht verursachte, den er doch selbst für nichtig erklären mußte. Doch der Mißmut, der ihn quälte, zerstörte seine heitere Gemütsstimmung. Der sonst so zärtliche Gatte, der seine geliebte Gemahlin nie anders als mit dem Ausdruck des innigsten Vergnügens sah, war jetzt düster, niedergeschlagen und mürrisch. An die Stelle der liebreichen, zärtlichen Versicherungen, die bisher ihre Unterhaltung bildeten, traten jetzt Kälte und Zurückhaltung, die gewöhnlichen Vorboten eines gänzlichen Bruchs. So wurde jede Erholung, die die Marquise in einer unschuldigen Zerstreuung suchte, durch häuslichen Verdruß vergiftet, den sie dafür immer vom Unmut ihres Gemahls zu erwarten hatte. Eine Begebenheit, die der Marquise das Ende dieser Leiden oder doch Erleichterung ihrer schlimmen Lage zu versprechen schien, stürzte sie in den Abgrund ihres Unglücks.

Der Marquis von Gange hatte drei Brüder. Der eine, Graf von Gange, Oberst des Dragonerregiments von Languedoc, spielt keine Rolle in der Haupthandlung dieser Geschichte, kommt jedoch später wieder vor.

Der zweite, Abbé von Gange, erfordert der Rolle wegen, die er in dieser Geschichte spielt, eine eigne Charakterschilderung. Es fehlte ihm nicht an Verstand, den er aber nur dazu verwendete, die schändlichen Eigenschaften seines verdorbenen Herzens zu verschleiern. Bosheit und Zügellosigkeit, Lasterhaftigkeit und Ausschweifung waren die Grundzüge seines Charakters, und er hatte, ohne einem besondern Orden anzugehören, das geistliche Gewand nur gewählt, weil es ihm geeigneter schien, seine Zügellosigkeit zu begünstigen und zu verdecken. Er war herrschsüchtig, alles sollte seinen Einfällen und seinem Willen folgen; heftig, von Leidenschaften beherrscht, der größten Laster fähig. Diese bösen Eigenschaften, mit List, Verschlagenheit und unglaublicher Verstellungskunst vereint, machten ihn zum gefährlichsten aller Menschen. Niemand war sanfter, liebenswürdiger, gefälliger, dienstfertiger als er, wenn er so erscheinen wollte.

Der Ritter von Gange, der dritte Bruder des Marquis, war ein mittelmäßiger Mensch; geboren, um beherrscht zu werden, ging er, je nachdem man ihn leitete, den Weg des Lasters oder den Pfad der Tugend. Der Abbé hatte sich seiner ganz bemächtigt und leitete ihn derart nach seinem Willen, daß er sich nicht einmal die Mühe gab, ihm den Grund der Vorschriften zu erklären, die er ihm machte. Er besaß aber die Kunst, dem Ritter seine Macht über ihn so zu verbergen, daß dieser nach seinem eignen Willen zu handeln glaubte, während er nur dem Antrieb des Abbés folgte.

Dieser Bösewicht hatte sich durch erheuchelte Anhänglichkeit auch das ganze Vertrauen seines ältern Bruders, des Marquis, erworben. Es gelang ihm, sich bei dem Marquis das Ansehen zu verschaffen, er besitze vorzügliche wirtschaftliche Kenntnisse, und brachte es durch glänzende Versprechungen, die er seinem Bruder von der Vergrößerung seines Vermögens vorzuspiegeln wußte, dahin, daß ihm dieser die Verwaltung seiner Güter und die Aufsicht über sein ganzes Hauswesen anvertrauen wollte. Als der Abbé alles so vorbereitet hatte, kam er in Gesellschaft des Ritters zu dem Marquis, um künftig bei ihm zu wohnen.

Kaum hatte er die Reize der Marquise in der Nähe gesehen, als er erste Regungen der Liebe zu ihr empfand. Nie gewöhnt, seinen Leidenschaften zu widerstehen, ließ er auch dieser freien Lauf und schmeichelte sich, das Ansehen, das er sich im Hause seines Bruders verschafft hatte, werde auch seine Absichten bei seiner Schwägerin begünstigen. Sein erstes Ziel war, die Marquise sich zu Dank zu verpflichten. Die Gelegenheit dazu bot sich ihm von selbst. Er übernahm es, den Marquis von der Tugend seiner Gemahlin zu überzeugen, erweckte in ihm die frühere Achtung und das Zutrauen zu ihr wieder und wurde dadurch der Wiederhersteller ihres häuslichen Glückes. Seinem Plan entsprechend mußte die Marquise erfahren, wem sie die Rückkehr der glücklichen Tage, die sie genoß, zu verdanken habe. Er offenbarte ihr also, daß dies das Werk seiner Macht über ihren Gemahl sei, dessen Willen und sogar dessen Leidenschaften er nach seinem Gutdünken lenken könne.

So erfreut auch die Marquise war, ihr häusliches

Glück wiederhergestellt zu sehen, so unangenehm war ihr dennoch, einen so wesentlichen Dienst einem Manne zu verdanken, gegen den sie vom ersten Anblick unüberwindlichen Widerwillen fühlte. Ohne seinen Charakter weiter zu kennen, hatte sie ihn erraten. Sie fürchtete mit Recht, er könnte den Dienst, den er ihr soeben erwiesen hatte, mißbrauchen, und die Sorgfalt, mit der er sie selbst davon unterrichtete, bestärkte ihre Ahnung; denn eine erwiesene Gefälligkeit geltend machen heißt Dank dafür fordern. Solche Erwägungen hatten unwillkürlich Einfluß auf ihren Dank, den sie ihm in ganz allgemeinen Komplimenten bezeugte, die mehr Formeln eingeführter Höflichkeit als Ausdruck wahrer Empfindungen sind; und selbst diese Phrasen sprach sie so kalt aus, daß er leicht bemerken konnte, Herz und Mund stimmten bei ihr nicht überein.

Es kränkte ihn, daß es ihm nicht gelungen war, der Marquise Erkenntlichkeit einzuflößen, durch die er in ihrem Herzen Eingang zu finden gehofft hatte. Seine Eitelkeit schmeichelte ihm aber, dies werde ihm durch seine eignen Vorzüge gelingen. Doch vergebens rief er alle Bemühungen der Galanterie und den Reiz, den sein Geist in jede Unterhaltung zu legen wußte, zu Hilfe: Gleichgültigkeit, nur mit der äußern Hülle der Höflichkeit bedeckt, war alles, was er gewann. Des ungewissen Strebens müde, entschloß er sich, durch eine deutliche Erklärung sein Schicksal zu entscheiden.

Die Marquise ging auf einige Tage zu einer ihrer Freundinnen aufs Land. Er folgte ihr. Es war bekannt, daß ihm alle Feinheit des gesellschaftlichen Tons zu Gebote stand und daß er die Seele der Unterhaltung war; man empfing ihn also mit Vergnügen, und die Begierde, seiner Schwägerin zu gefallen, machte ihn noch angenehmer als gewöhnlich. Die Damen wollten zu

Pferde einer Jagd beiwohnen. Der Abbé bot sich der Marquise als Stallmeister an und fand dadurch, was er suchte: Gelegenheit, sie viel und ohne unterbrochen zu werden zu sprechen. Er ließ den günstigen Zeitpunkt nicht ungenützt und fing an, ihr die Heftigkeit seiner Liebe mit allem Feuer der Beredsamkeit zu schildern. Die Marquise zeigte über sein Geständnis keinen Zorn – diese Aufwallung hätte dem Verwegnen nur Anlaß zur Hoffnung gegeben –, aber sie antwortete ihm in dem kalten und trocknen Ton, der Verachtung oder wenigstens Gleichgültigkeit anzeigt. »Herr Abbé«, sagte sie, »Sie wissen, wie eine Frau meiner Art ein solches Kompliment erwidern muß, sagen Sie sich das selbst, und ersparen Sie mir die Mühe, es Ihnen zu sagen.«

Empfindlich beleidigt, veränderte der Abbé plötzlich den Ton. »Wissen Sie, Madame«, sagte er, »daß Ihr Glück in meinen Händen liegt und daß Sie, wenn ich es will, die unglücklichste Frau auf der Welt werden können? Das Glück, das Sie jetzt genießen, ist mein Werk, aber ich kann es zerstören, sobald ich will. Ich fürchte nicht, daß Sie das, was ich Ihnen sage, benutzen können, um mir zuvorzukommen und meinen Plan zu durchkreuzen; denn ich weiß zu gewiß, daß man Ihnen nicht glauben wird, Sie mögen sagen, was Sie wollen, und Maßregeln ergreifen, die Sie wollen. Um Ihrer und meiner Ruhe willen, wir sollten uns nicht entzweien; erwidern Sie meine Zärtlichkeit, und die lachendste Zukunft wird unser warten.« – »Wenn Sie mich je lieben lernen konnten«, erwiderte sie, »so lernen Sie mich jetzt schätzen; nie, ich beteure Ihnen, wird die schönste Aussicht auf die Zukunft oder die Furcht vor dem unglücklichsten Schicksal mich bestimmen, meine Pflicht zu verletzen und etwas auf Kosten meiner Tugend zu tun. Wenn ich übrigens einer Schwachheit fähig wäre, Sie wären der letzte, der mich dazu bewegen könnte.«

So demütigend auch die letzten Worte waren, konnten sie doch den Verliebten weder von seiner Leidenschaft heilen noch von seinem Plan abschrecken. Seine Hoffnung war noch nicht geschwunden, er hatte zuviel Selbstvertrauen, um glauben zu können, die kränkende Erklärung der Marquise habe ihren Grund in der Verachtung seiner Person; vielmehr glaubte er, sie hätte einen ähnlichen Antrag von jedem andern mit demselben Unwillen abgewiesen. In diesem Vertrauen also, daß er keine andre Schwierigkeit als die Tugend der Marquise zu besiegen habe, um seinen Zweck zu erreichen, setzte er mit doppelter Aufmerksamkeit seine Gefälligkeiten gegen sie fort, durch die er endlich doch ihr Herz zu gewinnen hoffte.

Die Marquise lebte unterdessen glücklich mit ihrem Gemahl; aber ihre Abneigung gegen den Urheber dieses Glücks wurde durch diesen Genuß seiner Wohltat nicht gemindert. Sie vermied aufs sorgfältigste, mit ihm allein zu sein.

Der Ritter war nicht weniger in seine Schwägerin verliebt als sein Bruder. Doch sein sanfter Charakter machte der Marquise seinen Umgang angenehmer. Sie verriet ihm sogar Geheimnisse ihres Herzens, nicht weil er Eindruck auf sie gemacht hatte, sondern sie verglich den Ritter mit dem Abbé; der erstere gewann und schnitt besser ab. Diese Freundschaftsbezeugungen gaben ihm Hoffnung. Auch der Abbé bemerkte, daß sie seinen Bruder gern um sich sah, während sie seine Gegenwart sorgfältig mied; er hielt ihn für begünstigt, belauerte sie, konnte aber nichts entdecken, was die Tugend der Marquise verdächtig gemacht hätte. Von der Macht, die er sonst über den Ritter hatte, erwartete er an Aufschlüssen, die er jetzt suchte, nicht viel; er nahm also seine Zuflucht zur List. »Wir lieben beide unseres Bruders Frau«, sagte er eines Tages zu ihm, »wir wollen uns nicht im Wege stehn. Ich bin Herr meiner Leidenschaft und kann sie dir aufopfern; sollte es dir aber nicht gelingen, bei ihr dein Glück zu finden, so ziehe dich zurück, und ich will's dann für mich versuchen; aber eines Weibes wegen wollen wir uns nicht entzweien.« Beide umarmten sich, und der Vertrag war geschlossen.

Der Abbé hatte bei diesem Vertrag nur die Absicht, sich zu überzeugen, ob allein die Tugend der Marquise die Ursache der Mißachtung sei, die ihm von ihr widerfahren war, oder ob ein besonderer Widerwille gegen seine Person daran beteiligt sei.

Der Ritter, von einem so furchtbaren Nebenbuhler befreit, verdoppelte seine Bemühungen bei der Marquise, die sie mit Gefälligkeit aufnahm, solange sie deren wahren Grund nicht bemerkte. Kaum hatte sie ihn aber entdeckt, trat in ihrem Betragen eine auffallende Kälte an die Stelle der bisherigen Freundlichkeit, so daß der Ritter es nie wagte, ihr seine Liebe deutlich zu erklären.

Zuletzt sah er wohl ein, daß seine Schwägerin seine Leidenschaft nie erhören würde; er entschloß sich also, seine Liebe zu unterdrücken, und benachrichtigte den Abbé davon, der ihn in seinem Entschluß bestärkte und so sehr zu erbittern wußte, daß Haß in seinem Herzen die Stelle der Liebe einnahm.

Der Abbé hatte jedoch seine Hoffnungen nicht ganz aufgegeben; er hatte sich nur dem Schein nach zurückgezogen, um zu sehen, ob sein Bruder wirklich in geheimem Verständnis mit der Marquise stünde oder überhaupt bei ihr Erfolg hätte. Jetzt nahm er seinen Plan wieder auf. Aber der Weg, den er nun wählte, war sehr verschieden von dem, den er zuerst eingeschlagen hatte. Was er weder durch den wichtigen Dienst, den er der Marquise geleistet, noch durch seine fortgesetzten Gefälligkeiten hatte erlangen können, das hoffte er jetzt dadurch zu erreichen, daß er ihr seine Hilfe notwendig machte; hatte ihn das Glück, das sie ihm allein zu danken hatte, nicht an sein Ziel gebracht, so sollte ihn nun dessen Zerstörung dahin führen.

Seit der Aussöhnung, die der Abbé zwischen der Marquise und ihrem Gemahl herbeigeführt hatte, war der Marquis von seiner Eifersucht ganz geheilt, oder es waren wenigstens keine Umstände vorhanden, die seinen Verdacht wieder wecken konnten. Die Absichten des Ritters hatte ihm der Abbé glücklich zu verbergen gewußt, während die Aufmerksamkeit, die er selbst der Marquise erwies, dem leichtgläubigen Ehemann als bloße Gefälligkeit erschien, auf die Schritte einer Frau zu achten, die wegen ihrer Schönheit von Anbetern umringt, sich doch endlich hätte von einer Schwachheit übereilen lassen können.

Das erste, was nun der Abbé begann, war die Zerstörung dieser Sicherheit des Marquis, die er, ganz Herr über den Geist seines Bruders, mit derselben Leichtigkeit wieder vernichten konnte, mit der er sie früher hervorgerufen hatte. In dieser Absicht machte er den Marquis auf die Besuche aufmerksam, die seine Gemahlin öfters in einem bestimmten Hause machte. Sie suchte da die Gesellschaft eines jungen Mannes, dessen Unterhaltung ihr gefiel. Ihrer Unschuld bewußt, erlaubte sie diesem oft, sich neben sie zu setzen, und führte bisweilen sogar in Gegenwart der übrigen Gesellschaft ein besonderes Gespräch mit ihm. Der Abbé benutzte diese Gelegenheit, seinem Bruder Verdacht gegen das Betragen seiner Frau einzuflößen. Er wußte dies unschuldige Vergnügen so darzustellen, daß der Marquis sie deshalb beleidigte, ohne sie anhören zu wollen.

Sie sah wohl, woher dieser Streich kam; sie wollte ihrem Gemahl aber die Augen darüber nicht öffnen, weil sie doch nicht hoffen konnte, bei ihm Gehör zu finden. Um sie über den Urheber ihres Unglücks ja nicht in Ungewißheit zu lassen, erklärte ihr der Abbé eines Tages geradezu: die Leiden, die sie erdulde, wären sein Werk, er könne sie, wenn er wolle, in Freude verwandeln, nur von ihm hänge ihr Glück ab; und um das wiederherzustellen, verlange er nur etwas mehr Gefälligkeit von ihr. Statt aller Antwort kehrte sie ihm den Rücken. Dieser deutliche Beweis äußerster Verachtung erfüllte ihn, dessen Leidenschaft jetzt keine Grenzen mehr kannte, mit wütendem Haß.

Als sie kurz darauf Gesellschaft bei sich hatte, ließ sie Creme zur Erfrischung auftragen. Darin war Arsenik; da aber nur wenig davon beigemischt war und die Milch, das Gegengift des Arseniks, dessen Wirkung verhinderte, so wurden sie und alle übrigen, die mit ihr davon gegessen hatten, nur leicht davon angegriffen.

Diese Begebenheit erregte anfangs großes Aufsehn in Avignon. Doch schließlich hörte man auf, davon zu reden, und ein Umstand, der dazwischenkam, ließ sie die Marquise selbst vergessen.

Herr von Nochères starb und hinterließ sie als Erbin seiner großen Güter. Die Liegenschaften, aus denen diese Erbschaft bestand, wurden in der Hand der Marquise zu Paraphernalgütern, worüber sie nach Belieben verfügen konnte. Dieser Vorfall gab ihr neues Gewicht, und sogar der Abbé legte dem Marquis nahe, eine Frau schonend zu behandeln, die über so beträchtliche Güter und Renten frei verfügen könne.

Das Betragen ihrer Verfolger nahm nun auf einmal wieder eine andre Gestalt an. Doch sie erkannte den wahren Beweggrund dieser Veränderung und wurde dadurch doppelt mißtrauisch gegen die verstellte Freundlichkeit, womit man ihr begegnete, die sie nur dem Erbe zu danken hatte, das die Begierde ihrer feindseligen Verwandten reizte; deswegen verhielt sie sich immer zurückhaltend gegen sie.

Nicht lange darauf machte man den Vorschlag, den Herbst in Ganges zuzubringen, einer kleinen Stadt im Niederlanguedoc, sieben Meilen von Montpellier und neunzehn von Avignon, wo der Marquis Gutsherr war und ein Schloß besaß. Bei diesem Vorschlag wurde die Marquise von Angst ergriffen. Sie erinnerte sich wieder an die vergiftete Creme und war überzeugt, daß sie in ihren beiden Schwägern zwei unversöhnliche Feinde besaß, die um so mehr zu fürchten wären, da sie ihren Gemahl unumschränkt beherrschten. Sie beschloß, vor ihrer Abreise ein Testament zu machen. Sie setzte ihre Mutter, Frau von Roussan, zu ihrer Erbin ein, mit der Bedingung, eines der beiden Kinder der Marquise (sie hatte einen Sohn von sechs und eine Tochter von fünf Jahren), dem sie den Vorzug gebe, künftig zum Erben dieses Vermögens einzusetzen.

Als sie dieses Testament seiner gesetzlichen Form nach mit aller Vorsicht hatte sichern lassen, legte sie vor dem Magistrat von Avignon und mehreren Personen von Stande, die sie zu diesem Zwecke zusammenberufen hatte, eine rechtskräftige Erklärung nieder, daß sie, wenn sie im Sterbefall ein späteres Testament machen sollte, das letztere in aller Form für ungültig erkläre und verlange, man solle sich an das erstere halten. Diese Erklärung erfolgte in den bestimmtesten Ausdrücken und war mit allen Formeln versehen, durch die man sie vor aller Rechtsschikane sichern zu können glaubte.

Vor ihrer Abreise teilte sie an verschiedne Geistliche Geldsummen aus, damit im Fall ihres Ablebens Messen für sie gelesen würden, und diese fromme Bitte tat sie so dringend, als wäre sie schon dem Tode nahe. Alle diese Maßnahmen beweisen, daß sie von ihren Tyrannen einen Anschlag auf ihr Leben und auf ihr Vermögen befürchtete und wenigstens das letztere deren Händen entziehen wollte, wenn sie auch ihr Leben vor deren mörderischen Kunstgriffen nicht retten könnte. Beim Abschied von allen ihren Bekannten war sie so bewegt und gerührt, als müßte sie für immer von ihnen gehen. Jedermann war bei dieser Trennung ergriffen und von traurigen Ahnungen erfüllt. Ihr Gemahl und ihre beiden Schwäger waren nach Ganges vorausgereist und hatten Frau von Gange, ihre Schwiegermutter, eine Frau von vielen Verdiensten, auf ihrem Gut in Montpellier abgeholt und mit sich genommen. Alle bemühten sich abwechselnd, die Marquise angenehm zu empfangen. Man sparte nichts, um die Erinnerung an den Verdruß auszulöschen, den die Marquise hatte erdulden müssen. Die zärtlichsten Freundschaftsversicherungen, zuvorkommende Gefälligkeit, das einnehmendste Betragen, alles wurde angewandt, um sie völlig sicher zu machen. Der Abbé und der Ritter vermieden es aufs sorgfältigste, ihre der Marquise so verhaßte Rolle als Liebhaber weiterzuspielen, an die Stelle leidenschaftlicher Liebe schien ehrfurchtsvolle Freundschaft getreten zu sein. Durch ihr offnes, argloses Herz der Verstellung selbst unfähig, geriet die Marquise um so leichter in die Schlinge, die man ihr legte. Ihre Schwiegermutter kehrte nach einigen Tagen nach Montpellier zurück; den Marquis riefen Geschäfte wieder nach Avignon; sie blieb also mit ihren Schwägern allein. Beide spielten ihre angenommene Rolle so glücklich weiter, daß es ihnen endlich gelang, das Zutrauen der Marquise wiederzugewinnen.

Sobald sie sich dessen hinreichend versichert hatten, lenkte der Abbé eines Tages sehr geschickt die Unterhaltung auf das Testament der Marquise und gab ihr zu verstehen, solange dieses Aktenstück bestehe, werde die Eintracht zwischen ihr und ihrem Gemahl immer unsicher sein; denn er hätte immer Ursache, zu glauben, sie sei gegen ihn aufgebracht. »Ich weiß zwar gewiß«, setzte der Abbé hinzu, »daß dieser zärtliche Gemahl fest entschlossen ist, nie wieder die Eintracht zu stören, in der er so glückliche Tage mit Ihnen lebte, aber müssen Sie nicht selbst wünschen, ein Hindernis aus dem Wege zu räumen, das die Ausführung dieses Entschlusses immer wenigstens erschweren muß? Nur dies kleine Opfer kostet es Sie, um die Zufriedenheit, die jetzt Ihr ganzes Haus mit Ihnen genießt, unzerstörbar zu machen; wir alle werden mit der Zärtlichkeit unsres Bruders, der nur durch Sie glücklich ist, wetteifern, Ihre Tage froh zu machen; Sie werden unumschränkt über die Herzen Ihrer Verwandten herrschen.«

Es gelang dem Ungeheuer, die unglückliche Dame zu überreden. Sanftmut und Gefälligkeit waren der Grund ihres Charakters; sie machte ein zweites Testament, ganz zugunsten ihres Gemahls. Von der Erklärung, die die Marquise beim Magistrat niedergelegt hatte, wußte der Abbé entweder nichts oder glaubte, man brauche sie nicht zurücknehmen zu lassen, um das zweite Testament, das er erhalten hatte, gültig zu machen; genug, dieser Urkunde wurde nicht gedacht.

Kaum glaubte der Abbé, alle Zwecke seiner Verstellung erreicht zu haben, so traf er Anstalten, den abscheulichen Plan auszuführen, durch den er zugleich die Verachtung seiner Liebe rächen und seinen Bruder schnell und sicher in den Besitz der Reichtümer setzen wollte, die er ihm durch das erhaltene Testament gesichert zu haben glaubte – ein Dienst, bei dem sein Eigentum ebensoviel Befriedigung erhoffte wie seine Rachsucht.

Am 19. Mai 1667 ließ die Marquise durch den Arzt des Ortes eine Arznei anfertigen, die sie einnehmen wollte. Als man sie jedoch brachte, schien ihr der Trank so schwarz und dick, daß sie ihn vor Ekel wegsetzte und statt dessen nur die Pillen nahm, die sie gewöhnlich zur Vorsicht bei sich trug. Der weitere Verlauf der Geschichte läßt nur zu deutlich vermuten, daß der Abbé und der Ritter diese Arznei vergiftet hatten. Vermutlich hofften sie, durch diesen Kunstgriff ihr Verbrechen entweder ganz zu verbergen oder doch den Verdacht von sich abzuwenden und auf den unschuldigen Arzt zu lenken, der den Trank bereitet hatte. Unter dem Vorwand der Höflichkeit ließen die beiden Brüder sich während des Vormittags mehrmals nach dem Befinden ihrer Schwägerin erkundigen. Sie staunten sehr, statt der traurigen Wirkung, die sie von dem Trank erwarteten, zu erfahren, daß er ihr sehr heilsam gewesen sei. Daß die Marquise die Arznei nicht eingenommen hatte, wußten sie nicht.

Sie hatten nun aber einmal diesen Tag zur Ausführung ihres Plans bestimmt und beschlossen, was es auch koste, noch heute ihr Ziel zu erreichen.

Die Marquise blieb im Bett und ließ einige Damen, die gewöhnlich ihre Gesellschaft bildeten, für den Nachmittag zu sich bitten. Sie war heute außerordentlich heiter. Ihre beiden Schwäger dagegen waren so zerstreut, daß man annehmen mußte, sie seien mit irgendeinem großen Projekt beschäftigt. Die Marquise bemühte sich, sie durch Scherze über ihr Stillschweigen aus ihrer Nachdenklichkeit zu reißen. Es gelang ihr zwar nicht ganz; doch um sich nichts merken zu lassen, nahmen sie sich zusammen. Der Ritter, der zu ihren Füßen am Bett saß, fing an, der Marquise kleine Neckereien zu sagen, und der Abbé, durch die Ermunterungen seiner Schwägerin wieder zu sich selbst gebracht, war angenehm und unterhaltend. Doch wurde der Zwang, den sie sich antaten, von der ganzen Gesellschaft bemerkt. Die Marquise bewirtete ihre Gäste mit kalter Küche, von der sie selbst viel aß. Ihre beiden Schwäger aber rührten gar nichts an. Endlich ging die Gesellschaft auseinander. Der Abbé begleitete die Damen bis ans Tor; der Ritter blieb allein bei der Marquise, in tiefes Nachdenken versunken. Die Ursache davon konnte sie nicht erraten und suchte sich eben darüber zu unterrichten, als ihr die Rückkehr des Abbés das Rätsel schrecklich enthüllte.

Ein Glas mit einem schwarzen, trüben und dicken Trank in der einen, eine Pistole in der andern Hand, trat der Abbé ins Zimmer. Sein Gesicht war fürchterlich, alle Züge verzerrt, Wut in seinen Blicken, die Haare gesträubt, Schaum vor dem Munde. Er schließt die Tür hinter sich ab, bleibt einige Schritte vor dem Bett stehen und heftet einen starren, schrecklichen Blick, aus dem das Feuer seiner ganzen Wut blitzt, auf das unglückliche Schlachtopfer. Dieser Anblick, diese Stellung, dieses Schweigen war fürchterlicher als die heftigsten Ausbrüche des Zorns. Plötzlich erwachte der Ritter aus seiner Erstarrung. Ein ebenso fürchterlicher Ausdruck der Wut, wie sich an dem Abbé zeigte, verbreitet sich über sein Gesicht. Er springt auf und zieht den Degen. Anfangs glaubte die Marquise, er wolle ihr zu Hilfe kommen; aber mit Schrecken entdeckt sie bald in seinen drohenden Blicken ihren Irrtum. Eine neue, fürchterliche, stumme Szene folgt, von allen Qualen einer schauervollen Ungewißheit begleitet. Endlich nähert sich der Abbé und bricht das Stillschweigen. Mit dumpfem, erschütterndem Ton sagt er zur Marquise: »Madame, Sie müssen sterben, wählen Sie, ob durch Schwert, Gift oder Feuer.« – »Was habe ich denn getan«, schrie sie, »wodurch ich mich des Todes schuldig gemacht, wodurch ich durch Ihre Hand zu sterben verdient hätte! Ich fühle mich gegen Sie nur des Verbrechens schuldig, zu sehr auf meine und Ihres Bruders Ehre geachtet zu haben.«

Sie wandte hierauf ihre schönen Augen auf den Ritter und erinnerte ihn an die Beweise ihrer bisherigen Freundschaft. Sie hatte ihr erspartes Geld geopfert, um es ihm vorzuschießen, und ihm erst vor kurzem einen Wechsel über 500 Livres zum Geschenk gemacht. Statt aller Antwort sagte dieser Unmensch: »Genug davon, Madame, wählen Sie jetzt, oder wir wählen für Sie.«

Mit einem Blick voll tiefster Verachtung auf ihre Mörder griff sie nach dem Glas und trank es aus, während der eine ihr die Pistole auf die Brust, der andere die Degenspitze auf den Leib hielt. Ein paar Tropfen des Tranks, die auf ihren Busen fielen, entzündeten sogleich die Haut, eine Wirkung, die sich ebenso an ihren Lippen zeigte.

Der Ritter bemerkte, daß sie den dicksten Teil des

Tranks, der aus Arsenik und sublimiertem, in Scheidewasser aufgelöstem Quecksilber bestand, auf dem Boden des Glases übriggelassen hatte. Er strich also mit einer silbernen Nadel alles zusammen, was sich an den Seiten des Glases angesetzt hatte, rührte es mit dem Bodensatz um und gab der Marquise das Gefäß noch einmal. »Schnell, Madame«, sagte er, »der Becher muß geleert werden«, und begleitete diesen schrecklichen Befehl mit einem Ausdruck, den der Anstand aus gesitteten Gesellschaften verbannt hat. Sie nahm diesen Rest in den Mund, ohne ihn zu verschlucken, sank auf ihr Kopfkissen und gab das, was sie zuletzt geschluckt hatte, wieder von sich auf ihr Bettuch, indem sie einen Schrei ausstieß, als fühlte sie schon die Annäherung des Todes. »Da Sie meinen Leib getötet haben«, schrie sie darauf, »so retten Sie doch um Gottes willen meine Seele und schicken Sie mir einen Beichtvater.«

Sie gingen beide weg, schlossen die Tür zu und riefen den Vikar des Ortes herbei, der im Schloß wohnte. Dieses Ungeheuer, das Perette hieß, war der Lehrer des Marquis gewesen, hatte auch nachher in seinem Haus gewohnt und besaß noch immer das Vertrauen seines ehemaligen Zöglings.

Die Marquise hatte durch den ganzen schrecklichen Auftritt jedoch die Geistesgegenwart nicht verloren. Kaum sah sie sich allein, so machte sie Anstalten zum Entfliehen. In der Eile warf sie nur einen seidnen Überrock über und wollte durch ein Fenster, das zweiundzwanzig Fuß hoch über der Erde war, in den Schloßhof hinabspringen.

In diesem Augenblick trat auch schon Perette ins Zimmer. Sie war bereits mit dem Kopf durchs Fenster und wollte sich eben hinunterstürzen, als Perette dazukam und sie sogleich beim Rock faßte. Aber durch das Gewicht ihres Körpers und den Schwung, den sie sich gegeben hatte, zerriß der Rock, ein Teil davon blieb in den Händen des Priesters, und sie fiel hinab. Aber Perette hatte ihr doch das Leben gerettet. Wäre sie in der Stellung, in der sie sich aus dem Fenster stürzte, aufgeschlagen, so hätte sie sich ohne sein Dazwischentreten den Kopf zerschmettert; dadurch, daß er sie festzuhalten suchte, veränderte sich aber die Neigung ihres Körpers, sie fiel auf die Füße und trug weiter keinen Schaden als eine kleine Verletzung ihrer Füße an den unten liegenden Steinen davon. Da der Schurke die unglückliche Marquise nicht hatte zurückhalten können, warf er ihr einen großen Krug voll Wasser nach, der im nächsten Fenster stand und sie gewiß zerschmettert hätte, wenn er sie getroffen hätte. Aber glücklicherweise fiel er neben ihr nieder.

Sobald sie sich auf dem Boden sah, steckte sie das Ende ihres Zopfes tief in den Mund; und da sie reichlich gegessen hatte, wurde es ihr leicht, sich zum Erbrechen zu reizen, und weil die Speisen das Gift daran gehindert hatten, die Magenwände anzugreifen, spürte sie etwas Erleichterung. Ein Eber verschlang ihren Auswurf und wurde dadurch auf der Stelle getötet.

Kaum hatte die Marquise diesen ersten Schritt zu ihrer Erhaltung getan, so beeilte sie sich zu entfliehen; aber alle Ausgänge des Hofes waren verschlossen. Sie suchte durch die Ställe zu entkommen, doch diese waren gleichfalls abgeschlossen. Zufälligerweise begegnete ihr ein Stallknecht. »Ich bin verloren«, schrie sie, »wenn du mir nicht den Stall öffnest, damit ich fliehen kann!« Der Zustand, in dem er seine Herrin sah, der Ton, mit dem sie sprach, ließen ihm keine Zeit, sich lange zu besinnen. Vom innigsten Mitleid ergriffen, nahm er sie, ohne weiter nachzudenken, in seine Arme, trug sie aus dem Schloß und übergab sie den Händen der ersten Weiber, denen er begegnete.

Inzwischen eilten die beiden Mörder, durch Perette von der Flucht ihrer Schwägerin benachrichtigt, herbei, liefen der Fliehenden nach, und während diese die Vorübergehenden um einen Zufluchtsort bat, schrien sie ihr nach: sie habe einen Anfall von Schwangerschaftsbeschwerden und sei rasend. Wer hätte das nicht geglaubt, da die Marquise mit bloßen Füßen, im Hemd, nur mit einem zerrissenen taftnen Rock bekleidet, mit fliegendem Haar, verstörtem Gesicht und um Hilfe rufend durch die Straßen lief?

Schon waren die Leute im Begriff, sie als rasend anzuhalten, als sie der Ritter bei dem Hause des Herrn Des Prats, ungefähr dreihundert Schritte vom Schloß, einholte. Er drängte sie mit Gewalt hinein und schloß die Tür hinter sich ab. Der Abbé stellte sich auf die Türschwelle, mit der Pistole in der Hand, und drohte, den ersten besten, der sich ihm nähern würde, niederzuschießen; denn er wolle nicht, sagte er, daß sich seine Schwägerin in ihrer Raserei jedermann zum Schauspiel darstelle. Seine eigentliche Absicht war aber, wie man leicht einsehen kann, der unglücklichen Dame alle Hilfe abzuschneiden.

Herr Des Prats war nicht zu Hause; seine Frau hatte aber verschiedne Freundinnen zu Besuch bei sich. Die Marquise wiederholte immer wieder, daß sie vergiftet sei. Brunelle, die Frau des protestantischen Predigers im Ort, steckte ihr heimlich eine Büchse mit Theriak zu, wovon sie einige Stücke aß, wenn der Ritter, der, um sie zu bewachen, im Zimmer auf und ab ging, ihr den Rücken zukehrte. Eine von den Frauen reichte ihr ein Glas Wasser, um die Hitze zu lindern, die das Gift und der Theriak in ihren Eingeweiden verursachte. Der Ritter nahm das Glas weg und zerbrach es an den Lippen seiner Schwägerin. »Sie würden mir einen großen Gefallen erweisen«, sagte er darauf zu den Frauen, »wenn Sie nicht länger Zeugen der Narrheit meiner Schwägerin sein und sie in ihren Einbildungen bestärken wollten; ich bin hier, um für sie zu sorgen, und werde sie nicht eher verlassen, bis sie sich besser fühlt; Sie können sie also ohne Gefahr meiner eigenen Aufsicht überlassen.«

Die Marquise ergriff diese Gelegenheit, so schwach ihre Hoffnung auf dieses Mittel auch sein mochte, um noch etwas zu ihrer Rettung zu versuchen. Sie glaubte noch, ihren Henker zum Mitleid bewegen zu können, und bat also die Gesellschaft selbst, sie mit ihm allein zu lassen. Als sich diese entfernt hatten, warf sie sich ihrem Schwager zu Füßen, erinnerte ihn an die Beweise der Freundschaft, die sie ihm gegeben hatte, versprach, sich künftig seinem Willen blindlings zu unterwerfen, die erlittene Behandlung zu vergessen und den Auftritt von soeben so aufzufassen, wie er es wolle.

Statt aller Antwort zieht dieser wütende Unmensch seinen Degen und versetzt ihr zwei Stiche in die Brust. Sie läuft nach der Tür und ruft um Hilfe, er verfolgt sie, versetzt ihr von hinten noch fünf Stiche voll solcher Wut, daß der Degen zerbricht und ein langes Stück in ihrer Schulter steckenbleibt. Dann eilt er zum Abbé, der noch immer die Tür bewacht. »Abbé, laß uns fliehen«, rief er, »die Sache ist getan.« Auf das Schreien der Marquise hin stürzte die ganze Gesellschaft wieder ins Zimmer und fand sie in ihrem Blute schwimmend. Sie hofften aber doch, daß sie noch gerettet werden könne, und riefen deswegen aus dem Fenster, man solle einen Wundarzt holen.

Der Abbé hört noch dieses Rufen, er fürchtet, die Marquise könnte sich vielleicht wieder erholen. Sogleich läuft er zurück, drängt sich durch die Umstehenden, setzt ihr die Pistole auf die Brust und drückt ab. Zum Glück versagte seine Waffe; doch wäre der Schuß auch durch Madame Brunelle abgewendet worden, die ihm den Arm umdrehte, als er abdrückte. Mit geballter Faust gab er dieser Frau einen heftigen Schlag an den Kopf und drehte darauf seine Pistole herum, um die Marquise zu erschlagen. Aber die Frauen fielen mit vereinter Macht über ihn her, schlugen ihn, sosehr sie konnten, und trieben ihn so bis an die Haustür.

Nun eilten sie der Marquise zu Hilfe, suchten das Blut zu stillen und das abgebrochene Degenstück aus der Schulter zu ziehen. Die Spitze war aber so tief in den Knochen eingedrungen, daß sie nur mit äußerster Gewalt herausgezogen werden konnte, als sie, auf Verlangen der Marquise selbst, das Knie gegen ihre Schulter stemmten. Unterdessen war ein Wundarzt gekommen und legte nun den ersten Verband an; er fand aber keine von den Wunden tödlich.

Die Gerichtspersonen von Ganges erschienen bewaffnet und stellten auf Bitten der Marquise Wachen rund um das Haus des Herrn Des Prats. Der Oberrichter, Baron von Tressan, ließ sogleich den Mördern nachsetzen. Man konnte sie aber nicht einholen. Es war neun Uhr abends gewesen, als sie den letzten Versuch auf das Leben der Marquise gewagt hatten; die Finsternis begünstigte also ihre Flucht.

Sie nahmen ihren Weg nach einem Landgut des Marquis, das nur eine Meile weit von Ganges entfernt war. Beide machten einander die heftigsten Vorwürfe, ihre Absicht verfehlt zu haben. Dies schmerzte sie so sehr, daß sie fast Hand an sich selbst gelegt hätten; sie wollten sogar umkehren, um den Mord zu vollenden. Aber trotz ihrer Wut begriffen sie doch bald, daß sie bei dem Aufsehen, das ihre Tat erregt hatte, unfehlbar, sobald sie sich wieder zeigten, verhaftet werden würden. Sie dachten also nun nur noch daran, dem Richter zu entgehen, und flohen in die Nachbarschaft von Agde. Hier schifften sie sich ein, und man wird später noch sehen, was aus ihnen geworden ist.

Die Marquise erhielt allen denkbaren Beistand; man ließ eilends Ärzte und Wundärzte aus Montpellier kommen, und der ganze Adel der Umgegend wetteiferte, ihr seine Teilnahme an ihrem Unglück zu bezeigen.

Der Marquis war in Avignon, als er von dem Anschlag auf seine Gemahlin erfuhr. Wenn er diesen Mord auch mit seinen Brüdern verabredet hatte, so waren ihm diese öffentlichen Ausbrüche ihrer Wut doch gewiß ebenso unerwartet wie unangenehm, da er vermutlich nur an eine heimliche Vergiftung gedacht hatte.

Wie dem auch sei: beim Empfang der Nachricht schien er ganz von dem Entsetzen ergriffen, das diese unmenschliche Tat bei jedem erregen mußte; er brach in Verwünschungen gegen seine Brüder aus und schwur, mit eigner Hand die schändliche Tat an ihnen zu rächen, kurz, er spielte in Gegenwart des Kuriers die Rolle, die seiner Lage entsprach.

Er beeilte sich jedoch nicht sehr, seiner Gemahlin zu Hilfe zu kommen. Er schob seine Abreise bis zum andern Tage nach Tisch auf und besuchte noch mehrere Personen in der Stadt, mit denen er gar nicht von dem Unglück seiner Gemahlin sprach. Als er in Ganges ankam, ließ er sich der Kranken durch einen Geistlichen ankündigen. Er wurde mit allen Zeichen der Zärtlichkeit empfangen, die nur der beste Ehemann verdient, nur machte ihm seine Gemahlin einige Vorwürfe, daß er sie verlassen zu haben schien. Doch fürchtete sie nachher, ihre Ausdrücke dabei nicht genug gemäßigt zu haben, und bat ihn deswegen um Verzeihung; sie reichte ihm auf die zärtlichste Weise die Hand, gab ihm wiederholt die Versicherung ihrer ganzen Achtung und bat ihn, den Vorwurf, der ihr soeben entschlüpft sei, nur ihrem Schmerz, nicht ihren Gesinnungen zuzuschreiben.

Der Marquis wollte eine so günstige Gelegenheit, seine selbstsüchtigen Absichten zu erreichen, nicht ungenutzt vorübergehn lassen. Durch die Zärtlichkeit, die ihm seine Gemahlin bezeugte, wurde er kühn genug, sie um Zurücknahme der Erklärung zu bitten, mit der sie ihr Testament in Avignon bekräftigt hatte. Diese Urkunde hatte nämlich den Vizelegaten bewogen, die Registrierung des Testaments, das in Ganges gemacht worden war, zu verweigern. Sie antwortete aber standhaft, sie werde ihr Testament in Avignon unberührt lassen, weil es die wahren Gesinnungen enthalte, mit denen sie sterben wolle. Wahrscheinlich hatte das eigennützige Verlangen des Marquis ihr die Augen über die wahre Gesinnung ihres Gemahls geöffnet. Sie gab sich aber alle Mühe, ihren Argwohn zu verbergen; was hatte sie nicht von einem solchen Menschen zu befürchten, wenn er bemerkt hätte, man habe ihn wegen des Einverständnisses mit seinen Brüdern in Verdacht? Das Testament wurde nach dieser Unterhaltung nie wieder erwähnt.

Auch der Marquis suchte die Empfindungen seiner getäuschten Erwartung zu verbergen. Er verwandte alle mögliche Sorgfalt auf die Pflege seiner Gemahlin und blieb ständig um sie im Hause des Herrn Des Prats, aus dem sie ihres Gesundheitszustandes wegen nicht weggeschafft werden konnte. Sie verlangte dringend, nach Montpellier gebracht zu werden, wo die nötige Hilfe zur Hand war und wo sie von ihrer dort wohnenden Mutter, Frau von Roussan, gepflegt werden konnte. Der Arzt erlaubte aber diese Reise nicht, die das Leben der Marquise in offensichtliche Gefahr gebracht hätte. Frau von Roussan begab sich sogleich zu ihrer Tochter; aber die Gegenwart des Marquis war ihr unerträglich. Sie zitterte vor Empörung, wenn sie ihn nur sah, und konnte kaum begreifen, wie ihre Tochter ihn so gelassen um sich dulden konnte. Sie konnte es nicht über sich bringen, mit einem Menschen in einem Hause zu wohnen, den sie als das Oberhaupt der fürchterlichen Verschwörung ansah, die den wütenden Mördern ihrer Tochter die Waffen in die Hände gedrückt hatte. Nichts war imstande, sie länger zurückzuhalten; sie reiste am dritten Tage wieder ab.

Die Marquise verlangte die Sterbesakramente. Sie erschauderte vor Entsetzen, als sie Perette mit der Hostie eintreten sah, ihn, der sie, mit ihren Mördern im Bunde, hatte festhalten wollen, als sie deren Händen zu entfliehen suchte, und ihr, um sie zu töten, einen vollen Wasserkrug nachgeworfen hatte. Sie traute auch jetzt dem Bösewicht nicht und wollte das Abendmahl nicht eher nehmen, als bis er selbst vorher einen Teil der Hostie genossen hatte.

Durch die Gründe der Religion beruhigt und vom Gefühl des nahen Todes ergriffen, versicherte nun die Marquise feierlich, bei Gott, dem allwissenden Richter, vor dessen Thron sie bald erscheinen würde, daß sie ihren Mördern vollkommen vergeben habe. Sie bat ihre Freunde, die strafrechtliche Untersuchung gegen diese zu unterdrücken, und suchte selbst ihrem Sohn, den sie immer bei sich am Bette hatte, alle Rachegelüste zu nehmen, die in seinem jungen Herzen erwachten.

Die Gerichte konnten den milden Gesinnungen der Marquise aber nicht zustimmen. Sobald dem Parlement zu Toulouse der schreckliche Angriff auf ihr Leben hinterbracht wurde, schickte es sogleich den Rat von Catelan nach Ganges, um die Marquise zu vernehmen und alle Erkundigungen einzuziehen, die zur Überführung der Schuldigen dienen konnten. Sogleich nach seiner Ankunft hatte er eine besondere geheime Unterredung mit der Kranken. Er wandte alle Mittel an, die ihm die Klugheit eingab, um sich von dem schrecklichen Verbrechen, das gerichtliche Bestrafung erforderte, genau zu unterrichten. Nachdem sie diesem Parlementsrat alles erklärt hatte, was die Heiligkeit ihres Eides zu sagen erlaubte, äußerte sie zu ihm, sie bleibe nur äußerst ungern in Ganges; verschiedne begründete Anlässe zur Furcht beunruhigten sie unaufhörlich, und sie wünsche, anderswohin gebracht zu werden. Alle Vorstellungen Herrn von Catelans konnten sie nicht in ihrer Angst beruhigen; nichts konnte ihren Abscheu gegen einen Ort überwinden, der sie unaufhörlich an die schrecklichen Grausamkeiten erinnerte, die sie hier erlitten hatte.

Diese Unterredung, die in ihrer Phantasie alle Schrecken jener fürchterlichen Szene wieder hervorrief, verschlimmerte ihre Krankheit. Sie brachte die Nacht in großen Schmerzen zu und starb am andern Tage, dem 7. Juni 1667, gegen vier Uhr abends.

Herr von Catelan ließ, kraft des Auftrags, den ihm sein

Kollegium erteilt hatte, sogleich den Marquis von Gange in seinem Schlosse in Untersuchungshaft nehmen. »Ich bin bereit zu gehorchen«, sagte der Marquis zu der Wache, die ihn abholen sollte, »Gewalt ist unnötig, es ist auch meine Absicht, die Mörder meiner Frau vor dem Parlement zu verfolgen.« Alles wurde nun im Schlosse versiegelt, und man brachte ihn in das Gefängnis von Montpellier, wo er nachts ankam. Sämtliche Einwohner waren an den Fenstern; und um den Marquis vorbeikommen zu sehn, hatte man fast die ganze Stadt erleuchtet. Das niedere Volk lief ihm durch alle Straßen nach und verfolgte ihn mit Flüchen und wildem Geschrei. Alle Frauen von Montpellier und Avignon betrachteten das Schicksal der Marquise als ihr eignes; in allen Häusern sprach man davon, ihren Tod zu rächen, ganz als wäre das Unglück jeder einzelnen Familie widerfahren.

Man öffnete den Leichnam der Marquise. Keine der empfangenen Wunden schien tödlich gewesen zu sein. Das Gift allein hatte sie getötet, es hatte ihre Eingeweide verbrannt und selbst das Gehirn geschwärzt. Die Natur, die an ihr alle Reize der Schönheit verschwendet, hatte alle Teile ihres Körpers in schönem Verhältnis zueinander geformt, die eine regelmäßige und damit kräftige Konstitution bildeten. Das zehrendste Gift bestürmte neunzehn Tage lang ihren gesunden Körper, und die Natur selbst schien ein Werk verteidigen zu wollen, an dessen Gestaltung sie so gern verweilt hatte; denn sie verdoppelte während des Kampfes mit dem zerstörenden Feinde dessen Reize noch. Nie war die Marquise schöner, nie ihre Farbe blühender, das Feuer ihrer Augen lebhafter, ihre Stimme fester und sanfter gewesen.

Frau von Roussan, ihre Mutter, nahm nun als eingesetzte Erbin das ganze Vermögen ihrer Tochter in Besitz und reichte gegen die Mörder, zu denen sie auch den Marquis zählte, die Strafklage ein, mit dem festen Entschluß, sie mit äußerster Strenge zu verfolgen, bis der Tod der Marquise gerächt wäre. Der Marquis wurde jetzt in die Gefängnisse von Toulouse übergeführt. Herr von Catelan unterzog ihn verschiedenen Verhören, von denen eins elf Stunden dauerte.

Frau von Roussan ließ eine Denkschrift veröffentlichen, die die Beweggründe ihrer Anklage gegen ihren Schwiegersohn enthielt.

Es ist ohne Zweifel sehr schwer, sagte sie darin, das Gericht und das Publikum zu überzeugen, daß ein Mann von Stande, dessen guter Name bisher immer makellos gewesen ist, den Vorsatz gefaßt habe, durch die Hand seiner eignen Brüder eine Gemahlin ermorden zu lassen, die alle Reize der Schönheit im blühendsten Alter mit einem ganz untadeligen Betragen vereinigte. Noch weniger wird man begreifen, wie es einer von allem Feuer der Leidenschaft beseelten Beredsamkeit hätte gelingen könen, seine beiden Brüder zu gleicher Zeit zu veranlassen, die Grausamkeit, Schande und Gefahr dieser Handlung zu übernehmen.

Doch das Erstaunen wird größer, wenn man hört, daß nur Eigennutz die Triebfeder dieser Grausamkeit gewesen sein konnte. Er besaß von seiner Seite ein ansehnliches Vermögen, er hatte die Mitgift seiner Frau; und wenn diese ihr Paraphernalvermögen auch selbst verwaltete, so genoß er doch auch dies insofern gleichzeitig mit, als er nun keine Ausgaben für sie zu bestreiten brauchte und also die Einkünfte des ganzen zusammengebrachten Vermögens für sich verwenden konnte.

Eine so vorteilhafte Lage war aber diesem gierigen

Menschen nicht genug, er wollte sich durch den Tod seiner Frau ihrer Aussteuer und ihres Paraphernalvermögens ganz bemächtigen. Er erpreßt von ihr das Testament, das zu Ganges gemacht wurde; und um der Erblasserin keine Zeit zu lassen, diese Urkunde zu widerrufen, und um gleichzeitig unumschränkter Herr des Vermögens zu werden, in dessen Genuß er erst nach ihrem Tode kommen sollte, entschließt er sich, sie auf der Stelle ermorden zu lassen.

Diese Handlungen sind unglaublich, aber darum, leider! doch nicht minder wahr. Vergebens will sich der Marquis von Gange mit seiner Abwesenheit schützen. Vergebens führt er an, daß man weder einen schriftlichen noch einen durch Zeugen bestätigten Beweis gegen ihn vorbringen könne. Vergebens hofft er, der Strafe zu entgehen, weil sein mit seinen Brüdern entworfener Anschlag nicht gerichtlich erwiesen ist und weil es die Flucht dieser beiden Mörder unmöglich gemacht hat, durch Verhör oder Tortur die Wahrheit von ihnen zu erfahren.

Wenn Verbrecher nur durch mündliche oder schriftliche Beweise überführt werden könnten, wie viele Verbrechen würden dann wohl ungestraft bleiben? Wie viele Schuldige würden dann wohl das Vorrecht der Unschuld genießen, weil sie so vorsichtig waren, alle Zeugen zu entfernen und nichts, was sich auf ihr Verbrechen beziehen könnte, dem Papier anzuvertrauen? Dann wäre nur die Unvorsichtigkeit der Verbrecher der Schutz der menschlichen Gesellschaft.

Doch hier ist das Gesetz der Gerechtigkeit zu Hilfe gekommen; wenn schriftliche und Zeugenbeweise fehlen, so hat es Vermutungen zugelassen. Sind diese stark genug, um zur Gewißheit zu führen, so sind sie so gut wie Beweise; in diesem Fall sind sie selbst Beweise.

1. Man kann gar nicht bezweifeln, daß der Abbé und der Ritter bei ihrem Anschlag auf das Leben der Marquise kein anderes Ziel verfolgten, als den Marquis sogleich in den unumschränkten Besitz ihres Vermögens zu setzen. Daher die ausgezeichnete Gefälligkeit, die scheinbare Anhänglichkeit, die erheuchelte Achtung, die diese Lasterhaften der Marquise während des Aufenthalts zu Ganges bezeigten. Sie wollten ihr Vertrauen, ihre Zuneigung gewinnen, um sie zu dem Testament zu bereden, das sie, durch die Schmeicheleien der Betrüger verführt, wirklich zum Besten ihres Gemahls ausfertigen ließ. Kaum hatten sie diese dem Marquis so wichtige Urkunde in Händen, als sie, um jede Abänderung daran für immer zu verhindern, den Mord der Marquise beschlossen und beschleunigten.

Wer sollte denn nun den Nutzen aus diesem Testament ernten? Wer anders als der Marquis? In wessen Interesse lag es denn, der Erblasserin den Widerruf ihres Letzten Willens unmöglich zu machen und sich so schnell wie möglich in den Besitz der Erbschaft zu setzen? Lag es nicht im Interesse des Marquis? Und wen kann man denn der Natur der Sache nach als den Urheber eines Verbrechens ansehn als nur den, der Nutzen daraus zieht? Is fecit scelus, cui prodest.

Von der andern Seite her betrachtet, können die beiden Mörder diese Mordtat kaum aus eignem Interesse begangen haben, weil sie dabei offenbar ihren eignen Untergang wagten. Wenn der Marquis sie nicht selbst dazu aufgefordert hätte, würden sie wohl gewagt haben, seine Gemahlin zu ermorden? Hätten sie sich wohl aus eigenem Antrieb der Wut, dem Abscheu und der Rache eines verzweifelten Ehemanns ausgesetzt? Waren sie denn nicht in Gefahr, Opfer der Gerechtigkeit zu werden, der sie schwerlich entrinnen konnten, verfolgt von einem Mann, dessen Gefühle, dessen eigne Ehre ihn zu ihrem unversöhnlichsten Feind machen mußten? Sahen sie denn nicht, daß, auch wenn sie der Zufall der Hand dieses fürchterlichen Rächers und dem Arm der Gerechtigkeit entzog, sie ihre Tage doch in steter Angst, im Elend und allen daraus entspringenden Schrecken hinbringen mußten?

Solche fürchterlichen Verbrechen können nur durch die Gewalt der heftigsten Leidenschaften erzeugt werden. Die einzigen Leidenschaften, die hier beide Brüder anspornen konnten, waren Rache oder Eigennutz. Wodurch hatte denn aber diese Unglückliche ihre Rachsucht gereizt? Welches Unrecht hatte sie ihnen zugefügt? Hatte sie sich nicht vielmehr beide, so sehr sie konnte, zu Dank verpflichtet? Hatte sie dem Ritter nicht verschiedne wichtige Gefallen erwiesen? Über welche Beleidigungen konnten sie sich beklagen? Sie hatte ihre Liebe nicht erwidert. Mußte ihnen dieser Widerstand nicht sogar Hochachtung gegen sie einflößen? Außerdem hatte sie ja auf ihr Verlangen ganz so, wie sie es wünschten, ein Testament gemacht. Rache konnte also nicht der Beweggrund ihrer Untat sein. Wie konnte sie aber Eigennutz zu diesem Verbrechen bewegen? Das Testament brachte ihnen ja keinen Nutzen. Wollten sie etwa nach verübtem Morde ihre Barschaft stehlen? Wie unbeträchtlich war diese im Vergleich zu dem Opfer, das sie dagegen hätten bringen müssen: sich ihr weiteres Leben hindurch in ständiger Furcht verborgen zu halten, kurz, es wie Leute zu verbringen, die darauf gefaßt sein müssen, überall, wo man sie erkennt, als Feinde der menschlichen Gesellschaft betrachtet zu werden? Außerdem war dieser Raub nicht ergiebig genug, um ihnen, wo es auch sei, die Ruhe und Annehmlichkeit zu bieten, die sie im Hause ihres Bruders genossen. Man kann also keinesfalls glauben, daß sie die Verlockung eines Diebstahls, der ihnen als Vorteil nur die Schande bringen konnte, ihn begangen zu haben, zu einem Mord verleitet habe, der unter Verleugnung aller menschlichen Gefühle begangen wurde. Wollte man also annehmen, die unmenschliche Tat sei ohne Veranlassung des Marquis von ihnen ausgeführt worden, so wäre dieser fürchterliche Ausbruch von Grausamkeit nicht nur ohne Grund erfolgt, sondern die Mörder hätten sich auch vorsätzlich in einen Abgrund von Unglück gestürzt. Nimmt man dagegen an, daß sie auf Veranlassung des Marquis gehandelt haben, so stellt sich alles als sehr möglich dar.

Man kann wirklich nicht annehmen, daß die Grausamkeiten, die bei der Ausführung dieser Untat verübt wurden, zu dem ursprünglichen Plan gehört haben. In ihrer Handlung selbst zeigt sich ihr ganzer Plan. Als sie ihrem Opfer die Wahl unter drei Todesarten ließen, erwarteten sie wohl, sie würde das Gift wählen. Die Pistole, gespannt, ihren Kopf zu zerschmettern, der Degen, gezückt, ihre Brust zu durchbohren, wurden ihr nur vorgehalten, um ihr zu zeigen, daß ihr Tod fest beschlossen sei. Der Tod durch Feuerwaffen oder durch ein Schwert ist fürchterlich, weil er plötzlich ist; das Gift hingegen läßt noch einen Schimmer von Hoffnung übrig. Die Konstitution ist vielleicht stark genug, ihm zu widerstehen; die Dosis ist vielleicht nicht hinreichend; unvorhergesehene Umstände können vielleicht noch unerwartete Hilfe bringen, ehe das Gift seine verwüstende Wirkung ausüben konnte. Auch wußte die Marquise aus Erfahrung, daß Vergiftungen nicht immer tödlich sind; sie war schon einmal solchen Anschlägen auf ihr Leben entgangen. Daß sie alle diese Überlegungen anstellen konnte, kann man nicht leugnen; ihr Verhalten während der drei oder vier Stunden, solange sie in den Händen ihrer Mörder war, beweist, daß die nahe Gefahr ihr die Geistesgegenwart nicht geraubt hatte. Sie kannten außerdem die Frömmigkeit der Marquise und erwarteten daher, sie werde die Todesart wählen, die ihr Zeit ließe, für das Wohl ihrer Seele zu sorgen. Im Hinblick darauf hatten sie auch Perette in die Verschwörung eingeweiht und ihm den Auftrag erteilt, sich zum letzten geistlichen Beistand bereit zu halten.

Was aber die Vermutung, daß sie ihre Tat eigentlich mit Gift hatten ausführen wollen, noch mehr bestätigt, ist die dunkle Farbe und das trübe Aussehen der Arznei, das die Marquise bewogen hatte, sie nicht einzunehmen, und die Unruhe, mit der sich die beiden Schwäger den ganzen Morgen hindurch jeden Augenblick nach ihrem Befinden erkundigten. Entsprang diese Unruhe etwa der Anteilnahme an einer Person, deren Tod sie beschlossen hatten? Ist nicht im Gegenteil offenkundig, daß sie nur aus der Furcht entstand, ihr Anschlag könne fehlschlagen?

Gift war also das Mittel, das sie erwählt hatten, um eine Erbschaft frei zu machen, die der Gegenstand aller ihrer Wünsche war. Ihre Maßnahmen waren sehr gut getroffen. Hätte die Marquise, durch ihre Drohungen erschreckt, den Giftbecher ruhig geleert, ihr Verbrechen wäre das undurchdringlichste Geheimnis geblieben. Die vorhergegangene Unpäßlichkeit der Marquise, die schädliche Wirkung der Arznei, die Unvorsichtigkeit, ihren von der Arznei noch angegriffenen Magen mit vielem Essen zu überladen, waren Gründe genug, denen man ihren plötzlichen Tod zuschreiben konnte; und mit Hilfe des Vikars konnte der Leichnam ohne weitere Untersuchung und Formalitäten beerdigt werden.

So war der Plan gedacht. Aber die Klugheit der beiden Mörder artete in blinde Wut aus, als sie die Sache eine so unerwartete Wendung nehmen sahen. Diese Veränderung in ihrem Herzen erscheint als ganz natürlich und zeigt immer deutlicher die Mitschuld des Marquis. Konnte die Marquise einen Zufluchtsort erreichen, so war die Tat entdeckt und das Gelingen der eignen Flucht am hellen Tage beinahe unmöglich. Der Zufall kam ihnen zwar dadurch zu Hilfe, daß sie genug Zeit hatten, die Marquise einzuholen, ehe sie sich in ein Haus einschließen und ihre Erlebnisse erzählen konnte. Aber ihr Streich war doch danebengegangen, die Umstände machten ihre Absicht öffentlich bekannt. Da sie nun keine andre Rettung als Flucht vor sich sahen, wollten sie sich wenigstens vorher die versprochne Belohnung dadurch sichern, daß sie den ihnen von ihrem Bruder aufgetragnen Mord vollendeten.

2. Noch bevor die Marquise das Testament gemacht hatte, in dem sie ihre Mutter zur Erbin einsetzte, hatte man versucht, sie mit Arsenik, das unter eine Creme gemischt war, zu vergiften. Schon dieses ersten Anschlags auf das Leben der Marquise hat sich ihr Gemahl verdachtig gemacht, in dessen Interesse es lag, dem Testament zuvorzukommen. Alle, die mit ihr von der Creme aßen, wurden krank; die Sache erregte allgemeines Aufsehn. Dennoch wurde keine Untersuchung angestellt; man überließ es der Zeit, den Vorfall in Vergessenheit geraten zu lassen. Wäre der Marquis unschuldig daran gewesen, hätte er nicht den Urhebern dieses Verbrechens nachgespürt, um sie bestrafen

zu lassen? Seine Kälte, seine Unempfindlichkeit und Sicherheit gegenüber einem Geschehnis, dessen Opfer er ja selbst werden konnte: bilden sie nicht einen unumstößlichen Beweis seiner Schuld? Hat er das erste Verbrechen begangen, so ist er auch des zweiten schuldig.

3. Der Eigennutz, der ihm dieses Verbrechen eingab, fand in seinem Herzen kein Hindernis vor. Er liebte seine Gemahlin nicht, er hegte den schwärzesten Haß gegen sie. Als sie ihm einst nur im Scherz Vorwürfe machte, schlug er sie mit seinem Degengehenk und schloß sie mehrere Tage in einen Turm ein, wo sie vor Gram eine Art Schlaganfall erlitt. Durch diese Grausamkeiten bereitete er sich auf das blutige Ende vor, das er durch seine Brüder herbeiführen lassen wollte.

4. Die vertraute Freundschaft sogar, in der die Mörder zu ihrem Bruder standen, hätte ihnen einen solchen Anschlag auf seine Gemahlin nicht erlaubt. Wie eng diese Freundschaft war, läßt sich schon daraus erkennen, daß beide sich nicht entschließen konnten, ihm die Ausführung eines solchen Verbrechens abzuschlagen; daß selbst der Abbé, der doch das Herz des Marquis so ganz in seiner Gewalt hatte, es nicht wagte, ihm davon abzuraten. Wie hätte sie bei einem so hohen Grad von Freundschaft irgendeine Leidenschaft zu der schaudervollen Ermordung der Gattin ihres zärtlich geliebten Bruders hinreißen können, wenn er nicht selbst mit ihnen darüber einverstanden gewesen wäre?

5. Ganges wurde zum Schauplatz dieses Mordes ausersehen, weil hier der Marquis als Oberherr unumschränkte Macht besaß und also seinen Anschlag entweder selbst oder durch seine Vertrauten ungehindert ausführen konnte.

6. Mehr als bloße Vermutung, einen wirklichen Beweis gibt folgender Umstand. Die Tat geschah am 19. Mai 1667 abends; und am andern Morgen traf der Bediente des Abbé von Gange schon in Avignon bei dem Marquis ein, so daß er in der Nacht neunzehn Meilen geritten war. Durch diesen Kurier erhielt der Marquis die Nachricht von dem Zustand seiner Gemahlin, durch ihn verbreitete sich diese Neuigkeit in Avignon. Sendet ein Mörder wohl selbst Kuriere aus, um diejenigen von seiner Mordtat zu benachrichtigen, in deren Interesse es liegt, sie zu rächen? Wird er wohl selbst seine Verfolger durch Eilboten in den Stand setzen, seine Flucht zu verhindern?

7. Hat der Marquis auch nur *einen* Schritt bei der Polizei unternommen, um die Mörder verfolgen zu lassen? Beweist seine Untätigkeit nicht, daß er mit einem solchen Schritt gegen sich selbst zu handeln fürchtete? Aber sein Verhalten überhaupt kann uns schon den vollständigsten Beweis seines Verbrechens geben.

Obgleich er schon am andern Morgen das seiner Gemahlin angetane Unglück erfuhr, reiste er dennoch erst am folgenden Tage ab und brauchte drei Tage für eine Reise, die der Abgesandte der Mörder in *einer* Nacht gemacht hatte. Dieses Betragen beweist seine Gleichgültigkeit gegen seine Frau und gleichzeitig die Absicht, den Mördern Zeit zum Entfliehen zu lassen. Welcher Ehemann, der für seine Frau auch nur das geringste menschliche Gefühl hegte, wäre zu ihrer Hilfe nicht herbeigeeilt, wenn er nicht Urheber oder mindestens Mitwisser der gegen ihre Person gewagten Anschläge gewesen wäre? Ist es nicht sonnenklar, daß er durch diesen Zeitgewinn den Mördern Gelegenheit gab, zu entfliehen und einen sichern Zufluchtsort zu erreichen? Alles weist darauf hin, daß ihn nur dieser

Gedanke beschäftigte, und es war wirklich sein größtes Interesse, wenn sie glücklich entkamen. Hätte die Polizei sie eingeholt, so hätte man ihnen das Geständnis der Mitschuld ihres Bruders entrissen.

Er brachte den ganzen Tag in Avignon zu und machte dort Besuche wie gewöhnlich. Sein Aussehn und sein Betragen zeugten von keinem Schrecken, er sprach mit niemand von dem Unglück, das seiner Gemahlin zugestoßen war, und schien so ruhig, als hätte er die angenehmsten Nachrichten von ihrem Befinden erhalten. Dieses Schweigen war eine wichtige Vorsichtsmaßnahme, um den Mördern Zeit zum Entrinnen zu lassen. Er glaubte, die Kunde von diesem Verbrechen sei nur zu *seinen* Ohren gedrungen, daher könne er so tun, als wisse er davon nichts; denn wäre er so unvorsichtig gewesen, zu erkennen zu geben, er sei davon unterrichtet, so hätte er unmöglich in Avignon bleiben können, ohne wenigstens zum Schein Anstalten zu treffen, das Entweichen der Mörder zu verhindern; und seine Untätigkeit selbst wäre dann ausreichender Vorwand für die Obrigkeit gewesen, ihn als der Mitschuld verdächtig zu verhaften. Aber sollte er diese Absicht auch nicht gehabt haben: muß man nicht wenigstens zugeben, daß diese unnatürliche Gleichgültigkeit einen sehr rohen Charakter und einen tiefen Haß gegen seine Gemahlin beweist?

Endlich reiste er ab und bringt so viele Zeit auf der Reise zu, wie er für nötig hält, um die Mörder in Sicherheit zu wissen. Er kommt an. Er hatte Zeit genug gehabt, sich auf die Rolle vorzubereiten, die er jetzt spielen mußte. Er hatte zwei Ziele zu erreichen: einmal, allen Verdacht seiner Gemahlin und des ganzen Publikums von sich abzuwälzen; und dann, seine Gemahlin zu der Zurücknahme ihrer in Avignon niedergelegten Erklärung zu bewegen, um ihr erstes Testament ungültig zu machen und das, was die Mörder von ihr erpreßt hatten, zu sichern. Um beide Absichten zu erreichen, erscheint er vor seiner Gemahlin und denen, die sie umgaben, mit den Zeichen des lebhaftesten Schmerzes, wünscht nichts sehnlicher als die Genesung seiner geliebten Gattin, bebt vor Rache gegen ihre Mörder und will keine Mühe scheuen, sie in ihrem äußersten Umfang auszuüben. Diese unglückliche Frau, die nicht glauben konnte, daß Verstellung die Rolle der Wahrheit so natürlich spielen könne, die so viele Verdorbenheit in einem Herzen, das einst ihr gehörte, nicht vermuten konnte, die mit einem Wort ein argloses, unschuldiges Herz besaß, erwies einem Gemahl, von dem sie glaubte, daß er zu ihrer Hilfe herbeigeeilt sei, alles, was aufrichtige Zärtlichkeit zu erweisen vermag. Aber nun verläßt den Grausamen seine bisherige Klugheit; der Eigennutz verblendet ihn. Er benutzt den Augenblick, wo diese Unglückliche sich den Gesinnungen, von denen sie gegen ihn durchdrungen war, überläßt, und verlangt von ihr den Widerruf der Erklärung, die sie zur Bestätigung ihres ersten Testaments vor dem Magistrat in Avignon abgegeben hatte. Der Elende! Er fürchtet sich nicht, durch diesen Vorschlag alle ihre Wunden wieder aufzureißen, er scheut sich nicht, dadurch seinen Anteil an dem Verbrechen zu offenbaren, indem er selbst dessen Beweggrund gesteht, einen Grund, über den die Wahl der Mörder keinen Zweifel ließ!

Dieser einzige Vorschlag öffnete der Marquise die Augen und zeigte ihr den Urheber aller ihrer Leiden. Sie sah diese Bitte mit Recht als eine versteckte Billigung dessen an, was der Abbé und der Ritter gegen sie unternommen hatten; daher die Entschlossenheit, mit der sie die niederträchtige Forderung standhaft zurückwies!

Dies ist aber nicht der einzige Umstand, bei dem die Klugheit den Marquis verließ. Er speiste vier Tage lang mit Perette zusammen, er schloß sich allein mit ihm im Schloß zu Ganges ein, er brachte die Abende von seiner Ankunft an bis zum Tode seiner Gemahlin mit ihm zu, und doch gestand er im Verhör, dieser selbe Perette hätte allen Anzeichen nach Anteil an der Verschwörung gehabt. Man braucht gar nicht weiter über ein solches Betragen nachzudenken, es trägt das unverkennbarste Gepräge der Schuld.

Könnte man wohl durch Urkunden und Zeugen einen Beweis aufstellen, der stärker wäre als derjenige, der sich aus diesen überzeugenden Vermutungen ergibt? Überdies ist hier ein Corpus delicti, und in diesem Fall ist es Grundsatz, daß der Angeklagte, gegen den sich mehrere Vermutungen erheben, für schuldig erkannt wird, solange er sich nicht durch klare Beweise rechtfertigt. Welche Beweise kann aber wohl der Angeklagte den Gründen entgegensetzen, die hiermit dem Gerichte vorgelegt werden?

Dies waren die Gründe, auf die Frau von Roussan ihre Anklage gegen den Marquis stützte. Der Abbé und der Ritter von Gange waren beide schon überführt, ehe sie angeklagt wurden. Die Stimme der Öffentlichkeit hatte, indem sie beide den Gerichten anzeigte, schon die Beweise ihrer Grausamkeit enthüllt.

Die Verteidigung des Marquis von Gange war sehr kurz ... »Ich habe das Unglück«, sagte er, »zwei lasterhafte Brüder zu haben, die meiner Gattin, einer Frau, die ich zärtlich liebte, nach dem Leben trachteten. Die Bösewichter haben sie grausam ermordet, und zum

Übermaß des Unglücks werde ich selbst als Urheber dieses Verbrechens angeklagt, das die Natur schaudern läßt. Gebeugt durch das ganze Gewicht einer so schrecklichen Anklage, tief verwundet durch dies ungerechte Mißtrauen gegen meine Unschuld, habe ich kaum die Kraft, etwas zu meiner Verteidigung vorzubringen. Alles, was ich tun kann, ist zu sagen: Einesteils sind es nur Vermutungen, andernteils nur Verleumdungen, die man gegen mich vorgebracht hat. Das sind die Waffen, denen man sich gegen mich bedient.

Auf bloße Verleumdungen zu antworten, hieße in der Tat, seine Unschuld selbst verdächtig machen. Was soll man aber gegen Vermutungen sagen? Vermutungen sind nur Zeichen, die die Möglichkeit möglicher Handlungen zulassen, die aber ebensogut auch nicht möglich zu sein brauchen. Wie kann man nun einen Angeklagten auf Möglichkeiten hin verdammen? Muß man nicht, wenn von beiden Seiten Möglichkeiten vorhanden sind und man ebensogut für die Unschuld wie für das Verbrechen mutmaßen kann, muß man sich dann nicht für die Unschuld erklären? Diese Regel haben Menschlichkeit und Billigkeit in unsre Herzen geschrieben; denn sonst ist kein Unschuldiger vor der Verurteilung sicher.

Ein Verbrechen wurde begangen; der Zufall ließ verschiedne Umstände zusammentreffen, aus denen hervorgeht, daß ein solcher Mensch vielleicht der Schuldige sein könne: wird man ihn wegen dieses bloßen Anscheins verdammen? Wenn dies die Regel wird, nach der die Gerichte urteilen, so wird täglich der Schuldige mit dem Unschuldigen leiden.

So groß auch die Zahl dieser Vermutungen sein mag, so verleihen diese selbst einander doch kein größeres Gewicht. Sie verbreiten wechselseitig kein Licht aufeinander, besonders wenn sie von verschiednen Tatsachen abgeleitet werden, denen jedermann ebensosehr strafbare wie unschuldige Beweggründe zuschreiben kann. Ist das aber nicht wirklich bei allen den Tatsachen der Fall, aus denen man die Vermutungen ableitet, die mich zum Blutgerüst führen sollen?

Um wieviel weniger können aber solche Vermutungen, die man nur durch äußerste Anstrengung der Einbildungskraft zusammengeschmiedet hat, dann gelten, wenn die Tatsachen, die ihnen zur Grundlage dienen, falsch und verleumderisch sind? Wenn man von solchen Beschuldigungen, wie zum Beispiel der von dem angeblich unter Creme gemischten Arsenik oder von der schlechten Behandlung der Marquise, die man in der Anklage vorgebracht hat, einen Beweis weder beibringt noch beibringen kann?«

Auf diese wenigen Bemerkungen beschränkte der Marquis seine ganze Verteidigung. Das Publikum hielt ihn für schuldig und forderte Rache – mit lauter Stimme Rache. Die Richter waren als Menschen wohl von der Schuld des Marquis überzeugt, sie glaubten aber nicht, daß Vermutungen allein ein Todesurteil begründen könnten, so überzeugend sie auch wären.

Folgendes Urteil wurde am 21. August 1667 verkündet: Der Abbé und der Ritter von Gange werden verurteilt, lebendig gerädert zu werden; der Marquis, ihr Bruder, wird auf ewig des Landes verwiesen, seines Adels verlustig erklärt, und seine Güter werden zugunsten des Königs eingezogen. Der Priester Perette soll durch die geistliche Macht aus seinem Stande ausgestoßen und lebenslänglich auf die Galeeren geschmiedet werden.

Man war unzufrieden mit diesem Urteil, das entweder zu hart oder zu milde war. War der Marquis schuldig, so verdiente er den Tod, war er unschuldig, so mußte man ihn freisprechen. Wenn die Indizien zu einem Todesurteil nicht ausreichten, hätte man eingehendere Untersuchungen anstellen und einen Mann, der wegen eines so schrecklichen Verbrechens verdächtig war, mit dieser Begründung in Haft behalten sollen.

Selbst der König war unbefriedigt von diesem Urteil und äußerte es sehr deutlich bei folgender Gelegenheit. Der Marquis von Douze wurde einige Zeit danach gleichfalls wegen Vergiftung seiner Frau verhaftet und hatte starke Indizien gegen sich. Als man den König um Gnade für ihn bat, erwiderte er: »Er braucht keine Gnade, weil er unter dem Parlement von Toulouse steht, bei dem der Marquis von Gange so gut durchgekommen ist.« Vermutlich war diese Äußerung schuld, daß der Marquis von Douze zum Tode verurteilt wurde.

Perette wurde in Ketten geschmiedet und starb auf dem Wege zu den Galeeren.

Der König schenkte dem Grafen von Gange die eingezogenen Güter seines Bruders; dieser gab sie aber später dem Sohn des Marquis wieder zurück, nachdem dieser mündig geworden war.

Der Marquis lebte nach seiner Verurteilung eine Zeitlang verborgen. Danach fand er aber Gelegenheit, sich bei Herrn von Baville, dem Intendanten des Languedoc, dadurch in Gunst zu setzen, daß er die Reformierten unter dessen Vasallen zum Hören der Messe anhielt und diejenigen anzeigte, die es nicht taten. Unter dem Schutz dieses Intendanten brauchte er sich zuletzt nicht mehr verborgen zu halten, sondern lebte ganz öffentlich auf dem Schloß zu Ganges bei seinem Sohn, dem der Graf inzwischen den Besitz seiner Güter wiedergegeben hatte. Schließlich mußte er Frankreich aber doch noch verlassen; sein Sohn selbst sah sich gezwungen, auf Vollstreckung des gegen ihn ausgesprochnen Urteils zu dringen.

Wir müssen unsre Leser hier mit diesem Sohn selbst bekannt machen. Er war Hauptmann in einem Dragonerregiment. Sein liebenswürdiger Charakter und sein gefälliges Betragen ließen vergessen, daß er der Sohn des Marquis sei; und man erinnerte sich dieser Tatsache nur, um seine guten Eigenschaften um so mehr zu bewundern.

Als er einst zu Metz in Besatzung lag, verliebte er sich in die Frau eines Goldschmieds, konnte sie aber trotz aller Zärtlichkeit nicht zur Erwiderung seiner Liebe bewegen. So standen die Sachen, als sein Regiment Befehl bekam, die Hugenotten in Metz zur Änderung ihres Glaubens zu zwingen. Die Geliebte des jungen Marquis, die dieses Glaubens war, erhielt Einquartierung in ihr Haus und sollte gezwungen werden, die Messe zu hören. Sie ertrug einige Tage lang die Verfolgung ihrer Bekehrer; da sie es aber nicht länger aushalten konnte und dennoch entschlossen war, alles ihrem Glauben zu opfern, ließ sie den Hauptmann von Gange zu sich rufen. »Marquis«, sagte sie zu ihm, »Sie versichern mich oft Ihrer Liebe, wollen Sie mir dies jetzt beweisen? Lassen Sie mich von hier entfliehen, verschaffen Sie mir Gelegenheit, das Königreich zu verlassen; zur Belohnung verspreche ich Ihnen die Erfüllung Ihrer Wünsche. Der Himmel wird mir eine Sünde verzeihen, die mir das Laster erspart, als Heuchlerin zu leben.« – »Nein, Madame«, sagte der Marquis, »ich werde Ihre Lage nicht ausnutzen.

Meine Wünsche wären erfüllt, wenn ich Ihrer Zärtlichkeit das verdanken könnte, was ich jetzt nur dem Zwang zuschreiben kann. Ich möchte alles Ihrem Herzen verdanken können, aber schändlich wäre es, Ihre jetzige Lage so auszunutzen. Ich will Sie daraus befreien, und statt aller Belohnung bitte ich Sie nur um die Gefälligkeit, zuweilen an mich zu denken.« Er hielt Wort und brachte sie sicher aus der Stadt bis über die Grenze, obgleich ein Dienst dieser Art mit großer Gefahr für ihn selbst verbunden war.

Einige Zeit danach heiratete er die reiche und liebenswürdige Tochter des Barons von Moissac. Er brachte seine junge Gemahlin nach Ganges, wo er sie, während er zu seinem Regiment zurückkehren mußte, in den Händen seines Vaters zurückließ. Da die Geschichte dieses Mannes ziemlich vergessen war und niemand mehr Interesse daran hatte, auf Erfüllung seiner Landesverweisung zu dringen, so konnte er sich jetzt ganz ruhig bei seinem Sohn aufhalten. Bei seiner Abreise empfahl der junge Marquis seinem Vater die liebenswürdige Marquise aufs dringendste. Aber dieser alte Bösewicht mißbrauchte bald seinen Auftrag. Um sich durch seinen Bekehrungseifer bei dem Intendanten immer mehr einzuschmeicheln, nahm er ihr ein Kammermädchen weg, das sie sehr liebte, unter dem Vorwand, sie als Neubekehrte dürfte keine Protestantin in ihrem Dienst haben. Die junge Marquise verbarg ihren Verdruß darüber. Sie war allein mit ihrem Schwiegervater im Schloß, der hier über alles zu befehlen hatte. Sie zitterte täglich, mit ihm allein in dem Zimmer speisen zu müssen, wo ihre Schwiegermutter ihr Leben beschlossen hatte. Aber ihr Schrecken stieg aufs äußerste, als sie in ihm einen feurigen Liebhaber entdeckte. Wie gefährlich war es, einen Mann, dessen

Leidenschaften so heftig wüteten, durch eine verdiente Zurechtweisung zu beleidigen! Sie konnte sich niemand anvertrauen, alles im Schloß war ihr verdächtig. Ihr Vater war selbst erst vor kurzem zum katholischen Glauben übergetreten, an ihn konnte sie also nicht schreiben, weil dies ihrem Schwiegervater selbst Veranlassung geben mochte, die Briefe zu erbrechen. Es blieb ihr nur das einzige Mittel: an ihren Gemahl zu schreiben, weil ihre Briefe an diesen, einen alten Katholiken, dem Inquisitor nicht verdächtig sein konnten.

Sobald der junge Marquis von dem schändlichen Unterfangen seines Vaters und der unglücklichen Lage seiner Gemahlin benachrichtigt war, eilte er in größter Geschwindigkeit an den Hof, warf sich dem König zu Füßen, bat ihn, die Landesverweisung gegen seinen Vater vollstrecken zu lassen, und versprach, diesem, wo er sich auch aufhalten werde, reichlichen Lebensunterhalt zu geben.

Der König schien erstaunt, daß der Marquis von Gange seine Landesverweisung nicht befolgt hatte, und befahl, den Prozeß gegen ihn wieder aufzunehmen. Zum Glück für den Marquis war eben der Graf von Gange am Hofe, als dies beschlossen wurde. Sobald er es erfuhr, reiste er eilends ab und brachte seinen Bruder nach Avignon, der sich von da nach l'Isle begab, einer kleinen Stadt in der Grafschaft Vernaissin unweit der berühmten Quelle von Vaucluse. Seit der Zeit hat man nichts weiter von ihm gehört.

Der Ritter von Gange begab sich nach Venedig und trat in die Dienste dieser Republik, die damals gegen die Türken Krieg führte. Er wurde nach Candia abgeschickt, das die Muselmänner schon zweiundzwanzig Jahre lang belagerten. Hier soll er durch eine Bombe getötet worden sein. Wenigstens verschwand er seitdem, und niemand wußte zu sagen, wo er geblieben sei.

Der Abbé von Gange flüchtete sich nach Vianen in Holland, das damals dem Grafen von der Lippe gehörte. Hier lernte er einen Edelmann kennen, der ihn dem Grafen als geflüchteten Franzosen von Talenten vorstellte. Er hatte den Namen La Martellière angenommen. Der Graf, der an diesem Fremden einen Mann von Geist und Geschmack fand, der sich durch vorzügliche Kenntnisse, besonders in den schönen Wissenschaften, auszeichnete, vertraute ihm die Erziehung seines neunjährigen Sohnes an. Die glücklichen Fortschritte des jungen Grafen und die übrigen ausgezeichneten Talente des vermeintlichen La Martellière gewannen ihm so sehr die Achtung des Grafen und der Gräfin, daß bald nichts mehr ohne seinen Rat geschah und er gleichsam diesen kleinen Staat regierte. Einst wollten sich französische Flüchtlinge in Vianen niederlassen und sich anbauen. Aus Furcht, von ihnen entdeckt zu werden, überredete er den Grafen, die Bitte abzuschlagen.

Endlich wagte er es, um die Hand einer jungen Dame anzuhalten, deren Neigung er zu erschleichen gewußt hatte und die eine Verwandte der Gräfin war. Die Gräfin, dem Hofmeister ihres Sohnes gewogen, wollte ihm zwar für sein übriges Leben eine anständige Versorgung verschaffen, doch glaubte sie, sein Stand berechtige ihn nicht zu einer solchen Verbindung. Sie erklärte also der jungen Dame geradezu: man werde ihr eine solche Mißheirat nie erlauben; zwar sei La Martellière ein ehrlicher Mann, mit dem man zufrieden sein könne. Doch er sei fremd und habe stets seine wahre Herkunft verheimlicht, die ihm vermutlich nicht viel Ehre mache; man könne ihn also wohl für seine Dienste belohnen, müsse ihm jedoch die Ehre des Hauses nicht aufopfern.

Weil seine Herkunft das einzige Hindernis zu sein schien, wagte es der Abbé, der Gräfin seinen wahren Namen zu entdecken. »Wie«, schrie die Gräfin, als sie dies hörte, »Sie sind der abscheuliche Abbé von Gange, bei dessen Namen man schon zittert? Himmel, wie konnte ich einem solchen Ungeheuer die Erziehung meines Sohnes anvertrauen!« Er erhielt sogleich Befehl, schnell das Gebiet von Vianen zu verlassen und sich nie wieder vor dem Grafen oder der Gräfin zu zeigen.

Er begab sich nach Amsterdam, wo er Sprachlehrer wurde. Seine Geliebte suchte ihn dort auf und heiratete ihn. Der junge Graf, sein Zögling, unterstützte ihn heimlich, und später erhielt er die Nutznießung der Güter seiner Gemahlin. Seine Kenntnisse verschafften ihm eine Stelle im protestantischen Konsistorium, und er starb hier mit dem Namen eines ehrlichen Mannes.

Die Tochter der Marquise von Gange vermählte sich mit dem Marquis von Perraud, einem siebzigjährigen Greis, der sich nur aus Haß gegen seine Verwandten verheiratete, um ihnen durch eigne Nachkommen seine Erbschaft zu entziehen. Um diesen Zweck zu erreichen, verfolgte er selbst seine Gemahlin mit verschiednen Angriffen auf ihre Tugend, die der Frau von Noyer Gelegenheit gegeben haben, in einer ihrer Schriften eine Ehestandsgeschichte dieser Frau zu schreiben. Sein Tod befreite sie endlich von diesem Feind ihrer Tugend. Sie vermählte sich zum zweitenmal mit einem Mann von vorzüglichen Eigenschaften, dem Marquis Durban. Doch wurde (wenn man Frau von Noyer glauben darf) diese Dame, die während ihrer Ehe mit einem Greis ein Muster der Tugend gewesen war, als sie einen jungen, liebenswürdigen Mann geheiratet hatte, die Schande ihres Geschlechts.

Frau Tiquet

Sie war die Tochter eines sehr reichen Buchhändlers in Metz mit Namen Carlier und 1657 geboren. In sich vereinigte sie Schönheit mit vornehmem Aussehen und edlem Benehmen; sie war über mittelgroß. Wenn die Vorzüge des schönen Geschlechts dazu bestimmt sind, Macht über die Herzen zu verschaffen, scheint diese Macht besonders denjenigen vorbehalten, die ein hoheitsvolles Auftreten und ein vornehmes, stattliches Aussehen haben. Schöne Frauen, denen diese Vorzüge fehlen, können allmählich auch die Herzen gewinnen, doch den ersteren fliegen sie im Sturm zu. Man kann sagen, daß Schönheit die Bezeichnung Königin nie mehr verdient, als wenn sie durch ein majestätisches Aussehn noch erhöht wird. Dann kann man wirklich sagen, daß sie zur Herrschaft geboren ist und daß dies auch die Absicht der Natur war. Fräulein Carlier besaß außerdem noch Geist. Konnte sie sich mit all diesen Gaben nicht ein glückliches Geschick versprechen, obwohl sie aus dem Mittelstand kam? Ihr Herz war das einzige Hindernis ihres Glücks. Um sich zu der schrecklichen Tat hinreißen zu lassen, die dann von den Gerichten bestraft wurde, und um Sklavin ihrer Sinnenlust zu werden, muß sie von Jugend an einen großen Hang zum Laster gehabt und den verbrecherischen Trieb Adams in ihrer Seele ungeschwächt erhalten haben. Sie wurde mit fünfzehn Jahren Waise; ihr Vater hinterließ ihr eine Million, die sie mit einem jüngeren Bruder teilte.

Auch wenn sie nicht vermögend gewesen wäre, hätte

sie viele Verehrer gehabt; welchen Kreis von Bewerbern mußte sie nicht erst haben, da sie reich, schön und geistvoll war? Unter diesen konnte sich der Parlementsrat Tiquet nur dadurch Geltung verschaffen, daß er eine Tante seiner Angebeteten für sich gewann und deren Einfluß auf Fräulein Carlier benutzte. Er machte der Tante ein Präsent von 4000 Francs; selbst die Beredsamkeit ist nicht so überzeugend wie ein großes Geschenk, und dessen Wirkung ist schneller als der Blitz. Personen, die Fräulein Carlier in der Nähe sahen, haben gesagt, sie hätten an ihr schon damals Züge eines bösen Charakters bemerkt, die Ursache ihrer Verbrechen. Doch man hat nicht gesagt, daß die brennende Leidenschaft, die sie später für die Freuden der Liebe empfand, schon damals sichtbar geworden wäre; sei es, daß ihr Trieb noch nicht stark genug war, als daß man ihn bemerkt hätte, oder sei es, daß der Schein tiefer Heimlichkeit diese ersten Versuche dem Blick entzieht.

Herr Tiquet, der ganz und gar von seiner Absicht erfüllt war, sie zu heiraten, machte ihr galante Geschenke, deren Wert die Tante entsprechend zu preisen bemüht war. So überreichte er ihr an ihrem Geburtstage ein Blumenbukett zusammen mit Diamanten, die 15000 Francs wert waren. Damit gelang es ihm, Fräulein Carlier zu gewinnen, die durch die Reden der Tante und die Vorstellung vom Reichtum Herrn Tiquets schon wankend geworden war, der übrigens beherrscht genug vorging, seiner Umworbenen nur die guten Seiten seines Wesens zu zeigen. Man sollte sich, wenn man heiraten will, einander aufrichtig so zeigen, wie man ist, damit man sieht, ob die beiderseitigen Eigenschaften zueinander passen. Doch man denkt durchaus nicht so; man achtet nur auf die Glücksgüter; oft sind nicht einmal die Reize der Braut oder die äußere Erscheinung des Gatten bestimmend.

Herr Tiquet vereinigte schließlich sein Schicksal mit dem von Fräulein Carlier, mehr von ihrem Vermögen als von ihren Reizen eingenommen, während sie sich für ihn wegen des großen Reichtums entschied, den sie bei diesem Bewerber vermutete, dazu übrigens durch die Meinung ihrer Tante verführt. Beide täuschten sich: Herr Tiquet in der Tugend seiner Geliebten, deren ganze Schwachheit er hätte erkennen können, wenn er seine Augen hätte richtig aufmachen wollen, und in ihrem Hang zur Verschwendung; und *sie* hatte die seltsamen Züge und gesellschaftsfeindlichen Eigenheiten an Herrn Tiquet nicht bemerkt. Er hielt seine Geliebte mit Recht für reich. Sie hielt ihn gleichfalls für reich, doch sie täuschte sich. Schließlich gingen ihnen die Augen auf. So kommen Ehen zustande, bereiten sich die unglücklichsten Schicksale vor. Diese Ehe schien unter glücklichem Stern geschlossen zu sein und begann in Freuden; ein Sohn und eine Tochter, die ihr entsprossen, schienen der Lohn ihrer Liebe und das Siegel ihres Glücks zu sein.

Diese glückliche Zeit konnte jedoch nicht lange dauern; der übermächtige Aufwand Frau Tiquets zwang ihren Gatten, der nicht reich war, ihr, wenn auch ungern, seine Lage zu enthüllen. Herr von Mongeorge, ein Gardehauptmann, der sich im vollen Glanz eines Kavaliers präsentierte, ließ Frau Tiquet ihren Gatten hassenswert erscheinen, wenn sie ihn mit diesem Offizier verglich, der ihr die Leidenschaft einflößte, die sie in ihm entzündet hatte.

Die Eifersucht des Gatten, durch diese Leidenschaft erregt, steigerte noch Frau Tiquets Abneigung gegen ihn. Ein Gatte, der darauf hinzuwirken scheint, sich verhaßt zu machen, und ein Liebhaber, der sich liebenswürdig zu zeigen sucht, machen beide rasche Fortschritte im Herzen einer Frau, der erstere in der Abneigung, der letztere in der Liebe, und arbeiten sich, ohne es zu merken, gegenseitig in die Hand. Das Überraschendste und Unbegreiflichste an Frau Tiquet aber war, daß sie während der brennenden Leidenschaft, die sie für Herrn von Mongeorge empfand und die ihr Herz hätte erfüllen müssen, dennoch, beherrscht von ihren Trieben, ihre Wünsche mit den niedrigsten Personen befriedigte.

In all ihren Ausschweifungen wahrte sie den äußeren Schein und verstand so aufzutreten, daß sie in den besten Gesellschaften, an denen ihr lag, empfangen wurde; sie sprach in ihren Unterhaltungen von großen Gefühlen, wie man sie bei ihr vermutete; ihr Herz war eine schreckliche Mischung von Größe und Gemeinheit, von hohen und niedrigen Leidenschaften.

Herr Tiquet, mit Schulden belastet, die durch seine Ausgaben zur Erlangung der Heirat noch gewachsen waren, wurde von seinen Gläubigern verfolgt. Diese Verfolgungen gaben seiner Gattin Anlaß, ein Urteil auf Gütertrennung beim Châtelet zu erlangen. Sie brachte zwei Gründe gegen ihn vor: Erstens sei sie über seine wahren Vermögensumstände getäuscht und zweitens in ihren Vergnügungen eingeschränkt worden, dazu noch mit einem eifersüchtigen Ehemann belastet, der jeden ihrer Schritte überwache. Ihr Haß auf einen Gatten, der ihr derart im Wege war, wurde schließlich zu rasender Wut, und sie faßte den Plan, ihn ermorden zu lassen. Weder der Skandal einer derartigen Tat noch die Schande, die ihr drohte, noch ihr eigener Untergang, dem sie entgegenging, wenn sie ihren Rachedurst stillte, konnte sie davon abhalten. Es gelang ihr, einen niederträchtigen Burschen, einen Verbrecher namens Auguste Cattelain, aufzutreiben, der den Fremden, die in Paris ankamen, zur Hand ging; sie gab ihm eine beträchtliche Summe und versprach ihm mehr, wenn er ihr als Werkzeug ihrer Rache den Gatten vom Halse schaffe. Durch dieselben Mittel gewann sie auch ihren Hausmeister und führte ihn zu dem schändlichen Anschlag mit Cattelain zusammen. Doch sie trafen ihre Maßnahmen schlecht und verfehlten den Streich, als Herr Tiquet eines Abends nach Hause kam, obwohl sie mehrere Personen als Kundschafter aufgestellt hatten, ihnen sein Kommen zu melden. Als dieser Anschlag mißlungen war, erklärte Frau Tiquet, sie habe den Plan aufgegeben. Sie schärfte dem Hausmeister und Cattelain ein, wobei sie ihnen nochmals Geld gab, ihr Vorhaben als undurchdringliches Geheimnis zu hüten, und stellte ihnen vor Augen, daß eine Verletzung der Verschwiegenheit sie ihr Leben kosten würde.

Herr Tiquet aber, der argwöhnte, der Hausmeister stecke mit Herrn von Mongeorge unter einer Decke, jagte diesen Bedienten davon und nahm selbst den Schlüssel an sich. Bei Anbruch der Dunkelheit hielt er die Tür geschlossen, niemand konnte ins Haus, ohne sich an ihn zu wenden. Wenn er selbst abends ausging, um erst sehr spät heimzukehren, nahm er den Schlüssel mit, und wenn er zu Bett ging, legte er ihn unters Kopfkissen. Herr und Frau Tiquet hatten getrennte Zimmer und sahen sich nur bei Tisch. Drei Jahre verhielten sie sich sehr kühl gegeneinander, ohne daß es zum völligen Bruch zwischen ihnen kam; sie bewahrten düsteres Schweigen: solche stummen Szenen sagen manchmal mehr als laute Auftritte.

In dieser Zeit ließ Frau Tiquet ihrem Gatten durch

dessen Kammerdiener eine Bouillon bringen, die vergiftet war. Als der Kammerdiener das Verbrechen bemerkte, tat er so, als strauchle er, und ließ die Bouillon fallen. Dann bat er um seinen Abschied, und als er entlassen war, verriet er den geheimen Anschlag. Jetzt nahm Frau Tiquet ihren ersten Plan wieder auf, so schrecklich er war. Sie vertraute sich nur ihrem Türsteher an und beauftragte ihn, sich handfeste Leute zu suchen. Eines Tages kam sie ganz erregt in eine gute Gesellschaft bei der Gräfin d'Aunoy. Man fragte sie, was sie habe. »Ich war soeben zwei Stunden beim Teufel«, sagte sie. »Da waren Sie ja in schlechter Gesellschaft«, antwortete die Gräfin. »Wenn ich sage, ich war beim Teufel«, entgegnete Frau Tiquet, »so meine ich eine berühmte Hexe, die die Zukunft voraussagt.« – »Was hat sie Ihnen denn gewahrsagt?« fragte die Gräfin d'Aunoy. »Lauter Schmeicheleien«, sagte Frau Tiquet. – »Sie hat mir versichert, in zwei Monaten hätte ich meine Feinde hinter mir, brauchte ihr Ränkespiel nicht mehr zu fürchten und sei völlig glücklich. Sie sehen, gnädige Frau«, fügte sie hinzu, »daß ich mich nicht darauf verlassen kann, denn ich finde keine Ruhe, solange Herr Tiquet lebt; und er fühlt sich viel zu wohl, als daß ich auf eine so rasche Lösung rechnen könnte.«

Da sie das an dem gleichen Tage sagte, an dem Herr Tiquet überfallen wurde, hätten ihre Worte als Indiz gegen sie dienen können. Ist es denn wirklich glaubhaft, daß ihr das genau an diesem Tage geweissagt worden war? Die Worte entschlüpften ihr wahrscheinlich, ohne daß sie es wollte, und sie erfand auf der Stelle diese kleine Geschichte, die mit dem unheilvollen Plan in Zusammenhang stand, den sie immer noch in ihrem Kopfe erwog, zwar lange aufgeschoben, doch nicht aufgegeben. Oder vielleicht wollte sie damit auf besondere Art die Aufregung erklären, in der sie sich im Augenblick der Ausführung eines schrecklichen Verbrechens befand.

Nach Hause zurückgekehrt, fand sie eine Freundin, Frau von Senonville, vor, die auf sie wartete. Obwohl nun die Mordstunde herannahte, hatte sie sich völlig in der Gewalt. Alle Unruhe, die in ihrem von Gewissensangst erregten Herzen aufstieg, verbarg sie sorgfältig vor ihrer Freundin und erstickte sie im Entstehen. Ihr Gesicht verriet nichts, und sie sprach zu ihr mit großer Ruhe. Frau von Senonville hatte die Absicht, sehr lange bei Frau Tiquet zu bleiben, um Herrn Tiquet den kleinen Streich zu spielen, daß er, wenn sie ging, aufstehen müsse, um ihr die Haustür zu öffnen.

Herr Tiquet, der bei seiner Nachbarin, Frau von Villemur, war, empfahl sich dort erst sehr spät. Man hörte ein paar Pistolenschüsse, Herrn Tiquets Bediente eilten herzu und fanden ihren Herrn verwundet. Er wollte nicht in sein Haus, sondern in das Frau von Villemurs gebracht werden. Frau Tiquet, der die Bedienten den Unglücksfall berichteten, eilte zu dieser Dame. Doch ihr Gatte wollte nicht, daß sie zu ihm gelassen würde; so mußte sie wieder umkehren. Er hatte drei Wunden empfangen, die nicht tödlich waren; die gefährlichste war nahe am Herzen, das – so ergab die Untersuchung durch den Chirurgen, der ihn verband – selbst verwundet worden wäre, hätte es normale Ausdehnung gehabt. Doch der Schreck beim Zusammenstoß mit den Mördern hatte es zusammengezogen, und es nahm in diesem Augenblick nicht den vollen Raum ein. Wenn dies stimmt, kann man sagen, die Furcht habe ihm das Leben gerettet. Für die Tatsache bürge ich nicht, ich halte nur fest, daß man eine solche Erklärung gab, sei sie nun wahr oder falsch.

Der zuständige Kommissar, der sich zu Herrn Tiquet begab, um seine Klage entgegenzunehmen, fragte ihn, welche Feinde er habe. Herr Tiquet antwortete: »Keinen außer meiner Frau.« Diese Antwort verstärkte den Verdacht, den man schon allgemein gegen sie hegte. Aber sie gab dazu keinen Anhaltspunkt, denn sie zeigte keinerlei Bestürzung oder Unruhe; die Erregung, die ohne Zweifel in ihr herrschen mußte, war niemandem außer ihr selbst erkennbar; die Bibel nennt das ›seine Seele in seine Hand nehmen‹ (Richter 12,3). Doch man wird davon bald noch größere Proben sehen.

Am Tage darauf besuchte sie die Gräfin d'Aunoy. In der Gesellschaft, von der sie beobachtet wurde, beherrschte sie sich mit derselben Geistesgegenwart. Die Natur, die ihr den Hang zum Verbrechen eingegeben hatte, verlieh ihr auch die Kunst, ihre Mienen zu verstellen. Die Gräfin d'Aunoy fragte sie, ob denn Herr Tiquet die Männer, die ihn überfielen, nicht erkannt hätte. »Ach, gnädige Frau«, rief Frau Tiquet, »hätte er sie erkannt, so würde er's nicht sagen; heute werde *ich* überfallen.« Die Gräfin d'Aunoy riet ihr, sich des entlassenen Hausmeisters zu versichern, da der Verdacht auf ihn falle. Frau Tiquet, die in den Augen der ganzen Gesellschaft las, daß man sie wegen schweren Verdachts verabscheute, ließ sich keinen Augenblick aus der Fassung bringen und trotzte ihr mit dem erhabenen Schein der Unschuld.

Als sie nach Hause kam, riet man ihr, sich in Sicherheit zu bringen. Diese Warnungen wiederholten sich täglich immer dringender, bis am achten Tage ein Theatiner in ihr Zimmer trat und ihr erklärte, er habe keine Zeit zu verlieren; denn sie werde sogleich verhaftet, wenn sie nicht rasch die Theatinerkutte überziehe, die er ihr bringe, und die Sänfte besteige, die in ihrem Hof stünde; die Träger hätten den Auftrag, sie an einen Ort zu bringen, wo sie eine Postkutsche mit Leuten vorfände, die sie sicher nach Calais bringen würden, von wo man sie nach England übersetzen ließe. Frau Tiquet antwortete dem Theatiner, nur schuldig Angeklagte müßten fliehen, nicht aber Unschuldige; alle Gerüchte, die ihre Unschuld verdächtigen wollten, gingen auf Herrn Tiquet zurück. Die Absicht ihres Gatten sei, ihr Fallen zu stellen, um sie durch blinden Alarm zur Flucht zu treiben und sich dann ihren Besitz anzueignen. Sie dankte dem Theatiner und machte sich auf die traurigsten Ereignisse gefaßt, wobei sie ihre Rettung allein von ihrer Verteidigung vor Gericht erwartete; denn sie glaubte, daß man ihre Schuld an dem zweiten Mordanschlag wegen der von ihr getroffenen Maßnahmen nicht aufdecken könne. Der erste Anschlag bereitete ihr keine Sorge, da er ja nicht zur Ausführung gelangt war.

Am nächsten Tage machte ihr Frau von Senonville einen Besuch, und als diese wieder gehen wollte, sagte Frau Tiquet zu ihr: »Gnädige Frau, bitte bleiben Sie, man wird mich im nächsten Augenblick verhaften, und ich möchte bei einem solchen Auftritt nicht gern allein sein.« Kaum hatte sie ausgesprochen, als schon der Kriminalrichter, Herr Deffita, hereinkam. Sie sagte zu ihm ohne Erregung: »Sie konnten es sich sparen, Monsieur, mit so großer Bedeckung zu kommen, ich habe Sie ruhig erwartet und dachte nicht an Flucht; ich wäre Ihnen auch gefolgt, wären Sie allein gekommen.« Dann bat sie ihn, ihre Habe zum Schutz gerichtlich zu versiegeln; sie beruhigte ihren aufgeregten Sohn, ein etwa acht oder neun Jahre altes Kind, das sie sehr liebte, gab ihm Geld, sich zu vergnügen, und suchte ihn zu überzeugen, daß er keine Angst zu haben brauche, wobei ihre Miene noch heiterer war als ihre Worte. Sie verabschiedete sich von Frau von Senonville und stieg mit dem Kriminalrichter in eine Kutsche. Als sie über den kleinen Markt fuhren, sah sie eine ihrer Freundinnen und grüßte sie freundlich. Inmitten der Häscher, die ihr das Geleit gaben, bewahrte sie dieselbe Haltung wie bei den täglichen Verrichtungen ihres Lebens; man konnte glauben, sie mache einen Besuch. Als sie sich dem Gefängnis näherten, wohin man sie brachte, wechselte sie die Farbe, doch einen Augenblick später hatte sie ihre frühere Selbstbeherrschung schon wiedergewonnen. Man überführte sie in das Gerichtsgebäude. Auguste Cattelain hatte soeben vor Gericht ausgesagt, sie habe ihm vor drei Jahren Geld gegeben, um ihrem Mann aufzulauern, und der Hausmeister sei in diesen Anschlag eingeweiht gewesen. Letzterer wurde nun verhaftet, ebenso Cattelain. Man fand zwar keine Beweise, um Frau Tiquet des letzten Mordversuchs zu überführen, doch genügend Gründe, um sie der Urheberschaft des ersten Überfalls für schuldig zu erkennen und deshalb nach den Gesetzen zur Todesstrafe zu verurteilen.

Am 17. Juni 1699 wurde über Frau Tiquet das Urteil gesprochen: sie solle enthauptet und ihr Hausmeister gehängt werden. Auguste Cattelain wurde danach zu lebenslänglicher Zwangsarbeit auf den Galeeren verurteilt. Die übrigen Angeklagten wurden nach genauer Untersuchung teils freigesprochen, teils wegen unzulänglicher Beweise freigelassen.

Sobald Herr Tiquet von seinen Wunden genesen war, ging er mit seinen beiden Kindern nach Versailles, um sich dem König zu Füßen zu werfen. »Sire«, sprach er zu ihm, »ich flehe um Ihre Gnade für Frau Tiquet; seien Sie nicht strenger als Gott selbst, der geneigt ist, ihr zu verzeihen. Ist Ihr Recht mehr verletzt, als ich es bin? Ich verzeihe ihr, und meine Kinder erheben ihre reinen, unschuldigen Hände zu Ihnen, Sire, für ihre Mutter. Das Verbrechen ist gesühnt durch die Ängste und Schrecken, die Frau Tiquet als der Gerechtigkeit verfallenes Opfer bereits erlitten hat. Wenn Sie schon das Verbrechen bestrafen wollen, so bestrafen Sie nicht die Unschuld.« Der König war unerbittlich. Danach beschränkte sich Herr Tiquet darauf, um die Erlaubnis zur Einziehung der Habe seiner Frau zu bitten, die er erhielt; und er beschmutzte das Gute seiner bisherigen Rede und Tat dadurch, daß er keine Zeit zwischen seiner zweiten und ersten Bitte verstreichen ließ.

Der Bruder von Frau Tiquet, Gardehauptmann wie Herr von Mongeorge, bot alle Mittel für sie auf. Er wandte sich an höchstgestellte Personen mit der Bitte, sie möchten für die Begnadigung seiner Schwester eintreten. Der König hätte deren Bitten auch nachgegeben, aber der Erzbischof von Paris, Herr von Noailles, stellte dem Herrscher vor Augen: wenn man dieses Verbrechen straflos hingehen ließe, so müsse dies dazu führen, daß es äußerst häufig begangen würde; die Sicherheit für das Leben der Ehemänner hinge von Frau Tiquets Bestrafung ab; es sei ja bekannt, der Ober-Pönitenziar habe die Ohren voll von immer neuen Geständnissen von Frauen, die sich anklagten, ihren Männern nach dem Leben getrachtet zu haben. Diese Vorstellung bestimmte den König, durch die Rechtsprechung ein warnendes Exempel statuieren zu lassen.

Wegen der Ruhealtäre, die man zur Feier des Fronleichnamsfestes auf den Straßen errichtet hatte, wurde die Vollstreckung des Urteils an Frau Tiquet, das am Vorabend dieses Feiertages gefällt worden war, auf Freitag verschoben. An diesem Tage führte man sie in die Folterkammer. Als sie dorthin ging, fragte sie, ob ihre Sache denn kein Ende nähme. Man antwortete ihr: »Bald.« Man hatte sie gar nicht über ihr Urteil unterrichtet. Herr de la Chetardin, Priester von Saint-Sulpice, hatte sie als Seelsorger in der Absicht besucht, ihr die ihrer Lage höchst angemessenen Gefühle der Religion einzuflößen. Sie hatte sich diesen Einwirkungen widersetzt und sich mit heidnischer Standhaftigkeit gewappnet.

Als sie dem Kriminalrichter vorgeführt worden war, las man ihr das Urteil vor und beobachtete sie, um zu sehen, welchen Eindruck der furchtbare Rechtsspruch auf sie machte. Sie hörte ihn an, ohne eine Miene zu verziehen oder ihre Farbe zu verändern. Der Kriminalrichter sagte dann zu ihr: »Madame, Sie haben soeben ein Urteil vernommen, das Sie in ganz andere Umstände versetzt als Ihre bisherigen. Sie haben in einem geachteten Stande gelebt; die Freuden, die Sie hinter sich ließen, machten Ihnen Ihr Leben angenehm, genußreich; doch jetzt sind Sie in tiefster Schande und am Vorabend Ihres Todes angelangt. Nochmals, welcher Unterschied zwischen den schönen, frohen Tagen von einst und dem grausamen, schmerzensvollen, schrecklichen Tage, der Ihnen bevorsteht! Sie müssen Ihre ganze Standhaftigkeit zusammennehmen, um diesen schändlichen, doch rettenden Kelch zu leeren und mit David zu sprechen: ›Ich empfange diesen Kelch des Heils.‹ Sie müssen sich in Gottes Arme werfen, wie David seinen heiligen Namen anrufen; er allein kann Ihnen helfen, die Last Ihres Kreuzes zu tragen, und Süße in die Bitternis Ihres Kelches mischen. Dann ist die Todesstrafe, die Sie erleiden sollen, nur ein Durchgang, der Ihnen nicht mehr schrecklich erscheinen wird, sobald Sie bedenken, daß er zu einem Leben führt.«

Frau Tiquet entgegnete dem Kriminalrichter, ein erniedrigender Umstand lasse sie den Gegensatz der schönen Tage von einst zu dem schrecklichen Heute fühlen. »Ich stehe als Bittstellerin vor Ihnen«, sagte sie; »Sie wissen, Monsieur, daß ich in diesen schönen Tagen, an die Sie mich erinnerten, als eine ganz andere vor Ihnen stand.« Das sagte sie zurückhaltend mit Bezug darauf, daß Herr Deffita einer ihrer Verehrer gewesen war. »Übrigens, Monsieur«, fuhr sie fort, »bin ich gar nicht erschrocken über meine Todesstrafe; der Tag, der mein Leben beendet, beendet mein Unglück. Ohne den Tod zu verachten, werde ich ihn standhaft ertragen. Ich habe bei den Verhören ohne Unruhe geantwortet; ich habe mein Urteil ohne Zittern vernommen; dem werde ich auch auf dem Schafott nicht zuwiderhandeln, bis zu meinem letzten Atemzug.«

Der Kriminalrichter ermahnte sie, ihr Verbrechen zu gestehen, das sie bis jetzt geleugnet hatte, und ihre Mitschuldigen zu nennen, um sich die Qual der Folter zu ersparen. Sie erklärte, sie habe kein Geständnis zu machen. Als man ihr bei der Folter jedoch den ersten Topf Wasser gegeben hatte, bedachte sie, daß ihre Festigkeit ihr nichts nützen würde, und gestand dann alles. Man fragte sie, ob Herr von Mongeorge an dem Verbrechen beteiligt gewesen sei; sie antwortete mit dem schmerzlichen Aufschrei: »Ach, ich habe gar nicht daran gedacht, ihn ins Vertrauen zu ziehn, ich hätte seine Achtung unrettbar verloren!«

Dann trat der Priester von Saint-Sulpice auf sie zu und bereitete sie aufs Sterben vor. Sie war durch ihre eigene Gelehrigkeit sozusagen ganz bereit, in die Gefühle der Religion einzudringen, die er ihr eingab. Als er ihr auf einige Gedankengänge geantwortet hatte, die sie ihm entgegenhielt, bat sie ihn sogleich, die Verzeihung ihres Gatten für sie zu erwirken und ihm zu versichern, sie sterbe mit derselben zärtlichen Liebe zu ihm, die sie zu Beginn ihrer Ehe für ihn empfunden habe.

Es hat wohl nie einen größeren Volksauflauf gegeben als den in den Straßen, durch die Frau Tiquet auf dem Wege zum Richtplatz kommen mußte. Mehrere Personen wurden wegen ihrer Neugierde erdrückt. Frau Tiquet war an diesem Tage weiß gekleidet, was den Eindruck ihrer Schönheit erhöhte. Sie stand mit dem Priester von Saint-Sulpice in einem zweirädrigen Karren, in dem sich auch der Hausmeister mit seinem Beichtvater befand. Als sie die ungeheure Menge von Menschen gewahrte, die sie anstarrten, als wollten sie ihr bis auf den Grund ihrer Seele sehen, wurde sie sich ihrer ganzen Schande bewußt; sie fühlte, wie sie sich als mit Schmach Bedeckte in der Seele dieser Masse widerspiegelte. Sie konnte den Druck der tausendfachen erniedrigenden Vorstellungen, die man sich von ihr machte, nicht mehr aushalten. Da sagte der Priester von Saint-Sulpice zu ihr: »Denken Sie an den Himmel, Madame, in den Sie kommen werden; trinken Sie diesen bittren Kelch mit dem gleichen Mut, mit dem Jesus Christus, so unschuldig wie Sie schuldig, den seinen leerte. Solch großes Vorbild und so großer Lohn Ihrer Ergebung in den Willen Gottes müssen Sie alle Last der Schande ertragen lassen. Die Dinge, die Sie mit den Augen des Glaubens sehen, werden Sie befreien von denen, die Sie mit den Augen des Leibes sehen. Diese Schande war eine Hilfe, die Gott unter den Gnadenschätzen der Vorsehung bereithielt, um Sie zu retten. Bewundern Sie die Güte in seiner Strenge und erkennen Sie hieran, daß er in dieser notwendigen Grausamkeit sehr mitleidig ist. Kurz, es handelt sich bei Ihnen nur um einen Augenblick der Schande: zuviel, um dafür den Himmel zu gewinnen?« Diese Worte, in einem festen Ton gesprochen, gaben Frau Tiquet ihren ganzen Mut wieder. Hatte sie bisher ihr Haar heruntergelassen, um damit ihr Gesicht zu bedecken, so hob sie es jetzt wieder empor und sah die Zuschauer mit bescheidenem, doch festem und sicherem Blick an.

Auf dem Karren hatte sie ein sehr rührendes Gespräch mit ihrem Hausmeister, der sie um Verzeihung bat, daß er zu ihrem Tode beigetragen habe, indem er sein Verbrechen eingestand. Sie entgegnete ihm, nicht *er* habe um Verzeihung zu bitten; vielmehr sei *sie* in seiner Schuld, denn sie habe ihn zu einem so schrecklichen Verbrechen veranlaßt und dadurch einen für ihn so traurigen Lohn heraufbeschworen. Sie sprachen sich gegenseitig Mut für ein christliches Sterben zu, in vom Herzen kommenden Worten, die der Hausmeister mit einfacheren, doch ebenso tröstenden Worten erwiderte.

Auf dem Platz waren im Halbkreis mehrere Schafotte errichtet. Der Hof und das Volk waren zu diesem Schauspiel herbeigeeilt; an den Fenstern der Häuser und überall stand man dicht gedrängt.

Als Frau Tiquet auf dem Platz ankam, ging ein so starker Regen nieder, daß man mit der Hinrichtung warten mußte, bis das Unwetter vorüber war. Sie hatte die ganze Zeit die Geräte für ihre Hinrichtung und einen schwarzen, zur Aufnahme ihrer Leiche bereits mit Pferden bespannten Wagen vor Augen. All das erschütterte sie nicht; sie sah, wie der Hausmeister gehängt wurde, und beklagte bitter sein Geschick, ohne, wie es schien, an ihr eignes zu denken. Als sie das Schafott besteigen mußte, hielt sie dem Henker die Hand hin, daß er sie stütze. Bevor sie dessen Hand wieder losließ, führte sie sie zum Mund und neigte dazu den Kopf, um durch diese Höflichkeit zu zeigen, daß sie ihn durchaus nicht verabscheue. Als sie auf dem Schafott stand, küßte sie den Block; man hätte sagen können, sie habe ihre Rolle gut gelernt: sie löste ihr Haar und nahm im Augenblick die gebotene kniende Haltung ein. Das tat sie alles mit vollkommener Selbstbeherrschung, als spiele sie Komödie. Der Henker war so verwirrt, daß er dreimal sein Ziel verfehlte, und als ihr Kopf fiel, wurde ein Schrei von allen Seiten laut. So starb Frau Tiquet nach dem Zeugnis des Priesters von Saint-Sulpice als christliche Heldin. Man ließ ihren Kopf noch eine Zeitlang auf dem Schafott, zweifellos um das Schauspiel dem Geist der anwesenden Ehefrauen tief einzuprägen, die ja in Versuchung sein konnten, das gleiche schwere Verbrechen zu begehn. Der Kopf war dem Rathaus zugewandt. Eine Dame, die einen Bericht über diesen tragischen Tod verfaßt hat, dessen Augenzeugin sie war, sagt, sie habe nichts Schöneres gesehen als diesen Kopf und sei von diesem Anblick geblendet.

Obwohl Frau Tiquet schon zweiundvierzig Jahre alt war, hatte sie den Glanz ihrer Schönheit bewahrt; und als sie in ihrer ganzen Kraft und Blüte starb, schien der Tod in diesen ersten Augenblicken noch nichts davon in ihrem Gesicht ausgelöscht zu haben.

Derartige Exempel prägen sich dem Grunde der Seele so stark ein, daß sie in den Herzen die Keime zu gleichen Verbrechen zu ersticken vermögen. Nichts kann dem allgemeinen Wohl zuträglicher sein als solche Eindrücke, die das Verfahren der Rechtspflege noch verstärkt.

Zu dieser Zeit weilte Herr von Mongeorge in Versailles und erging sich traurig im Park. Der König sagte ihm am Abend, er sei hocherfreut, daß Frau Tiquet ihn öffentlich gerechtfertigt habe, und versicherte ihm, daß er ihn nie als mitschuldig in Verdacht gehabt habe. Herr von Mongeorge dankte dem König und bat ihn um einen Urlaub von acht Monaten, um außer Landes auf Reisen zu gehn und sich von allem zu entfernen, was seinen Schmerz erneuern könnte.

Erläuterungen

Actori probandi onus incumbit: lat., Dem Kläger obliegt die Mühe des Beweises.

Candia: italienischer Name des heutigen Iraklion auf Kreta, das seit dem 13. Jh. unter der Herrschaft Venedigs stand, 1669 jedoch von den Türken erobert wurde.

Châtelet: ›Schlößchen‹, dem Parlement von Paris nächstrangiger Gerichtshof.

Conseil: Staatsrat des Königs, besonders für innere Angelegenheiten und Finanzen.

Denier: seit Ludwig dem Heiligen (1226–1270) bis zur Französischen Revolution die kleinste französische Rechnungsmünze.

Drachme: altes Apothekergewicht, entspricht 3,75 g.

Dombes: bis 1762 ein unabhängiges Fürstentum mit der Hauptstadt Trevoux.

Duret, Louis (1527–1586): Arzt Karls IX. und Heinrichs III., schrieb u. a. ›Hippokratis magni coactae praenotiones‹ (Kurzgefaßte Vorbegriffe des großen Hippokrates), 1588.

Écu: von 1641 bis 1803 der französische Taler.

Fiskal: Vertreter der Interessen eines Fürsten oder Standesherrn an dessen gutsherrlichen Gerichtshof (Patrimonialgericht).

Generalleutnant: hier dem Militärstand angehöriger hoher Justizbeamter, der in königlichen und oberlandesgerichtlichen Rechtssachen (besonders für flagrante Delikte zustandig) dieselbe Funktion hat wie der Zivilleutnant, der Stellvertreter des Oberrichters von Paris.

Generalprokurator: Oberstaatsanwalt.

Höllenstein: Silbernitrat ($AgNO_3$), Ätz- und Desinfektionsmittel.

Is fecit scelus, cui prodest: lat., Der beging das Verbrechen, dem es nützt.

Kalzinierten präparierten Vitriol: verkalktes, ausgeglühtes Sulfat von Kupfer, Eisen oder Zink.
Lebrun, Charles (1619–1690): französischer Barockmaler und Kunstgewerbezeichner, einer der einflußreichsten Künstler unter Ludwig XIV. (1643–1715).
Louisdor: von 1641 bis 1803 französische Goldmünze.
Mignard, Pierre (1610–1695): berühmter Fresken-, Madonnen- und Porträtmaler unter Ludwig XIV.
Montgomery: aus Schottland stammende Familie des französischen Hochadels, bekannt durch Comte Gabriel de Montgomery, der 1559 König Heinrich II. von Frankreich im Turnier tödlich verwundete.
Ober-Pönitenziar: oberster Bußpriester.
Paraphernalgüter: Sondervermögen der Frau, neben ihrer in die Ehe eingebrachten Mitgift.
Parlement: oberstes französisches Gericht mit dem Hauptsitz in Paris und Zweigstellen in den Provinzen, als Prüfungsinstanz für Gesetzesvorlagen zeitweise politisch einflußreich.
Partikulierleutnant: hoher Justizbeamter, Vertreter des Generalleutnants.
Livre: französische Währungseinheit bis 1795, Vorläufer des Franc.
Piaster: Silbermünze.
Prokurator: Staatsanwalt.
präzipitiert: chemisch ausfällen, niederschlagen.
Regulus Antimonii: durch Reduktion aus Erzen ausgeschiedener und erschmolzener Klumpen des silberweißen Metalls Antimon.
Requetenmeister: Berichterstatter über die Bittschriften beim Staatsrat.
römischen Vitriols: konzentrierte Schwefelsäure.
Sol, später Sous: kleine französische Münze.
Sévigné, Marie des Rabutin-Chantal, Marquise de (1626–1696): Briefschriftstellerin, Verfasserin von 1500 kulturgeschichtlich und stilistisch bedeutsamen Briefen an ihre Tochter.

sublimierter korrosivischer Merkurius: ätzendes, lösliches Quecksilberchlorid ($HgCl_2$), starkes Magengift.
sublimierten Merkurius: Quecksilberchlorid.
Theriak: musartige, besonders Opium enthaltende Arznei zur Beschleunigung der Verdauung, früher als Mittel gegen Gift, ja als Allheilmittel in Gebrauch.
Unze: altes Feingewicht für Arzneien und Edelmetalle, etwa 30 g.
Vizelegaten: hier oberster Verwaltungsbeamter des von 1348–1797 päpstlich regierten Avignon.
Zivilleutnant: hier Zivilrichter beim Châtelet.

Zu dieser Ausgabe

Sie stellt eine Auswahl der berühmtesten und am besten durchgeformten ›Rechtsfälle‹ Pitavals in der Fassung von François Richer ›Amsterdam‹ (Paris) 1772 bis 1788 dar, die Carl Wilhelm Franz und Friedrich Immanuel Niethammer übersetzt haben (Jena 1792–1795).

Die Übersetzung ist von mir durchgesehen, berichtigt, unserem jetzigen Sprachgebrauch angepaßt und – mit Rücksicht auf heutige Leser – in den juristischen Schriftsätzen mehrfach gekürzt worden.

Die Rechtsfälle ›Renée Corbeau‹ und ›Frau Tiquet‹ habe ich selbst übersetzt, Erläuterungen befinden sich, alphabetisch geordnet, am Schluß des Bandes.

Rudolf Marx

Inhalt

Einleitung 5
Die Marquise von Brinvillier 34
Der Bettler von Vernon 98
Joseph Vallet 142
Renée Corbeau 166
War ein Kind da? 174
Martin Guerre 259
Herr d'Anglade 285
Die Marquise von Gange 349
Frau Tiquet 398
Erläuterungen 415
Zu dieser Ausgabe 418